U0868802

普通高等教育经管类系列教材

技术经济学

赵维双　宋　凯　田凤权　主编

机械工业出版社

本书从技术经济学的基本研究对象和研究内容出发，系统地介绍了技术经济学的学科理论体系、技术经济分析和评价的理论和方法，以及这些理论和方法在投资项目可行性研究、设备更新决策等领域的应用。主要内容包括技术经济学的基础知识、技术经济学的基本原理、技术经济评价方法、投资项目的可行性研究、技术创新理论、价值工程、先进制造项目和创新创业项目的技术经济评价、设备更新的技术经济分析以及技术经济评价的其他常用方法等，引入大量案例，力争做到理论联系实际。

本书可以作为高等院校经济管理类专业本科生及研究生的教材，也可以作为工程技术类专业学生的教材，还可以作为工程技术人员和企业管理人员的参考用书。

图书在版编目（CIP）数据

技术经济学/赵维双，宋凯，田凤权主编. —北京：机械工业出版社，2020.4（2024.1 重印）

普通高等教育经管类系列教材

ISBN 978-7-111-64807-9

Ⅰ. ①技… Ⅱ. ①赵… ②宋… ③田… Ⅲ. ①技术经济学－高等学校－教材 Ⅳ. ①F062.4

中国版本图书馆 CIP 数据核字（2020）第 030300 号

机械工业出版社（北京市百万庄大街 22 号　邮政编码 100037）
策划编辑：曹俊玲　责任编辑：曹俊玲　孙司宇
责任校对：陈　越　封面设计：张　静
责任印制：张　博
北京雁林吉兆印刷有限公司印刷
2024 年 1 月第 1 版第 2 次印刷
184mm×260mm · 22.75 印张 · 563 千字
标准书号：ISBN 978-7-111-64807-9
定价：58.00 元

电话服务　　网络服务
客服电话：010-88361066　机　工　官　网：www.cmpbook.com
010-88379833　机　工　官　博：weibo.com/cmp1952
010-68326294　金　书　网：www.golden-book.com

机工教育服务网：www.cmpedu.com

前　言

技术经济学是我国学者把西方发达国家的技术评价理论、工程经济理论和技术创新理论等与我国经济建设的实践相结合而建立起来的一门具有中国特色的学科。随着我国市场经济的不断发展，技术经济学的知识体系和理论方法也有了长足的发展。为了适应这一发展的需要，我们把长期从事本科生及研究生教学、科研的经验和成果与现代技术经济学的知识体系相结合编写了本书。

本书在编写过程中突出了以下特点：

(1) 强调技术经济学知识体系的完整性和连续性。在知识结构的设置上，本书采用先理论、后方法、再应用的逻辑，把技术经济学的各种理论和方法有机地结合起来。在知识阐述过程中，采用通俗、简洁的语言并结合相关案例，增强知识的易学习性。

(2) 突出实用性和可操作性。本书采用“案例＋习题”的方式，帮助学生提高理论联系实际的能力，培养学生分析问题和解决问题的能力，并通过课后习题巩固所学知识。

(3) 注重知识的新颖性。在理论与方法的阐述上，我们参考了大量的国内外资料，并把我们的一些研究成果融入本书的知识体系之中，力争做到本书内容新颖，并在知识体系上与国际惯例对接。

本书由赵维双、宋凯、田凤权主编。全书共分十二章，编写人员是：赵维双（第一、二、三章）、宋凯（第四、五章，附录）、孙莹（第六章）、卢晶（第七章）、聂磊（第八章）、田凤权（第九章）、尹梦秋（第十章）、边峰（第十一章）、白晓君（第十二章）。

本书在编写过程中参阅了大量国内外教材和资料，在此对有关作者表示衷心的感谢。尽管我们做了许多努力，但是受实践经验及掌握资料所限，书中存在纰漏在所难免，敬请读者批评指正。

编　者

目　录

第一章

绪　论

技术经济学作为我国理论界独创的一门学科，对促进我国经济增长方式的转变起到重大作用。如何理解技术经济学的内涵、研究对象、研究内容及其特征等，成为系统掌控技术经济学理论体系的基本问题，本章将就这些基本问题进行讨论。

第一节　技术经济学科的产生与发展

一、国外技术经济学的产生与发展

在国外，技术经济学一般被称为工程经济学。其起源可追溯到 1887 年，美国铁路工程师亚瑟姆·惠灵顿（A. M. Wellington）在其所著的《铁路布局的经济理论》（*The Economic Theory of Railway Location*）一书中，第一次把工程投资与经济分析结合起来。他用成本分析法进行铁路的最佳长度和路线的曲线选择，提出了工程利息的概念，开创了工程领域中经济评价工作的先河。

1920 年，戈尔德曼（O. B. Goldman）在《财务工程》（*Financial Engineering*）一书中，第一次提出用复利法确定方案的比较值，进行投资方案评价的思想，并且批评了当时研究工程技术问题不考虑成本、不讲究节约的错误倾向。

1930 年，美国斯坦福大学教授格兰特（Eugene L. Grant）著成《工程经济学》（*Principles of Engineering Economy*）一书，第一次以复利计算为基础对固定资产投资经济评价的原理做了阐述。该书对工程经济学原理深入浅出的阐述以及很强的实用价值，使其深受当时工程专业学生的欢迎，同时也为从事工程技术工作的人员提供了一本具有实用价值的专业参考书，进而得到了较高的评价。从此以后，工程经济作为一门独立学科得到了迅速发展，格兰特也被誉为“工程经济之父”。

20 世纪 30 年代，美国在开发西部的田纳西河流域的过程中，开始推行可行性研究方法，从而把工程技术和工程项目的经济问题推向了一个新的阶段。20 世纪 40 年代，美国通用电气公司（GE）组织如何开发物质替代有效利用资源、降低成本的研究。GE 的工程师劳伦斯·戴罗斯·麦尔斯（Lawrence D. Miles）以《价值分析》（*Value Analysis*）为题发表其研究成果，提出了价值分析的一整套方法。20 世纪 50 年代，这一新兴管理技术得到了极大的发展，被称为“价值工程”，它对完善技术经济分析起了很大的作用。这一时期，在苏联技术经济分析论证开始出现，并逐渐推广到规划、设计和工程建设项目中，后来被广泛应用于企业生产经营的各项活动中，逐渐形成了一套比较完善的技术经济论证程序与分析评价方法。

20 世纪 70 年代以后，西方经济学界也有了技术经济学的提法，也有人研究技术经济问题，但其研究的理论范围比我国的技术经济学要窄，且在经济学分类中尚未见到独立的技术经济学学科。

二、我国技术经济学的产生与发展

新中国成立初期，我国进行了大规模的经济建设。在“一五”期间，我国从苏联引进了 156 个大型建设项目，同时也引进了技术经济分析的理论和方法。我国相关部门的干部和苏联专家不仅从当时国家的人力、物力、财力等宏观方面进行了实事求是、周密细致的分析论证，而且对项目具体的选址、产品、规模、原材料供应等也做了可靠的技术经济分析，使这些重点投资项目都产生了良好的经济效益。这一时期，该学科发展的局限性是技术经济分析和论证多应用在工程建设上。国内的一些经济学家和技术经济工作者认为，技术经济学只是一门方法学，并不是一门科学。这是技术经济学的雏形阶段。

1958 年，“大跃进”运动开始后，技术经济工作全部被取消，基本上扼杀了技术经济学的发展。1962 年，为了改变“大跃进”造成的项目决策工作中的混乱状况，经济理论界开始对经济效果问题进行讨论，纠正了不讲经济效果的错误倾向，总结了 20 世纪 50 年代初技术与经济相结合工作过程中所取得的正面经验，进一步认识到发展技术必须考虑经济效果的问题，为了把二者更好地结合起来，应该有专门研究技术与经济相结合的科学，即研究技术经济效果的学科。在国家制定的《1963—1972 年科学技术发展规划纲要》中，提出了技术经济学的概念，将技术经济学作为与基础科学、工农业科学技术等六大科学技术并列的重点发展的七门学科之一，并且专门论述了它的发展方向和任务。这标志着我国技术经济学的正式诞生。在技术经济学创立之初，主要研究的是“项目和技术活动中的经济分析”。

“文化大革命”时期，刚刚得以恢复的技术经济工作又遭到严重的破坏，技术经济工作被迫全部停顿，研究机构全部被撤销，从事技术经济的学者被下放，因此，一些重大项目的建设出现了严重的失误。

十一届三中全会以后，我国实行了改革开放的新政策，党的工作重心转移到以经济建设为中心的轨道上来，技术经济学进入了全面发展的阶段。在国家制定的《1978—1985 年全国科学技术发展规划纲要》中，将技术经济与管理现代化理论与方法的研究列入 108 项重大研究课题之中。在于光远等学者的倡导和主持下，重建了技术经济学队伍，成立了中国技术经济研究会。许多高等院校，特别是一些理工科院校，相继开设了技术经济学课程，并相继成立了技术经济与管理专业的硕士点和博士点，培养了一大批从事技术经济分析的专门人才。

20 世纪 90 年代，我国经济体制改革不断深入，确立了“科教兴国”“可持续发展”等发展战略。此外，我国政府对高新技术产业化的战略地位的认识进入了实践探索、确立和认识深化的阶段。这为技术经济学科的深入发展提供了新的条件。以 1991 年 3 月 6 日国务院批准建立国家高新技术产业开发区并做出相应的政策规定为起点，国务院下达了《国家中长期科学技术发展纲要》《中华人民共和国科学技术发展十年规划和“八五”计划纲要》《中华人民共和国科学技术进步法》等。在《关于加速科学技术进步的决定》中，中共中央、国务院提出实施“科教兴国”战略。八届人大四次会议在《中华人民共和国国民经济和社会发展“九五”计划和2010年远景目标纲要》中提出“可持续发展战略”。1999年8月20日发布了《中共中央国务院关于加强技术创新，发展高科技，实现产业化的决定》，指出“加强技术创新，发展高科技，实现产业化”既是解决我国国民经济发展的紧迫要求，也是应对国际竞争，确保中华民族在21世纪立于不败之地的战略抉择。在这一背景下，技术经济学更加深入发展。许多技术经济教学和科研人员在技术创新研究、企业技术经济和产业技术经济研究、区域技术经济研究以及技术管理和工程管理方面做出了有益的探索。例如，清华大学教授傅家骥等一批大学教授进行了积极的探索，出版了许多著作，在配合国家科技管理部门和经济管理部门促进企业技术创新方面做出了重要贡献。

第二节 技术经济学的基本概念、研究对象和研究内容

一、技术经济学的基本概念

要清楚技术经济学的概念，首先必须明确技术和经济的概念。

（一）技术的定义

何谓技术？关于这个问题，人们的认识是不同的。苏联学者列·索·勃利亚赫曼在其所著的《科学技术进步经济学》一书中对技术是这样定义的：“技术是人们创造的劳动手段和劳动对象。”日本学者武谷三男则认为：“技术就是人们在实践中对客观规律的有意识的应用。”而英文中的“Technique”和“Technic”是指做事的方法和技能。人们对“技术”一词的理解之所以不同，是因为研究问题的出发点和目的不同。一般来说，技术的含义有狭义和广义两种。

从狭义上讲，一种观点认为技术是劳动工具的总称。例如，在评价一个企业的技术水平时，常说它具有某年代水平。这里主要是指该企业的装备状况，包括设备、工具及其他固定资产的数量与质量的总和。另一种观点则认为，技术是在生产和生活领域内，人们运用自然科学知识和经验，进行各种生产活动和非生产活动的技能，以及根据科学原理，利用自然力去改造自然的一切方法。其具体表现为设计、制造、安装和使用各种劳动工具，设计各种工艺方法、程序，正确有效地使用劳动对象和保护资源与环境，对劳动对象进行有目的的加工、改造，使之具有人们所需要的使用价值。例如，风是一种自然力，人们根据电磁原理、流体力学及机械原理等科学知识，通过设计、制造和安装，使用风力发电机发电，用于生产和生活。这就是一项具体的风力发电技术。以上两种理解都有一定的道理，因为劳动工具是劳动资料中的决定性因素。劳动工具的创造和使用是人类劳动过程的特征，它的发展水平是衡量人类控制自然的尺度，也是决定社会技术发展水平的主要因素。同时，劳动工具必须由具备一定知识和劳动技能的劳动者来操纵管理，才能发挥作用。在一定的条件下，劳动者的劳动技能高低常常决定着技术水平的高低，因此，劳动工具和劳动者的劳动技能的确是决定技术水平的主要因素。但是，劳动工具、劳动对象和劳动力是生产力的三要素，它们是密切联系的。在生产过程中，劳动工具和劳动对象要依靠劳动者的劳动技能才能发挥作用，而劳动者的劳动技能又必须通过劳动工具和劳动对象的使用、加工才能实现。因此，应当把技术理解为人类在生产活动和科学实验活动中认识自然和改造自然所积累起来的经验、知识和技能，以及体现这些经验、知识和技能的劳动资料。它是一定时期、一定范围的劳动工具、劳

动对象和劳动者的劳动技能的总称。技术是现实的生产力，是物化的科学，是劳动技能、生产经验和科学知识相结合的产物，既包括设备、工具、工艺流程、加工方法，也包括劳动者掌握这些劳动资料、劳动方法的能力和经验，这只是技术的狭义含义。

从广义上讲，技术是指人类在为自身生存和社会发展所从事的各种实践活动中，为了达到预期目的而根据客观规律对自然、社会进行协调、控制、改造的知识、技能、手段、方法和规则的总称。目前，越来越多的人接受了技术的广义概念。广义技术定义认为，技术存在于所有领域，所有领域都存在技术问题。按照这种定义，技术可分为生产技术、生活技术、管理技术、决策技术等。一般又把生产技术等以自然科学知识、原理和经验为基础的技术称为“硬技术”，而把管理技术、决策技术等以自然科学与社会科学相交叉的学科为基础的技术称为“软技术”。硬技术中有“软件”和“硬件”，软技术中也需应用“硬件”。

必须强调的是，技术经济学中所涉及的“技术”主要是指上述广义的技术。

（二）经济的定义

在技术经济学中，广义的经济是一定社会国民经济的总称，包括全部物质资料生产部门的生产、交换、分配、消费活动和部分非物质资料生产部门的活动。广义的经济也可称为经济发展。影响经济发展的因素有很多，主要有科技进步、产权制度、市场体系与运行机制、人口增长、农业发展、投资趋向及数量、环境污染、资源消耗等。在国民经济的增长率中，技术进步的贡献是第一位的。

在技术经济学中，狭义的经济是指生产或生活上的节约、节俭。前者包括节约资金、物质资料和劳动等，即用尽可能少的劳动消耗生产出尽可能多的社会所需的成果；后者则是指个人或家庭在生活上精打细算。总之，经济就是用较少的人力、物力、时间、空间来获取较大的成果或收益。狭义的经济也可称为经济效果。人类一切有目的的实践活动，都要求取得一定的成果。人们为了达到预期的目的或取得有效成果，总会付出一定的消耗。取得的有效成果相同，消耗少的实践活动经济效果就大；而在同样消耗的情况下，取得有效成果大的经济效果就大，反之亦然。

（三）技术与经济的关系

技术和经济虽然是两个不同的概念，但二者之间存在着密切的关系。技术和经济在人类进行物质生产、交换活动中始终并存，是不可分割的两个方面，二者相互促进、互为条件，同时又相互制约。

一方面，技术进步是推动经济发展的重要条件和手段。人类社会的发展历史证明：技术进步是推动社会经济发展的强大动力，是经济增长的源泉。无论是以蒸汽机的发明和使用为标志的第一次工业革命，还是以电力的发明与广泛应用为标志的第二次工业革命，以及始于20世纪40年代，以原子能技术、航天技术、电子计算机的应用为主要标志，还包括人工合成材料、分子生物学、遗传工程等高新技术的第三次科技革命，都极大地提高了社会生产力，推动了世界经济的迅速增长。比如，到19世纪中叶，科技进步使生产效率提高到手工劳动的108倍。据统计，当今世界，劳动生产率的提高依靠技术进步的比重占60%～80%，充分体现了科学技术是第一生产力。技术创新是技术进步中最活跃的因素。它是生产要素的一种新组合，是创新者将科学知识与技术发明应用于工业化生产，并在市场上实现其价值的一系列活动。各工业发达国家无不想尽办法，利用各种技术经济政策，力图形成一种有利于技术创新的机制与环境。

另一方面，技术总是在一定的经济条件下产生和发展的。经济上的需要是技术发展的直接动力，而技术的进步会受到经济条件的制约。例如，蒸汽机、电动机、电子计算机、原子能技术、数控机床等技术的产生和发展，都是由经济发展的需要而引起的。不仅如此，任何技术的应用都伴随着人力、物力和财力的投入，依赖于一定的相关经济技术系统的支持。只有经济发展到一定的水平，相应的技术才有条件广泛应用和进一步发展。20 世纪 90 年代以来，随着市场竞争日趋激烈，技术和产品的开发及应用周期日益缩短。与此同时，技术的开发及应用也日益复杂化、系统化，因此，对与技术开发相关的技术设备、仪器、工艺等的技术要求也越来越高。可以说，现代高新技术产品的开发，是需要巨额的资金投入做后盾的。例如飞机制造业，在 20 世纪 70 年代初期，开发波音 747 的成本是 6 亿美元，而现在波音新一代宽体客机波音 777 的开发成本为 50 亿 ~60 亿美元；在半导体工业中，一个典型的现代化半导体存储芯片的生产设施已从过去的 2500 万美元上升到 2 亿美元，等等。

在我国，经过 40 年的改革开放，社会生产力水平、综合国力、竞争能力及国际地位都得到了很大提高。随着国家、社会、企业技术创新体系的建立和完善，我国技术开发能力和技术装备水平与发达国家之间的差距越来越小。但也应清楚地看到，由于种种历史和现实的原因，我国整体的技术水平与发达国家相比尚有一定差距。据测算，目前技术进步对我国经济增长的贡献率不到 30%，低于发达国家的 60% ~80% 的水平。因此，经济要增长，技术必须先行；技术要进步，经济必须要创造适宜的环境。

再者，在现实生活中，技术与经济往往存在相互制约的关系。这具体表现在：①技术研究、开发、应用与经济可行性的矛盾。例如，缺乏足够的资金，就不能进行重大领域的科学研究，或引进消化他人的先进技术为己所用。直接看来这就是经济对技术的制约，将使技术和经济陷入双重落后的困境。②技术的先进性与适用性的矛盾。人们固然希望技术越先进越好，但它只有在对使用者适用、为使用者掌握、具有使价值增值的使用价值时，才会受到青睐，否则就不可能发挥先进性的作用，并将在闲置中随着科技进步与经济环境的变化而贬值。③技术效益的滞后性及潜在性与应用者渴望现实盈利的矛盾。技术成果的应用会带来超额利润，但其应用有一个吸收、消化、创新的过程，不一定会立竿见影，带来效益。而投资者期望尽快得到资金回报，从而将资金转做他用，导致技术得不到应用。④技术研究开发应用效益与风险的矛盾。研究开发的过程中充满了风险，包括技术选择失策、开发失败、技术供求关系变化、时机滞后、竞争失败、技术应用达不到预期效益等。有时，人们畏于风险而放弃新技术的开发应用，也可能因此失去机会。⑤技术研究开发应用成本与新增效益的矛盾。技术越先进，支付的代价就越高昂，从而出现支付成本与预期效益的矛盾。先进技术开发应用的成本一定要低于预期效益，否则再先进的技术也难以推广应用。技术的先进性与经济性的对应关系，往往决定着技术方案的选择，如表 1-1 所示。

表 1-1　技术项目的选择

方　案	技术先进	经济合算	决　策
Ⅰ	是	是	可行
Ⅱ	是	否	不可行
Ⅲ	不完善	不完善	一定背景下可行
Ⅳ	否	否	不可行

（四）技术经济学的概念

技术经济学是技术进步与经济增长日趋结合的产物。它属于应用经济学的范畴，是由技术科学与经济科学等相互交叉渗透而形成的一门边缘性学科。技术经济学主要研究项目的可行性，即在调查研究的基础上，通过市场分析、财务分析、技术分析和国民经济分析，对各种投资项目的技术可行性和经济合理性进行综合评价；研究技术实践的经济效果，寻求提高经济效果的途径与方法；研究在我国当前国情条件下，如何利用技术促进经济增长的规律和方法。

技术经济学不同于一般技术科学，它不研究纯经济问题，也不研究纯技术问题。技术经济学同政治经济学、宏微观经济学等学科不一样，它是应用经济学，不是理论经济学。技术经济学从技术与经济的辩证统一的关系出发，研究技术的经济合理性，即技术与经济的关系问题。技术经济学可以定义为是研究技术领域中的经济活动规律、经济领域的技术发展规律、技术发展内在规律的科学。

二、技术经济学的研究对象

技术经济学的研究对象是技术经济学中极为重要的内容。明确这一问题，是准确了解和把握技术经济学学科本质的关键所在。否则，就无法把本学科与其他学科区别开来。

在技术经济学的研究对象问题上，学术界存在着不同的观点。“效果论”者认为，技术经济学研究各种技术政策、技术规划、技术方案的经济效果，并对其进行分析；“关系论”或“矛盾论”者认为，技术经济学研究技术与经济及其矛盾的统一规律，并求得最佳结合；而“系统论”者则认为，技术经济学的研究对象是技术经济系统，即技术—经济—生态—社会—价值（文化）系统的要素、结构、运行、功能及其规律性，等等。

本书认为，技术经济学是研究“技术领域中的经济活动规律、经济领域的技术发展规律、技术发展的内在规律”的科学。具体来讲，技术经济学的研究对象主要有以下三个方面：

（一）研究技术实践的经济效果，寻求提高经济效果的途径与方法

技术进步是推动生产力发展的最根本要素，是企业竞争能力的集中体现，是经济增长转型的基础。一方面，国内外实践证明，通过加快企业技术进步，可以优化产品结构、企业结构和产业结构，发展规模经济，实现规模经济效益和科技进步效益；通过加快企业技术进步，可以节约资源，降低消耗，缓解能源、交通、重要原材料的供给制约，提高生产要素重新组合的质量和使用效率，保护环境，实现经济持续发展；通过加快企业技术进步，可以提高企业的技术水平和产品质量，降低生产成本，增加产品附加值，提高企业素质和经济效益，使企业在日益激烈的竞争中居于主动地位。

但另一方面，技术的使用总是涉及投入与产出的问题，并且技术作为一种资源，在特定的历史时期，其在数量和质量上总是有限的、稀缺的。如何最有效地利用技术资源促进经济增长，是技术经济学所要研究的一个基本问题，这也是技术经济学理论体系的微观基础。

研究技术的经济效果在我国已有 60 多年的历史。20 世纪 50 年代初期，我国学者把苏联的技术经济分析（或称技术经济论证）的方法引入我国。在“一五”期间，我国经济决策部门运用技术经济分析的方法对各个重点建设项目组织了专家论证，从而保证了“一五”计划的重大工程项目大多具有良好的经济效益。20 世纪 60 年代初，我国制定了第二部科学

技术发展规划——《1963—1972 年科学技术发展规划纲要》。根据此规划的要求，所有技术领域的投资项目都应进行技术经济分析。实践证明，效果是良好的。改革开放以来，经过 40 年的理论研究和实践，技术经济学有了长足的发展。在技术经济评价基础上引入的西方投资项目可行性研究的内容，使技术经济分析工作又上了一个新台阶。

研究技术领域的经济效果，还包括研究如何用最低的生命周期成本实现产品、作业或服务的必要功能。就工业产品来讲，生命周期成本是指从产品的研究、开发、设计开始，经过制造和长期使用直至被废弃为止的整个产品生命周期内所花费的全部费用。对产品的使用者来讲，生命周期成本体现为一次性支付的产品购置费与在整个产品使用期限内支付的经常性费用之和。所谓必要功能，是指产品使用者实际需要的产品的使用价值。在技术经济学中，引入价值工程，即用最低的生命周期成本实现产品、作业或服务的必要功能，促进了技术领域各种有限资源利用效率的提高。在我国，尽管价值工程已得到广泛的应用，但按产品生命周期成本最低的原则进行经济、技术决策，还存在一些误区。这主要表现为：①片面追求产品功能的完善，而很少考虑这些功能的必要性以及实现这些功能所付出的代价；②过多考虑购置产品时的一次性支付费用，而不重视产品使用过程中的经常性开支。后一种表现集中体现在一些企业宁愿支出大量的维修费维护低效率、高消耗的陈旧设备，也不愿意进行设备更新。

技术经济分析是技术服务于生产建设的一个主要的保证手段，在经济、技术决策中占有重要地位。它能帮助解决投资者在投资项目尚未实施前估算出其经济效果，并通过对不同方案的比较，选出最能有效利用现有资源的方案，从而使投资决策建立在科学分析的基础上。它还能帮助投资者在日常的工业生产活动中选择合理的技术方案，改进各种具体产品的设计与生产工艺，用最低的成本生产出符合要求的产品，以提高工业生产的经济效益与社会效益。

（二）研究技术和经济之间的相互关系，探讨技术与经济相互促进、协调发展的途径

如前所述，技术和经济之间相互促进、互为条件，这就使得任何技术的发展与应用既是一个技术问题，又是一个经济问题。研究技术和经济的关系，探讨如何通过技术进步促进经济发展，在经济发展中推动技术进步，是技术经济学的又一项重要任务，也是其进一步丰富和发展的一个前沿领域。

在这一领域中，技术选择是一个十分重要的问题。所谓技术选择，是指在特定的经济环境条件下，选择什么样的技术去实现特定的经济目标。技术选择有宏观技术选择和微观技术选择之分。宏观技术选择是指涉及面较广的技术采用问题，其影响的广泛性和深远性超出一个企业的范围，影响到整个国民经济的发展和社会进步。例如，从近期来讲，发展我国的电力工业是优先发展火电，还是优先发展水电，或者是优先发展核电，从长远讲又应做何选择。宏观的技术选择涉及宏观决策问题，每一项决策都与采用和发展什么技术有关，而且最终都会影响到整个国家经济、技术和社会的发展。微观技术选择是企业范围内的产品、工艺和设备的选择。企业生产什么产品、用什么方式生产、采用什么样的工艺过程、选用什么样的设备等，这些都是影响企业市场竞争力和经济效益的关键性问题，故技术选择是企业经营活动中的重要决策。微观技术选择虽然直接涉及的是企业的生存与发展，但最终也将影响整个国民经济的发展。

指导各层次技术选择的是各级技术政策。每个企业都应该根据自己的发展目标、资源条件和外部环境制定出企业的技术政策，在这种技术政策的指导下进行具体的技术选择，以适应竞争和发展的需要。各产业部门也应该根据国民经济发展对本部门的要求、技术发展的趋势以及各种客观条件制定出本产业部门的技术政策，用以指导本产业部门的技术选择和发展规划。同样，国家也必须有明确的技术政策，以指导、控制全国范围内各个层次的技术选择。国家的技术政策影响到整个国家长远的经济发展和技术进步。这些政策的制定必须建立在充分了解世界技术发展的大趋势、客观分析国情、深入研究技术与经济之间关系的基础上。

对于发展中国家来讲，技术选择要考虑本国现存的技术体系和技术基础，要与本国的技术水平、生产力发展水平、社会成员的文化教育水平、生产要素条件、市场需求结构及历史文化背景相适应。技术选择首先要强调技术采用后的效果，而不仅是技术的新颖程度。

（三）研究如何通过技术创新推动技术进步，进而获得经济增长

经济增长是指在一国范围内，年生产的商品和劳务总量的增长，通常用国民收入或国民生产总值的增长来表示。

这里所讲的技术进步并不仅仅是指人们通常所理解的技术发展和进步，而是指经济增长中，除资金和劳动力两个投入要素增加以外所有使产出增长的因素，即经济增长因素中去掉资金和劳动力增长外的“余值”。技术进步可分为体现型和非体现型两类。前者是指技术进步包含在新生产出来的资产（如机器设备、原材料、燃料动力等资金的物化形式）之中，或者与新训练和教育出来的劳动力结合在一起的技术进步。事实上，随着科技的发展，新投入资金形成的资产必然把新的科技成就物化在其中，使之与过去的资产相比具有更强的功能。同样，由于教育的发展，劳动者已不再仅仅是单纯的体力提供者，而是具有相当高的科学水平和劳动技能的生产者或创造者。后者则不体现于新生产出来的资产或新训练和教育出来的劳动力身上，而体现在生产要素的重新组合、资源配置的改善、规模经济的效益以及管理技术的完善化等方面。在现实的经济生活中，两种技术进步并存，共同发挥作用。

技术进步的核心是技术创新。技术创新是生产要素的一种新的组合，是创新者将科学知识与技术发明用于工业化生产，并在市场上实现其价值的一系列活动，这是科学技术转化为生产力的实际过程。它包括新产品的生产、新技术和新工艺在生产过程中的应用、新资源的开发、新市场的开辟等。

技术创新是现代企业和经济的活力之源，是经济发展、生产率增长和人民生活水平提高的基本驱动力。发达国家的成功经验已充分证明了这一点。英特尔公司就是企业创新的典范。它的芯片制造厂是世界半导体行业中最先进的工厂之一，控制了世界微处理器市场的75%。英特尔公司之所以能充满活力，是因为它一直保持芯片设计技术的领先地位，不断创新，从而拥有自己独特的技术、独特的产品和独特的营销手段。

技术创新是在商品的生产和流通过程中实现的。单纯的创造发明不能称为技术创新，只有当它们被用于经济活动时，才称为技术创新。技术创新是通过由科技开发、生产、流通和消费四个环节构成的完整系统，实现其促进经济增长的作用。其中，生产和流通是技术创新获得经济意义的关键环节。如果缺少这两个环节，科技发明就不能转化为社会财富，就没有经济价值，同时，消费者（指广义的用户）也不能将各自的反映或评价传递给科技人员，发明创造就只能停留在实验室里，不能进入经济领域，无法转化为生产力。

中国是一个发展中的大国，要从根本上解决技术落后、效率低下的问题，只靠引进国外的技术和产品是不行的。不断加快技术创新的步伐，是经济发展和国家富强的根本。目前，我国研究机构、企业、高等院校、中介组织以及金融机构等在组织上、空间上和产权关系上的脱节，是我国技术创新水平提高的最大障碍。因此，在重视技术创新的同时，要认识到制度和制度创新的重要性，要通过制度创新，使企业成为市场主体，并建立起促进公平竞争的制度环境和有效的创新激励机制。这是促进我国技术创新不断发展的前提条件。

可见，从我国的实际出发，研究技术创新的规律及其与经济发展的关系，探求如何建立和健全技术创新的机制，创造良好的技术创新外部环境，也是技术经济学所面临的一项重要任务。

三、技术经济学的研究内容

技术经济学的研究内容极为广泛，具体可归纳为以下八个方面：

（一）国民经济重大比例关系的技术经济论证与发展趋势预测

技术经济学是一门优化科学。从技术经济的观点看，整个国民经济是一个巨大的经济系统，各产业、部门、地区是它的子系统。如何构造这些数量多、纵横交错的系统网络，又如何使这个系统网络结构的效果最佳，是技术经济学研究的重要内容。具体研究应处理好以下关系：

1. 基础产业与国民经济发展的关系

基础产业一般包括交通运输业、电信业、电力工业等。这些产业的发展必须先行于整体国民经济的发展，否则必将导致国民经济的整体效益下降，并严重制约和影响国民经济的协调发展。

2. 加工工业与原材料工业发展的关系

众所周知，原材料工业在产业发展中处于“供给”地位，即为其他产业的发展提供基本生产资料与生产条件，如钢铁、有色金属、建筑业、轻工业等发展的因素。没有原材料工业的同步甚至超前发展，加工工业的发展将是不可能的。

3. 工业生产与农业生产发展的关系

一个国家的工业与农业发展在不同的发展阶段应有不同的比例结构。各国经济发展的实践表明，随着技术的不断进步、经济的不断发展，工业生产与农业生产的增长速度之间的差距将越来越小。参照世界各国及我国近年来的经验，一般认为，我国工业生产与农业生产的增长速度以 1.5 ~2.1 为宜。我国要保持这样的比例关系，一方面，要不断增加农业的投入，采取多层次、多渠道的农业投入政策以及激励农业发展的各项经济政策，加速改造现有农业生产格局，用高新技术来支持农业生产的现代化；另一方面，还要从宏观上控制加工工业与以农业为原材料的产业的协调发展。

（二）经济增长速度与效益分析

从技术经济的观点来分析国民经济的增长，首先，应分析产值的增长是由于“量的扩大”还是由于“质的提高”；其次，应分析产值的增长中是否存在“该增长的没有增长，不该增长的增长”，即“不缺钙的补钙，不缺糖的补糖”的奇特现象；再次，应分析在产值的增长中是否存在由于重复生产、盲目建设带来的“虚增长”，或产品质量低劣、可靠性极差、没有发展前途的“增长”；最后，应分析产值的增长中是有稳定的原材料保证，还是靠“进口原料”支撑着，从发展上看产品是能出口还是“只进不出”，等等。通过对这种增长的分析，便可得出结论，这种产值的增长是属于稳定、正常的，还是属于不稳定、不正常的。在我国现有资源配置的情况下，要使经济稳定增长，就需要解决“质的提高”“结构合理”“协调发展”“事前论证”等一系列问题。

（三）产业发展模式与产业政策的研究

近几年虽然一直强调经济发展要从速度型转为效益型，强调“同步增长”，但结果仍是速度增长快，甚至达到超高速，而效益增长慢，甚至有些年份呈下降趋势。为什么会出现这种情况？这是因为产业结构的合理与否直接关系到速度与效益的增长及其增长幅度。也就是说，要完成从速度型向效益型的转变，第一，应完成从速度型向结构型的转变，没有产业间的协调发展，就不可能有最佳的或良好的结构效益。因此，在这一转变中，头等重要的是让产业间的发展协调，重视产业间的合理比例、产业发展的轻重缓急，选好产业发展模式，重视结构重于重视速度。第二，要完成从结构型向效益型的转变，以结构效益最佳为目标进行资源的合理配置、产业的合理组合。为完成上述两种转变，在我国经济体制改革中，一项极其重要的任务就是调整产业结构。

（四）科技进步理论、测定方法研究和发展趋势预测

把发展科学技术作为实现现代化的根本措施，并以科技进步为先导，依靠科学技术进步加速现代化的进程。这既是我国经济发展的战略重点，也是推进产业合理化、获得最佳效益的可靠保证。但由于种种原因，我国科技投入明显不足，发展速度相对较慢，科技水平较低，与现代化建设、提高经济效益以及整个国民经济的技术发展要求相比，差距较大。据有关部门统计，我国目前的科技投入占国民生产总值的比重不到2%，未达到发达国家平均3.5%的水平。因此，对科技进步的原则、机制、测定方法和发展趋势的研究，具有特殊的重大意义。这方面的研究应具体到每一个具体产业，如：

（1）各部门新技术、新工艺、新设备的采用。例如，农业中采用各种新的栽培技术、植物保护技术和养殖技术的经济效果研究，各种农业机械的选用等；工业中新生产工艺的采用；建筑工业化的推广等。

（2）各企业生产工艺条件和技术参数的合理选择。例如，各种原料配比的确定，各种工艺条件，如温度、流量、压力、速度、尺寸、强度的选择等。

（3）各类引进设备和技术的选择、分析等。

（4）各种标准（产品品种、质量标准、建筑工程设计标准等）和系列的确定等。

（五）建筑领域的技术经济研究

（1）建设项目国民经济评价、财务评价和社会环境评价的理论与方法。

（2）建设方法（新建、扩建、改造等）的选择和建设期合理化的研究。

（3）施工合理流程的选择等。

（六）生产组织合理化的技术经济研究

（1）生产专业化、协作化和联合化的研究。例如，机械制造生产的专业化和协作化经济效果的研究，石油炼制和石油化学的联合化的经济效果研究，煤炭开采—发电—化工—建材的联合化经济效果研究，各种横向经济联合的经济效果的研究等。

（2）企业合理规模的研究等。

（七）资源开发利用的研究

（1）各种资源合理开发利用的方案设计和论证。例如，土地的合理规划和利用，山区、草原的综合开发，木材的合理采伐和综合利用，各种能源的合理开发和有效利用，水资源的开发和利用，油田气和重油的综合开发和合理利用，水利资源的综合利用，金属和非金属的合理开发，复杂共生矿的综合开发和综合利用，粉煤灰、煤矸石、炼铁水渣、钢渣等工业废渣的综合利用，纸浆废液的利用等。

(2) 各部门的能源路线和工业原料路线的选择。例如，国民经济各部门对能源种类和基地的选择，各种动力机械的燃料构成，合金钢系统中合金元素的合理选择，轻工业中农产品原料和工业原料的合理选择，纺织工业中纤维原料的选择，建设工程费用中各种建筑材料的选择等。

(3) 生产力合理布局的研究。例如，农作物的合理布局，各工业部门的布局原则，各经济区和经济中心的合理配置，各具体工业项目公布地区和地点的选择，新建工业项目的厂址选择等。

(八) 技术经济的理论和方法

这一内容是指技术经济学自身的理论体系和评价方法的完善与发展。

以上这几个方面的技术经济分析、论证是技术经济学中的主要内容。当然，它们没有包括所有方面的技术经济问题，而且技术经济学的每一学科分支都有自己的特点和重要内容。例如，煤炭、石油、金属矿山、非金属矿山等采掘工业的劳动对象是非再生自然资源。因此，这些部门的技术经济学要特别着重分析、研究资源的合理开发和利用，努力提高资源的回收利用率。又如，建筑材料工业产品量大、体重，使用面广，运输量大，因此，建材工业技术经济学要十分注意研究生产力布局和企业规模。再如，农业的经济再生产过程是与自然再生产过程交织在一起的。农业生产的劳动对象基本是有生命的动植物，有其生长发育的自然规律，农业技术应用的经济效果受自然条件和动植物的自然生长规律影响很大，因此，农业技术经济学在分析物化劳动和活劳动的生产效率时，还要考察劳动的自然生长率。

第三节　技术经济学的性质和学科特点

一、技术经济学的性质

关于技术经济学的性质，人们的认识不是完全相同的。“效果论”及“关系论”或“矛盾论”者认为，技术经济学既不属于经济学，也不属于技术学，而是一门交叉性或边缘学科，如图 1-1 所示。

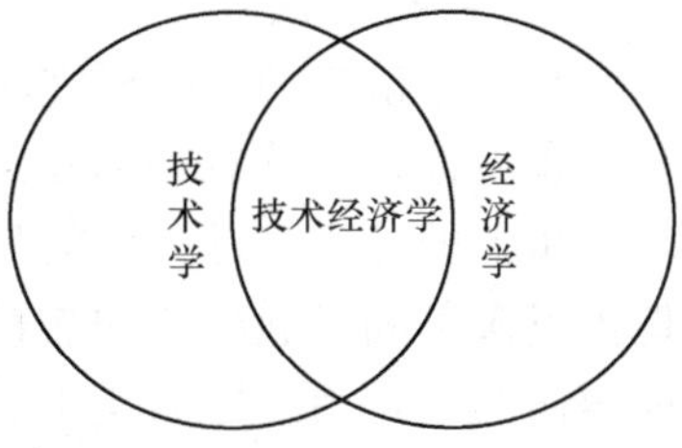

图 1-1　技术经济学“关系论”

“系统论”者认为，技术经济学是一门综合性学科。而相对于系统工程之类的强综合性学科，它又是一门横跨自然科学和社会科学的弱综合性学科。

本书认为，既然技术经济学是一门研究如何最有效地利用技术资源促进经济增长规律的应用性经济学科，那么它就是一门经济学，是经济学的一个重要分支，如图 1-2 所示。

技术经济学与工业经济学、系统工程学、计算机科学、运筹学、统计学及企业管理学有密切的联系。工业经济学是研究经济建设的生产关系与生产力组织的经济学；系统工程学是研究组织管理协调技术的方法论学科；计算机科学是研究信息处理的学科；运筹学是研究数量优化方法的学科；统计学是一门利用统计数据研究随机现象的学科；企业管理学是研究组织管理、企业生产经营活动规律的学科。这些学科为技术经济学提供了经济知识和方法基础，它们与技术经济学存在着相互交叉的关系。工业经济学为技术经济学提供了许多经济理论和经济概念；统计学为技术经济学提供了各种预测模型及随机分析方法；运筹学为技术经济学提供了定量分析模型；系统工程学为技术经济学提供了系统思想及评价方法；计算机科学为技术经济学提供了数据处理及仿真模拟手段；企业管理学为技术经济学提供了组织管理企业的有关知识。而技术经济学又为工业经济学、企业管理学研究、制定发展规划，确定投资目标，采用新技术，改造旧技术等提供了技术经济分析和决策的方法。

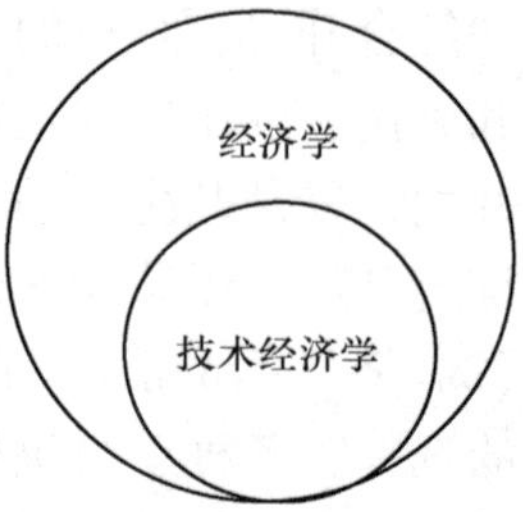

图 1-2　技术经济学与经济学的关系

二、技术经济学的学科特点

（一）系统性

技术经济学所研究的往往是多目标、多因素的对象。因此，正确认识技术对象的运行规律及对经济系统的作用机理，必须把整个技术对象看成一个系统。一方面，这种系统与外界环境之间存在物质、信息和能量的交换，只有用系统的观点和方法去分析问题，才能准确把握技术系统的内在规律；另一方面，技术经济学既有纵向的内涵深入，又与横向的外延相关。因此，从知识结构看，其系统性又表现为综合性。

（二）实用性

技术经济学研究与国民经济直接相关的技术与经济问题，是一门实用性很强的学科。它主要研究生产、建设等各方面需要解决的技术经济问题，要依据大量的数据、资料来规划、设计、分析、评价各种技术方案，并从中选择资源消耗少、技术先进、经济合理、结构优化的技术方案。此外，人们每时每刻都可能遇到有关技术经济方面的问题。生产中有技术经济问题，工作中也有技术经济问题。家庭生活中同样有技术经济问题，例如家庭的开支和家庭的享受。技术经济问题无处不在，技术经济分析计算的应用方法也是无处不可用。技术经济学离不开实践，既为实践服务，又接受实践检验。因此，技术经济学的实用性是它区别于其他学科的一个非常明显的特点。

（三）预测性

技术经济学的基本研究活动是在事物发生之前对其进行预先的分析和估价，因而带有明显的预测性。尽管有一部分技术经济分析活动属于实际结果的事后评价，但其目的也包含着验证事前的分析，是为事前分析服务的。技术经济学的预测性特点，一方面要求尽可能准确地预见事物的发展趋势和前景，充分掌握各种必要的信息资料，尽量避免出现决策错误而造成经济损失；另一方面又说明它包含一定的假设性和近似性，只能要求其分析结果尽可能地接近实际，而不能苛求它绝对准确。对于任何决策来说，预测都是一个关键问题。科学的预测是决策科学化的一个重要组成部分，是科学化决策的一项重要工具。

（四）优选性

技术经济学研究的课题很复杂，每个课题经常同时存在多种解决方案，而这些方案往往各有利弊，存在相互制约、互为消长的关系。因此，必须在全面、综合地进行对比分析的基础上选出最优的方案。出于对某个方案有主观的偏好，或为了争夺上级批准某个方案而夸大一面、掩盖一面，使项目的可行性变成上级的“可批准性”，都只会使严肃的技术经济分析工作流于形式。从一定意义上讲，技术经济学研究的是一个选优过程，它所进行的一系列活动，最终都是为了选优。

（五）战略性

技术经济学研究是为发展国民经济服务的，必须符合国家为发展国民经济而确定的发展战略及有关政策。国民经济发展战略是各项经济技术工作中确定决策目标的依据。没有明确的目标，拟订方案就是盲目的，分析评价就没有正确的标准，也就谈不上决策的科学化。国家的各项经济、技术政策都是为实现发展战略服务的，是各项经济技术工作中进行各项决策时所要考虑的重要的外部条件。例如，产业政策反映了国家从国民经济整体发展的角度对重要资源在各个产业部门之间配置与流动的总体布局。技术政策表明了国家对技术发展方向与发展重点的总体要求。只有各项经济技术工作都严格执行国家的产业政策和技术政策，才能保证整个国民经济的健康发展。国家的各项税收政策、金融政策、物价政策、外资、外贸、外汇政策等也都会对具体的经济技术决策产生实际影响。可见，战略性是技术经济学的一个显著特点。

第四节　技术经济分析的一般程序

技术经济分析程序是按照分析工作的时间先后依次安排工作步骤的过程，通常从明确目标开始，通过收集资料，提出方案，分析方案，选择最优方案，最终实施方案结束。技术经济分析的一般程序分为五个部分，如图 1-3 所示。

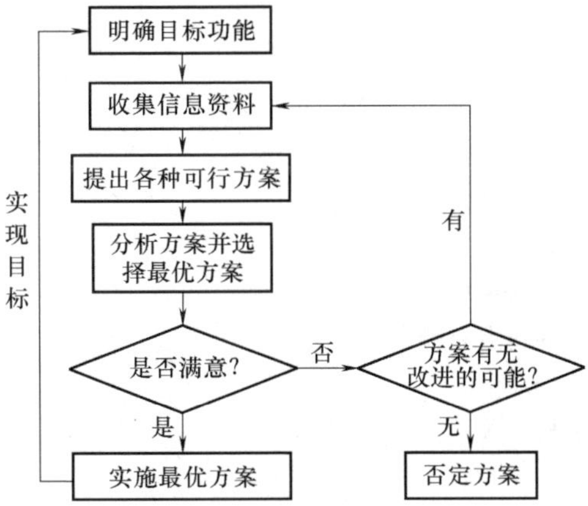

图 1-3　技术经济分析的一般程序

（1）明确目标功能。这是技术经济分析的第一步。比如，如果为了解决一批货物从北京到上海的运输问题，那么就要提出方案，可能通过铁路，也可能通过公路，也可能通过航空，还可能通过水路，可能是单一方案，也可能是复合方案，如公路与铁路、公路与航空、公路与水路等，但必须解决这个运输问题。有时候，方案没有特定的社会功能。例如，某公司现有 3000 万元资金寻找投资目标。其目的只有一个——取得较好的回报率。那么，就要提出一系列投资方案，使最终的回报率达到或超过预期回报率。

（2）收集信息资料。根据需要进行决策的问题和确定的目标，收集与问题有关的资料、数据。比如，目前的技术发展水平，各项技术的适用条件，过去与现在达到的各项技术经济指标，在各项资源上的约束条件等。所需资料的内容和范围取决于所需决策问题的性质。

（3）提出各种可行方案。为了达到一定的目标功能，选择最优的技术方案，就要列出所有可能实行的技术方案。既不能漏掉实际可行的技术方案，也不能把在技术上不能成立或不可能实现或技术尚未过关的方案列出来，避免选出的方案不是最优方案，或虽选出了最优方案，但实际上无法实施或无法兑现。

（4）分析方案并选择最优方案。分析各种可行方案在达到预定目标方面的优缺点，通过比较和衡量，从中选出效果最好的最优方案。对每个方案分析得越细致、越透彻、越全面，对每个方案的评价就越准确。在分析方案时，必须进行充分的调查研究，并且从国民经济的整体利益出发，客观地分析不同的技术方案所引起的内外部各种自然、技术、经济、社会等方面的影响，从而准确地找到在具体条件下的最优方案。如果按主观的好恶、个人的意图而局部、片面地寻找某一方案的优点或另一方案的缺点，那么这种做法往往会把本来不是最优的方案选为最优方案，而把真正的最优方案漏掉，促使决策者做出错误的决策，最终带来巨大的损失。在做决策时，工程技术人员、经济分析人员和决策人员要特别注重信息交流和沟通，减少信息的不对称，使各方人员充分了解各种方案的技术经济特点和各方面的效果，以提高决策的科学性和有效性。

（5）实施最优方案。最后，从中选出效果最好的最优方案，符合目标要求，将给予采纳，并最终实施。

这些分析步骤只是经济分析的一般程序，而不是唯一的程序。根据问题的性质不同，还可以采用其他研究方法和程序。

习　题

1. 简述技术与经济之间的关系及技术经济学的含义。
2. 简述技术经济学研究的对象。
3. 结合实例说明技术经济学的研究内容是什么。
4. 结合实例说明技术经济学的特点有哪些。
5. 简述技术经济分析的一般程序。
6. 简述技术经济学与其他学科的关系。

第二章

技术经济分析的理论基础

技术经济学是研究技术与经济的相互作用、关系以及技术与经济最佳结合的科学。探讨技术与经济实现最佳结合、协调发展的条件、规律、效果是研究技术经济学的基本任务。

关于技术经济学的发展历程、研究对象及技术与经济的关系等，第一章已经进行了讨论。本章将讨论经典经济理论、财务会计相关理论、技术与经济协调发展理论、经济效益理论以及技术经济比较理论。

第一节　经典经济理论

微观经济学是一门研究如何利用稀缺资源从事生产、销售以求实现人类欲望最大满足的理论科学。稀缺是指这样一个基本事实，相对于人类的无穷欲望而言，社会资源是相对有限的，即使以最佳的生产技术来利用这些资源，所能生产的物品也是有限的。既然资源是稀缺的，人类就不可能完全依主观意愿而无限制地生产每一种产品，就不得不研究在一定时期内生产什么、生产多少、如何生产等基本问题。经济学正是为解决这些问题而产生的科学原理与方法体系。

历史证明，市场经济是解决这些基本问题的有效机制，而价格则是市场经济的基本要素。换言之，市场经济就是以价格决定机制以及运行波动机制、风险机制作用于市场上的经济活动主体的经济利益，从而达到优化社会资源配置的一种运行体系。因此，市场经济的微观经济理论研究的核心就是如何达到稀缺资源的最佳配置与利用，其基本任务就是研究市场中商品价格的决定因素，企业生产数量的决定因素，竞争状态不同的市场对企业商品价格和生产销售数量的影响以及企业应向哪个市场投资发展的问题。

经济学的传统假设条件中有三条最基本的假设：

（1）完全理性。经济主体具有完全理性，所有行为都是合理的。

（2）完全竞争。经济主体在没有任何政府干预的完全竞争条件下，追求自身利益的最大化。

（3）完全信息。经济主体完全掌握市场上的各种信息，完全了解市场的历史、现状和发展趋势。

从技术经济学的角度，本节集中介绍市场经济微观理论的核心内容，即供求理论、生产理论、市场理论中的要点。

一、供求理论

(一) 需求函数

需求是指在一定时期内，在各种可能的价格下，人们所愿意购买的某种商品数量的集合。简单地说，需求是“在一定时期内，消费者有与价格相应的支付能力的欲望”。需求不仅仅是人的需要或欲望，还必须有支付能力。

关于需求，有以下三个要点：

（1）需求不仅是主观的，而且是与市场价格相关的。

（2）需求只是意愿，不等于实际购买。

（3）此变量是流量而不是存量，所以需求与时期相关。

社会对一种商品的需求量（Q_D）是由一系列因素决定的，如个人的偏好程度（S）、消费者的收入（I）、商品本身的价格（P）以及有关商品的价格（$P',P'',\cdots$）等。因此，需求函数可表示为

$$Q_D = f(S, I, P, P', P'', \cdots)$$

从理论上说，企业在制订生产计划时，应当确切掌握影响其产品需求量的每个自变量，不过，其所能控制的只有广告费开支和产品价格。所以，企业特别重视某一特定时期的需求量与该时期各种可能价格之间的关系，即

$$Q_D = f(P)$$

该函数关系反映了对这种商品的需求。所谓需求，是指消费者在某一特定时期内，在每一可接受的价格水平上愿意而且能够购买的商品数量。

一般来讲，在其他条件不变的情况下，对一种商品的需求量与该商品价格的高低呈反向变动关系。换句话说就是，价格上升需求量减少，价格下降需求量增加。这称为需求法则。

仅有价格自变量的需求函数可以用曲线来表示，称为需求曲线。如图 2-1 中的曲线 D，它是一条向右下方倾斜的曲线，表示价格与需求量之间存在反向变动关系，曲线斜率为负。常用的函数形式是线性的，如

$$Q_D = a - bP$$

式中，a，b 均为正常数。

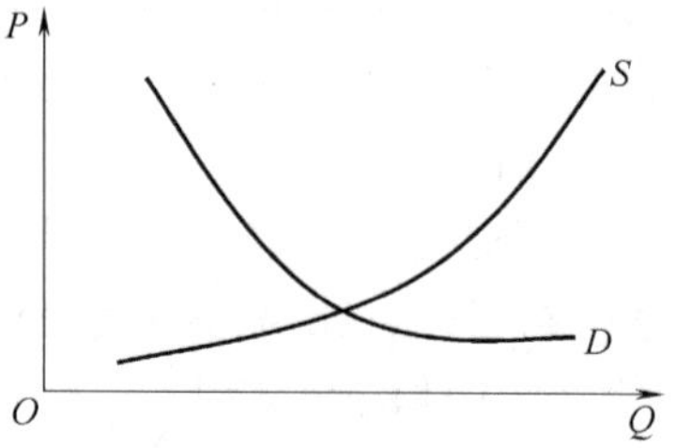

图 2-1　供需曲线

可通过对历史资料的统计分析、回归，求出其需求函数。

某家庭或个人对一种商品的需求，称为个别需求；所有家庭与个人对一种商品的总需求，称为市场需求。从数量上说，市场需求是个别需求之和；从曲线形式上讲，市场需求曲线是个别需求曲线的水平叠加。

(二) 供给函数

供给是指在一定时期内，在各种可能的价格下，企业愿意提供的某种商品数量的集合。一种商品供给量（Q_S）也是一系列因素的函数，如生产成本（C）、技术条件（T）、商品本身的价格（P）以及其他有关商品的价格（$P',P'',\cdots$）等。它可以表示为

$$Q_S = \Phi(C, T, P, P', P'', \cdots)$$

在所有的因素中，关键因素还是该商品本身的价格。在其他因素不变的条件下，一种商品的供给量可以看作是该商品价格的函数，即

$$Q_S = \Phi(P)$$

因此，供给是在其他条件不变的情况下，生产者在各种可能的价格水平上愿意而且能够出售的商品数量。

这种函数关系一般可以用图 2-1 中的曲线 S 来表示，称为供给曲线。它是一条向右上方倾斜的曲线，表示价格与供给量之间存在同方向变动的关系，即在其他条件不变的情况下，供给量随价格上升而增加，随价格下降而减少。这称为供给法则。供给曲线的斜率为正。常用的一种供给函数的形式是线性的，如

$$Q_S = c + dP$$

式中，c，d 为正常数。

一种商品的市场供给是各生产者的个别供给之和。

（三）均衡价格

需求与供给要通过市场来实现，而联系供需的桥梁是价格。当一种商品的需求与供给在市场上达到均衡时，便可确定该商品的均衡价格与均衡数量。把需求曲线 D 与供给曲线 S 画在同一坐标平面内，可以解决这个问题。如图 2-2 所示，曲线 D 与 S 相交于 E 点，E 点表明，消费者愿意以价格 P_0 购买的商品数量为 Q_0，生产者愿意以价格 P_0 出售的商品数量也为 Q_0，则市场在 E 点“出清”。P_0 称为市场均衡价格，它是指此种商品的需求价格与供给价格相一致时的价格；同样，Q_0 称为市场均衡数量，它是需求量与供给量一致时的商品数量；E 点则称为市场均衡点。

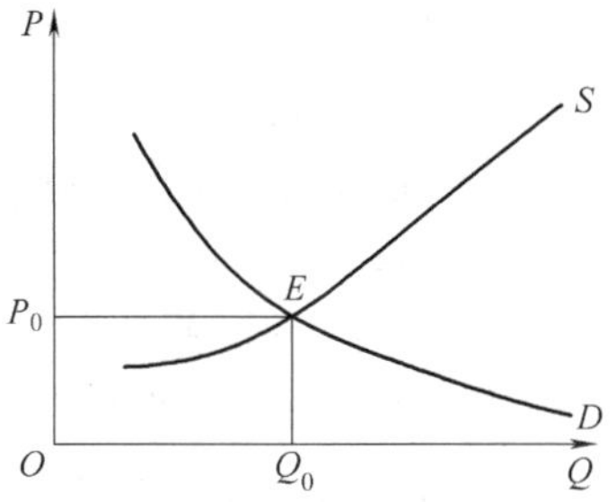

图 2-2　供需平衡曲线

如果已知需求函数 $Q_D = a - bP$，供给函数 $Q_S = c + dP$，供求均衡的条件是 $Q_D = Q_S$，由此即可求得均衡价格及均衡数量分别为

$$P_0 = \frac{a-c}{b+d},\ Q_0 = \frac{ad+bc}{b+d}$$

市场均衡是通过市场供求之间的相互作用自发调节而形成的，一旦市场价格背离均衡价格，则有自动恢复均衡的趋势。例如，当市场价格低于均衡价格时，需求大于供给，市场上出现商品短缺，这时价格将自动上升，一方面抑制需求，另一方面刺激生产，最后再次达到均衡价格。

（四）需求弹性

任何自变量的变动都将引起需求量或供给量的变动，但是不同商品的量的变动幅度与自变量变动幅度的相对比率是不同的。弹性理论正是用来研究这种差异的。

需求弹性包括需求的价格弹性、需求的收入弹性和需求的交叉弹性，分别表示需求量变动与价格、收入和其他商品价格变动之间的关系。其中最重要的是需求的价格弹性（有时简称为需求弹性）。

需求的价格弹性是以价格为自变量、需求量为因变量的弹性关系。如果用 E_d 表示需求的价格弹性系数，用 Q 和 ΔQ 分别表示需求量和需求量的变动量，用 P 和 ΔP 分别表示价格和价格的变动量，则有

$$E_d = -\frac{\Delta Q/Q}{\Delta P/P} = -\frac{\Delta Q}{\Delta P} \cdot \frac{P}{Q}$$

由于价格与需求量是反向变动的，因此需求弹性系数应该为负值。但为了便于记忆与理解，将负值变为正值——式中的负号就是起这个作用的。

E_d 的大小表明了需求量对市场价格变动做出反应的程度：

$E_d = 0$，需求完全无弹性，即无论价格怎样变动，需求量都不会变动。

$E_d \to \infty$，需求完全有弹性，表示在既定的价格水平上，需求量是无限的，而一旦高于既定价格，需求量几乎为零，说明商品的需求变动对其价格变动异常敏感。

$E_d = 1$，单位需求弹性，表示需求量与价格按同一比率变动。

$0 < E_d < 1$，需求缺乏弹性，表示需求量变动的比率小于价格变动的比率。

$E_d > 1$，需求富有弹性，表示需求量变动的比率大于价格变动的比率。

（五）供给弹性

供给的价格弹性是以价格为自变量、以供给量为因变量的弹性关系。如果用 E_s 表示供给的价格弹性系数，用 Q 和 ΔQ 分别表示供给量和供给量的变动量，用 P 和 ΔP 分别表示价格和价格的变动量，则有

$$E_s = \frac{\Delta Q/Q}{\Delta P/P} = \frac{\Delta Q}{\Delta P} \cdot \frac{P}{Q}$$

供给量与价格总是同方向变化的，因此供给弹性系数总为正值。

E_s 的大小表明了供给量对市场价格变动做出反应的程度：

$E_s = 0$，供给完全无弹性，即无论价格怎样变动，供给量都不会变动。

$E_s \to \infty$，供给完全有弹性，表示在既定的价格水平上，供给量是无限的，而一旦高于既定价格，供给量几乎为零，说明商品的供给变动对其价格变动异常敏感。

$E_s = 1$，单位供给弹性，表示供给量与价格按同一比率变动。

$0 < E_s < 1$，供给缺乏弹性，表示供给量变动的比率小于价格变动的比率。

$E_s > 1$，供给富有弹性，表示价格每提高（或降低）一定比率，则供给量相应增加（或减少）更大的比率，供给曲线比较平坦。

影响商品供给弹性的因素，就短期来讲，与商品生产的难易程度有关。例如，劳动密集型商品的生产规模变动容易，供给弹性就大；而资本密集型商品的生产规模变动较难，供给弹性就小。

（六）弹性分析对企业决策的启示

尽管价格弹性对企业的价格决策意义重大，但企业不应单纯根据价格弹性的大小制定自己的价格策略。在制定价格策略时，企业必须考虑各种成本及其变动。当商品价格缺乏弹性时，决策规则很简单，即提价。在这种情况下，总收入将增加，但由于销售量将下降，故欲增加利润，就应当至少保证总成本不变。当商品价格富有弹性时，情况更为复杂。如果价格下降使总收入的增加量大于销售导致的生产增加的总成本的增加量，那么总利润就会增加，在这种情况下应降价；如果提价使总收入的减少量小于产量减少导致的总成本的减少量，就应当提价。当然，若为了扩大市场占有率，则应当更为灵活地选择降价策略而不是提价。

只有掌握了在有关区间产品需求的收入弹性的近似值，企业才可以估计出收入变动对商品和劳务需求量的影响，并据此制订其生产计划甚至投资计划。

二、生产理论

生产理论研究生产者的行为。生产者即企业，是指能够独立做出生产决策的经济单位，包括个人独资企业、合伙制企业和公司制企业。在生产理论中，假设企业的目的是在一定的产量下实现成本最小，或者在一定的成本下达到产量最大。

（一）生产函数

生产是使用各种生产要素以产出产品的过程，即把投入变为产出的过程。生产函数则表示投入与产出之间的关系，即在一定的技术条件下，任何一种投入的组合所能生产的产量，如果以 Q 代表产量，L 代表劳动投入，K 代表资本投入，则生产函数可表示为

$$Q=f(L,K)$$

假定其他投入要素均不变，只变动一个投入要素（如劳动），此时生产函数表示为 $Q=f(L)$，称为短期生产函数。

（二）成本函数

成本是生产中使用各种生产要素所支付的费用。成本函数是指生产费用与产量之间的函数关系。成本可分为总成本（TC）、平均成本（AC）和边际成本（MC）。总成本是指生产一定量产品所消耗的全部成本；平均成本是指单位产品平均消耗的成本；边际成本是指每增加一单位产品所增加或减少的成本。

根据生产时期，成本又可分为短期成本和长期成本。在短期内，企业来不及调整其固定资产（包括设备、厂房等），只能调整某些可变投入（如人力）来适应产量的变动需要。所以，短期成本包括固定成本与变动成本。而在长期内，企业可以根据产量要求来调整全部生产要素，包括固定资产。因此，长期成本中就无固定成本与变动成本之分。

总成本（TC）为生产过程中所使用的每一种投入要素的成本之和，它等于固定成本总额（TFC）与变动成本总额（TVC）的总和，即 TC = TFC + TVC。如果用 Q 来表示现行的固定成本总额所允许的产量水平，那么有以下各种成本的计算公式：

（1）平均固定成本（AFC）是指平均摊在单位产量上的固定成本。其计算公式为

$$\mathrm{AFC}=\frac{\mathrm{TFC}}{Q}$$

（2）平均变动成本（AVC）是指平均摊在单位产量上的变动成本。其计算公式为

$$\mathrm{AVC}=\frac{\mathrm{TVC}}{Q}$$

（3）平均总成本（ATC）是指平均摊在单位产量上的总成本。其计算公式为

$$\mathrm{ATC}=\frac{\mathrm{TC}}{Q}=\frac{\mathrm{TFC}}{Q}+\frac{\mathrm{TVC}}{Q}=\mathrm{AFC}+\mathrm{AVC}$$

（4）边际成本（MC）是指产量变化一个单位而引起的总成本的变化。其计算公式为

$$\mathrm{MC}=\frac{\Delta\mathrm{TC}}{\Delta Q}=\frac{\Delta\mathrm{TFC}}{\Delta Q}+\frac{\Delta\mathrm{TVC}}{\Delta Q}=\frac{\Delta\mathrm{TVC}}{\Delta Q}$$

在一定的产量水平上，产量增加一个单位给总成本带来的变化量就是边际成本。边际成本对于分析产量和成本之间的动态关系是非常重要的。如果成本函数是可微的，那么边际成本就是成本函数的一阶导数，即

$$MC(Q)=\frac{dTC(Q)}{dQ}$$

一般地，如果只有一种可变投入的话，边际产量递减就等价于边际成本递增。因为当不断增加产量时，每增加一单位产品所需要增加的这种投入越来越多，这就是边际成本递增。

但是，如果可变投入有两种以上，边际产量递减就不一定蕴含着边际成本递增。因为边际产量的定义只允许一种可变投入变动，而其他投入都被假定为固定不变。当产量变动时，生产过程可以调节所有的可变投入来求得成本的最小化，而不必局限于只变动一种投入。由于有了较大的调节余地，在所有投入的边际产量都发生递减的情况下，边际成本也不一定发生递增。

边际成本最终递增是符合实际的：一是因为有边际产量递减规律；二是资源的稀缺性会造成获取成本越来越高。

（三）成本函数估计

成本函数对企业决策至关重要。要使企业利润实现最大化，企业决策人员必须完成的一项任务，就是估计成本，包括估计短期成本和长期成本。

常用的估计成本的方法有两种：一是利用历史数据估计，即历史成本法；二是利用工程师所估计的成本估计。如果决策分析人员选用历史成本法，那么他们将以过去企业实际发生的成本数据为基础来估计未来的成本，但必须对历史成本进行适当的调整。具体调整内容如下：

（1）考虑机会成本。

（2）考虑将来技术变动对成本的影响。

（3）调整计算成本的时间和投入要素的价格。

（4）剔除通货膨胀因素。

（5）把成本区分为变动成本和固定成本，以适应短期成本估计的要求。

（6）估计短期成本一般只能使用时间序列数据，数据观察期要根据具体情况确定。有经济学家认为，总观察期可定为3年，每月观察一次，共取36个观察值来估计短期成本是比较适中的。

（7）用统计方法估计长期成本需要使用截面数据，这时既要调整生产要素价格，又要对不同企业的成本数据进行调整，而且要选择经营效率高的企业，收集观察数据。

一旦调整好历史成本数据，决策分析人员就可以利用各种方法来估计成本函数，通常可选用高低点法、直观拟合法和回归分析法。下面简单介绍高低点法和直观拟合法。

使用高低点法，只需要在调整好的历史成本数据散布图上，画一条连接最高产量点和最低产量点的直线就可以了，如图2-3a所示。如果连接高低产量点的直线不足以代表这些散布点的分布态势，则可以利用这些散布点画一条看起来最能代表或最佳拟合原始成本数据的曲线（也可以是直线），如图2-3b所示，这就是直观拟合法。

估计企业成本函数通常不是一件简单的工作，是要付出代价的。因此，决策分析人员面临一项选择，即必须在取得比较准确但代价较高的企业成本信息与取得可靠性稍差但代价较低的企业成本信息之间做出适当的平衡。

（四）边际收益递减规律与规模经济

1. 边际收益递减规律

当包括技术在内的其他投入固定不变时，一种投入数量增加最终会达到一个临界点，在它以后，产出水平会因为这一投入的增加而减少。理解时，应特别注意以下几点：

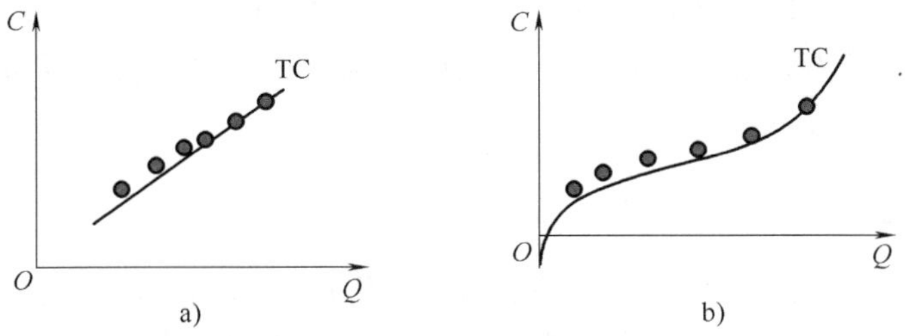

图 2-3　历史成本数据散布图
a）分布态势为直线　b）分布态势为曲线

（1）边际收益递减规律具有独立于经济制度或其他社会条件而发生作用的普遍性或一般性。

（2）边际收益递减规律的作用前提之一是“技术水平”不变，它不否认技术条件变化可能促使劳动生产率提高。

（3）边际收益递减规律的表述中，有“最终”两个字的修饰。也就是说，某一投入的边际收益并非自始至终递减，它有可能在一定范围内呈现增加趋势。

2. 规模收益

规模收益研究的是企业的各种投入都按同一比例增加时，产出水平会有什么样的变化。依据所有投入同比例变化时产出变化水平不同，存在三种规模收益情况：

（1）规模收益递增情况，即投入的要素增加 t 倍，产出增加大于 t 倍。

在一些特殊的生产过程中，规模收益递增现象被物理学规律所支持。例如，用金属或木材制作立方体箱子，投入是不同面积的材料，而产出是立方体的箱子。由于表面积与边长的二次方成正比，体积与边长的三次方成正比，因而，用边长均为 1m 的材料制作，产出为 $1m^3$ 的箱子，而用边长均为 2m 的材料制作，产出箱子的体积则为 $8m^3$，获得了规模收益递增效果。又如，随着生产规模的扩大，有可能利用过去受资金规模限制而不能添置的新设备，如巨型吊车、性能更高的计算机等，如果这些高效设备带来的产量提高的比例大于所有投入增加的比例，也可能引起规模收益递增。

（2）规模收益不变，即投入的要素增加 t 倍，产出也增加 t 倍。如果所有投入 1% 的增加正好带来产出 1% 的增加，就得到规模收益不变的生产函数。

可以想象，当所有投入增加 1 倍时，可以再建一个与原来生产系统完全相同的生产过程，于是得到相当于原来产出 2 倍的产出，而获得规模收益不变的生产函数。

（3）规模收益递减，即投入的要素增加 t 倍，产出增加小于 t 倍。如果所有投入 1% 的增加仅能带来小于 1% 的产出增加，就得到规模收益递减的生产函数。

对规模收益递减的解释与组织成本有关：当生产规模扩大时，信息处理、组织协调方面的工作量和复杂性以更快的速度增加，如果经理人员、秘书、文件和信息处理设备方面的管理投入仅仅与其他投入同等比例增加，就无法胜任规模扩大后组织协调工作的需要，效率就会下降。由于这方面投入增加幅度必须提升较高比例才能够维持产出增加的一个较低比例，因而发生了规模收益递减现象。

3. 规模经济与规模不经济

规模经济是指随着企业规模扩大，收益增加。产生规模经济的原因主要有专业化利益、要素的不可分割性、生产的多样化利益、其他方面的利益等。

规模不经济是指随着企业规模扩大，收益反而减少。产生规模不经济的原因有专业分工的副作用、管理效率的降低等。

三、市场理论

市场是社会主义市场经济的核心，是消费者和生产者共同决定价格的场所与机制。市场理论是研究在不同市场结构条件下企业决定其价格与产量的理论。

一个市场包括一群企业和个人，他们在其中通过买卖交易产品和劳务发生经济联系。为了便于分析市场，经济学家像其他领域的科学家一样，首先对研究对象加以分类。可以按照所考虑的角度和所选择的变量不同对市场进行分类，如可以依据买卖双方信息结构的特点和经济活动是否存在显著的外部性来分类。不过最普遍的方法是从竞争程度来分类，这种分类可以将市场划分为完全竞争市场、完全垄断市场和不完全竞争市场。

（一）完全竞争市场

完全竞争市场是指竞争不受任何干扰的市场。它必须符合下列条件：

（1）市场价格既定。市场上有很多生产者和消费者，他们的销售量或购买量都只占市场的很小份额，他们各自的行动都无法影响市场的价格，因此，他们都是既定价格的接受者而不是决定者。

（2）产品质量相同。该市场上的企业提供同一产品，质量无差异。

（3）要素转移自由。所有投入要素（包括企业本身）可以自由进出市场。

（4）信息高度完备。消费者和生产者都充分掌握各种信息，特别是价格信息。

上述条件缺一不可，否则就变成了非完全竞争市场。显然，理想的完全竞争市场实际上是不存在的，即使农产品市场也只是接近而已。但是，完全竞争市场假设是研究其他各类市场的理论基础，因此首先需要对它加以研究。

（二）完全垄断市场

完全垄断市场是指整个产业只有一家企业，它的产品没有任何替代品，其他企业也很难进入此产业。因此，完全垄断企业能够操纵整个产业的产量和价格，该企业就代表该产业。处于完全垄断地位的企业，无论是在长期或者短期内，都能够获得超过正常利润的垄断利润。

形成完全垄断的原因主要有：①“自然”垄断。这是自由竞争的结果，某家企业效率高、成本低、发展快，达到规模经济，市场占有率极高，直到完全垄断。②原料控制。一家拥有或控制全部原料的企业，拒绝出售给其他企业，便形成完全垄断。③专利权。根据专利法，发明者有使用自己发明的方法进行生产的专利，而其他企业不能无偿使用此成果。发明者在专利保护期间可处于完全垄断的地位。④政府特许。一些社会公用事业，如电力、燃气、电话等，在不便也不宜竞争的时代，政府授予企业市场特许经营权，由其独家经营，同时也在某些方面（如价格）加以管制。

（三）不完全竞争市场

关于完全竞争市场与完全垄断市场的分析其实是理想状态下的纯理论分析。在现实经济生活中，大部分商品市场既存在竞争因素，又存在垄断因素，这种市场称为不完全竞争市场。不完全竞争市场按照其竞争或者垄断的力量大小，可分为垄断竞争市场和寡头垄断市场。由此可见，不完全竞争介于完全竞争和完全垄断之间，并在市场经济中居主导地位。

不完全竞争市场具有以下特性：

（1）一切同类商品之间都存在差别，虽相近但又不同，虽可以互相替代，但又不能完全替代。正因为商品有差别，不能完全替代，造成了竞争的不完全性，使市场形成一定程度的垄断；但商品彼此之间在某种程度上可以替代，又使生产者无法形成真正的、长期的垄断，竞争势在必行，有时甚至相当激烈。

（2）市场上有相当多的企业，每家企业对市场只能施加有限的影响，但彼此独立，互不依存。每个企业既是垄断者，又是竞争者。

（3）在市场上，资源转移没有多大限制，企业进出市场比较容易。

不完全竞争市场对消费者来说是有利的，因为在一定价格水平下，消费者对商品的选择空间较大，可以在多种差别商品中选择功能最佳的商品，因此，消费需求的满足程度最高。对企业来说，也能依靠自己的经营策略、产品更新换代以及技术进步来获取更大的利益。不完全竞争市场已成为目前经济生活中普遍存在的市场结构。

第二节　财务会计相关理论

技术经济学研究多目标、多因素的问题，分析的问题包括技术因素的指标、经济因素的指标、社会因素的指标，甚至还包括其他因素；既要分析近期的技术、经济因素，还要考虑远期的技术、经济因素。它不仅为决策服务，而且所研究的是各行业生产、建设中实际的技术经济问题，以及跨行业需要共同解决的技术经济问题。技术经济学研究的成果直接用于生产、建设的实践，并通过实践检验、分析研究成果的正确性。为此，在进行技术经济学研究时，要综合考虑诸多目标、因素，且在动态中、联系中进行系统分析。财务信息是技术经济分析所需要资料数据的重要来源之一，财会知识也是技术经济分析的基础知识，投资、成本和利税是进行技术经济分析的基本要素。任何企业的经营活动都可以看作在一个开放的系统中投入经营要素，经过系统的转换而实现产出。构成经济活动投入与产出的就是投资、成本、利润和税金。因此，把握财务会计提供的关于企业的财务状况（包括资金流转的影响以及经营成果的信息）是对企业经济活动进行技术经济分析评价的关键。

在对投资项目进行技术经济分析与评价之前，必须结合财务管理知识，读懂各种相关的报表。因为报表是财务数据的汇总，表中的数据是进行投资项目技术经济分析与评价的基础。

一、财务会计核算的基本前提

（一）会计主体

会计主体又称会计实体，是指会计工作服务的特定单位或组织。会计核算的对象是企业的生产经营活动，生产经营活动是由各项具体的经济业务构成的，而每项经济业务又都与其他有关的经济业务相联系。由于社会经济关系错综复杂，企业本身的经济活动也总是与其他企业或单位的经济活动相联系，因此对于会计人员来说，首先需要确定会计核算的范围，明确哪些经济活动应当予以确认、计量和报告，哪些不应包括在其核算的范围内，也就是要确定会计主体。

会计主体的作用在于界定不同会计主体会计核算的范围。会计工作的目的是反映一个单位的财务状况、经营成果和现金流量，为包括投资者在内的各方决策者服务。会计所要反映的总是特定的对象，只有明确规定会计核算的对象，将会计所要反映的对象与包括所有者在内的其他经济实体区别开来，才能保证会计核算工作的正常开展，实现会计的目标。

会计主体与法律主体并不是同一概念。一般来说，法律主体必然是会计主体，但会计主体并不一定是法律主体。任何企业都是会计主体。在企业规模较大的情况下，为了便于掌握其分支机构的生产经营活动和收支情况，可以将分支机构作为一会计主体，要求其定期编制会计报表。此外，在控股经营的情况下，母公司及其控股的子公司均为独立的法律主体，各为一会计主体。但在编制合并会计报表时，也可以将母公司和子公司这些独立的法律主体组成的企业集团视为一会计主体，将其各自的会计报表予以合并，以反映企业集团的整体财务状况和经营成果。也就是说，会计主体可以是独立法人，也可以是非法人（如合伙经营活动）；可以是一个企业，也可以是企业内部的某一单位或企业中的一个特定的部分（如企业的分公司、企业设立的销售部）；可以是单一企业，也可以是由几家企业组成的企业集团。

总之，会计主体为各种要素的发生与变动明确了空间边界。在技术经济分析中，也要根据各种不同的情况与要求，划定现金流入与流出的边界。例如，项目的全部投资技术经济评价和自有资金技术经济评价等。

（二）持续经营

持续经营也称继续营业，是指企业或会计主体的生产经营活动无限期地延续下去，是针对非持续经营而言的。它要求会计人员以企业持续、正常的经营活动为前提进行会计核算。

会计核算所使用的一系列会计处理方法都建立在持续经营前提的基础上。例如，只有在持续经营的前提下，才能运用历史成本原则，企业才可以按照正常的情况使用它们所拥有的各种经济资源，以及依照原来的偿还条件来偿还它所负担的各种债务。企业对于它所使用的机器设备、厂房等固定资产，只有在持续经营的前提下，才可以在机器设备的使用年限内，按照其价值和使用情况，确定采用某一折旧方法计提折旧；对于其所负担的债务，如应付款项，也只有在持续经营的前提下，才可以按照规定的条件偿还。如果没有这一前提，如在清算的情况下，则不能运用历史成本原则，资产价值必须按照实际变现的价值来计算，负债则必须按照资产变现后的实际负担能力来清偿。因此，只有在持续经营的前提下，企业在会计信息的收集和处理上所使用的会计处理方法才能保持稳定，企业的会计和会计报表才能真实可靠。

对于投资项目的技术经济分析来说，一般以一个项目周期为时间界限。在项目周期内，依据持续经营进行处理；在项目周期结束年份，其项目残值一般按照实际变现的价值进行预计。

（三）会计分期

一个企业的经营活动是持续不断的，而企业财务报表的编制及所得税款的缴纳则是分期的。会计分期是指将企业持续不断的生产经营活动分割为一定的期间，据以结算账目，编制会计报表，从而及时地向有关方面提供反映企业经营成果和财务状况及其变动的会计信息。

企业在持续经营的情况下，要计算企业的净收益，反映企业的经营成果。从理论上来说，只有等到企业的所有生产经营活动最终结束后，才能通过收入和费用的归集与比较进行准确的计算。但是，实际上这是不允许的，也是行不通的。因为企业的投资者、债权人、国家财税部门需要及时了解企业的经营情况，需要企业定期提供其决策和征税依据的会计信息。这就需要企业会计人员人为地将企业连续不断的经营活动划分为若干个相等的期间，以反映企业的经营成果和财务状况及其变动情况，这种人为的分期就是会计期间。企业通常以一年作为划分会计期间的标准，也可以按其他标准来划分会计期间，如以6个月为一个会计期间。以一年为一个会计期间的称为会计年度。会计年度可以是公历年度，也可以是以某一日为开始日的365天的期间作为一个会计年度。

在我国，规定企业的会计期间按年度划分，以公历年度为一个会计年度，即从每年1月1日至12月31日为一个会计年度。每一会计年度具体划分为季度、月度。规定以日历年度为会计年度，一是考虑到我国的财政年度采用的是日历年度，为了便于国家的财政管理，会计年度应当与财政年度相一致；二是我国企业目前都采用日历年度作为会计年度，已经形成了惯例。

会计期间的划分对会计核算有着重要的影响。由于有了会计期间，才产生了本期与非本期的区别；由于有了本期与非本期的区别，才产生了权责发生制和收付实现制，才使不同类型的会计主体有了记账的基准。采用权责发生制后，对一些收入和费用也要按照权责关系在本期和以后的会计期间进行分配，确定其归属的会计期间。为此，需要在会计处理上运用预收、预付、应收、应付、预提、摊销等一些特殊的会计方法。

进行项目技术经济分析时，一般以财务报表为基础，预计各年度现金的流入与流出；但是在制定资金规划时，一般应精确到月。

（四）货币计量

货币计量是指企业在会计核算过程中采用货币为计量单位，记录、反映企业的经营情况。

企业的生产经营活动具体表现为商品的购销、各种原材料和劳务的耗费等实物运动。由于商品和各种原材料、劳务的耗费在实务上不存在统一的计量单位，无法比较，因而为了全面、完整地反映企业的生产经营活动，客观上需要一种统一的计量单位作为会计核算的计量尺度。在商品经济条件下，货币是商品的一般等价物，是衡量商品价值的共同尺度，因此，货币便自然成为会计核算、计量，反映企业资产、负债的工具。会计核算以货币计量，使会计核算的对象——企业的生产经营活动统一地表现为货币运动，能够全面、完整地反映企业的财务状况和经营成果。

任何企业在进行会计核算时，都是以本国货币作为核算一切会计事项的固定记账单位。在我国《会计法》中规定，会计核算以人民币为记账本位币。企业的生产经营活动一律通过人民币进行核算反映。考虑到外商投资企业等业务收支以外币为主的企业会计核算的实际需要，规定这些企业也可选定某种外币作为记账本位币，但这些企业在编制和提供财务报表时，应当折算为人民币反映。对于我国在境外设立的企业，一般以当地货币进行经营活动，通常也以当地货币进行日常会计核算，但为了便于国内有关部门了解其财务状况和经营成果，在向国内报送财务报表时，数据应当折算为人民币，以便准确反映其财务状况和经营成果。

货币计量是以货币价值不变、币值稳定为条件的。因为只有在币值稳定或相对稳定的情况下，不同时点的资产价值才具有可比性，不同时间的收入和费用才能进行比较，从而计算、确定其经营成果，并且会计核算提供的会计信息才能真实反映企业的经营状况。但在现实经济社会中，币值变动时有发生，甚至在一些国家的某一时期，会出现货币价值急剧变化，恶性通货膨胀的情况，这对货币计量提出了挑战。有的国家面对恶性通货膨胀的情况，已采用通货膨胀会计，但货币计量仍然是财务会计核算的基础和前提。

在进行技术经济分析时，应根据实际情况，选择相应的币种。另外，应充分考虑通货膨胀因素。

二、会计要素和会计等式

（一）会计要素

会计要素是为实现会计目标，以会计基本前提为基础，对会计对象的基本分类。它是对会计核算对象的具体化，是会计用于反映会计主体财务状况、确定经营成果的基本单位。

从企业会计来说，其核算的对象是反映企业生产经营情况的资金运动，实质上就是企业各种经济资源的来源与运用。要表明企业的财务状况，就需要按照某一标准对各种经济资源的占用和来源进行分类，通过分类将其反映在财务报表中。正是从这一意义上，将会计要素称为财务报表的要素；也正是从这一意义上，将会计要素视为财务报表的基本单位，视为财务报表的基本构件。我国《企业会计准则》分别列示了资产、负债、所有者权益、收入、费用和利润六个会计要素。这六大会计要素可以划分为两大类：反映财务状况的会计要素，包括资产、负债、所有者权益；反映经营成果的会计要素，包括收入、费用和利润。

1. 反映财务状况的会计要素

（1）资产。资产是企业从事生产经营活动必须具备的一定的物质资源，或者说物质条件。具体来说，它是指由于过去的交易或事项所引起的、企业拥有或者控制的、能带来未来经济利益的经济资源。它具有以下特征：①资产能够直接或间接地给企业带来经济利益；②资产是为企业所拥有的或控制的；③资产是由过去的交易或事项形成的。

企业投资形成的资产包括固定资产、无形资产、流动资产和其他资产等。

1）固定资产。固定资产是指使用期限在一年以上，单位价值在一定限额以上，在使用过程中始终保持原来物质形态的资产。例如建筑物、机器设备、运输工具等。

2）无形资产。无形资产是指企业长期使用但没有实体形态的，可以持续为企业带来经济效益的资产。它一般包括专利权、商标权、土地使用权等。

3）流动资产。流动资产是指可以在一年或者超过一年的一个营业周期内可以变现或者耗用的资产。它主要包括现金、存货和应收款项等。

（2）负债。负债是过去的交易或事项形成的现时义务，履行该义务会导致经济利益流出企业。它的特征有：①负债的清偿预期会导致经济利益流出企业。清偿负债导致经济利益流出企业的形式多种多样。例如，用现金偿还或以实物资产偿还；以提供劳务偿还；部分转移资产，部分提供劳务偿还；将负债转为所有者权益。对此，企业不能或很少可以回避；如果企业能够回避，则不能确认为企业的负债。②负债是由过去的交易或事项形成的。负债是过去已经发生的交易或事项所产生的结果，是现实的义务。只有过去发生的交易或事项才能增加或减少企业的负债，而不能根据谈判中的交易、事项或计划中的经济业务来确认负债。

按照流动性对负债进行分类，可以分为流动负债和长期负债。

1）流动负债。流动负债是将在一年或超过一年的一个营业周期内偿还的债务。它包括短期借款、应付票据、应付账款、预收账款、应付职工工资、应付职工福利费、应付股利、应交税金、其他暂收应付款项、预提费用和一年内到期的长期借款等。

2）长期负债。长期负债是指偿还期在一年以上或超过一年的一个经营周期以上的负债。它是企业向债权人筹集的，可供企业长期使用的一种资金。长期负债具有偿还期长、价款金额较大的特征，举债的目的主要是用于固定资产投资。其利息费用构成了一项公司长期性固定性支出，形成公司财务负担。按照筹集方式不同，长期负债主要分为长期借款、应付债券和长期应付款三大类。

（3）所有者权益。所有者权益是指所有者在企业资产中所享有的经济利益，是企业全部资产减去全部负债后的余额，包括企业投资者对企业的投入资本及在经营过程中形成的资本公积、盈余公积和未分配利润。所有者权益是投资者对企业剩余财产的一种要求权，是企业的剩余权益。

所有者权益由投入资本、资本公积、盈余公积和未分配利润四项内容构成。

1）投入资本。投入资本是投资者按照企业章程或合同、协议的约定实际投入企业的资本。投资者投入的资本称为实收资本。

投入资本有时与企业的注册资本在数额上并不一致，因为投入资本是投资人按照合同、协议或者企业申请书的约定实际缴入企业的出资额。投资各方认缴的出资额往往不是在认定后一次性全部投入，而是根据合同规定的出资方式和出资期限，分期分批投入企业。只有投资各方按合同规定缴足出资额后，企业的投入资本才等于注册资本。

2）资本公积。资本公积是一种准资本，是归所有者共有的、非收益转化而形成的资本，是由企业外部投入的，经过一定的程序可以转增为资本。资本公积包括股本溢价、资本溢价、资本评估增值准备、接受非现金资产捐赠准备、接受现金捐赠、股权投资准备、拨款转入、外币资本折算差额等项目。资本公积各准备项目不能转增资本。

3）盈余公积。盈余公积是按照相关规定从税后利润中提取形成的一种积累资金。盈余公积又分为法定盈余公积、任意盈余公积。法定盈余公积和任意盈余公积可用来弥补亏损、转增资本及特殊情况下的股利分派等。

4）未分配利润。未分配利润是指企业留待以后年度分配的利润或待分配的利润。它是企业已经实现的利润与已分配的利润之间的差额，即未做分配的净利润。它包括两层含义：这部分利润没有分配给企业投资者；这部分利润未指定用途。

2. 反映经营成果的会计要素

（1）收入。收入是指企业在销售商品、提供劳务及让渡资产使用权等日常经营活动中所形成的经济利益的总流入。对于某一会计主体来说，收入表现为一定期间现金的流入、其他资产的增加或负债的清偿。收入是企业持续经营的基本条件。企业要持续经营，必须在销售商品或者提供劳务等经营业务中取得收入，以便能够补偿经营劳动中的耗费，重新购买商品（或原材料），支付工资和费用，从而保证生产经营活动不间断地进行。收入的确认是财务成果的最初形式，也是企业获得利润、实现盈利的前提条件。企业只有取得收入，并补偿在生产经营活动中已消耗的各种支出，才能形成利润。

（2）费用。费用是指企业在生产和销售商品、提供劳务等日常经营活动中所产生的各种耗费。企业在生产过程中要耗费原材料、燃料和动力，要发生机器设备的折旧费用和修理费用，要支付职工的工资和其他各项生产费用。费用中能予以对象化的部分就是成本，即制造成本；不能予以对象化的部分，则是期间费用。费用是经营成果的扣除要素，收入扣除费用，便形成一定期间的利润。

(3) 利润。利润是指企业在一定期间内生产经营活动的最终财务成果，也就是收入与费用配比相抵后的差额。它是反映经营成果的最终要素。

(二) 会计等式

会计等式是指表明各会计要素之间基本关系的恒等式，也称为会计平衡公式。

(1) 资产 = 负债 + 所有者权益。一方面，企业要开始生产经营活动，必须从投资者和债权人那里取得一定的经营资金或一定的实物，即首先得占用一定的资财，才能开始生产经营活动。这些资财就形成企业的资产，在会计核算上以货币形式表现并确认为资产。另一方面，这些资产要么来源于债权人，形成企业的负债；要么来源于投资者的资本投资，对于企业来说，形成所有者权益。从数量上来看，这实际上是同一价值运动的两个方面，且来源必须等于占用。在所有者权益金额一定的情况下，从债权人手中取得多少数额的资金，必然使资产按同一数量增加。在负债数额一定的情况下，所有者向企业投入多少数额的资金，也必将使资产按同一数量增加。所以，资产的价值量必须等于负债与所有者权益之和。

这一会计等式表明，某一会计主体在某一特定时点所拥有的各种资产，债权人和各投资者（所有者）对企业资产要求权的基本状况，表明企业所拥有的全部资产都是由债权人和投资者提供的。

这一会计等式还是会计复式记账、会计核算和财务报表的基础。正是在这一会计等式的基础上，才能运用复式记账法记录某一会计主体资金运动的情况，反映会计主体的资产、负债和所有者权益的情况，才能通过编制资产负债表提供企业财务状况的信息。

(2) 收入 - 费用 = 利润。企业的目标就是从生产经营活动中获取收入，实现盈利。企业在取得收入的同时，也必然要发生相应的费用。企业通过收入与费用，才能计算并确定一定期间的盈利水平，从而确定当期实现的利润总额。

(3) 资产 = 负债 + 所有者权益 + 收入 - 费用。由于企业是所有者投资的，企业实现的利润也只能属于所有者，利润的实现总是表明所有者在企业中所有者权益数额的增加；反之，企业经营亏损也只能由所有者承担，所有者在企业中的所有者权益数额减少。将“收入 - 费用 = 利润”代入“资产 = 负债 + 所有者权益”，则可以得出如下等式

资产 = 负债 + 所有者权益 + 利润 = 负债 + 所有者权益 + 收入 - 费用

这一等式表明会计主体的财务状况与经济成果之间的相互联系。财务状况表现企业某个日期资产的来源与占用情况，反映某个日期的存量。而经济成果则表现企业一定期间净资产的增加（或减少）情况，反映一定期间资产的增量（或减量）。企业的经营成果最终要影响到企业的财务状况，企业实现利润将使企业资产增加，或负债减少；企业亏损将使企业资产减少，或负债增加。

三、财务报表

财务报表是综合反映企业一定时期的财务状况、财务成果和财务状况变动情况的总结性书面文件。企业编制财务报表的目的是为报表使用者提供能使他们做出合理投资、贷款、经营管理和其他有关经营决策的会计信息。这些信息包括企业的财务状况、经营业绩和财务状况变动的资料。当然，财务报表的使用者不同，他们对财务报表提供信息的需求也各有侧重。企业的财务报表主要包括资产负债表、利润表、现金流量表、所有者权益变动表和附注。

第三节 技术与经济协调发展理论

随着人类社会实践经验的丰富，劳动技能不断提高，一浪又一浪的技术创新，使人类的科学技术知识更加丰富，劳动工具和劳动对象的效能不断提高，劳动方法及管理水平更加有效。这一切使技术体系内部各构成要素的形态逐步由低级向高级进化，各构成要素的结合方式及结合效率不断提高，从而使技术体系的整体功能不断发展。这一过程称为技术发展。

技术发展在时间上表现为两种基本形式：一种是量的累积渐变过程（俗称技术革新）；另一种是在量的累积达到一定程度时发生的质的突变，即飞跃过程（俗称技术革命）。技术发展的根本标志是人类利用自然、改造自然能力的提高以及人类对社会调节、控制程度和范围的扩大。

技术发展推动着经济发展。经济发展是指社会生产及再生产规模和范围的扩大，以及质的提高。当代经济发展的特征是以集约化扩大再生产为主要方式，因为技术发展改进了生产要素的质量及其结合的方式和效率。技术发展与经济发展的相关性，以及协调发展的规律性，越来越被社会经济技术所证明。为研究技术发展与经济发展的协调规律，需首先研究技术经济学的特性。

一、技术经济系统

技术经济学研究的各种具体对象，如技术政策、技术规划、工程项目和技术措施等，可统称为技术方案。技术方案是技术和经济两个既相互独立又相互联系的子系统，按照一定方式结合为一个具有特定目标和功能的有机体，称之为技术经济系统。

（一）技术经济系统的构成要素

各种技术经济系统的具体内容存在差异性，但都必须具备下列基本的构成要素：

(1) 系统的目标体系。任何技术方案都是为实现某种特定目标而规划设计的，其目标可以是单项的，也可以是多项的。其主目标是实现最大的经济效果，辅助目标可以是技术效果、资源节约、社会公益及生态环境等。

(2) 系统的功能系统。功能系统是实现技术方案目标的支持系统，由技术和经济子系统的功能综合匹配构成。

(3) 系统的结构运行机制。这是产生系统功能的经济基础和技术手段，如工艺路线、技术设备、物资、资金、信息、时间、生产经营计划、组织机构及工作规则等。

（二）技术经济系统的特性

技术经济系统作为技术与经济相互连接的一个有机整体，具有其独特的性质。

(1) 技术经济系统具有开放性。技术经济系统是一个处于变化的大社会环境系统中运行的开放系统，它与社会环境系统不断地进行着物质的（自然资源、原料、设备等）、能量的（燃料动力等）和信息的（市场供需、价格、技术创新信息等）交换，因此必然受到系统外部环境变化的影响和制约。

(2) 技术经济系统的运行效果具有不确定性。这种不确定性是由技术经济系统内部及外部影响因素的多变性和不确定性引起的。技术子系统、经济子系统都是多因素的随机系统，再加上外部环境中许多随机的、不确定的因素影响，在技术与经济结合时，各种因素呈现出复杂的状态，或相辅（同增或同减），或相反（一增一减）。因此，技术经济系统的动态特性是不确定的，对技术方案未知的变化状态只能做到一定精度的预测估计。

（3）技术经济系统的构成要素具有可替代性。由经济理论可知，在一定的技术条件下，系统投入的劳动与资本具有适度的可替代性，可用生产要素的边际技术替代率或要素替代弹性来度量。由于技术性质的不同，生产要素投入量的相对份额可能会出现三种情况：①劳动的边际生产率大于资本的边际生产率，生产系统中劳动投入的份额大于资本投入的份额，相应的技术为劳动密集型技术。②资本的边际生产率大于劳动的边际生产率，生产系统中资本投入量大于劳动投入量，相应的技术为资本密集型技术。③劳动与资本的边际生产率以同比例增长，因此，生产系统中劳动与资本的相对比例不变，相应的技术为中性技术。这一理论告诉人们，技术经济系统生产要素具有可替代性。替代的目的是节约生产成本、优化生产系统。优化的依据是技术运用的可替代性。

规划设计技术方案要遵循优化原则，使系统运行处于最优状态，充分发挥系统各构成要素的功能，并实现其价值。用来满足系统设计目标的技术手段往往有多种。运用技术手段及其他生产要素的可替换性，可实现系统要素的优化配置。

（4）技术经济系统的技术运用具有条件性。任何一项技术创新都是按照特定需求，在一定的经济、技术资源及市场环境下研制开发成功的，并在相应条件下才能发挥其潜在功能，实现预期的经济、技术效果。如果运用技术的客观条件改变了，那么技术的功能就会损失，甚至完全丧失。这就是技术运用的适宜性、条件性。另外，技术子系统一般是一个多种技术的复合体（一般一个技术系统是由基础技术、主体技术、通用技术及相关技术组成的），根据系统的整体原则及环境适应原则，技术子系统整体功能的实现取决于技术子系统内各组成技术的功能匹配状况，以及系统与运行环境的协调程度。

二、技术与经济协调发展理论

实现技术与经济的最佳结合与协调发展，是技术经济学研究的基本任务。研究技术与经济的协调发展主要在于研究技术与经济所构成的系统本身的协调以及系统与外部环境之间的协调。基于技术与经济的相互作用规律和技术经济系统的特性，结合历史经验，可将技术与经济协调发展的条件和规律归纳为以下几个方面：

（1）系统内诸要素的合理匹配是系统发展的内在基础。构思、设计、实施技术方案时，必须综合分析该方案（系统）可能涉及的各种技术、经济因素的性质、变化规律、影响及其作用范围。任何一个成功的技术方案，都是一个多因素相匹配协调的有效系统。这里所说的匹配与协调，是指相关因素之间要保持适当的数量关系和质量关系。无论是数量关系还是质量关系，都要符合系统整体功能的要求，否则就会损害系统的整体功能。技术的研究开发活动，技术方案的规划、设计、实施活动，技术经济分析论证等，都是在做诸因素的质与量的匹配协调工作。

（2）系统内外部相关因素的匹配与协调是系统发展的必要条件。技术经济系统是一个开放系统，在实现自身功能及目标的过程中，要与外部环境不断地进行物质、能量及信息的交换。因此，规划设计技术方案必须考虑系统运行时与外部环境的协调。这就要求系统内外部相关因素要按照系统功能的需要，保持适当的数量关系和质量关系，同时要求系统应具有对外部环境变化的适应性，否则就没有生命力。

一个技术方案的经济、技术效果，是系统内外部诸因素综合作用的结果。在这种综合作用中，每个因素对系统的功能可能起正面作用（正贡献），也可能起负面作用。当它们共同起作用时，正面作用可能被加强，也可能被削弱；负面作用可能减弱，也可能被加强，情况很复杂。如果技术方案在规划、设计阶段能对系统内外部诸因素做出合理的匹配协调，就可以实现加强正面作用、削弱负面作用的目的。这也正是人们进行方案创造和技术经济论证所追求的目标。

（3）经济、技术发展的规模与速度要协调。根据经济、技术发展的相关性规律，经济发展的规模与速度受到技术发展规模与速度的制约；反之，经济的发展水平又制约着技术发展的规模和速度。两者的发展规模和速度要相互协调、相互适应。一个建设项目的经济规模，一个地区经济布局的聚集规模，是与一定的技术发展水平、自然环境、资源状况、经济基础条件等紧密联系在一起的，技术条件发展了，项目的规模经济与区域的聚集经济就会随之改变。规模、速度、效益的统一，是技术经济协调发展的目标。

（4）经济、技术发展在结构上要协调。现代经济发展已不能单纯以产量、产值的增长来代表，而应以产业结构、产品结构、技术结构及生产组织管理结构的优化所反映的质的变化，以及由此而引起的量的变化来代表。后者才是经济的真正发展。技术结构的优化是经济结构优化的基础，两者结构上的协调是经济效益产生的源泉。人们通过投入产出分析，发现近几十年来产业部门之间消耗结构已经发生了巨大变化。这一变化的直接原因是技术发展引起技术结构变化。这种技术与经济结构的关联性，首先表现在技术结构的变动越来越大地影响着一个国家、一个地区、一个部门的经济结构变动。而一个国家或地区技术结构的变化，受该国或该地区的技术政策及产业政策的影响最大。国家或地区运用经济、法律等经济杠杆（如信贷、利率、税收、折旧、价格、保险等）协调技术与经济的结构关系，是促进经济、技术发展的重要手段。

（5）经济、技术发展在空间与时序上要协调。任何经济活动与技术活动都是在一定的空间和时间中进行的。技术与经济的发展如同其他事物一样，在空间及时间上都具有不平衡性。

技术、经济在空间上发展的不平衡性，是指在同一时间的不同地点，技术与经济的发展速度和水平是不平衡的。在世界范围内或一国之内的不同区域，都可以找到技术、经济发展速度或水平较高的地区。例如，美国、日本、德国等国家，中国的上海、北京、广州等地，都是当今经济技术发展的中心。依据技术、经济空间发展的不平衡性，形成了空间梯度理论。造成技术经济空间梯度发展的原因，是决定技术经济发展速度与水平的因素在空间分布的不均衡性，包括自然条件、政治条件、技术条件，以及社会文化素质、传统观念等综合作用的结果。

协调技术经济发展在空间上的不平衡性，不是为了削尖拉平，而是为了建立一个合理的技术经济梯度，以先进带动落后，消除地区发展上的两极分化，实现共同繁荣。

从微观角度讲，一项技术方案，其技术因素和经济因素，在空间上必须进行合理配置。只有空间布局合理，才能有利于实现系统的整体功能。

由于决定技术经济发展水平和速度的各种因素随着时间推移，并不是一成不变的，因此，如果这些影响因素改变了，一个地区技术经济发展的水平和速度也就变化了。从宏观角度讲，创造条件使技术经济发展在时序上相协调，保持一个地区的技术经济持续兴旺繁荣，是技术经济学研究的任务之一。从微观角度讲，对一个技术方案的实施，将其技术因素和经济因素在时序上统筹规划（如网络技术 PERT），以实现成本最小化，同样是技术经济学的研究课题。

三、技术进步促进经济增长理论

当代技术进步是促进经济增长的重要因素。据统计测算，发达国家技术进步对经济增长速度的贡献率，20 世纪初为 5% ~20%，到 20 世纪 80—90 年代已上升到 50% ~70%。而我国当前为 25% ~30%，与发达国家相比，仍有一定差距。因此，对技术进步与经济增长关系的研究，应给予极大的关注。

经济增长一般是指一个国家或一个地区在一定时期内（如一年）的生产总量或人均生产量的增加，常用国民生产总值的增长量表示。影响经济增长的因素主要有：资本投入量及其增长速度（如生产设备、厂房、原材料、燃料、动力、运输、土地等生产要素）；劳动投入量及其增长速度；资本要素的技术水平、功能、效率、质量的提高；劳动者的文化知识、观念、技能等素质的提高；生产组织、管理、决策水平的提高等。

本节旨在探讨技术进步与经济增长的关系。

（一）技术进步的概念

这里谈的技术进步，不同于常识理解的科学技术进步。常识理解的科学技术进步是科学技术发展的概念。科学技术自身随着时间的推移只会提高，不会倒退。它对人类社会的作用有有利的一面，也有不利的一面，如技术变革运用不当会破坏生态环境、造成公害等。

经济学中的技术进步概念不仅仅是一个技术概念，更是一个经济概念。在西方经济学中，技术进步又称为技术变化，原意是指技术变革在实现经济增长目标中取得的进步。也就是说，只有技术变革取得经济增长时，才是技术进步。它有很强的目的性。因此，技术进步概念应包含两个不可分割的含义，即技术本身的创新、变革、发展和技术发展对经济增长产生的作用。

基于国内外研究对技术进步含义的规定，可将技术进步定义为：通过技术创新，使技术不断完善、发展和创新，实现技术与经济的密切结合与协调，使一定的生产要素投入获得超出投入量的产出的过程。

技术进步有狭义与广义之分。狭义的技术进步主要是指自然技术（如硬技术）的变革对经济增长产生的作用。其内容主要是指新技术、新设备、新工艺、新材料、新能源的生产与制造，是指生产力中物质技术的进化与变革。

广义的技术进步是指新技术成果从研究到应用、推广、扩散全过程对经济增长的作用，既包括自然技术，又包括社会技术（硬技术和软技术）。其具体包括生产技术、管理技术和服务技术的完善和进步。生产技术又包括物质生产技术和知识生产技术；管理技术包括管理生产技术和管理服务技术；服务技术包括生产服务技术和生活服务技术。

（二）技术进步对经济增长的贡献机制

技术进步对经济增长的贡献是通过一定的机制完成的。这种作用机制至今研究得还不够具体明确，从定性分析与实证考核两方面，可归纳为下列几点：

（1）使生产要素的质量及其结合效率提高。

（2）随着技术的发展，企业的最优经济规模及区域产业的最优聚集规模提高，其结果是产品平均成本降低，经济效益提高。

(3) 由于技术水平的不断发展，人类更有能力对自然资源进行综合利用和合理配置，提高了资源的利用效率。

(4) 技术发展促进产业结构不断优化升级。技术变革首先带来了技术体系自身结构的优化。技术结构的优化升级带动了产业结构的优化升级，进而带来了经济增长。

(5) 技术进步是产生经济效益的源泉。物质生产活动的基本原则，是以最少的劳动消耗，获得尽可能多的满足社会需要的劳动成果，这就是讲求经济效益的原则。经济效益是在一定的生产要素投入情况下，获得的超出投入量的产出量。因此，由于技术进步取得的经济增长部分是经济效益，是由总产出量中扣除生产要素投入量引起的产出量之后的余额。由此可知，提高经济效益的根本途径是技术进步，技术进步是经济系统生产率的放大器。

（三）技术进步测度方法

技术进步对经济增长的贡献可以通过有关函数求解相关指标来体现。20 世纪初，美国数学家柯布（C. W. Cobb）与经济学家道格拉斯（P. H. Douglas）采用统计分析方法建立相关生产函数，系统地分析了 1899—1922 年美国制造业的有关资料后认为，在此期间内，技术水平没有变化，劳动生产率的提高是资本替代劳动的结果。柯布-道格拉斯生产函数不能直接测算技术进步对经济增长的贡献，但它为进一步研究技术进步测度奠定了基础。在此基础上，J. 丁伯根（J. Tinbergen）提出劳动生产率的提高不仅来源于资本替代劳动，还来源于资本与劳动结合率的提高，即存在技术进步的作用。

随后，美国著名经济学家索洛（R. M. Solow）提出用“余值”测算中性技术进步。他通过建立、推导产出增长型生产函数（不规定具体形式的生产函数），得出年产出的增长速度是年技术进步速度、年资本投入增长速度和年劳动投入增长速度的加权和的结论。由此可见，年产出增长速度中扣除资本的增长和劳动力的增长对产出增长速度的贡献部分，即为技术进步速度。

（四）技术进步对经济增长的作用

在人类社会的发展与变革中，劳动手段和生产物质技术基础起着决定性的作用。可以肯定，未来社会的发展，物质财富的制造将更加依靠技术进步，也只有在加速技术进步的基础上，经济发展的战略目标和远景规划才可能实现。回顾世界各国技术进步的历史可以看出，技术进步不仅对经济增长的影响越来越大，而且速度也越来越快。要提高劳动生产率，要促进固定资产的有效利用，要节约各类物质资源，要提高产品的产量、质量，不是简单地增加投资、增加设备数量，也不是简单地增加劳力、延长工作时间就可以，而是要依靠采用新技术、新装备，即依靠技术进步这个主导因素。这是因为，技术进步可以提高劳动生产率，可以改变人们的劳动性质，提高人们在生产劳动中的积极性、创造性、管理能力、控制能力，可以创造高效的劳动工具与工艺流程，可以创造多功能、多性能的新型材料，可以与生产力诸要素紧密结合，创造出更先进的生产力。例如，日本钢铁工业博采世界各国之长，引进美国的高炉高温高压技术、奥地利的氧气顶攻转炉炼钢技术、德国的脱氧技术、瑞士的连铸技术等，使日本的钢年产量在 20 多年的时间里突破了 1 亿 t；美国、苏联、日本三国从 20 世纪 60 年代中期到 70 年代中期，机械工业产值增长速度和劳动生产率增长速度都大大高于劳动力和设备拥有量的增长速度，等等。这说明技术进步不仅是经济增长的主要源泉，而且是实现经济增长的核心与关键。在当今世界，经济发展将受到人力资源、物力资源、财力资源、自然资源的制约，发展经济而不依靠技术进步将是不可思议的。

下面从以下四个方面加以论述：

1. 技术进步可以加快提高劳动生产率

世界各国的经济发展实践表明，技术进步与劳动生产率之间存在直接关系，即劳动生产率的高低取决于新技术、新工艺、新设备的开发水平，及其推广、应用的速度；取决于生产组织、劳动组合、管理形式、政策手段。我们知道，人们在生产经营活动中，劳动利用效果的标志是劳动生产率的高低。劳动生产率高意味着在单位时间内生产的产品数量多；劳动生产率低意味着在单位时间内生产的产品数量少。而劳动生产率的高低一方面取决于其生产单位产品在某一工序的制造、加工时间，即从原料进厂，到原料的分配与利用，原料的加工及加工深度，产品构成及产品质量的监督、控制的整个工艺周期；另一方面也取决于生产的合理组织、劳动的合理组合、管理的科学与否，一句话总结就是，取决于技术进步的程度。

（1）技术进步可减少手工劳动和重体力劳动，从而不仅使劳动生产率大大提高，而且也使劳动性质发生变化。例如，自动化设备、自动生产线、悬挂式传递装置、起重设备、电子控制设备等的出现，不仅大大提高了生产效率、传递效率、起动安装速度、装卸效率、管理效率，而且带来了新的劳动职业、新的劳动内容以及劳动积极性，同时促进了工人专业技能的提高，吸引了大批劳动者。

（2）技术进步可以提高生产技术水平，挖掘生产潜力。例如，完善设备的利用，提高机械化、自动化程度，采用先进的生产工艺，科学、现代的管理手段等，都可以节约大量的人力，降低劳动消耗量。在完成预期经济目标和生产任务的情况下，无论是人力的节约，还是劳动消耗量的降低，都意味着劳动率的提高。

（3）技术进步可以降低单位产品中的劳动消耗。技术进步的一个主要目标就是寻找节约工时的途径；或在扩大经济规模、生产能力的同时，不增加或少增加工人及管理人员；或在原有职工人数的基础上充分发挥企业各方面的优势，选择企业各种资源的最优配置方案，使企业产出的最终经济成果达到最大。这里不论前者还是后者，都将降低单位产品中的劳动消耗。

（4）技术进步可以提高生产技术定额和劳动定额，降低原材料消耗定额，为此将根据先进的生产工艺，定员、定时、定料、定设备负荷、定人员任务，还需同时采取必要的技术组织措施，如推广先进的劳动操作方法、改进辅助工作、提高服务质量，等等。据有关资料统计，在生产部门提高的劳动生产率中，通常有30%～50%与完善工艺、改进管理的措施直接相关。因此，企业的工程师与经济师、会计师的密切结合，或培养一批既懂经营管理又懂生产技术的专业人才，是提高劳动生产率的重要途径。

2. 技术进步可以节约各类物资、资源

经济发展的一条普遍性的规律，是由粗放型转向集约型，尤其对资源约束型国家来说，更是必由之路。众所周知，世界的资源，特别是矿物资源、能源资源正在以惊人的速度减少，人类也在为人口的飞增、资源的减少、能源的耗费、环境的污染而担忧。要解决“资源减少”和“人类担忧”的途径可能有许多，但最根本的途径是依靠技术进步，节约各类物资资源。

（1）依靠技术进步，提高各种原料的加工深度，提高原料利用的附加价值。这里的一个重要方面是把再生物资、各种材料、燃料动力吸引到循环利用、综合利用的轨道上来，以减少各类物资的损失，包括加工上的损失、运输上的损失、储存上的损失；再就是加速各类物资的周转速度，提高物资流通在各个环节中的工作效率。

（2）依靠技术进步，加速开发，运用各种高效、节能的技术设备，积极制造，使用与推广无废物生产工艺。例如，改进设备结构、减轻设备重量；提高金属构件质量、扩大金属代用材料；扩大单机的生产能力或制造功率更大的机器和机组；变传统的铸造、锻压、冲压法为粉末冶金法。据一些资料报道，采用粉末冶金法生产的各种零件，金属的利用系数可达到97%～98%，如将1000t零件改用此法制造，可节约轧材2500t。

（3）依靠技术进步，降低材料、能源的消耗量。在国民经济中，使用的各类物资资源若能节约1%，就等于创造了几十亿元甚至上百亿元的国民收入，而节约下来的物资又可以多生产上万亿元产值。这里“节约”要靠技术进步，“多生产”也要靠技术进步。产品的材料消耗、能源消耗，一般是指每万元产值所消耗的材料、能源或材料费用、能源费用，如果采用的是先进的技术、先进的设备、先进的管理方法、高效节能的机器和机组，必定能达到节约材料和能源的目的。

3. 技术进步可以促进固定资产的有效利用

实现技术进步有两种类型：一种是通过新建项目、新建企业实现；另一种是通过现有企业的技术改造和技术现代化实现。前一种称为外延型技术进步，后一种称为内涵型技术进步。

（1）依靠技术进步，可以保证固定资产的充分利用。要提高固定资产的利用效果，一是要保证技术设备的满负荷运转。首先，需要在全面利用技术进步成果的基础上，不断进行技术设备的更新、改造，或用高效新型设备重新装备；其次，要提高服务、修理质量，提高技术设备的完好率。二是要不断提高技术设备的利用水平，即提高单位设备生产的产品数量。为此，要完善生产组织、劳动组织，减少工作班内的工时损失，提高每单位设备的连续工作时间；采用先进的生产工艺，并使各工序之间的生产能力成龙配套；扩大机组，提高单机生产能力，这对生产单一产品的部门有着重要意义。

（2）依靠技术进步，可以缩短建设工期，使建设项目尽快投产、达产。现代化手段、建设施工技术、设计管理水平等直接影响项目的建设速度、工程质量、固定资产的投产、达产。而缩短建设工期，使项目尽快投产、达产，不论对新建项目还是改造项目，都是提高利用率的重要途径。在经济建设中，往往由于施工技术落后、管理水平不高，工期一拖再拖，导致生产能力长期达不到设计能力，有的固定资产形不成生产能力，有的生产能力不能充分发挥，发挥的生产能力生产不出优质产品。因此，项目建设前要考虑技术进步的因素，项目建设中要考虑技术进步的因素，项目建成投产后也要考虑技术进步的因素。

（3）依靠技术进步，可以挖掘固定资产的利用潜力。目前，我国在固定资产利用上的潜力是相当大的，如设备利用上的潜力，修理、服务上的潜力，工艺设计上的潜力，厂房使用上的潜力，生产能力上的潜力，生产组织上的潜力等。在现代经济发展中，技术改装、完善利用、配套成龙、引进所需，以及加强管理、最优控制、优化组合等也成为发展的必然趋势。为此，在全面推广、利用技术进步最新成果的基础上，不断地用高效、新型的技术、设备代替低效、陈旧的技术、设备，用先进的生产工艺代替落后的生产工艺，用科学的劳动组织代替随意性的劳动组织等，将是有效利用固定资产的重要途径。评价固定资产利用状况的主要指标有：①每百元固定资产提供的产值；②每百元固定资产提供的产品数量；③每百元产值占用的固定资产；④每单位产品占用的固定资产，等等。要提高每百元固定资产创造的价值、产品数量，就需要不断地采用生产率高的设备，不断地采用效率高的工艺，不断地提高工人的专业技术、管理手段，完善管理方法；要降低每百元产值占用的固定资产或每单位产品占用的固定资产，就需要强化管理，增加生产班次，消除非生产性时间消耗，缩短新生产能力的投产时间、达产时间。总之，这一切都需要依靠技术进步。

4. 技术进步可以提高产品质量

技术进步的一个重要标志就是看产品质量是提高了还是下降了；产品的社会需求量是提高了还是下降了；产品的功能、效用、使用价值是提高了还是下降了。这里有一个不言自明的道理：提高产品质量，等于增加了产品的使用价值，无疑也提高了产品的社会效益。对企业来讲，提高产品质量，就等于提高了经济效益，尤其是在产品优质、优价的政策下，这将给社会和企业带来显著的效果。产品质量提高了，可以赢得用户，增加销量；减少废品，增加合格品、优质品。这实际上就是节约了能源、节约了原材料，从而节省了劳动力，节省了管理费用。如果降低产品质量，粗制滥造，这本身就是一种浪费，就等于产品涨价，不论对国家、对企业还是对消费者来说，都是不利的，也都将带来经济上的损失。尤其是对生产厂家来说，若长期下去，少则几个月，多则一两年、两三年，便会失去信誉、失去市场，就会无生存之路。因此，围绕提高产品质量开展技术活动是一个极为重要的，而且是永久性的课题。在这方面积累的主要经验有：

（1）在技术进步中，要抓住提高产品质量的关键技术，狠下功夫。例如，对于电表仪表行业来说，检测仪器设备、测试手段等对提高产品质量起着关键作用，因此，瞄准改进精密检测仪器设备，完善测试手段，开展产品型式试验，调整工艺路线，使产品质量不断升级，将是技术进步的重要课题。

（2）技术进步与学习国内外先进经验密切结合，找出质量差距，提出技术进步、技术攻关项目，与国内外先进产品进行分析比较，找出质量差距，并集中力量，一件一件地组织攻关，解决质量控制的技术难题。

（3）收集质量反馈信息，提出产品质量改造措施。在反馈的信息中，有来自企业内部各车间、各工组的，也有来自企业外部的。要经常对用户反映的有关产品质量问题认真分析，找出质量问题所在，以进一步明确技术进步的方向。

根据国民经济发展和技术进步的要求以及日益增长的居民需要，大力提高各种产品的质量，增加和更新产品品种，不断增加优质产品在产品总量中所占的比重，是现代化生产发展的一项极其重要的任务。这是消费者对产品使用的特殊需求急剧增加的结果。为了保证产品具有较高质量，应吸收科学研究机构和设计单位参与这项工作，并通过共同努力，不断提高生产技术水平。

在现代生产条件下，要从根本上提高产品的质量，必须十分重视实用研究的大量成果，及时将这些成果加以推广、应用。因此，在开展提高质量的技术进步活动中，应加强同科研部门、设计部门的联系。

第四节　经济效益理论

技术经济学主要研究社会再生产活动，特别是内涵式扩大再生产活动中的技术经济问题。任何技术实践活动都需要投入一定的资源（资本、劳动力、技术等生产要素），才能获得一定的产出（产品或劳务）。技术经济学研究的一个基本问题，是如何利用有限的资源生产出尽可能多的、符合社会需要的产品或劳务，或者说，如何以最少的投入取得尽可能多的产出。这是各种技术活动所追求的经济目标。因此，人们非常关注技术活动的经济效果，于是技术活动的经济效益和评价理论自然成为技术经济学研究的基本理论。

一、经济效益理论的发展历程

在我国，经济效益理论（也称经济效果理论）的研究始于20世纪50代中期，对其系统的研究则是从20世纪50年代末开始的。在1959年以前，我国经济学界对社会主义经济效益问题的研究和讨论，一般是附属在社会主义基本经济规律、国民经济有计划发展规律、价值规律以及经济核算等问题的研究和讨论中进行的。1959年，于光远在《人民日报》发表了题为《用最少的劳动消耗，取得最大的使用价值》的文章。在这篇文章中，于光远倡导经济工作者应把计算经济效益的理论和计算经济效益的方法，以及把对各种条件下，各种产品生产的经济效益进行具体的分析和计算作为一个重要的研究任务。自此，经济理论界开始把经济效益作为独立的问题进行专门的考察，并开展相关讨论。

在技术经济学创建以前，关于经济效益的讨论主要集中在社会主义经济效益的实质与研究范围、劳动消耗的经济效益与资金占用的经济效益之间的关系、个别经济效益与社会经济效益之间的关系、评价经济效益的指标体系以及社会主义经济效益与劳动生产率之间的关系等问题上。经过理论界对经济效益问题的讨论，社会主义经济效益理论的雏形在技术经济学创建前就已经呈现出来了。

1978年于光远所著的《论社会主义生产中的经济效果》一书的出版，标志着我国的经济效益理论进入了成熟期。1980年8月，在广州召开的全国农业技术经济学理论与方法座谈会，标志着农业技术经济学跨入了建立阶段。在这次会议上，第一次明确提出："经济效果理论是技术经济学的基本理论。"

在技术经济学的创建期内，关于经济效益的含义、实质、研究范围、指标体系以及各种经济效益指标的计算方法等方面的研究成果已经得到了学术界的广泛认同。在徐寿波的《技术经济学概论》一书中，已经对经济效益理论成功地加以运用和发挥，使经济效果理论成为技术经济学最基础的理论之一。

二、经济效益的概念

经济效益是指技术经济活动中的有效成果与劳动消耗的对比关系，或符合社会需要的产出与投入的对比关系。经济效益的概念虽然是两个经济指标（劳动效果和劳动消耗）的比较，但这两个经济指标与技术方案结构之间的映射关系也就反映了技术与经济之间的关系。因此，经济效益的概念是技术与经济之间关系的集中体现。劳动效果与劳动消耗作为经济指标，在具体的经济实践中常常可以用量化的形式描述。而"比较"有减法和除法两种形式。减法和除法是量化指标的关系表达，其结果仍然是量化指标。因此，经济效益的概念也可以通过"比较"的具体形式得到量化表达。经济效益的概念作为技术与经济之间关系的集中体现，并可以量化表达，因此，它也就成了技术与经济之间关系量化的桥梁。

理解和运用经济效益概念，应遵循以下三项基本原则：

（1）有效成果原则。有效成果是指对社会有用的劳动成果，即对社会有益的产品或劳务。有效成果可用使用价值或价值表示。使用价值可以考察产品或劳务的有用性；价值可以考察产品或劳务对社会的贡献。

（2）全部消耗原则。劳动消耗或投入应包括技术方案消耗的全部人力、物力和财力。全部消耗包括生产过程中的直接劳动消耗、劳动占用及间接劳动消耗三部分。直接劳动消耗是指技术方案在运行中的物化劳动消耗和活劳动消耗；劳动占用是指技术方案从开始实施到停止运行为止长期占用的劳动量；间接劳动消耗是指与技术方案实施在经济上相关单位或部门所发生的消耗。由于国民经济是一个有机整体，各部门紧密联系、相互制约、相互依存，因此，一项技术方案的实施不仅需要本部门一定资源的投入，相关部门往往也需要一定的资源投入，即这里有一个相关投资和相关费用的问题。这部分消耗称为间接消耗。

（3）有效成果与劳动消耗相联系的原则。在进行经济效益分析时，必须将技术方案的成果与消耗、产出与投入结合起来进行比较，而不能单独使用成果或消耗指标。注意有效成果应与获得该项成果的有关全部消耗进行比较，绝不能考虑与该项成果无关的消耗。用同样多的劳动消耗取得尽可能多的有效成果，或用尽可能少的劳动消耗取得同样多的有效成果，是衡量技术方案经济效益高低的标准。

三、经济效益的分类

由于人们考察问题的角度不同，以及经济效益自身的可计量性不同，可将经济效益做如下分类：

1. 直接经济效益和相关经济效益

这是从技术方案采纳者的角度所做的分类。所谓直接经济效益，是指方案采纳者通过方案实施可以直接得到的经济效益；所谓相关经济效益，是指与方案采纳者经济上相关的单位可以通过方案实施间接得到的经济效益。

对于方案采纳者来说，前者一般是看得见的，评价方案时不易被忽略；但从全社会的角度以及方案采纳者的长远利益出发，则更应强调后者，因为相关经济效益是从更高层次对方案能否实施做决策的重要依据。

2. 企业经济效益和国民经济效益

这是根据受益范围大小所做的分类。企业经济效益（财务效益）是技术方案为企业带来的效益；国民经济效益是技术方案为国家所做的贡献。

对技术方案的分析，不仅要分析企业经济效益，还要分析国民经济效益，尤其对国民经济全局有重大影响的技术方案更是如此。对技术方案的取舍应主要取决于国民经济评价的结果。

3. 有形经济效益和无形效益

这是根据能否用货币计量所做的分类。能用货币计量的称为有形经济效益；不能用货币计量的称为无形效益。

技术方案的无形效益有经济方面的，也有社会方面的，如生态、环境、教育、政治、文化等，因此不应忽视对无形效益的分析。无形效益不能或不易用货币计量，目前多采用定性分析方法或定性与定量分析相结合的方法描述。

4. 绝对经济效益和相对经济效益

这是根据经济评价用途所做的分类。绝对经济效益是指某技术方案本身所取得的经济效益；相对经济效益是指一方案与另一方案相对比所取得的经济效益。

分析和优选技术方案时，在绝对经济效益可行的基础上，才可以比较其相对经济效益。

四、经济效益的表达式

从经济效益的概念可知，经济效益是劳动效果与劳动消耗的比较关系，或简称所得与所费的关系。经济效益的一般表达式为

$$经济效益 = f(所得,所费)$$

将所得与所费进行比较，运用于不同的分析场合，经济效益可以有多种计量方法。这里给出三种经济效益的基本表示方法。

1. 差额表示法

这是一种用有效成果与劳动消耗之差表示经济效益大小的方法。其表达式为

$$E = B - C$$

式中，E 为经济效益，也称为净效果指标；B 为有效成果；C 为劳动消耗。

式中的 E、B、C 必须使用相同的计量单位，$B - C > 0$ 是技术方案可行的经济界限。当 B、C 都以货币单位计量时，计算的经济效益常称为净收益。这种方法一般不易用来衡量技术装备水平和内外部条件差异较大的技术方案。

2. 比值表示法

这是一种用有效成果与劳动消耗之比表示经济效益大小的方法。其表达式为

$$E = \frac{B}{C}$$

这里的 E 也可称为效果耗费比，B、C 可使用不同的计量单位。当计量单位相同时，$B/C > 1$，是技术方案可行的经济界限。

3. 差额-比值表示法

这是一种用差额表示法与比值表示法相结合来表示经济效益大小的方法。其表达式为

$$E = \frac{B - C}{C}$$

这里的 E 也可称为净效果耗费比，它表示单位劳动消耗所取得的净效果，在技术经济分析中更为常用。

以上三种表达式是建立经济效益评价指标的基础，也是定量分析经济效益的重要依据，一般均结合起来加以应用。

五、经济效益的评价指标

对各种技术经济活动，首先要解决技术与经济结合的方式，即设计技术方案，然后分析方案的技术可行性、经济的合理性，并从技术与经济等方面优选方案。预计技术方案实施后的经济效益，是决定方案取舍及选优的基础。评价技术方案的经济效益，涉及评价的指标及指标体系，以及评价的标准等问题。

所谓经济效益的评价指标，是用于衡量经济效益大小的尺度。根据经济效益的概念，可

把其中用于衡量有效成果（产出）的指标称为效果指标；用于衡量劳动消耗（投入）的指标称为耗费指标；用于衡量二者对比关系的指标称为经济效益指标。

1. 效果指标

效果指标的用途有两个：一是与耗费指标结合在一起，用于衡量经济效益；二是在耗费一定时，单独用于衡量经济效益。具体内容包括以下三个方面：

（1）数量效果指标。社会需要首先表现在产出的数量方面。当投入一定时，产出的数量越多越好。数量效果指标既可以表现为实物形态，如产量、销量等，又可以表现为价值形态，如销售收入、总产值、净产值等。

（2）质量效果指标。社会对产出数量的需求总是建立在对其质量需求的基础之上的。质量效果和数量效果是不可分割的两个方面。技术方案的产出质量包括单个产品质量和总体产品质量两方面。其中，单个产品质量主要是指产品所具有的功能和技术性能，如产品的寿命、可靠性、精度等；总体产品质量主要是指产品的经济性能指标，如品种、合格品率、优等品率、返修率、废品率等。

质量指标的计量单位各不相同，不能直接相加减，这给定量分析带来了一定困难。目前可采用评分法、功能评价法、定性与定量分析相结合的方法等对质量效果指标进行量化。

（3）时间效果指标。社会需要在尽可能短的时间内提供数量多、质量好的产品，因此，产出的时间也是衡量经济效果的重要指标，包括产品设计和制造周期、工程项目建设期、工程项目达产期等。在进行经济效益分析时，时间效果指标可单独使用，但也经常通过时间价值的折算转化为数量效果指标。

2. 耗费指标

耗费指标的用途与上述效果指标类似。耗费指标可分为劳动消耗指标（直接劳动消耗和间接劳动消耗）和劳动占用指标两种。

（1）劳动消耗指标。劳动消耗指标既可用实物形态表示，如技术方案在运行中所消耗的原材料、燃料、动力、生产设备等物化劳动消耗以及劳动力等活劳动消耗，又可用价值形态表示，如相应的原材料费、燃料费、动力费、折旧费及工资费用等。这些单项消耗指标都是产品制造成本的构成部分，因而产品制造成本是衡量劳动消耗的综合性价值指标。

（2）劳动占用指标。劳动占用指标通常也有实物形态和价值形态两种。实物形态的劳动占用指标通常是指技术方案为正常进行生产而长期占用的厂房、设备、货币资金和各种物料的数量；价值形态的劳动占用指标是实物占用量的货币表现，通常分为固定资金和流动资金两部分。因而，技术方案投资是衡量劳动占用的综合性价值指标。

3. 经济效益指标

经济效益指标可分为价值型指标、比率型指标和时间型指标三类。

（1）价值型指标（又称差额指标）。价值型指标是反映效果与耗费之差的指标。例如，静态差额指标有利润额、利税额、附加值等；动态差额指标有净现值、净年金、净终值等。这类指标的数值越大越好。

（2）比率型指标。比率型指标是反映效果与耗费之比或净效果与耗费之比的指标。

从静态角度考察，反映经济效益的指标主要有投资收益率、投资利润率、投资利税率、投资效果系数、追加投资效果系数、成本利润率等。

从动态角度考察，反映经济效益的指标主要有内部收益率、外部收益率、净现值率等。

（3）时间型指标。时间型指标是从时间上反映效果与耗费相比较的指标。常用的有贷款偿还期、投资回收期等，这两个指标既可以采用静态计算，也可以采用动态计算。

技术方案的内容多种多样，因而对于一个具体的技术方案来说，单项指标只能反映其经济效益的某一侧面，而不能反映整体。只有综合使用多种指标，才能做出全面的评价。

六、经济效益的评价标准

评价和优选方案时，遇到的首要问题是经济效益评价的标准问题。评价标准是选择和取舍方案的依据。一般来讲，一个技术方案应满足以下几方面评价标准的要求：

（1）政治标准。技术方案的制订应服从党的路线、方针和政策，如关于引进技术的政策、节约能源的政策、产业政策等。

（2）社会标准。技术方案应有利于社会的安定，有利于增加就业、保护生态环境、维持生态平衡、改善人民生活等要求。

（3）技术标准。技术方案应满足技术体系、技术结构合理的要求，做到既先进又适用。

（4）经济标准。技术方案只有在经济上合理，才可以被采纳。一般来说，只有技术方案能满足政治、社会和技术等方面的标准要求，经济标准才可以在评价中起决定性作用。对于价值型指标，方案可行的评价标准是价值型指标大于零，不同方案优选时，应选取价值型指标最大者为优；对于比率型指标及时间型指标，如内部收益率、投资利润率、投资利税率及投资回收期等，国家按不同部门或行业分别规定了不同的评价标准，如基准收益率、基准投资利润率及基准投资回收期等。对于前两个指标，当计算出的指标值大于基准数值时，方案可行；对于时间型指标，当计算出的指标值小于基准数值时，方案可行。

七、经济效益评价的程序

经济效益评价一般按下列程序进行：

（1）明确评价目标。经济效益评价的目标既可以是宏观经济目标，如产业布局、投资方向、技术政策等，也可以是微观目标，如企业规模、设备选择、新产品开发等。

（2）粗选方案。对备选方案的主要优缺点及实施的可行性做分析论证，对其中存在严重缺陷且不能克服的方案应予以剔除，以保留具有较大优势的少数方案，并做进一步研究。

（3）建立评价指标体系。指标体系的建立应注意兼顾方案系统自身的特性及系统对外部环境（如对政治、社会、环境等）的影响作用，能量化的指标必须量化，不能量化的指标则可以定性描述。

（4）优选方案。依据评价指标体系，根据多方案比较的原则，运用科学方法对各方案进行综合评价。通过评价，选出最优方案。

（5）完善方案。根据需要和可能，对所选方案做进一步完善。

八、经济效益评价与可持续发展

可持续发展是20世纪80年代随着对全球环境与发展问题的广泛讨论而提出的一个新概念。可持续发展的概念自诞生以来，已得到社会各界的普遍关注，其战略思想已经被国际社会广泛接受，成为当今社会最热点的问题之一。研究投资活动，进行经济效益评价分析，必须牢固树立可持续发展的战略思想。

1. 可持续发展

可持续发展正作为一个完整的理论体系而逐步完善。其核心思想是：健康的经济发展应建立在生态可持续能力、社会公正和人民积极参与自身发展决策的基础上。它所追求的目标是：既要使人类的各种需要得到满足，使个人得到充分发展，又要保护资源和生态环境，不对后代人的生存和发展构成威胁。它特别关注各种经济活动的生态合理性，强调对资源、环境有利的经济活动应给予鼓励，反之则应予摒弃。在发展指标上，不仅仅用国民生产总值作为衡量发展的唯一指标，而是用社会、经济、文化、科技、环境等多项指标来综合衡量发展。这种发展观较好地把眼前利益与长远利益、局部利益与全局利益有机地结合起来，使经济能够沿着健康的轨道发展。

可持续发展的内涵十分丰富，其包含的主要原则有如下几条：

（1）公平性原则。所谓公平，是指机会选择的平等性。可持续发展所追求的公平性原则包括以下内容：一是指同代人之间的横向公平性。当今世界的现实是一部分人富足，而另一部分人处于贫困状态。这种贫富悬殊、两极分化的世界，不可能实现可持续发展。因此，要给予世界公平的分配和公平的发展权。二是指世代人之间的纵向公平性。要认识到人类赖以生存的自然资源是有限的，本代人不能因为自己的发展和需要而损害人类世世代代满足需求的自然资源与环境，要给予世世代代公平利用自然资源的权利。三是公平分配有限资源。目前的现实是占全球少数人口的发达国家所消耗的资源占全球消耗量的80%以上。

（2）可持续性原则。可持续性是指生态系统受到某种干扰时能保持其生产率的能力。资源与环境是人类生存与发展的基础和条件，离开了资源与环境，人类的生存与发展就无从谈起。资源的永续利用和生态系统可持续性的保持是人类持续发展的首要条件。可持续发展要求人们根据可持续性的条件调整自己的生活方式，在生态可能的范围内确定自己的消耗标准。

（3）共同性原则。鉴于世界各国历史、文化和发展水平的差异，可持续发展的具体目标、政策和实施步骤不可能是唯一的。但是，可持续发展作为全球发展的总目标，所体现的公平性和可持续性原则是共同的。并且，为实现这一总目标，必须采取全球共同的联合行动。

近年来，我国一些经济学家对可持续发展也做了许多有益的探索，从中可以归纳出可持续发展的几个特征：

（1）可持续发展鼓励经济增长，因为它是国家实力和社会财富的源泉。同时，可持续发展不仅重视增长数量，更追求改善质量，提高效益，节约能源，减少废弃物，改变传统的生产和消费模式，实现清洁生产和文明消费。

（2）可持续发展要以保护自然为基础，与资源和环境的承载能力相协调。因此，在发展的同时必须保护环境，包括控制环境污染，改善环境质量，保护生命支持系统，保护生物多样性，保持地球生态的完整性，保证以可持续的方式使用可再生资源，使人类的发展保持在地球承载能力之内。

（3）可持续发展要以改善和提高生活质量为目的，与社会进步相适应。对于发展中国家来说，贫困与不发达是造成资源与环境恶化的基本原因之一，只有消除贫困，才能构筑起保护和建设环境的能力。世界各国的发展阶段不同，发展的具体目标也各不相同，但发展的内涵均应包括改善人类生活质量，提高人类健康水平，并创造一个保障人们平等、自由、教育、人权和免受暴力的社会。

2. 我国经济发展面临的挑战

我国改革开放40年来，经济建设迅猛发展，取得了巨大成就，为我国今后的发展奠定了比较坚实的基础。但是，投资项目的技术经济分析也面临着环境因素的巨大挑战。具体而言，有以下挑战：

（1）人口众多给经济发展带来了沉重的负担。我国人口基数大，人口数量增长过快，到21世纪中叶，人口将达到15亿～16亿的高峰。同时，目前我国已经进入老龄化社会，老龄人口基数大。这些问题给我国的进一步发展带来了沉重压力，使我国需要利用国民收入来满足和补助部分人口的生活需要。

（2）资源短缺对经济发展产生巨大的压力。自然资源的数量、质量、结构、时空分布与开发利用对经济社会发展起着重大作用。我国是一个人均资源占用量较少的国家，主要的资源量明显不足。个别资源虽然贮藏丰富且品种齐全，但多数位于边疆地区，管理薄弱。资源的短缺和低利用率加大了我国经济进一步发展的难度。

（3）自然生态环境问题严峻，环境污染严重。我国的生态环境脆弱，自然灾害频繁。而不合理的生产活动和消费方式，又加剧了我国生态的进一步恶化。对自然资源的索取与日俱增，导致植被破坏、水土流失、土地荒漠化等自然生态问题。此外，伴随着工业化和城市化进程，尤其是我国乡镇企业的异军突起，其迅速发展创造了近期经济效益，但绝大部分由于设备简陋、工艺落后，又多半是污染型工业，已经成为一个不可忽视的污染源。

我国是一个发展中大国，当前正处于经济快速增长的发展过程中，面临着提高社会生产力、增强综合国力和提高人民生活水平的历史任务，同时也面临着相当严峻的问题和困难。因此，可持续发展是我国经济发展的必然选择。

总之，我国的基本国情和要实现的发展目标，都决定了我国今后不能再走只注重数量增长、不考虑资源持续利用的发展模式和生产方式，而必须以可持续发展的战略思想为指导，从经济、社会、资源和环境相协调发展的高度来规范技术、经济活动，探索一条投资省、效果好的新途径，走可持续发展之路。

第五节 技术经济比较理论

从某种意义上来说，技术经济学本身是一种比较学说，也是一门选优的学科。在实际研究中，它总是把不同的技术方案、技术措施进行比较，在比较中选优。例如，决策某项建设工程，可能存在多个可行方案，但究竟采用哪种方案，就要进行比较。怎样进行比较？这里就要有一些前提，要具有比较的基础。这在技术经济研究中占有重要地位。在研究中经常会发现有许多不可比的因素。例如两个企业，一个企业的年产量是10万台，另一个企业的年产量是10万t。这两种产量之间，10万台和10万t本身就无法比较，或者说两者不具备可比性。但如果将对比指标转化为可比的经济指标——元，则两个企业又具有了可比性。又如，甲、乙两个方案实施后所带来的年利润分别是8亿元和5亿元，以此判断这两个方案的好坏。不难看出，此种情况下不能轻易得出谁好、谁不好的结论，因为缺少比较的前提，即在什么情况下进行相应指标的比较。

技术经济分析通常表现为对不同技术方案经济效益的分析、比较、论证和选优。其比较原理是讨论进行方案比较时应具备哪些条件，在哪些方面具备可以比较的条件，才能进行方案比较。因此，在技术经济研究中，要专门研究在什么条件下可比，在什么条件下不可比，研究可比与不可比的内在联系，找出转化规律，将不可比因素转变为可比因素。这就是技术经济研究中非常重要的比较理论。

一、满足需要可比

任何技术方案都以其产品的产量、质量和品种等满足特定的需要。若是存在几个技术方案的话，必须能满足相同的需要才可相互比较和相互替代。例如，服务方式是产品还是劳务？社会需要的是产品还是劳务？需要的产品当中是甲产品还是乙产品？又如，所需要的产品，产量是否可比，重量是否可比，需要的是一等品还是三等品，等等。在满足需要方面，也要研究比较对象之间的可比性，往往需要通过一定的转化以后再对它们进行比较。例如，铜与铝具有不同的金属特性，可以满足不同材料需要，两者不可比；但是，当用于制成导线时，在满足输送电能这一共同需要方面，两者就是可比的。

1. 产量可比

这里说的产量是指实际产出量（也称净产量）。例如，将水力和火力发电方案相比较。假定社会需要发电容量为 10 万 kW，发电量为 4 亿 kW · h，能否将 10 万 kW 装机容量和 4 亿 kW · h 发电量的水电站建设方案与相同装机容量和发电量的火电站建设方案相比较呢？答案是不能。虽然表面上看，两个方案都具备相同的装机容量和发电量，似乎可以满足统一需要，其实不然。因为水电站和火电站自己都需要一部分电量，如自用电等，同时为保证正常运转，尚需一定的事故用电、抢修用电和负荷备用电。因此，扣除自用电后，两个方案都不能满足社会需要，且两种电站的自用量又不相同，最后为社会实际提供的发电量并不相同。

又如，一辆内燃机车和蒸汽机车比较。若两种机车的功率都是 1492 马力⊖，似乎可以直接比较优劣，其实不然。因为内燃机车速度快，所以两者的年运输量（或日运输量）不一样，因此，应折合为运输能力相等的情况进行比较。那时就不是一辆内燃机车与一辆蒸汽机车相比，而是 20 辆与 12 辆相比。因为 20 辆蒸汽机车和 12 辆内燃机车都能满足同一需要——实际运输能力。

对不同方案的产量进行比较时，应当注意以下几种情况：

（1）不同方案的产品产量是否可比，不应以额定量为标准，而应以它们的净产量，即可供社会需要的产量为标准。例如，35mm 的铜线输电方案与铝线输电方案不能相比。因为铜与铝的电阻不同，同样直径的导线，同样的距离，所输送的电能不同。但若从满足社会需要的角度考虑，为输送同样的电量，计算用铜导线与铝导线的经济效果时，两者是可比的。因为它们满足社会需要的净产量是一样的，有共同的比较基础。

（2）某些技术方案除了影响本单位的产量或经济效益外，有时还会间接给外单位或社会带来效益。例如，某选矿厂采用一项改造措施，在金属回收率不变的情况下，提高了精矿品位。采用措施后，精矿成本有所增加，精矿产量有所下降。而精矿品位提高的结果，增加了冶金炉的单位产量，从而降低了冶炼成本。如果单独把选矿厂改造前后的情况进行比较，

⊖ 1 马力 = 735.499W。

则此项措施不可取。但是，这样比较是不恰当的，因为两者没有比较的基础。在这种情况下，应将选矿和冶金组成联合方案，统一比较改造前后的经济效果。

（3）当设备的额定产量与为满足社会需要所能提供的产量不相等时，不能将额定产量直接进行比较。它们之间相差一个数量，可予以换算。

但应当注意的是，在以上讨论中暗含了一个假设条件，即假定产品的质量是基本相同的。

2. 质量可比

质量不同，满足程度也将不同，所以，参加比较的方案必须在产出质量上可比。在实际工作中，不同技术方案的产品质量常常是有差别的。在这种情况下，即使两个方案的产量已符合可比条件，但方案仍不可比。例如，某厂拟生产矿山用硬质合金钎头，有两个方案可以选择。甲方案的投资费及经营费都高于乙方案，但钎头质量好，每个钎头平均进尺为60m，乙方案生产的钎头平均进尺只有20m。这种不同质量的产品是不能直接比较的。按照质量可比性原则，对于不同的产品质量，也应该根据满足相同的社会需要进行考虑。由于产品质量不同而造成满足社会需要不同的方案，在技术经济比较计算中要做相应的校正，使它们都具有相同的使用价值，满足相同的社会需要。

对于技术方案来讲，质量需要包含于满足需要当中，因为没有质量要求就不可能达到预定效用。因此，参加比较的方案要求质量可比。

3. 品种可比

满足需要可比的另一个重要方面就是品种可比。在技术方案比较中，如果缺少品种的可比性，也不能达到某种预定的效果。例如，现有两个方案，甲方案生产 A、B、C 三种产品以满足社会需要，乙方案只生产 A、B 两种产品，则在满足需要上，乙就不具备这一条件。必须将乙方案扩建为能生产 A、B、C 三种产品；或者再设计一个生产 C 产品的丙方案，此时甲方案可与乙、丙两个方案之和进行比较。

综上可知，满足需要上的可比性，不单是指某个技术方案的额定产量或工作量可比，而是指各比较方案能共同满足社会的某种需要，包括产量、质量以及品种等指标在内，具有目标相同、满足需要一致的方案进行比较。

二、消耗费用可比

在技术方案的经济比较中，实际所要比较的是满足相同需要的不同技术方案的经济效果，而对经济效果的评价应当从满足需要和消耗费用两个方面进行考核。因此，除了要比较技术方案具有满足需要可比的条件外，还必须具有消耗费用可比的条件。

在满足相同需要的前提下，要做出正确比较，还必须使不同的技术方案具备消耗费用的可比性，即对各技术方案的消耗费用采用相同的计算原则和方法，且考虑的内容应一致。对于同时满足相同需要的不同技术方案来说，由于它们涉及的人、财、物、环境等不尽相同，各自的消耗费用也有所不同。因此，在计算方案相关费用时，要使计算口径一致才能相比。例如，标准设计与非标准设计，它们各自的计算费用相差很大。在方案对比中，须统一口径后才有可比性。对于综合利用技术方案，应将其分解，把总投资金额合理分摊到各单独方案中，然后才可计算各独立方案的经济效果。在费用计算中，必须采用统一的定额和计费标准，否则对比方案就失去了它们之间的可比性。例如，在计算某一方案的投资时，不能只计算固定投资或者只计算流动资金，而应该计算全部投资；在计算方案总耗费时，既要计算投资费用，也要计算经营费用，等等。

由于不同的技术方案在劳动消耗和劳动占用上各有特殊性，必须从整个社会和整个国民经济的角度出发，来考虑技术方案的全部社会消耗费用，而不能仅考虑个别部门、个别企业或个别环节的费用。

（1）既要考虑技术方案本身的生产费用，又要考虑其产品的储运、销售、使用费用。在运用这一原则时，还要结合比较的目的，灵活掌握。例如，对满足相同需要的小轿车制造方案进行比较，不仅要考虑小轿车的制造费用、销售费用，同时还要考虑用户在使用过程中所发生的各种维修、保养及燃料消耗等费用。

（2）根据评价目的不同，有时既要考虑技术方案本身的消耗费用，又要考虑与技术方案实施直接联系的相关部门所增加的费用。这是由于国民经济各部门之间、各企业之间，在固定资产、材料供应与产品销售等方面都存在着相互协作、相互制约的关系，一个部门技术方案的实施，必然要引起相关部门的相关投资和相关费用的变化。

总之，为了使技术方案具有消耗方面的可比性，应该从社会总消耗的角度进行计算。只有从全社会的角度来评价消耗的合理性，才能促进有限资源的合理利用，使有限的资源创造更多的财富。

三、价格指标可比

在市场经济条件下，各种商品要能够在市场上进行交换。在计算比较方案的经济效果时，必须用到价格指标。价格指标可以从两方面影响技术分析工作的正确性：一是价格水平本身的合理性；二是所选用的价格的恰当性。价格体系的不合理或某些价格的变动，常会给经济评价带来假象，从而导致错误的结论。例如，20 世纪后半期，我国铝工业投资系数明显下降，扩建和新建铝企业设计概算较现有企业投资增加 60% ~199%。这种现象不是铝工业本身的问题，而是由于设备价格和建筑材料价格上涨、施工费用提高所造成的。又如，由于煤的价格过低，用这种价格进行水电站和火电站的方案比较时，会得出火电站优于水电站的结论；由于废钢等的价格不合理，有可能得出平炉炼钢比转炉炼钢的经济效果好的结论。这些都是由于价格不合理造成的。

以上例证充分证明，当价格背离价值太大或各物品之间比价不合理时，采用国家统一价格进行方案分析评价，常常会带来错误的结论。为了避免这种错误，必须建立价格指标可比的条件。首先，从项目的特点出发，选择适当的价格。例如，在进行经济评价时，应采用理论价格；在进行财务评价时，一般采用现实国内市场价格；在进行对外贸易产品评价时，应采用国际价格。

由于技术的不断进步，劳动生产率的不断提高，产品价格必然也随之不断发生变化。这就要求在计算和比较经济方案经济效果时，采用相应时期的价格指标。例如，近期方案比较采用近期价格指标，远期方案比较采用预测的远期价格指标，不同时期的方案比较采用统一不变的价格指标。其目的是使不同方案具有价格可比性。还应注意，在现实生活中，有的产品价格与价值相背离，这时要考虑影响因素，对现行价格进行调整后再进行方案比较和分析。

价格是价值的货币表现。评价技术方案的经济效果离不开价格指标。因为不论是在劳动消耗方面，还是在产生的有用效果方面，都只能从价值形态上加以综合，并通过价格予以反映。然而，在实际对技术方案进行比较时，可能涉及不同的价格体系。例如，有的技术方案采用境外价格，有的技术方案采用境内价格；有的技术方案采用计划价格，有的技术方案采用市场价格。采用不同的价格体系计算出来的各技术方案，经济效果是不一样的。

价格是计算各种经济效益分析指标的一种尺度。尤其是当价格波动较大时，计算不同技术方案的经济效果必须采用合理的价格。

一般来说，当产品的价格和价值一致时，可采用现行价格计算；当产品价格不能正确反映价值时，可依据相对稳定时期内的不变价格来计算，也可依据影响因素而采用修正价格来计算。例如，对远期技术方案的比较，应考虑到技术进步及劳动生产率的不断提高使产品成本不断下降的趋势，采用远景价格；对不同时期技术方案的比较，应采用价格指数的办法，将过去价格都折算成现行价格进行比较；进行企业经济评价时，一般采用现实市场价格；进行国民经济评价时，一般采用影子价格。

四、时间可比

技术方案的经济效果还具有时间的概念。例如，有两个技术方案，它们的产品产量、质量、投资、成本等各方面都相同，但在时间上有差别，即一个投产早，一个投产迟，或者一个投资早，一个投资迟，则这两个方案的经济效果就不会相同。

时间的可比性对于不同技术方案的经济比较具有很重要的意义。根据技术方案经济衡量标准的要求，不同技术方案的经济比较应该采用相等的计算期作为比较基础，即要在同一时间段内考虑各种方案的经济效益。这就是不同技术方案在时间可比性方面的第一个可比条件。

另一方面，各种方案由于受到外界的技术、经济等各种条件的限制，在投入的人力、物力、资源和发挥效益的时间上有所差别。例如，有的方案建设年限短，有的建设年限长；有的投入运行生产早，有的迟；有的服务年限长，有的短，等等。可见，当对不同的技术方案进行经济比较时，不仅要考虑技术方案所产生的社会产品数量和产值的多少，所消耗和占用的人力、物力和资源数量及其费用的多少，而且还必须考虑这些社会产品和产值以及人力、物力和资源数量及其费用是在什么时间产生、占用和消耗的，以及总共生产、占用和消耗了多长时间。众所周知，相同数量的产品和产值或相同数量的人力、物力、资源和财力，早生产就能早发挥效益，创造的财富也就多；反之，迟生产就迟发挥效益，少创造财富；而早占用、早消耗的经济损失要比迟占用、迟消耗大。同样，服务年限越长，所创造的产品就越多，反之就越少。所以，当对不同的技术方案进行经济比较时，必须考虑它们由于人力、物力和资源的投入以及发挥效益的时间不同，导致对整个国民经济的影响不同，也就是要考虑时间因素。考虑资金的时间价值及各比较方案寿命期的一致性，这就是不同技术方案在时间可比性方面的第二个可比条件。资金运动的时期、时间不同，会有不同的资金时间价值。对不同时间的两笔资金或一系列资金，要按某一利率换算至某一相同时点使之“等值”，才能进行科学的动态技术经济分析。

对技术方案进行比较时，其服务年限应取一致或折算为一致，同时应考虑利率随时间变化的影响，即要考虑资金运动的增值效应（资金的时间价值）。

对不同技术方案进行比较，由于资金时间价值的作用，不同时期生产要素的投入对技术方案经济效益的影响不同。这就是分析时应考虑的时间可比性问题。需注意以下两点：

（1）相互比较的各技术方案必须采用相同的计算期。

（2）相互比较的各技术方案的各项投入和产出在时间的先后顺序上有所不同，因此，技术方案在不同时期发生的收益和费用不能直接相加减，而必须按资金时间价值折算到同一时点上才具有可比性。

以上四个方面都是在技术经济研究中应该注意的。特别是在进行方案评价、工程项目评价时，一定要注意因素的可比性。当然，出现不可比情况是客观存在的。我们的任务就是把不可比条件转化为可比条件。如果不注意可比性问题，就不能得出正确的结论。

习　题

1. 市场结构一般分为哪几类？不同的市场类型各自具有什么特点？
2. 会计核算的基本前提包括哪些内容？
3. 会计要素包括哪些？它们之间存在什么关系？
4. 技术经济系统有哪些特征？
5. 技术与经济协调发展的条件有哪些？
6. 什么是技术进步？如何理解技术进步对经济增长的作用？
7. 什么是经济效益？如何正确理解经济效益的概念？
8. 经济效益的评价标准有哪些？经济效益评价的程序有哪些？
9. 技术经济比较包括哪些内容？
10. 如何理解满足需要可比原理？试结合具体的技术活动做解释。

第二章

资金时间价值

在技术方案比较中，资金的时间价值往往在决策过程中起着非常重要的作用。我们可以从下面的例子中认识资金时间价值的意义。

1987年，罗莎琳德·珊琪菲尔德（Rosalind Setchfield）赢得了一项总价值超过130万美元的大奖。这样，在以后的20年中，她每年都会收到65 276.79美元的分期付款。1995年，珊琪菲尔德女士接到了位于佛罗里达州西部棕榈市西格资产理财公司（Singer Asset Finance Company）的一位销售人员打来的电话，称该公司愿立即付给她140 000美元以获得今后9年其博彩奖支票的一半款项，即9年共293 745.56美元（65 276.79美元÷2×9）的分期付款。

西格公司是一家奖金经纪公司，其职员的主要工作就是跟踪类似珊琪菲尔德这样的博彩大奖的获得者。公司知道有许多人急于将他们获得的奖项马上变现成一大笔钱。西格公司是年营业收入高达7亿美元的奖金经纪行业中的一员，它与伍德布里奇·斯特林公司（Woodbridge Sterling Capital）当时占据了行业中80%的业务。类似西格公司这样的经纪公司将它们收购的这种获得未来现金流的权利再转售给一些机构投资者，如美国太阳石油公司或约翰·汉考克保险公司。本例中，购买这项权利的是金融升级服务集团，简称EFSG公司，它是一家从事纽约州的市政债券的再保险公司。西格公司已谈好将珊琪菲尔德一半奖金的权利以196 000美元的价格卖给EFSG公司，如果珊琪菲尔德答应报价，西格公司马上能赚取56 000美元。最终珊琪菲尔德接受了报价，交易达成。

在上面这个例子中，交易之所以达成，是因为资金由资金使用者从资金所有者手里筹集来，并投入到生产或者流通领域后，经过一段时间，可以获得一定的收益或利润，从而实现增值。其核心就是“现在的钱比将来的钱更值钱”。

第一节　资金时间价值的本质

一、资金时间价值的内涵

资金时间价值也称货币时间价值，是指货币随着时间的推移而发生的增值。例如，如果现在把100元存入银行，银行存款的年利率为4%，那么一年后，这100元可以催生出4元的额外收益，即利息加上本金可以获得104元。这4元的额外收益是银行将100元作为投资工具使用而给予的报酬，即资金周转使用后的增值额，它是社会劳动创造价值能力的一种表现形式。此定义包含两层含义：

(1) 资金随着时间的推移，其价值会增加，这种现象称为资金增值。资金是属于商品经济范畴的概念。在商品经济条件下，资金是不断运动着的。资金的运动伴随着生产与交换，生产与交换活动会给投资者带来利润，表现为资金的增值。资金增值的实质是劳动者在生产过程中创造了剩余价值。从投资者的角度来看，资金的增值特性使资金具有时间价值。

(2) 资金一旦用于投资，就会对现期消费存在挤出效应。牺牲现期消费是为了能在将来得到更多的消费，个人储蓄的动机和国家积累的目的都是如此。从消费者的角度来看，资金的时间价值体现在对放弃现期消费的损失所应做的必要补偿。

二、资金时间价值的来源

资金时间价值的产生以商品经济的高度发展和借贷关系的普遍存在为前提条件或存在基础，是资金所有权和使用权分离的结果，即现在的钱比未来的钱更有价值。例如，1kg 大米现在是6 元，可是10 年以后，6 元可能只能买到0.5kg 左右大米。这里面一个重要因素是通货膨胀，但也是由于资金时间价值的存在，使得现在的钱比未来的钱更值钱。

资金的时间价值来源于两个方面：

(1) 当资金用作某项投资时，资金在其运动过程中会产生收益。资金在这段时间内所产生的增加值，其实就是资金的“时间价值”。当前获得的资金能立即用于投资，并带来收益；而将来某一时间得到的资金则无法用于当前的投资，所以无法获得相应的收益。因此，当前获得的资金能够产生时间价值。例如，某笔资金用于投资项目建设，经过一段时间，由于净效益的产生，原资金得到增值，即获得了较原投资额更多的资金。

所以，资金的时间价值是在生产经营过程中产生的，来源于劳动者在生产过程中创造的新的价值。

(2) 当资金用作某项投资，必须要放弃资金的其他使用权利，相当于失去其他项目的收益机会，也就相当于付出了一定的代价。在一定时期内的这种代价就是资金的“时间价值”。“机会成本”解释论也是建立在“资金用作某项投资”的前提下。

从以上两个“资金时间价值的来源实质”可以看出，资金时间价值的存在是以资金的投资作为大前提的，只有进入投资领域的资金才有时间价值。

三、资金时间价值的影响因素

影响资金时间价值的因素很多，主要有以下几个方面：

(1) 投资项目本身所固有的权益水平，即单位投资所能取得的权益。

(2) 投资项目所具有的风险，即对因存在风险可能带来的损失所应做的补偿。

(3) 通货膨胀因素，即对因货币贬值造成的损失所应做的补偿。

(4) 资金的使用时间。在单位时间的资金增值率一定的条件下，资金使用时间越长，资金的时间价值越大；使用时间越短，资金的时间价值越小。

(5) 资金数量的大小。在其他条件不变的情况下，资金数量越大，资金的时间价值就越大；反之，资金的时间价值就越小。

(6) 资金投入和回收的特点。在总资金一定的情况下，前期投入的资金越多，资金的负效益越大；反之，后期投入的资金越多，资金的负效益越小。在资金回收额一定的情况下，离现在越近的时间回收的资金越多，资金的时间价值就越大；反之，离现在越远的时间回收的资金越多，资金的时间价值就越小。

（7）资金周转的速度。资金周转越快，在一定的时间内等量资金的时间价值越大；反之，资金的时间价值越小。

第二节　资金时间价值的利率表现

一、资金时间价值的计算

资金时间价值的大小取决于多方面因素，如利息、利率、盈利、获利率等。资金时间价值常常表示为利息。在技术经济计算中，利息不仅仅是银行存款和贷款的利息，还包括某项投资计划可能获得的报酬。利息、本金与本利和的关系可表示为

$$F = P + I \tag{3-1}$$

式中，F 表示本利和；P 表示本金；I 表示利息。

利息周期是指计算利息的时间单位，一般可以是“年”“季”“月”“天”等。

利率是指本位本金经过一个计息周期后的增值额，即资金运动过程中所产生的收益率。其表达式为

$$i = \frac{I_1}{P} \times 100\% \tag{3-2}$$

式中，i 表示周期利率；I_1 表示一个计息周期的利息。

资金时间价值的计算一般有两种方法——单利和复利。

（一）单利计算方法

单利是指不管期限的长短，仅按本金计算利息，其所生利息不再加入本金重复计算利息，即所谓“利不生利”的计算方法。单利是一种简化的资金时间价值计算方法，当计息周期数较少时，一般采用此方法，如银行的短期借贷等。单利的计算分为单利终值和单利现值。

1. 单利终值

单利终值的计算公式为

$$I = Pin \tag{3-3}$$

$$F = P + Pin = P(1 + in) \tag{3-4}$$

单利计息的本利曲线如图 3-1 所示。

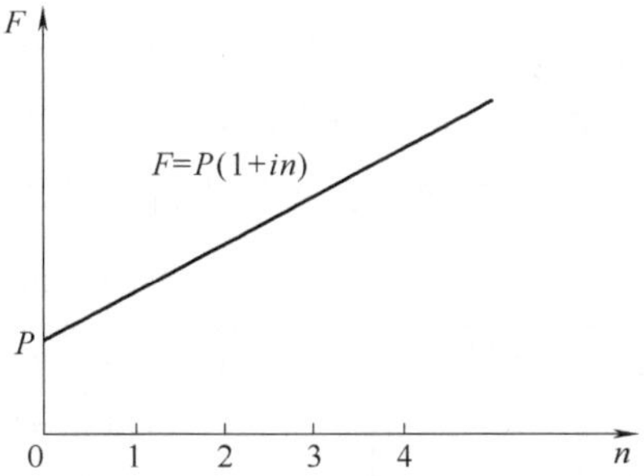

图 3-1　单利计息的本利曲线

【例 3-1】　某人把 10 000 元存入银行，年利率为 10%，3 年期满后，银行应该付给此人的本金与利息和为多少？

解　$F = 10\,000$ 元 $\times (1 + 10\% \times 3) = 13\,000$ 元

2. 单利现值

单利现值与单利终值是互为逆运算的。单利现值的计算公式为

$$P = \frac{F}{1 + in} \tag{3-5}$$

【例 3-2】　某人将一笔钱存入银行，年利率为 10%，3 年后想要得到 13 000 元，现在应存入多少钱？

解 $$P=\frac{F}{1+in}=\frac{13\ 000\text{元}}{1+10\%\times 3}=10\ 000\text{元}$$

（二）复利计算方法

复利是指将前期所得的本利和作为新期的本金进行计息，即所谓“利生利”或“利滚利”的方法。它比较客观地反映了资金运动的规律，可以完整体现资金的时间价值，因此是一种比较精确的资金时间价值的计算方法。在投资项目的可行性研究中，常用复利方法来计算资金的时间价值。复利的计算分为复利终值和复利现值。

1. 复利终值

复利终值的计算公式为

$$F=P(1+i)^n \tag{3-6}$$

式中，$(1+i)^n$是现值为1元、利率为i、期限为n的复利终值，通常称为复利终值系数，用符号表示为$(F/P,i,n)$。

【例3-3】 某人把10 000元存入银行，年利率为10%。按复利计算，3年期满后，银行应该付给此人的本利和为多少？

解 $$F=10\ 000\text{元}\times(1+10\%)^3=13\ 310\text{元}$$

2. 复利现值

复利现值也是复利终值的逆运算。其计算公式为

$$P=\frac{F}{(1+i)^n}=F(1+i)^{-n} \tag{3-7}$$

式中，$(1+i)^{-n}$是终值为1元、利率为i、期限为n的复利现值，通常称为复利现值系数，用符号表示为（$P/F,i,n$），与复利终值系数互为倒数，可写作$P=F(P/F,i,n)$。

【例3-4】 某人现在银行存入一笔钱，想在3年后能够从银行得到50 000元的本利。假设目前银行的存款年利率为10%，此人现在需要在银行存入多少钱？

$$P=F(1+i)^{-n}=50\ 000\text{元}\times(1+10\%)^{-3}=37\ 565\text{元}$$

或者

$$P=F(P/F,10\%,3)=50\ 000\text{元}\times 0.7513=37\ 565\text{元}$$

从以上四个例子可以看出单利与复利计算结果的区别。其中，在例3-1和例3-3中，3年期的单利和复利的计算结果差别不是很大。试将这10 000元存入银行时间更长，比较按单利与复利计算终值所得到的本利和的差距（见表3-1）。

表3-1 10 000元以单利与复利方式计算的本利和比较 （金额单位：元）

存款期限/年	终值=本金+利息（单利方式）	终值=本金+利息（复利方式）
1	11 000 = 10 000 + 1000	11 000 = 10 000 + 1000
2	12 000 = 10 000 + 2000	12 100 = 11 000 + 1100
3	13 000 = 10 000 + 3000	13 310 = 12 100 + 1210
4	14 000 = 10 000 + 4000	14 641 = 13 310 + 1331
5	15 000 = 10 000 + 5000	16 105.1 = 14 641 + 1464.1
10	20 000 = 10 000 + 10 000	25 937 = 23 579 + 2358
50	60 000 = 10 000 + 50 000	1 173 908 = 1 067 189 + 106 719
100	110 000 = 10 000 + 100 000	137 806 122 = 125 278 293 + 12 527 829

复利与单利的计算差值可用图3-2表示。

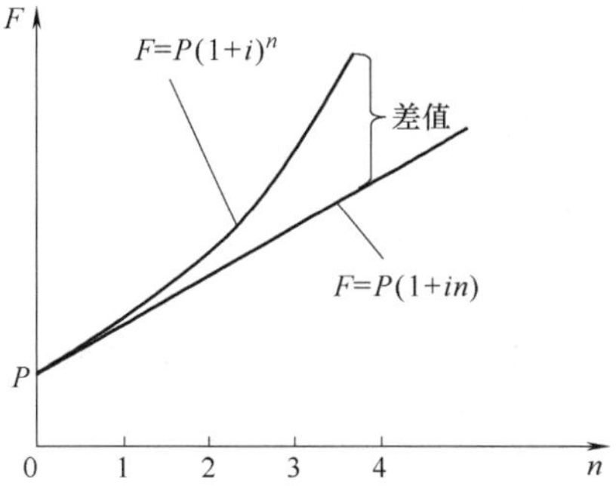

图3-2　复利与单利的计算差值

由表3-1可见，在利率不变的条件下，随着时间的延长，单利与复利所产生的差距是巨大的。通过下面的例子研究在时间不变的情况下，利率的高低对终值与现值的影响。

【例3-5】　接例3-3，某人把10 000元存入银行，年利率为5%。按复利计算，3年期满后应该付给其本利和为多少？

解　$F=10\ 000元\times(1+5\%)^3=11\ 576.25元$

【例3-6】　接例3-4，某人现在银行存入一笔钱，想在3年后能够从银行得到50 000元的本利。假设目前银行的存款年利率为5%，此人现在需要在银行存入多少钱？

解　$$P=F(1+i)^{-n}=50\ 000元\times(1+5\%)^{-3}=43\ 190元$$

或者　$$P=F(P/F,5\%,3)=50\ 000元\times0.8638=43\ 190元$$

从图3-3可以看出时间、利率与终值的关系。

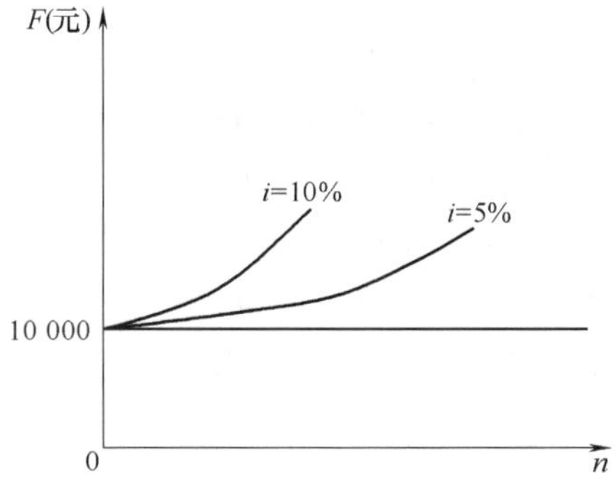

图3-3　时间、利率与终值的关系

在其他条件不变的情况下，现金流量的终值和利率与时间呈同向变动，现金流量的时间间隔越长，利率越高，终值越大；同样，现金流量的现值和利率与时间呈反向变动，现金流量的时间间隔越长，利率越高，现值越小。

二、名义利率、实际利率和连续利率

在技术经济分析中，复利计算通常以年为计息周期，但在实际经济活动中，计息周期有年、季、月、周、日等多种，这样就出现了不同计息周期的利率换算问题。

1. 名义利率

在利息计算中，当以年为计息周期，以年利率来表示利率时，则该年利率就称为名义利率。而在实际利息计算时，当计息周期低于1年时，周期利率与年周期数之积就称为名义利率。其计算公式为

$$r=am \tag{3-8}$$

式中，r表示名义利率；a表示周期利率；m表示年计息周期数。

【例3-7】　接例3-3，某人把10 000元存入银行，年利率为10%。按复利计算，如果是每个季度复利一次，3年期满后，银行应该付给此人的本利和为多少？［已知$(P/F,2\%,12)=1.2682$，$(P/F,3\%,12)=1.4258$］

解　$$a=10\%\div4=2.5\%$$

$$m=4\times3=12$$

$$F=10\ 000元\times(F/P,2.5\%,12)$$

利用线性插值法，如图3-4所示。

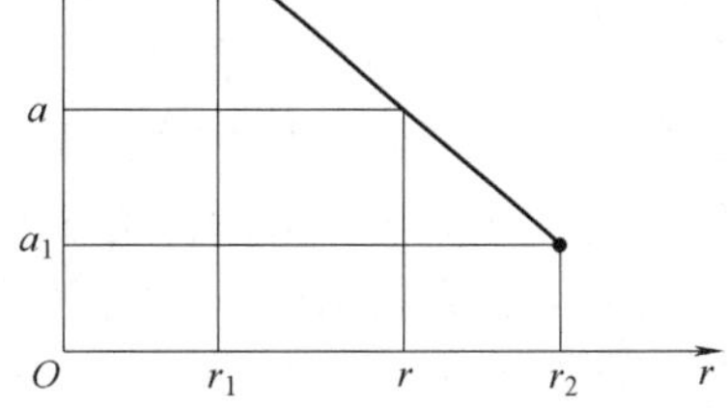

图3-4　线性插值法

计算公式为

$$\frac{r-r_1}{r_2-r}=\frac{a_2-a}{a-a_1}$$

r	$(P/F,\ r,\ n)$
2%	1.2682
2.5%	x
3%	1.4258

$$\frac{2.5\%-2\%}{3\%-2.5\%}=\frac{1.4258-x}{x-1.2682}$$

$$x=1.347$$

所以

$$F=10\,000\text{ 元}\times(F/P,2.5\%,12)=10\,000\text{ 元}\times1.347=13\,470\text{ 元}$$

从例 3-3 和例 3-7 的结果比较可以得到，按季度复利比按年复利多获得利息 160 元（13 470 元 - 13 310 元）。复利计息期越短，1 年中按复利计息的次数就越多，利息额就越大。

2. 实际利率

如果年复利次数大于 1，如每季度、每月复利 1 次，则按不同计息期计算的现值或终值就会有很大的差别，1 年内复利计息次数越多，终值也就越大。而实际上，复利越多，给投资者带来的利息也就越多，其真实利率就更高。这个真实利率是多少呢？如果按 1 年复利 1 次，例 3-3 中 3 年后从银行取出的本利和为 13 310 元，此时的年利率就是银行存款的实际利率，又称为有效年利率。而把例 3-7 中的给出的不考虑复利次数的年利率 10%，称为名义利率。

实际利率是指当计息周期小于 1 年时，用复利的方法根据周期利率来计算的年利率。

设 r 表示年名义利率，i 表示年实际利率，m 表示 1 年中的计息次数，则计息周期的实际利率为 r/m。根据复利计息公式，本金 P 在 1 年后的本利和为

$$F=P\left(1+\frac{r}{m}\right)^m \tag{3-9}$$

1 年中得到的利息为

$$F-P=P\left[\left(1+\frac{r}{m}\right)^m-1\right]$$

则年实际利率为

$$i=\frac{F-P}{P}=\frac{P\left[\left(1+\frac{r}{m}\right)^m-1\right]}{P}=\left(1+\frac{r}{m}\right)^m-1 \tag{3-10}$$

从上式可以看出，当 $m=1$ 时，$i=r$；当 $m>1$ 时，$i>r$；当 $m\to\infty$ 时，即为连续复利计息，$i=e^r-1$（e 为自然数）。所以，名义利率只有在给出明确的复利次数时才是有意义的，否则，仅仅有名义利率没有任何价值。例如，名义利率为 10%，100 元的本金，若 1 年内复利 2 次，则 1 年后的终值为 110.25 元；若复利 1 次，则 1 年后的终值为 110 元；如果仅仅给出名义利率为 10%，但是没有给出年内复利的次数，则不能据此计算终值和现值。而实际利率则不同，只要知道了实际利率，就可以直接计算终值和现值。

【例 3-8】 某人准备在银行存入 1000 元，存款年限为 8 年，年利率为 6%，每半年复利

1 次。问：本利和、复利息是多少？实际利率是多少？

解　半年利率 $a=6\%/2=3\%$，共复利次数 $n=16$，则

本利和为

$$F=P(F/P,a,n)=1000\text{元}\times(F/P,3\%,16)$$
$$=1000\text{元}\times1.6047=1604.7\text{元}$$

复利息为

$$I=1604.7\text{元}-1000\text{元}=604.7\text{元}$$

实际利率为

$$i=(1+6\%/2)^2-1=6.09\%$$

3. 连续利率

连续利率是指 1 年中计息周期数趋于无穷大，即计息周期趋近于 0 时的年实际利率。其计算公式为

$$i=\lim_{m\to\infty}\left(1+\frac{r}{m}\right)^m-1$$

因为

$$\left(1+\frac{r}{m}\right)^m=\left[\left(1+\frac{r}{m}\right)^{\frac{m}{r}}\right]^r$$

而

$$\lim_{m\to\infty}\left(1+\frac{r}{m}\right)^{\frac{m}{r}}=\mathrm{e}$$

所以

$$i=\lim_{m\to\infty}\left[\left(1+\frac{r}{m}\right)^{\frac{m}{r}}\right]^r-1=\mathrm{e}^r-1 \tag{3-11}$$

故

$$F=P(1+i)^n=P(1+\mathrm{e}^r-1)^n=P\mathrm{e}^{rn}$$

【例 3-9】　某企业投资项目需要向银行贷款 1000 万元，年利率为 10%，试用连续复利法计算 5 年后的本利和。

解　$$F=P\mathrm{e}^{rn}=1000\text{万元}\times\mathrm{e}^{0.1\times5}=1648.72\text{万元}$$

按连续利率计算的连续复利法更接近于资金运动的实际情况，但在实际借贷中很少采用，只是在某些技术经济决策中采用。

第三节　现金流量和资金等值

一、现金流量的概念

资金的运动形式具体表现为货币的支出和收入。在技术经济分析中，把各个时点实际发生的资金流出或流入称为现金流量，流出系统的资金称为现金流出，流入系统的资金称为现金流入，现金流入与现金流出之差称为净现金流量，如图 3-5 所示。

对一项经济活动的现金流量进行考察与分析，因考察的角度和所研究系统范围的不同，

会有不同的结果。例如，国家对企业经济活动征收税金，从企业的角度来看，是现金流出；从整个国民经济的角度来看，既不是现金流出也不是现金流入，而是在国家范围内资金的分配权与使用权的一种转移。在技术经济分析中，必须在明确考察角度和系统范围的前提下正确区分现金流入和现金流出。

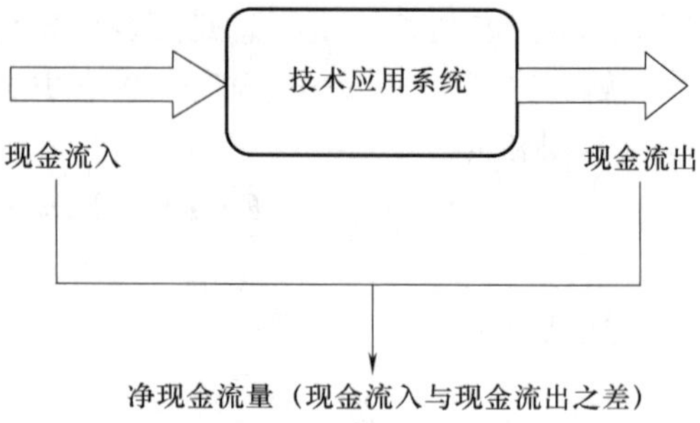

图 3-5　净现金流量

现金流量可以分为单笔现金流量和系列现金流量两种。不同时点的现金流量既可以调整为现值，也可以调整为终值。现金流量的现值就是该现金流量现在的价值，用 P 来表示。与现值相对应的是终值，是指现在的现金流量相当于未来时刻的价值。可以计算该现金流量一年后的终值、一个季度后的终值……

二、现金流量图

一个工业企业项目的实施，往往要延续一段时间。在项目寿命期内，各种现金流入和现金流出的数额和发生的时间不尽相同。为了便于分析，通常采用表格和图的形式表示特定系统在一段时间内发生的现金流量。这种将现金流量绘入一时间坐标图中的图示法就是现金流量图。常用的现金流量图如图 3-6 所示。

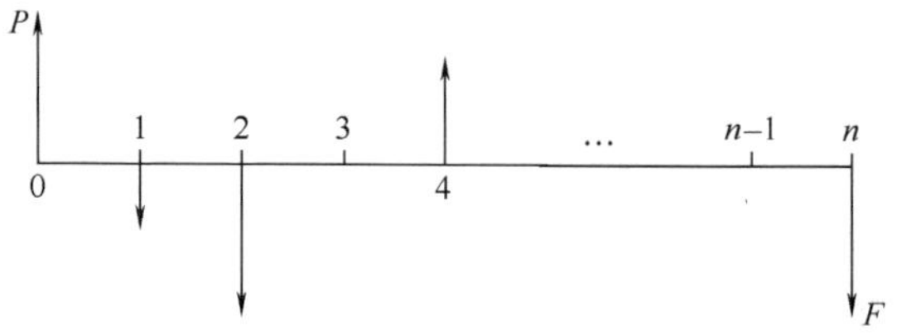

图 3-6　现金流量示意图

在现金流量图中，向上的箭线表示现金流入，向下的箭线表示现金流出，箭线的长短与收入或支出的多少成正比。

除了现金流量图之外，现金流量表也可以反映项目寿命期内每年的现金流入量、现金流出量，即净现金流量。它是分析、预测项目效益的重要动态报表。本书在此不详细阐述。现金流量表既能够反映投资项目整个寿命期内现金流量的具体情况和基本数据，又包含计算结果，可以观察各年份资金变动的情况，综合性及实用性都比较强。

三、资金等值

资金等值是指在考虑时间因素的情况下，不同时点发生的绝对值不等的资金可能具有相等的经济价值。例如，现在的 100 元与 1 年后的 105.22 元，数量上并不相等，但如果考虑资金的时间价值，将这笔资金投资存入银行，银行 1 年期存款利率为 5.22%，则两者是等值的。因为现在存入的 100 元，1 年后的本利和为

$$100\text{元} \times (1 + 5.22\%) = 105.22\text{元}$$

资金等值包括三个因素，即资金金额大小、资金发生时间和利率大小。其中，利率是关键因素，等值的金额是随利率而定的。在某一利率下，现在的一笔资金金额总是与未来的一笔更大的资金金额相等。利用等值的概念，可以把在一个时点发生的资金金额换算成另一个时点的等值金额，这一过程称为资金等值计算。把将来某一时点的资金金额换算成现在时点的等值金额，称为折现或贴现。将来时点上的资金金额称为现值，与现值等值的将来某时点

的资金金额称为终值。需要说明的是，现值并非专指一笔资金“现在”的价值，它是一个相对的概念，一般地说，是 $t+n$ 个时点上资金金额的现值。

进行资金等值计算还需阐明时值、等年值、贴现与贴现率的概念。时值是指资金在其运动过程中处于某一时点的价值。等年值是指分期等额收付的资金值，由于各期间隔通常为 1 年，且各年金额相等，故又称为年金。把终值计算为现值的过程称为贴现或者折现，贴现时所用的利率称为贴现率或折现率。

在技术经济分析中，资金等值是一个非常重要的概念。为了将不同的方案进行比较，只有把不同时点发生的现金流量折算到同一时点，即进行资金的等值换算后才能进行。

第四节　资金时间价值的计算

技术经济分析中，为了考察项目投资的经济效果，必须对项目寿命期内不同时间发生的全部费用和全部收益进行计算和分析。在考虑资金时间价值的情况下，不同时间发生的收入或支出的数值不能直接相加或相减，只能通过资金等值计算将它们换算到同一时点进行分析。

一、一次性支付的类型

一次性支付又称整付，是指所分析系统的现金流量，无论是流入还是流出，均在一个时点上一次发生。这种支付形式是资金等值计算最基本的形式。其典型的现金流量图如图 3-7 所示。

对于所考虑的系统来说，如果在考虑资金时间价值的条件下，现金流入恰恰能补偿现金流出，则 F 与 P 就是等值的。

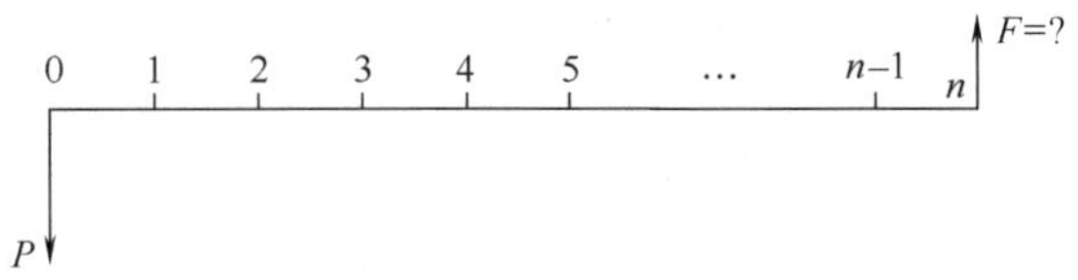

图 3-7　一次性支付现金流量图

（一）一次等值支付终值的计算

1. 应用条件

一次等值支付终值的应用条件是在利率一定的情况下，现值与复利 n 次后的终值的关系。它适用于在已知现值 P、利率 i、复利次数 n 的情况下，求终值 F。

2. 应用公式

$$F=P(1+i)^n \tag{3-12}$$

式中，P 表示现值；F 表示终值；i 表示利率；n 表示时间周期数。

该公式表示的含义是在利率为 i、时间周期为 n 的情况下，F 是 P 的终值。$(1+i)^n$ 是一次性支付终值系数，可以表示为（$F/P,i,n$）。

3. 举例

【例 3-10】 某项目投资 10 000 元，年利率为 8%，投资期限 10 年，第 10 年年末一次回收本利和。问：应收回多少元？

解　根据一次性支付终值公式

$$F=P(F/P,i,n)$$

且已知 $P=10\ 000$ 元，$i=8\%$，$n=10$ 年，$(F/P,i,n)=2.159$，则

$$F=10\ 000\text{ 元}\times 2.159=21\ 590\text{ 元}$$

所以，第 10 年年末一次性应收回 21 590 元。

（二）一次支付现值的计算

1. 应用条件

一次支付现值的应用条件是在利率一定的情况下，现值与复利 n 次后的终值的关系。它适用于在已知终值 F、利率 i、复利次数 n 的情况下，求现值 P。

2. 应用公式

$$P=F(1+i)^{-n} \tag{3-13}$$

式中，$(1+i)^{-n}$ 为一次支付复利现值系数，通常用 $(P/F,i,n)$ 表示，也可表示为 $P=F(P/F,i,n)$。

其现金流量图如图 3-8 所示。

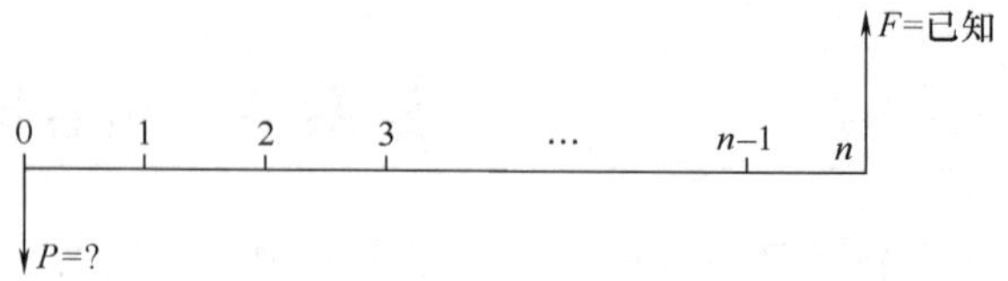

图 3-8　已知 F 求 P 的现金流量图

3. 举例

【例 3-11】 某人计划 5 年后从银行提取 1 万元，如果银行年利率为 5%，问：现在应存入银行多少钱？

解

$$\begin{aligned}P&=F(P/F,i,n)\\&=10\ 000\text{ 元}\times(P/F,5\%,5)\\&=10\ 000\text{ 元}\times 0.7853=7853\text{ 元}\end{aligned}$$

所以，现在应存入银行 7853 元。

二、等额分付的类型

与单笔现金流量相比，等额分付现金流量是指在一定时期内会产生多笔现金流量，每次现金流量都是相等的现金流量。等额分付现金流量的特点是在一定时期内，每隔相同的时间连续发生相等的现金流量。

按照等额分付现金流量发生的时点不同，可以分为复利等额分付终值、复利等额分付偿债基金、复利等额分付现值、复利等额分付资本回收、预付等额分付等形式。

（一）复利等额分付终值的计算

在技术经济分析中，常常需要计算连续若干期的期末支付等额资金，而在最后积累起来的资金，相当于定期存入银行的等额资金在若干年后一次取出的本利和。

1. 应用条件

复利等额分付终值的应用条件为，已知每年投入的等额为 A（A 也称为年金）、年利率为 i、复利次数为 n，求得 n 期未来值（本利和）F。等额分付终值公式应用条件的形式如图 3-9 所示。

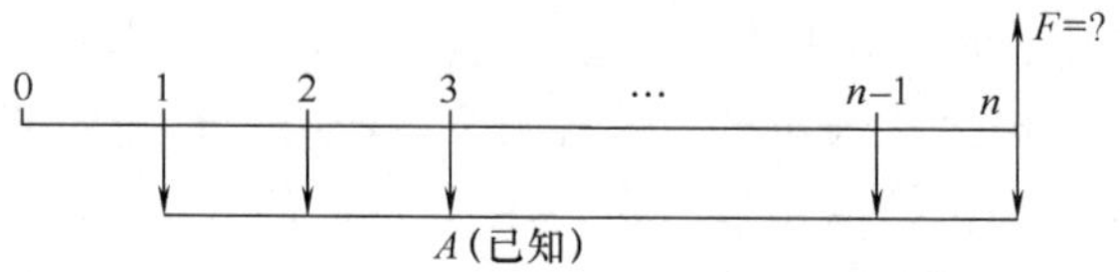

图 3-9　等额分付终值的现金流量图

2. 应用公式

根据一次性支付的终值公式有

$$F=A(1+i)^{n-1}+A(1+i)^{n-2}+A(1+i)^{n-3}+\cdots+A(1+i)+A \tag{3-14}$$

将式（3-14）两边同乘以（$1+i$）得

$$F(1+i)=A(1+i)^{n}+A(1+i)^{n-1}+A(1+i)^{n-3}+\cdots+A(1+i)^{2}+A(1+i) \tag{3-15}$$

用式（3-15）减式（3-14）得

$$F(1+i)-F=A(1+i)^{n}-A$$

$$F=A\frac{(1+i)^{n}-1}{i} \tag{3-16}$$

式中，$\frac{(1+i)^{n}-1}{i}$称为等额分付终值系数，可记为（F/A，i，n）。

【例3-12】 某公司为设立退休基金，每年年末存入银行2万元。若存款利率为10%，按复利计息，第5年年末基金总额是多少？

解　$$F=A\frac{(1+i)^{n}-1}{i}=2\text{ 万元}\times\frac{(1+0.1)^{5}-1}{0.1}=12.21\text{ 万元}$$

所以，第5年年末基金总额为12.21万元。

若每年年初投入资金，则其计算公式为

$$F=A(1+i)^{1}+A(1+i)^{2}+\cdots+A(1+i)^{n-2}+A(1+i)^{n-1}+A(1+i)^{n}$$

$$F=A(1+i)\frac{(1+i)^{n}-1}{i}$$

该公式的推导过程与年末投入资金的公式推导相同。其现金流量图如图3-10所示。

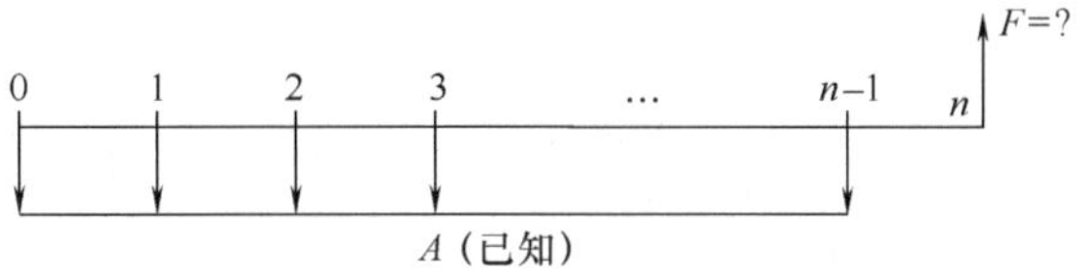

图3-10　年初投入资金的情形

【例3-13】 某贫困大学生在四年大学期间，每年年初从银行借款2000元。若按年利率6%计算，第4年年末该学生需要一次归还全部本利和为多少？

解　$$F=A(1+i)\frac{(1+i)^{n}-1}{i}=2000\text{ 元}\times(1+6\%)\times\frac{(1+6\%)^{4}-1}{6\%}=9274\text{ 元}$$

所以，第4年年末需一次归还全部本利和9274元。

【例3-14】 某铁路公司决定将其经营旗下的一段铁路经营权进行公开拍卖，因此想向社会招标经营权。其中，甲公司和乙公司的投标书最具有竞争力。甲公司的竞标书中显示，若该公司取得经营权，则从获得经营权的第一年开始，每年年末向铁路公司缴纳1000万元的经营费，直到经营10年后结束。乙公司的竞标书中则表示，如果该公司取得经营权，则直接付给铁路公司4000万元，在8年后再付6000万元。如果铁路公司要求的经营投资报酬率为15%，问：该铁路公司应该接受甲公司还是乙公司的投标？

解　本题主要是比较甲、乙两家公司得到经营权后，其年收入的大小。但是，由于两家公司支付的经营权费用的时间不同，因此不能直接比较，而应该比较这些支出在第10年年末终值的大小。

甲公司的投标方案对铁路公司来说是一笔年收入为1000万元的10年年金。其终值计算如下

$$\begin{aligned}F&=A(F/A,i,n)=1000\text{ 万元}\times(F/A,15\%,10)\\&=1000\text{ 万元}\times20.304=20\,304\text{ 万元}\end{aligned}$$

乙公司的投标方案对铁路公司来说是两笔收入，分别计算其终值再求和。

第一笔收款为 4000 万元的终值

$$F = P(F/P, i, n) = 4000\text{ 万元} \times (F/P, 15\%, 10)$$
$$= 4000\text{ 万元} \times 4.0456 = 16\,182.4\text{ 万元}$$

第二笔收款为 6000 万元的终值

$$F = P(F/P, i, n) = 6000\text{ 万元} \times (F/P, 15\%, 2)$$
$$= 6000\text{ 万元} \times 1.3225 = 7935\text{ 万元}$$

合计终值为 24 117.4 万元。

根据以上计算结果，铁路公司应接受乙公司的投标。

（二）复利等额分付偿债基金的计算

复利等额分付偿债基金的计算是复利等额分付终值的逆运算，是指为了在约定的未来某一时点清偿某笔债务或积聚一定数额的资金而分次等额形成的存款准备金。

1. 应用条件

复利等额分付偿债基金的应用条件为已知终值 F、贴现利率 i、复利次数 n，求解年金 A。

2. 应用公式

$$A = F\frac{i}{(1+i)^n - 1}$$

或

$$A = F(A/F, i, n) \tag{3-17}$$

式中，$\frac{i}{(1+i)^n - 1}$称为等额分付偿债基金系数，通常用符号（$A/F, i, n$）表示。

3. 举例

【例 3-15】 某公司有一笔 2 年后到期的债务 1000 万元，到期一次还清债务，此公司每月月末向银行存入一笔钱，年利率为 12%，准备用此存款偿还 2 年后到期的债务。问：此公司应该每月存入多少钱?

解 将年利率换算成月利率，12%/12 = 1%。已知 $F = 1000$ 万元，则

$$A = F\frac{i}{(1+i)^n - 1} = F(A/F, i, n)$$
$$= 1000\text{ 万元} \times 0.0371 = 37.1\text{ 万元}$$

（三）复利等额分付现值的计算

复利等额分付现值是指每期期末现金流量的复利现值之和。

1. 应用条件

已知每年投入的等额为 A（即年金）、利率为 i、复利期限为 n，求解年金 A 的复利现值之和。等额分付现值的现金流量图如图 3-11 所示。

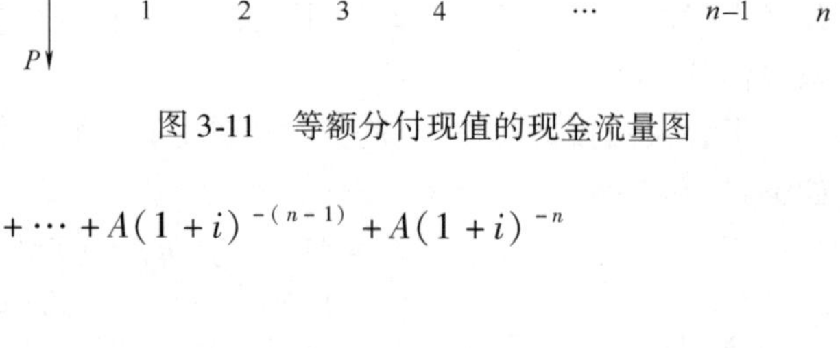

图 3-11 等额分付现值的现金流量图

2. 应用公式

$$P = A(1+i)^{-1} + A(1+i)^{-2} + \cdots + A(1+i)^{-(n-1)} + A(1+i)^{-n}$$

经上式整理得

$$F=A\frac{(1+i)^n-1}{i}$$

根据一次性支付现值公式有

$$P=F\frac{1}{(1+i)^n}$$

把二者合并得

$$P=A\frac{(1+i)^n-1}{i(1+i)^n} \tag{3-18}$$

此为等额分付现值公式，其中$\frac{(1+i)^n-1}{i(1+i)^n}$为等额分付现值系数，可以记为（$P/A,i,n$）。

若为每年年初投入等额资金，则计算公式为

$$P=A+A(1+i)^{-1}+A(1+i)^{-2}+\cdots+A(1+i)^{-(n-1)}$$

$$P=A\frac{1-(1+i)^n}{i}(1+i)=A(P/A,i,n)(1+i)$$

$$P=A\left[\frac{1-(1+i)^{-(n-1)}}{i}+1\right]=A[(P/A,i,n-1)+1]$$

式中，$\frac{1-(1+i)^{-(n-1)}}{i}+1$是预付等额分付现值系数，同等额分付现值系数$\frac{1-(1+i)^{-n}}{i}$相比，期数减少1，系数增加1，记作（$P/A$，$i$，$n-1$）+1。

3. 举例

【例3-16】 如果某工程1年建成并投产，寿命10年，每年净收益为2万元，按10%的利率计算，恰好能够在寿命期内把期初的投资全部收回。问：该工程期初所投入的资金为多少？

解 根据等额分付现值公式计算得

$$P=A\frac{(1+i)^n-1}{i(1+i)^n}=2\text{ 万元}\times\frac{(1+0.1)^{10}-1}{0.1\times(1+0.1)^{10}}$$

$$=2\text{ 万元}\times6.1445=12.289\text{ 万元}$$

【例3-17】 甲公司以分期收款的方式向丙公司出售其所产商品。合同规定，丙公司在10年内，每半年支付50 000元商品欠款。甲公司为了马上取得资金，将合同向银行折现。假设银行规定，可以以14%的利率、每半年计息一次的方式对甲公司的销售合同金额进行折现。问：甲公司将获得多少资金？若利率为8%，甲公司将获得多少现金？

解 已知年金$A=50\,000$元，复利次数$n=20$，$i=14\%/2=7\%$。

$$P=A(P/A,i,n)=50\,000\text{ 元}\times(P/A,7\%,20)=50\,000\text{ 元}\times10.594=529\,700\text{ 元}$$

$$P=A(P/A,i,n)=50\,000\text{ 元}\times(P/A,4\%,20)=50\,000\text{ 元}\times13.5903=679\,516.3\text{ 元}$$

【例3-18】 某上市公司销售部要招聘一名总经理。经过层层筛选，公司决定录用应聘者甲为销售部总经理，领导销售部门。该公司为甲开出的待遇为：

（1）每年年薪10万元。

（2）提供给甲一辆价值8万元的轿车。

（3）为公司服务5年以上。

甲对公司给予的待遇很满意，但是由于他本身拥有一辆私家车，所以不想接受公司所分配的8万元轿车。因此，他向公司提出能否将8万元的轿车改为交通补助。公司经过研究后决定接受经理甲的请求，每年年初给予经理甲 20 000 元交通补助。

收到公司的通知后，经理甲又犹豫起来。如果向公司要轿车，可以将其出售，可以获得 74 000 元的现金；而若接受交通补助，则每年年初可获得 20 000 元现金。假设每年银行存款利率为 2%，则经理甲应该如何选择？

解 本题的核心问题就是比较经理甲每年年初收到的 20 000 元交通补贴的现值与卖车所得 74 000 元的大小问题。

交通补贴于每年年初发放，因此对于经理甲是一个预付等额分付现值。其现值计算为

$$P = 20\,000\text{元} \times [(P/A, 2\%, 5-1) + 1]$$
$$= 20\,000\text{元} \times 4.8077 = 96\,154\text{元}$$

所以，经理甲应该接受交通补助。

（四）复利等额分付资本回收的计算

1. 应用条件

复利等额分付资本回收计算是等额分付现值计算的逆运算，其应用条件为已知年金现值 P、年利率 i、复利次数 n，求解年金 A 的问题。

2. 应用公式

其计算公式为

$$A = P\frac{i(1+i)^n}{(1+i)^n - 1} \tag{3-19}$$

式中，$\frac{i(1+i)^n}{(1+i)^n-1}$称为等额分付资本回收系数，可记为（$A/P, i, n$）。该系数同复利等额分付现值的系数$\frac{(1+i)^n-1}{i(1+i)^n}$互为倒数。

这是一个重要系数。对工业项目进行技术经济分析时，它表示在考虑资金时间价值的条件下，对应于工业项目的单位投资，在项目寿命期内每年至少应该回收的金额。如果对应于单位投资的实际回收金额小于这个值，则在项目寿命期内就不可能将全部投资收回。

3. 举例

【例 3-19】 假设以 10% 的利率借得 20000 元，投资于某个寿命为 10 年的项目，则每年至少要等额收回多少现金才有利？

解 根据等额分付资本回收公式计算得

$$A = P\frac{i(1+i)^n}{(1+i)^n-1} = 20\,000\text{元} \times \frac{0.1 \times (1+0.1)^{10}}{(1+0.1)^{10}-1}$$
$$= 20\,000\text{元} \times 0.1627 = 3254\text{元}$$

所以，每年至少要等额回收 3254 元。

（五）递延等额分付的计算

1. 应用条件

等额分付和预付等额分付都是年金的基本形式，都是从第一期开始发生等额现金流量。而递延等额分付是从等额分付和预付等额分付派生出来的年金，是指从第二期或者第二期以后发生的等额分付的年金。其终值大小与

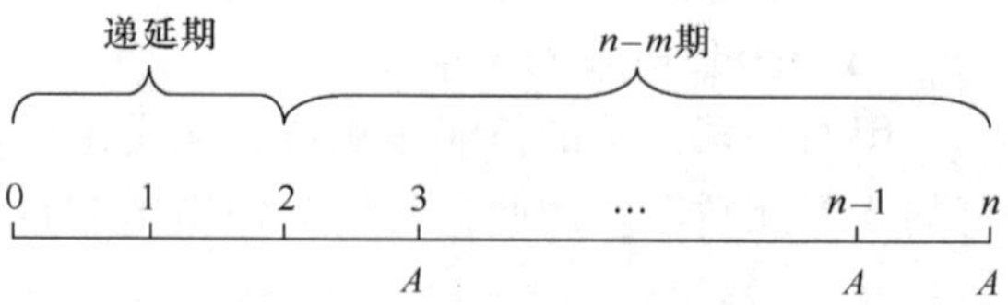

图 3-12 递延等额分付示意图

递延期无关，而与等额分付了多少期有关，如图 3-12 所示。

2. 应用公式

$$P = A[(P/A, i, n) - (P/A, i, m)]$$

或

$$P = A(P/A, i, n-m)(P/F, i, m) \tag{3-20}$$

3. 举例

【例 3-20】 某项年金，前 3 年无现金流入，后 5 年每年年初流入 50 000 元。若年利率为 10%，其现值为多少？

解 由题目可知，此题为递延等额分付问题，后 5 年是指从第 4 年到第 8 年，第 4 年年初即第 3 年年末，从第 3 年年末开始发生现金流量，所以递延期 $m = 2$。

$$\begin{aligned} P &= A[(P/A, i, n) - (P/A, i, m)] \\ &= 50\,000\text{ 元} \times [(P/A, 10\%, 7) - (P/A, 10\%, 2)] = 156\,645\text{ 元} \end{aligned}$$

三、等额永久分付的类型

等额永久分付就是期初投入本金，以后无限地逐期支取利息。所以，等额永久分付是一个均匀序列。等额永久支付也可以看成是一个复利期数 n 趋向于无穷大的普通年金，即没有终止的时间也没有确定的终值。

1. 应用条件

已知现值 P，在复利次数 n 趋向于无穷大时，求年金 A 的情况。

2. 应用公式

因为

$$P = A(P/A, i, n) = A\frac{(1+i)^n - 1}{i(1+i)^n}$$

当 $n \to \infty$ 时为永久性支付，则

$$P = A(P/A, i, \infty) = A\lim_{n\to\infty}\frac{(1+i)^n - 1}{i(1+i)^n} = A\frac{1}{i} \tag{3-21}$$

所以有

$$A = Pi$$

当利率变化时，等额永久分付的年金现值也会变化很大。

3. 举例

【例 3-21】 某学校拟建立一项永久性的奖学金，每年计划颁发 10 000 元奖学金。若利率为 10%，现在应存入多少钱？

解 根据永久性分付公式计算得

$$P = \frac{A}{i} = \frac{10\,000\text{ 元}}{10\%} = 100\,000\text{ 元}$$

所以，现在应存入 100 000 元。

在实际中，有些工程如铁路的路基、路轨和桥梁，还有沟渠、隧道、河流、水坝及某些公路等，为了无限期地维持其经济寿命，必须每隔一定时间进行一次维修或重置，这就要有一笔维修费或重置费。为了积累这样一笔费用，就需要投入一笔足够大的本金以取得收益。

设维修或重置的间隔时间为 m 期，所需费用为 A'，利率为 i，为了积累这笔费用，在期初投入的本金 P 应为多少？

此问题的现金流量图如图 3-13 所示。

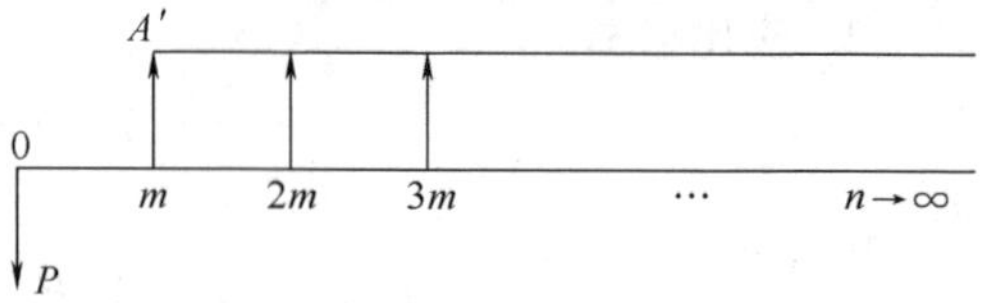

图 3-13　永久性分付示意图

因为

$$A' = Pi(F/A,i,m)$$

所以

$$P = \frac{A'}{i}\frac{1}{(F/A,i,m)} = \frac{A'}{i}(A/F,i,m) \tag{3-22}$$

上面 A' 值是对每期的计算复利的方法累积的，它同样可用于对本金计算复利的方法积累，即要求在 m 期期末使本利和等于 $A'+P$。这时，期初投入的本金 P 应为多少？

因为

$$P(F/P,i,m) = A' + P$$

所以

$$P = \frac{A'}{(F/P,i,m)-1} \tag{3-23}$$

【例 3-22】 年利率为 8%，每年结算一次，期初要投入多少本金才能满足每隔 3 年向某铁路路基工程提供 50 000 元的重置费用？

解 根据式（3-22）可得

$$P = \frac{A'}{i}(A/F,i,m) = \frac{50\ 000\text{元}}{0.08} \times 0.308 = 192\ 500\text{元}$$

所以，期初应投入 192 500 元。

四、连续复利的类型

（一）一次支付连续计息的未来值

根据每年计息一次有

$$F = P(1+i)^n$$

当每年计息 m 次时，根据实际利率和名义利率的关系有

$$F = P\left(1+\frac{r}{m}\right)^{mn}$$

当每年计息次数为∞时

$$F = Pe^{rn}$$

式中，e^{rn} 是一次支付连续计息未来值系数，可用（$F/P,r,n$）表示。因此，上式又可写为

$$F = P(F/P,r,n)$$

实际年利率为

$$\frac{F-P}{P} = \frac{Pe^{rn}-P}{P} = e^{rn}-1 \tag{3-24}$$

（二）一次支付连续利息的现值

根据上面的未来值公式得

$$P = F\frac{1}{e^{rn}} \tag{3-25}$$

式中，$\frac{1}{e^{rn}}$称为一次支付连续计息的现值系数，可用符号表示为（$P/F,r,n$）。因此，上式可表示为

$$P=F(P/F,r,n)$$

（三）连续计息等额序列的未来值

设 A 是每个计息期内连续发生的收入或支出的等额固定值，根据 $F=Pe^{rn}$，求 n 个周期的 F 值。可进行积分

$$F=\int_0^n Ae^{rt}\mathrm{d}t=A\frac{e^{rn}-1}{r} \tag{3-26}$$

式中，$\frac{e^{rn}-1}{r}$称为连续计息等额序列未来值系数，可用符号表示为（$F/A,r,n$）。因此，上式又可表示为

$$F=A(F/A,r,n)$$

（四）连续计息等额序列的偿债基金

连续计息等额序列的偿债基金可通过下式求得

$$A=F\frac{r}{e^{rn}-1}$$

式中，$\frac{r}{e^{rn}-1}$称为连续计息等额序列偿债基金，可用符号表示为（$A/F,r,n$）。因此，上式又可写为

$$A=F(A/F,r,n) \tag{3-27}$$

（五）连续计息等额序列的现值

连续计息等额序列的现值可通过积分求得

$$P=\int_0^n Ae^{-rt}\mathrm{d}t=-\frac{A}{r}e^{-rn}-\left(-\frac{A}{r}\right)=A\frac{1-e^{-rn}}{r}=A\frac{e^{rn}-1}{re^{rn}}$$

式中，$\frac{e^{rn}-1}{re^{rn}}$称为连续计息等额序列现值系数，可用符号表示为（$P/A,r,n$）。因此，上式又可写为

$$P=A(P/A,r,n) \tag{3-28}$$

（六）连续计息等额序列的资金回收

因为

$$P=A\frac{e^{rn}-1}{re^{rn}}$$

所以

$$A=P\frac{re^{rn}}{e^{rn}-1} \tag{3-29}$$

式中，$\frac{re^{rn}}{e^{rn}-1}$称为连续计息等额序列资金回收系数，可用符号表示为（$A/P,r,n$）。因此，上式又可写为

$$A=P(A/P,r,n)$$

五、等差序列现金流量的等值计算

1. 应用条件

等差序列现金流的应用条件为：已知利率 i，复利期数 n，每期的现金流量有一个递增的量，使得每年的现金流量逐年增一个相等的值。

等差序列现金流量如图 3-14 所示。

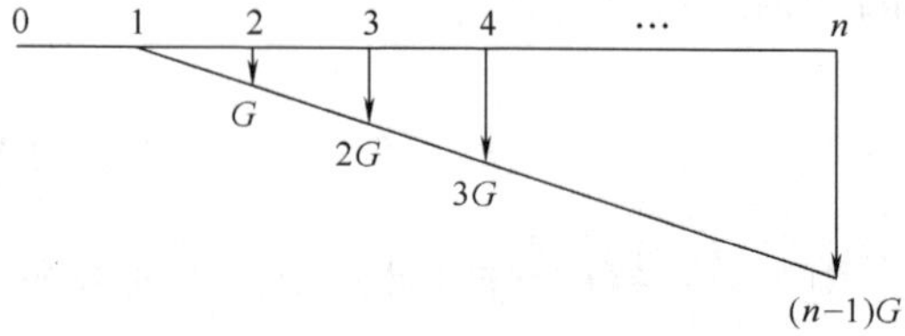

图 3-14　等差序列现金流量示意图

2. 应用公式

等差序列现金流量的通用公式为

$$At=(t-1)G, t=1,2,3,\cdots,n$$

式中，G 表示等差额；t 表示时点。

等差序列现金流量 n 年年末的终值为

$$F=\sum_{t=1}^{n}At(1+i)^{n-1}$$

F 也可以看成是 $n-1$ 个等额序列现金流量的终值之和，这些等额序列现金流量的年值均为 G，年数分别为 1，2，3，…，$n-1$。

$$F=\sum_{j=1}^{n-1}G\frac{(1+i)^j-1}{i}=G\left[\frac{(1+i)-1}{i}+\frac{(1+i)^2-1}{i}+\cdots+\frac{(1+i)^{n-1}-1}{i}\right]$$

$$=\frac{G}{i}[(1+i)+(1+i)^2+\cdots+(1+i)^{n-1}-(n-1)]$$

$$=\frac{G}{i}[1+(1+i)+(1+i)^2+\cdots+(1+i)^{n-1}]-\frac{nG}{i}$$

$$=\frac{G}{i}\frac{(1+i)^n-1}{i}-\frac{nG}{i}$$

上式两端乘以系数 $(1+i)^{-n}$，则可得等差序列现值公式

$$F\frac{1}{(1+i)^n}=\left[\frac{G}{i}\frac{(1+i)^n-1}{i}-\frac{nG}{i}\right]\frac{1}{(1+i)^n}$$

即

$$P=G\left[\frac{1}{i^2}-\frac{1+in}{i^2(1+i)^n}\right]$$

或

$$P=G\frac{(1+i)^n-1-in}{i^2(1+i)^n} \tag{3-30}$$

式中，$\frac{(1+i)^n-1-in}{i^2(1+i)^n}$称为等差序列现值系数，可记作 $(P/G,i,n)$。

等差序列现金流量与等额序列现金流量之间存在以下关系

$$A=P(A/P,i,n)$$

$$=G(P/G,i,n)(A/P,i,n)$$

$$=G\frac{(1+i)^n-in-1}{i[(1+i)^n-1]}$$

式中，$\frac{(1+i)^n-in-1}{i[(1+i)^n-1]}$称为等差序列年值系数，可记作（$A/G,i,n$）。

3. 举例

【例 3-23】 某公司发行的股票目前市场价值每股 120 元，年股息 10 元，预计每股年股息每年增加 2 元。若希望达到 16% 的投资收益，目前投资购进该公司股票是否合算？

解 股票可看作寿命期 $n\to\infty$ 的永久性财产，由

$$(P/A,i,\infty)=\frac{1}{i},(P/G,i,\infty)=\frac{1}{i^2}$$

可得

$$P=10\text{元}\times(P/A,i,\infty)+2\text{元}\times(P/G,i,\infty)$$
$$=10\text{元}\times\frac{1}{0.16}+2\text{元}\times\frac{1}{0.16^2}=140.625\text{元}$$

因此，现在购进该公司股票是合算的。

【例 3-24】 某项设备购置及安装费共 60 000 元，估计可以使用 6 年，残值忽略不计。使用该设备时，第 1 年维修操作费为 15 000 元，以后每年递增 2000 元。如果年利率为 12%，该设备总费用现值为多少？相当于每年等额费用为多少？

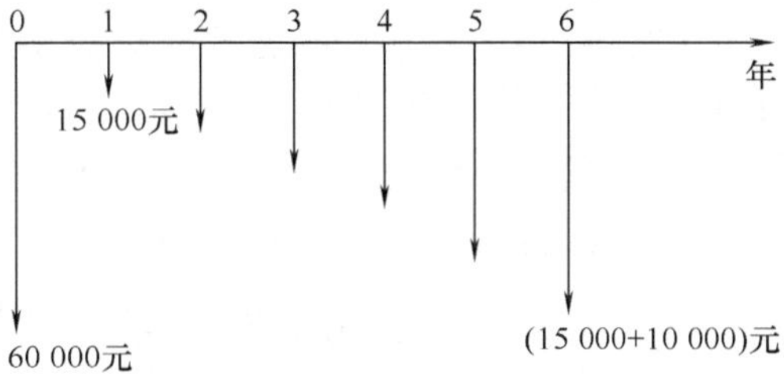

图 3-15　现金流量图

解 已知年金 A 为 15 000 元，等差额 G 为 2000 元，年利率为 12%，复利次数 n 为 6 年，设备购置和安装费 P_1 为 60 000 元，其现金流量图如图 3-15 所示。

$$P=P_1+A(P/A,i,n)+G(P/G,i,n)=P_1+A(P/A,12\%,6)+G(P/G,12\%,6)$$
$$=60\ 000\text{元}+15\ 000\text{元}\times\frac{1-(1+12\%)^{-6}}{12\%}+2000\text{元}\times\frac{1}{12\%}\times\left[\frac{(1+12\%)^6-1}{12\%(1+12\%)^6}-\frac{6}{(1+12\%)^6}\right]$$
$$=139\ 520\text{元}$$

$$A=P(A/P,12\%,6)=33\ 935\text{元}$$

所以，该设备总费用现值为 139 520 元，相当于每年等额费用为 33 935 元。

六、等比序列现金流量的等值计算

等比序列现金流量的等值计算用于解决另一类特殊的现金流量问题。通常在这类现金流中，逐年有一个递增百分比。

1. 应用条件

等比序列现金流量的应用条件为：已知利率 i，复利期数 n，每期的现金流量有一个递增的量，使得每年的现金流有一个递增的百分比。

等比序列现金流量如图 3-16 所示。

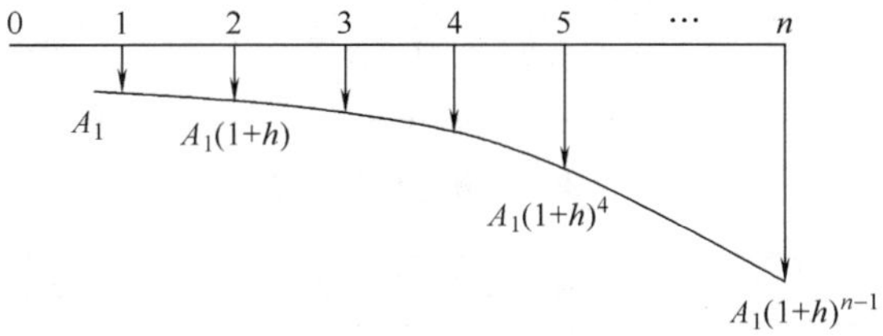

图 3-16　等比序列现金流量示意图

2. 应用公式

等比序列现金流量的通用公式为

$$At = A_1(1+h)^{t-1}, t = 1, 2, \cdots, n$$

式中，A_1为定值；h为等比系数。

因此，等比序列现金的现值为

$$P = \sum_{t=1}^{n} A_1(1+h)^{t-1}(1+i)^{-t} = \frac{A_1}{1+h}\sum_{t=1}^{n}\frac{(1+h)^t}{(1+i)}$$

利用等比级数求和公式可得

$$P = \begin{cases} A_1\left[\dfrac{1-(1+h)^n(1+i)^{-n}}{i-h}\right], i \neq h \\ \dfrac{nA_1}{1+i}, i = h \end{cases} \tag{3-31}$$

3. 举例

【例 3-25】 若租用某仓库，目前年租金为 23 000 元，预计租金水平今后 10 年内每年将上涨 5%。若将该仓库买下来，需一次支付 20 万元，10 年后估计仍可以 20 万元的价格售出。按利率 15% 计算，是租用合算还是购买合算？

解 若租用该仓库，10 年内全部租金的现值为

$$P_1 = 23\ 000\text{元} \times \frac{1-(1+0.05)^{10}\times(1+0.15)^{-10}}{0.15-0.05} = 137\ 393\text{元}$$

若购买该仓库，全部费用的现值为

$$P_2 = 200\ 000\text{元} - 200\ 000\text{元} \times (1+0.15)^{-10} = 150\ 563\text{元}$$

所以，租用该仓库的费用更低，应该租用。

下面来汇总一下本章所涉及的资金时间价值的主要计算公式，如表 3-2 所示。

表 3-2 资金时间价值汇总表

类　型	计算公式名称	计算公式
一次性支付	一次等值支付终值	$F = P(1+i)^n$
	一次支付现值	$P = F(1+i)^{-n}$
等额分付	复利等额分付终值	$F = A\dfrac{(1+i)^n-1}{i}$
	复利等额分付偿债基金	$A = F\dfrac{i}{(1+i)^n-1}$
	复利等额分付现值	$P = A\dfrac{(1+i)^n-1}{i(1+i)^n}$
	复利等额分付资本回收	$A = P\dfrac{i(1+i)^n}{(1+i)^n-1}$
	递延等额分付计算	$P = A(P/A, i, n-m)(P/F, i, m)$
等额永久分付	等额永久分付	$A = Pi$

（续）

类　　型	计算公式名称	计 算 公 式
连续复利	一次支付连续计息的未来值	根据每年计息一次有：$F=P(1+i)^n$ 当每年计息 m 次时：$F=P\left(1+\frac{r}{m}\right)^{mn}$ 当每年计息次数为∞时：$F=Pe^{rn}$
	一次支付连续利息的现值	$P=F\frac{1}{e^{rn}}$
连续复利	连续计息等额序列的未来值	$F=A\frac{e^{rn}-1}{r}$
	连续计息等额序列的偿债基金	$A=F\frac{r}{e^{rn}-1}$
	连续计息等额序列的现值	$P=A\frac{1-e^{-rn}}{r}=A\frac{e^{rn}-1}{re^{rn}}$
	连续计息等额序列的资金回收	$A=P\frac{re^{rn}}{e^{rn}-1}$
等差序列	等差序列现金流量	$A=G\frac{(1+i)^n-in-1}{i[(1+i)^n-1]}$
等比序列	等比序列现金流量	$P=\begin{cases}A_1\frac{1-(1+h)^n(1+i)^{-n}}{i-h}, i\neq h\\ \frac{nA_1}{1+i}, i=h\end{cases}$

习　　题

1. 什么是资金时间价值？影响资金时间价值的因素有哪些？
2. 什么是单利？什么是复利？
3. 资金时间价值的计算方法有哪些？各自有何特点？
4. 什么是名义利率、实际利率和连续利率？它们彼此之间有何联系？
5. 什么是现金流量？什么是现金等值？
6. 等额分付有哪几种类型？等额永久分付有哪几种类型？
7. 试讨论资金时间价值对技术方案经济评价有何影响。
8. 现金流量图（见图 3-17）中，考虑资金的时间价值以后，总现金流出等于总现金流入。利用各种资金等值计算系数，用已知项表示未知项。

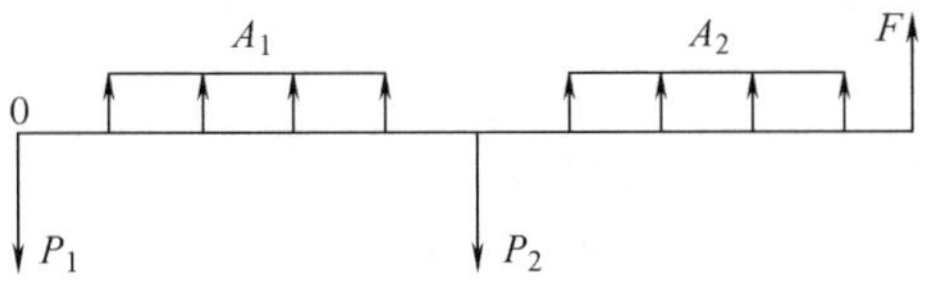

图 3-17　现金流量图

（1）已知 A_1、A_2、P_1、F，求 P_2。

（2）已知 P_1、A_1、P_2、F，求 A_2。

9. 某人在 2010 年 1 月 1 日存入银行 10 000 元，年利率为 3%。要求：

（1）假如按单利计算，2015 年 1 月 1 日存款账户余额为多少？

（2）假如按复利计算，2015 年 1 月 1 日存款账户余额为多少？

10. 某企业拟向银行借款 2000 万元，5 年后一次还清。甲银行贷款年利率 10%，按年计息；乙银行贷款年利率 8%，按月计息。企业向哪家银行贷款较为经济？

11. 利用公式插值法求解下列系数值。

（1）$(F/A, 11.5\%, 10)$　　（2）$(A/P, 10\%, 8.6)$

（3）$(P/A, 8.8\%, 7.8)$　　（4）$(A/F, 9.5\%, 4.5)$

12. 某公司欲筹集一笔基金，5 年内每年年初向银行存一笔资金，第 5 年年末开始每隔 3 年向希望工程提供 3 万元资金。若基准折现率为 10%，现在开始每年应向银行存多少钱？

13. 老张打算以分期付款的方式购买一台空调。空调的价格为 2000 元，商店分期付款的方式是：首付 30%，余额按月利率 1%，每月等额分期付款，时间为两年半。老张每个月必须付给商店多少钱？

14. 某企业兴建一工业项目，第 1 年投资 1000 万元，第 2 年投资 2000 万元，第 3 年投资 1500 万元，投资均在年初发生。其中，第 2 年和第 3 年的投资使用银行贷款，年利率为 10%。该项目从第 3 年开始获利并偿还贷款，10 年内每年年末获净收益 1500 万元，银行贷款分 5 年等额偿还。该企业每年应偿还银行多少钱？画出企业的现金流量图。

15. 连续 8 年每年年末支付一笔款项，第 1 年 2 万元，以后每年递增 1500 元。若年利率为 10%，全部支付款项的现值是多少？

16. 公司欲引进一套设备，对方提出两种还款方式可供选择。一种是：一次性支付 50 万元；另一种是：签约时支付 10 万元，2 年建成投产后，按产品每年销售收入 100 万元的 8% 提成（从第 3 年年末开始到第 12 年年末结束）。若银行利率为 10%，从经济角度出发，公司应选择哪种付款方式？

17. 某工程项目计划 3 年建成，第 1 年年初投资 5000 万元，第 2 年年初投资 3000 万元，第 3 年年初投资 4000 万元。除第 1 年年初投资中的 1500 万元外，其余全部资金均为银行借款，借款利率为 6%，复利计息。该项目建成投产时，欠银行借款本利和为多少（建设期末支付利息）？

18. 某企业拟购进一台设备，付款方式有两种：①分 5 年，每年年初付款 5 万元；②现在一次付清，共 22 万元。若市场利率为 10%，考虑复利，应选择哪一种付款方式？

19. 某公司拟购置一台大型整套机器设备。现机器供应商为该企业提出了三种付款方案：

（1）从现在起，每年年初支付 200 万元，连续支付 10 次，共 2000 万元。

（2）从第 4 年开始，每年年末支付 250 万元，连续支付 10 次，共 2500 万元。

（3）从第 4 年开始，每年年初支付 240 万元，连续支付 10 次，共 2400 万元。

假设该公司的最低报酬率为 10%，你认为该公司应选择哪一种方案？

20. 某企业购买一种设备，估计能够使用 20 年，每 4 年要大修一次，每次大修费用固定为 12 000 元。那么，现在存入多少钱才足够 20 年寿命期内大修费用的支出？设年利率为 12%，每半年计算复利一次。

第四章

技术经济确定性评价方法

技术经济分析的主要工作内容是对拟将采用的技术方案事先进行经济效益的计算与评价。评价技术方案的经济效益，就是将技术方案的有用成果与劳动耗费做比较，衡量它们的所得和费用、投入与产出之间的经济合理性。

经济效果评价是投资项目评价的核心内容。为了确保投资决策的正确性和科学性，研究经济效果评价的指标和方法十分必要。

经济效果评价的指标多种多样，它们能从不同角度反映项目的经济性。本书所讨论的只是那些重要而又常用的指标，如投资回收期、投资收益率、净现值、净年值、内部收益率、净现值指数、增量投资内部收益率等。这些指标有的是以货币单位计量的价值型指标，有的是反映资金利用效率的效率性指标，从不同角度考察项目的经济性。所以，在对项目方案进行经济效果评价时，应当尽量同时选用多项指标而不是单一指标。又由于项目方案的决策结构多种多样，各类指标的适用范围和适用方法也不同。本章将结合各种不同的决策结构特征讨论评价方法。

第一节　技术经济评价指标体系

技术经济评价的主要内容是论证技术方案的经济效益。经济效益实质上是技术方案的有用成果与劳动消耗的比较。本节从不同的角度对技术经济评价指标进行分类，并建立经济效益评价指标体系。

一、技术经济评价指标的分类

由于技术方案的使用价值表现在许多方面，其中有的可以用数量表示，有的无法用数量表示；而就社会劳动消耗来说，其支付形态和支付条件又有着多种多样的差别，所有这些造成了技术经济评价的复杂性和困难性。为了论证技术方案的经济效益，在技术经济分析中要采用多种形式的指标，从不同的角度和不同的侧面对各种方案进行分析和鉴定，并将它们加以比较。

技术经济分析所采用的指标，根据它们的性质、特点和用途，可归结为以下几大类：

（一）技术指标和经济指标

（1）技术指标。各种技术方案都需要有一些技术指标来反映其技术特性和水平。例如，生产率、工作速度、功率、效率、压力、温度、流量等，一般称之为技术参数。技术指标具有三个用途：①技术参数的选择，首先就是技术方案本身必须研究和解决的问题，它们是技术经济分析的基础数据，是进行技术经济计算的主要参数和变量；②技术指标可以说明技术方案在技术上的优劣，论证在技术上是否可行，因此用来作为技术方案的技术评价指标；③技术参数又是进行经济指标计算的依据和必要条件。

（2）经济指标。经济指标说明技术方案的经济合理性，通过经济指标的计算可以反映技术指标的经济意义。因此，经济指标首先用来衡量技术方案的经济效果。首先，为达到技术上先进、经济上合理、生产上适用的要求，经济指标在对方案取舍问题做最终评价时具有重大作用。其次，经济指标也是进行技术经济计算的重要参数和变量。此外，通过对经济指标的研究，还可以分析影响技术方案经济效益的有关经济因素。

（二）数量指标和质量指标

数量指标和质量指标在技术经济分析中都是很重要的，对于反映技术方案的各种技术经济特性来说，有着同等重要的意义。在评价技术方案的经济效益时，为了清楚地说明问题，定量化具有重要意义。因此，从技术经济计算的角度来看，数量指标较之质量指标起着更大的作用。产品的质量一般是可以定量化的，例如，某些产品的物理性能和化学成分等，就可以用数量指标来表示；某些机器设备的使用性能、可靠程度、使用的经济性等，也可以通过数量指标反映出来。但是，也有很多质量因素往往难以用数量指标来表示，如美观、舒适、食品味道、劳动强度、文明生产等。因此，尽量将技术方案质量方面的因素定量化，用数量加以反映，是技术经济分析中应研究的问题。

（三）实物指标和货币（价值）指标

实物指标是指用实物量表现的技术经济指标。例如，钢产量可用吨表示，生产面积的占用可用平方米表示等。实物指标是技术方案的十分重要的指标，在进行技术计算和经济计算时都会用到。实物指标的意义比较明确，也很直观。实物指标用来作为经济指标计算的基础，因为任何经济指标的计算都必须以实物量为依据。另外，利用实物指标还能够计算实物的平衡，如产需平衡、物资以及能源的平衡等。

货币（价值）指标在技术经济分析与计算中占有特别重要的地位。在讨论技术方案经济效益评价标准时，基本上都是利用货币（价值）指标体系作为判定依据。货币指标的最大优点是，它能够将各种形式的实物指标通过价值量的计算汇总相加而统一起来，因而给技术经济计算和技术经济评价带来很大的方便。

在技术经济分析中，考虑到与实物指标的关系，运用货币指标进行计算必须注意两个基本条件：①技术方案的实物产量指标要满足社会需要或计划要求；②技术方案的实物消耗与占用指标要符合实物平衡的需要。应注意的是，技术指标一般没有价值指标的形式。

（四）综合指标和局部指标

无论是技术指标或经济指标，还是实物指标或货币指标，都可区分为综合指标和局部指标。这两种指标都有各自的用途和特点。局部指标便于计算和反映技术方案某一方面或某一部分的技术经济情况，同时也是综合指标的必要组成部分。例如，技术方案生产产品的费用可分为原材料、燃料动力、工资、折旧等费用要素，它们就是组成生产成本这个综合费用指标的局部指标。局部指标的缺点在于，不能全面反映技术方案的经济性，而且某个局部指标与另一个局部指标彼此之间有时还可能发生矛盾。综合指标的优点是，可以概括局部指标，并协调局部指标之间的矛盾，因而能够比较全面地反映技术方案的技术经济特性。因此，各种综合性的技术经济指标在技术方案评价中被广泛采用。

（五）绝对数量指标和相对数量指标

在技术经济分析中，根据实际需要，可以采用绝对数量指标或相对数量指标。例如，某个工程项目的总投资额、某个技术方案的产量规模、原材料消耗量等，就属于绝对数量指标；而投资利润率、劳动生产率、设备时间利用系数等，则属于相对数量指标。相对数量指标有时能比绝对数量指标更为明显地反映技术方案的技术经济特性，所以在实际工作中，相对数量指标的应用也是比较广泛的。

在技术经济计算中，除采用绝对的总数量指标之外，还经常采用相对的单位数量指标，如单位生产能力的投资额、单位产品成本、单位产品的材料消耗定额等。这些单位数量指标通常是计算总数量指标所需要的。但是，它也有特定的用途。例如，当相互比较的技术方案的产量规模有显著差别时，在技术经济计算中就需要采用单位数量指标进行比较和分析。

（六）静态指标和动态指标

在技术方案经济效益评价中，根据是否考虑资金运用的时间因素，可将评价指标分为静态指标和动态指标。若不考虑资金的时间价值，则这类指标称为静态指标；若考虑资金的时间价值，则这类指标称为动态指标。

二、经济效益评价指标体系

（一）建立经济效益评价指标体系的基本要求

建立技术方案经济效益评价指标体系，应针对该项生产建设活动要解决的特定的技术经济问题，根据实际需要和具体情况而定。所选定的指标项目及其构成，既要具有科学性和综合性，能够客观而全面地反映技术方案的成果、耗费和效益，又要具有实用性和灵活性，以便于指标的计算、分析和方案比较。

评价指标体系的建立应满足下列基本要求：

（1）符合社会主义经济规律的要求，体现社会主义经济效益的评价原则，正确反映技术进步和经济发展之间的辩证关系。

（2）指标体系中既要有共性指标，又要有特性指标；既要考虑国家统一的政策规定，又要考虑各部门、各行业和各地区的技术经济特征。

（3）指标项目的设置要有层次，既要有少数主要的评价指标，又要有一定数量的辅助指标。它们之间既相互联系又相互补充。

（4）各项指标的意义要明确，概念要清楚，计算方法要简便可行，以便于分析和应用。

（二）经济效益评价指标体系的构成

为了全面、客观地评价技术方案的经济效益，需要从经济效益的基本概念出发，综合运用各种形式的指标，将经济效益的一般表达式，即反映经济效益概念的各指标进行细化和扩展，来建立评价指标体系。评价技术方案经济效益的指标体系由劳动成果类、时间因素类、劳动耗费类、经济效益类和社会效益类五大类指标组成。其中，时间因素类指标主要是考虑生产建设速度；社会效益类指标主要是分析方案实现有利于社会发展的特殊效果因素。

现将指标体系中某些具有代表性的指标介绍如下：

1. 劳动成果类指标

劳动成果类指标反映采用技术方案可直接获得的有用成果，包括产品数量（或工作量）

指标、产品品种指标和质量性能指标。此外，劳动耗费的节约指标也属于劳动成果类指标。

（1）产品数量（或工作量）指标。产品数量（或工作量）指标是反映技术方案在一定时期内所能提供的产品产量或完成一定工作量的指标。它说明生产技术活动的直接有用成果，可用实物量指标或价值量指标来表示。

1）实物量指标。例如，产品产量可用件、台、吨等表示。工作量可用立方米、吨、千米等表示。实物量表示的应是适销对路、物美价廉、符合质量标准的实物产量，或是满足实际需求的工作量。

2）价值量指标。价值量指标是指用货币指标计算的生产量。用价值量表示的产量指标有总产值、商品产值、净产值等。总产值是以货币形式表现的一定时期内生产活动的总成果，它包括物质消耗价值和新创造的价值。商品产值是指一定时期内生产的可供销售的产品价值，它是核算销售收入和利润额的依据。净产值是生产活动新创造的价值，它反映生产活动的净成果，是计算国民收入的重要依据。由于净产值不受物质消耗转移价值的影响，所以在经济效益评价中具有更为重要的意义。

（2）产品品种指标。产品品种指标是用来表示经济用途相同而实际使用价值有差异的产品种类指标。品种相同的产品，在结构、性能、技术标准等方面一般差别不大；而不同品种的产品，则在结构、性能、技术标准等方面有着显著的差别。品种指标是衡量一个国家技术发展水平和满足国民经济需要程度的重要标志。属于品种方面的指标有：品种数、新产品增加百分数、产品自给率、产品配套率等。

（3）质量性能指标。质量是指产品的性能、功用及其满足使用要求的程度。质量性能指标具体可分为：

1）反映技术性能方面的指标。例如，生产率、工作速度、精度、可靠性、使用寿命、体积、重量、标准化程度等。

2）反映经济性能方面的指标。例如，加工合格率、废品率、返修率、优等品率等。

（4）劳动耗费的节约指标。生产技术活动中各种活劳动和物化劳动消耗和占用的节约，也应算作成果类指标。因为劳动消耗和劳动占用的节约本身是一种额外收益，所以它是有用的劳动成果。这种情况在技术方案的比较和分析中经常遇到。

2. 时间因素类指标

时间因素类指标主要用来反映生产与建设的速度。例如，产品设计制造周期、工程项目设计建设周期、设备或工程配套周期以及项目投产后的达产期等。在经济活动中，应将时间视为重要的宝贵资源。节约时间，争取缩短生产建设周期，具有深远的经济意义和政治意义。因此，在时间因素方面主要应考虑时间节约指标。

3. 劳动耗费类指标

劳动耗费类指标分为反映劳动消耗情况的指标和反映劳动占用情况的指标。

（1）活劳动消耗指标。例如，制造单位产品所消耗的工时，就是反映活劳动消耗的工时，也就是反映活劳动消耗情况的指标。

（2）活劳动占用指标。例如，完成某些生产技术活动或某项技术方案所需的各类人员总数。

（3）物化劳动消耗指标。其具体可分为以下两类指标：

1）原材料、燃料、动力（能源）等消耗指标。原材料、燃料、动力（能源）等物质要素属于劳动对象，其全部价值是在生产过程中一次转移到产品价值中去的。它们的消耗量可按所生产的产品总量来计算，也可按单位产品的消耗量来计算；既可用实物量表示，也可用价值量表示。例如，单位产品原材料消耗量指标就是以实物量表示的单位数量指标，它是指某种原材料用于制造单位产品的平均消耗量（单耗指标）。

2）设备台时消耗指标。制造单位产品消耗的设备台时数，就是反映设备消耗情况的指标。

（4）物化劳动占用指标。它主要是指厂房、设备、原材料（储备）、在制品等占用量和占用情况的指标。

（5）反映劳动消耗和劳动占用的综合指标。其具体可分为以下两类指标：

1）反映劳动消耗的综合指标——年产品成本或年生产费用。年产品成本或年生产费用都是指生产产品和销售产品所支出的年费用之和，但是它们的组成项目不同。产品成本包括原材料、工艺用燃料和动力、生产工人工资和附加费、废品损失、车间经费、企业管理费及销售费用等；生产费用则包括原材料、燃料和动力、工人工资、折旧费和管理费等各种费用要素。两者在不同的技术方案经济评价中各有应用。

2）反映劳动占用的综合指标——投资。投资包括购置固定资产和建立流动资金两项费用指标。固定资金是指用于厂房、机器设备、运输工具等劳动手段方面的费用，其实物形态称作固定资产。在生产经营活动中，固定资产的使用年限较长，其价值在一次全部支付之后，逐渐地通过折旧的方式收回。固定资产的价值因在生产过程中参加周转而逐渐减少，但其实物形态直到更新前仍保持固定不变。

流动资金是指企业生产经营活动中用于生产领域和流通领域供周转使用的资金。其实物形态主要是原材料、燃料、辅助材料等属于生产过程中的劳动对象。它们通过一次生产过程就丧失了原来的物质形态，其价值全部转移到产品中去；下一个生产周期开始，又需要另一批劳动对象，如此周而复始、流通循环。而企业为了不断重复生产而实现再生产过程，就需要占用流动资金。

4. 经济效益类指标

经济效益类指标是反映收益与耗费相互比较的效益指标。一般来说，当收益与耗费能用数量指标或货币指标来表示时，即可计算这类指标，从而反映出经济效益的高低。

（1）反映收益与劳动消耗对比的指标。

1）劳动生产率指标。这项指标是技术方案的产品产量或产值与所消耗的劳动时间之比。即

$$劳动生产率=\frac{产品产量(或产值)}{人数(工人数或全员数)}$$

或

$$劳动生产率=\frac{产量(或产值)}{劳动工时}$$

2）材料利用率指标。这项指标是有效产品中所包含的原材料数量与生产该产品的材料总消耗量之比。即

$$材料利用率=\frac{存放产品中包含的原材料数量}{生产该产品的材料总消耗量}\times 100\%$$

3）成本利润率指标。这项指标是年利润额与年产品总成本之比。即

$$成本利润率=\frac{年产品利润额}{年产品总成本}\times 100\%$$

（2）反映收益与劳动占用对比的指标。

1）设备综合利用率。其计算公式为

$$\begin{aligned}设备综合利用率&=设备时间负荷率\times设备强度负荷率\times 100\%\\&=\frac{实际工作时间}{最大可能工作时间}\times\frac{单位时间内实际完成产量}{单位时间内最大可能产量}\times 100\%\end{aligned}$$

2）流动资金周转次数。其计算公式为

$$流动资金周转次数=\frac{产品销售收入总额}{流动资金平均占用额}$$

3）固定资产产值率。其计算公式为

$$固定资产产值率=\frac{工业总产值}{固定资产金额}\times 100\%$$

4）资金利用率。其计算公式为

$$资金利润率=\frac{年产品销售利润总额}{资金占用额(包括固定资金和流动资金)}\times 100\%$$

（3）反映投资经济效果的指标。这类指标通过对经济收益、劳动消耗、劳动占用的全面计算与比较，可以综合地反映出投资的经济效益。常用的有投资回收期、投资效果系数、折算费用、追加投资回收期、净现值、净现值率、内部收益率、追加内部收益率等经济效益指标。

5. 社会效益类指标

社会效益类指标是反映某些技术方案具有特殊效果（广义的质量效果）的指标。例如，巩固国防，提高战斗力；改善劳动条件，提高文明程度；促进科技发展，有利于提高科技水平；防止环境污染，有利于生态平衡；解决就业问题，促进社会发展等。这些指标反映了实现技术方案给社会带来的好处。这类具有特殊意义的有用效果往往不能用经济效益的多少来表现，但是在方案评价中却占有重要地位。因此，将这些特殊的效果因素单列为一类，通称为社会效益。

三、技术经济评价的基本程序

（一）技术经济分析的作用与任务

技术经济分析是研究生产技术经济效益的科学方法。

技术上的先进性和经济上的合理性，是对所有技术方案进行经济评价时应考虑的问题。技术经济分析工作，就是对各种生产建设方案进行技术上和经济上的综合研究，正确处理技术先进与经济合理之间的关系，以便用尽可能少的劳动取得尽可能多的有用成果。

开展技术经济分析工作，对于正确处理国民经济和企业发展中的技术经济问题起着重要的作用；有助于克服决策上的盲目性和随意性，从而制订并选择出经济效益高的技术方案；对于节省和充分利用人力、物力、财力，加速社会主义建设具有重要的现实意义；对促进经济增长和技术进步，也有一定的推动作用。

技术经济分析的任务，总的来说是为正确的决策提供科学依据。它主要包括以下几点：

（1）通过对技术方案的分析和比较，正确地选择和确定最优方案。

（2）计算技术方案可能获得的经济效益，并为其实现提出必要的措施。

（3）从提高生产技术活动的经济效益出发，对技术的创造和改进提出要求，以促进技术的应用和发展。

（二）技术经济分析的基本程序

技术经济分析工作有着一套科学的程序和方法，其程序如图 4-1 所示。

按照这个程序进行分析工作，应注意解决以下问题：

（1）正确选择参加对比的方案，并需要满足可比性的要求。

（2）建立评价模型和经济效益指标体系。模型的内容和指标项目的选择应视方案的具体情况而定。

（3）为求解模型，需要分析和计算反映有用成果的指标和劳动占用的指标，并计算和对比各方案的经济效益数量指标。

（4）注意分析和研究各方案在质量（广义的）效果方面的差异。

（5）在对各方案的经济效益进行定量分析的基础上，还需进行综合分析和全面评价（包括技术、经济、政治、社会、国防、生态环境以及资源等方面的综合分析与评价）。

（6）优选出技术上先进、经济上合理、生产上适用，而且在社会环境等方面效果好的方案，并指出它的有效应用范围和合理使用条件，以发挥其应有的作用。

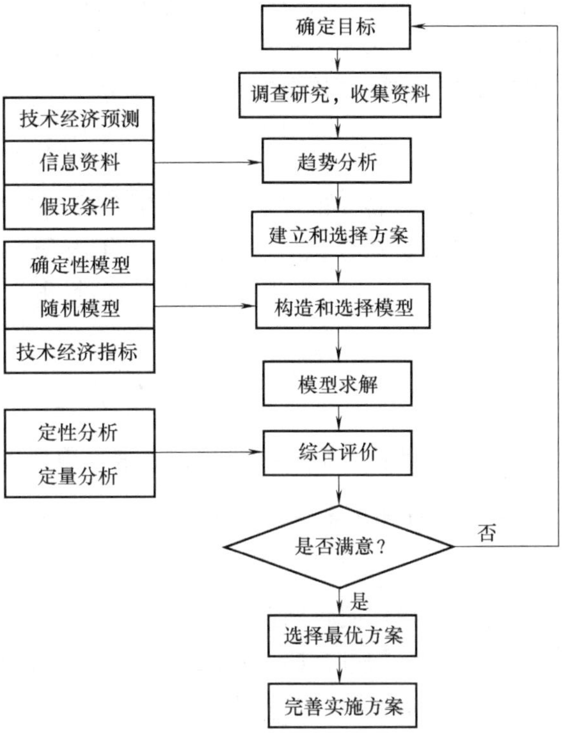

图 4-1　技术经济分析基本程序

第二节　时间型经济评价方法

一、投资回收期法

投资回收期（Pay Back Period）又称返本期，就是从项目建设之日起，用投资方案所产生的各年净现金收入回收初始全部投资（包括建设投资和流动资金的投资）所需的时间。对于投资者来讲，投资回收期越短越好，能够减少投资的风险。

计算投资回收期时，根据是否考虑资金的时间价值，可分为静态投资回收期（不考虑资金时间价值因素）和动态投资回收期（考虑资金时间价值因素）。投资回收期从工程项目开始投入之日算起，即包括建设期，单位通常用“年”表示。

（一）静态投资回收期

静态投资回收期是在不考虑资金时间价值因素的条件下，以项目净现金流入回收初始全

部投资所需要的时间。其表达式为

$$\sum_{t=0}^{T_p}(CI - CO)_t = 0 \tag{4-1}$$

式中，T_p为静态投资回收期；CI 为现金流入；CO 为现金流出；$(CI - CO)_t$为第 t 年的净现金流量。

根据投资及净现金收入的情况不同，静态投资回收期的计算公式有直接计算和累计计算两种。如果项目（或方案）在期初一次性支付全部投资 K，当年产生收益，每年的净现金收入不变，为收入 B 减去支出 C（不包括投资支出），则可以采用直接计算法计算。其静态投资回收期的计算公式为

$$T_p = \frac{K}{B - C} \tag{4-2}$$

如果项目各年的净收入由于生产及销售情况变化而不一样，那么投资回收期采用累计计算法计算，假设投资在建设期 m 年内分期投入，第 t 年的投资为 P_t，项目第 t 年的现金流入为 CI_t，现金流出为 CO_t（不包括投资），则能使式（4-3）成立的 T_p即为静态投资回收期。

$$\sum_{t=0}^{m} P_t = \sum_{t=0}^{T_p}(CI_t - CO_t) \tag{4-3}$$

在实际计算投资回收期时，通常采用列表法计算。具体计算公式为

$$T_p = \text{累计净现金流量首次为正值或为 0 的年份数} - 1 + \frac{\text{上年累计净现金流量的绝对值}}{\text{当年的净现金流量}} \tag{4-4}$$

用静态投资回收期评价项目时，需要将项目的实际投资回收期与基准投资回收期做比较，判断项目的可行性。基准投资回收期是根据同类项目的历史数据和投资者的期望确立的。设基准投资回收期为 T_b，判断准则为：

若 $T_p \leqslant T_b$，则项目可以考虑接受；

若 $T_p > T_b$，则项目应予以拒绝。

静态投资回收期指标的优点：概念清晰，简单易用；不仅在一定程度上反映项目的经济性，还可以反映项目风险的大小。项目决策面临着未来的不确定性因素，这种不确定性带来的风险会随着时间的延长而增加。为了减少这种风险，必然希望投资回收期越短越好。因此，作为能反映一定的经济性和风险性的投资回收期指标，它在项目经济评价中被广泛采用。

静态投资回收期指标的缺点：由于只考虑投资回收之前的现金流量（收入或支出），没有考虑投资回收期以后方案的情况，因而不能全面反映项目在寿命期内的真实收益情况，也难以对不同方案的比较选择做出正确判断。利用投资回收期指标进行项目评价，往往偏向于早期效益较高的项目，而具有战略意义的长期项目则可能被拒绝。单一使用投资回收期法容易造成投资决策者的短视行为，静态投资回收期还不能反映资金的时间价值。

适用范围：适合用作项目的初选评价和辅助性评价。

【例 4-1】 某项目的投资与现金流如表 4-1 所示，计算项目的投资回收期 T_p。

表 4-1　某项目投资与现金流量表　　（单位：万元）

年　份	0	1	2	3	4	5	6
总投资	6000	4000					
收入			5000	6000	8000	8000	7500
支出			2000	2500	3000	3500	3500
净现金流量	-6000	-4000	3000	3500	5000	4500	4000
累计净现金流量	-6000	-10 000	-7000	-3500	1500	6000	10 000

解　根据表 4-1 中的数据，累计净现金流量开始出现正值的年份是第 4 年。根据式（4-4）计算得

$$T_p=\left(4-1+\frac{3500}{5000}\right)\text{年}=3.7\text{ 年}$$

所以，该项目的投资回收期为 3.7 年。

现实中投资回收期还有以下三种情况：

第一种情况，包括建设期的投资回收期，就是从期初开始计算。例 4-1 的结果即为包含建设期的投资回收期。

第二种情况，不包含建设期的投资回收期。例 4-1 中，把属于建设期的 2 年时间减掉即可，即 3.7 年 - 2 年 = 1.7 年。

第三种情况，包含部分建设期的投资回收期。设建设期期末为零点，每年投入资金作为年中投入，求出所有投入资金在建设期的重心，即相当于所有投资是在重心时投入的。

例 4-1 中包含部分建设期的投资回收期，如图 4-2 所示，计算如下

$$T_p=\left(1.7+\frac{6000\times1.5+4000\times0.5}{6000+4000}\right)\text{年}=(1.7+1.1)\text{年}=2.8\text{ 年}$$

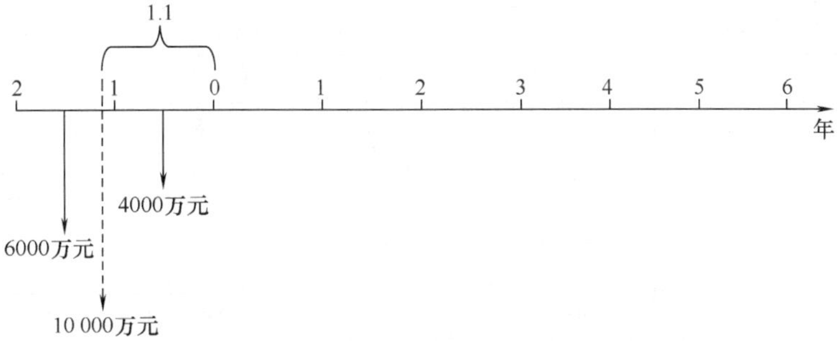

图 4-2　包含部分建设期的投资回收期示意图

（二）动态投资回收期

为了克服静态投资回收期未考虑资金时间价值的缺点，可采用动态投资回收期。所谓动态投资回收期，是在考虑资金时间价值即按照设定的基准收益率条件下，用项目的净收益现值将总投资现值回收所需要的时间。其表达式为

$$\sum_{t=0}^{T_p^*}(CI-CO)_t(1+i_0)^{-t}=0 \tag{4-5}$$

式中，T_p^* 为动态投资回收期。

实际计算时，往往根据项目的现金流量表采用累积计算法来进行计算。具体计算公式为

$$T_p^* = \text{累计净现金流量折现值首次为正值或为 0 的年份数} - 1 + \frac{\text{上年累计净现金流量折现值的绝对值}}{\text{当年的净现金流量的折现值}} \quad (4\text{-}6)$$

动态投资回收期是反映方案投资实际回收能力的评价指标，反映了项目等值回收全部投资需要的时间。在投资回收期不长和基准折现率不大的情况下，静态和动态投资回收期差别不大；反之，二者差别比较大。动态投资回收期比静态投资回收期的投资回收时间要长一些。

本指标除考虑了资金的时间价值外，还具有静态投资回收期的同样特性。

判别标准：设基准动态投资回收期为T_b^*，若$T_p^* \leqslant T_b^*$，则项目可以考虑接受；若$T_p^* > T_b^*$，则项目应予以拒绝。

【例 4-2】 某项目有关数据如表 4-2 所示。基准折现率 $i_0 = 10\%$，基准动态投资回收期 $T_b^* = 8$ 年，试计算动态投资回收期，并判断该项目能否被接受。

解 将表 4-2 最后一行的有关数据代入式（4-6）得

$$T_p^* = \left(6 - 1 + \frac{118.5}{141.1}\right)\text{年} = 5.84\ \text{年}$$

$T_p^* < T_b^*$，按动态投资回收期检验，该项目可以接受。

表 4-2 动态投资回收期计算表（$i_0 = 10\%$） （单位：万元）

年 份	0	1	2	3	4	5
1. 投资支出	20	500	100			
2. 其他支出				300	450	450
3. 收入				450	700	700
4. 净现金流量	-20	-500	-100	150	250	250
5. 折现值	-20	-454.6	-82.6	112.7	170.8	155.2
6. 累计折现值	-20	-474.6	-557.2	-444.5	-273.7	-118.5
年 份	6	7	8	9	10	
1. 投资支出						
2. 其他支出	450	450	450	450	450	
3. 收入	700	700	700	700	700	
4. 净现金流量	250	250	250	250	250	
5. 折现值	141.1	128.3	116.6	106.0	96.4	
6. 累计折现值	22.6	150.9	267.5	373.5	469.9	

（三）增量投资回收期法

当投资回收期指标用于评价两个方案的优劣时，通常采用增量投资回收期指标。增量投资回收期指标是一个相对的投资效果指标。增量投资回收期又称追加投资回收期，是指用增额投资所带来的累计净收益增量或年成本累计节约额（两个方案年收入相等时）来计算回收增额投资所需要的时间。

当方案 1 和方案 2 的产量和寿命期相同时，假设方案 2 的投资 I_2大于方案 1 的投资 I_1，但方案 2 的年收益 B_2要大于方案 1 的年收入 B_1（或者方案 2 的年成本 C_2小于方案 1 的年成本 C_1），那么用两个方案年收益的增量（或年成本的节约额）去补偿两个方案增加的投资所需要的时间，即为增量投资回收期，通常用 ΔT 表示。其计算公式为

$$\Delta T=\frac{I_2-I_1}{B_2-B_1}(\text{成本相同}) \tag{4-7}$$

$$\Delta T=\frac{I_2-I_1}{C_1-C_2}(\text{收益相同}) \tag{4-8}$$

评估准则：得出的增量投资回收期 ΔT 也应与各部门、各行业的标准投资回收期 T_b进行比较，若 $\Delta T\leqslant T_b$，则投资较大的方案较优；反之，投资较小的方案较优。因为 $\Delta T\leqslant T_b$，说明投资较大的方案所追加的投资，通过年收益的增加（或年成本的节约额），在标准投资回收期内可以全部收回，经济效果较好，所以投资较大的方案较优；反之亦然。需要注意的是，增量投资回收期只能用于相对效果检验，而不能用于绝对效果检验，即只能用于比较方案的优劣，但较优方案是否可行还不能确定。

如果应用资金时间价值原理对上面的增量投资回收期指标进行修正，就可以得到动态增量投资回收期。

【例 4-3】 生产某种产品，有 A 和 B 两种设备可供选择，A、B 的投资额分别为 2500 万元和 5800 万元，年运行费用分别为 1000 万元和 500 万元。若基准投资回收期为 5 年，选择哪台设备较好？

解　$I_1=2500$ 万元，$I_2=5800$ 万元，$C_1=1000$ 万元，$C_2=500$ 万元

$$\Delta T=\frac{5800-2500}{1000-500}\text{年}=6.6\text{ 年}$$

6.6 年 >5 年，故选择投资小的方案，即选择 A 方案。

二、贷款偿还期

贷款偿还期是以项目投产后可用于还款的利润、折旧及其他收益来偿还贷款本金和利息所需要的时间。贷款偿还期反映项目贷款的偿还能力，判断项目是否满足贷款机构的要求，是反映项目财务清偿能力的重要指标。贷款的本金和利息计算公式为

$$I_d=\sum_{t=0}^{T_p}(R_p+D+R_0-R_t)_t \tag{4-9}$$

式中，I_d为贷款的本金和利息；T_p为贷款偿还期；R_p为年利润总额；D 为年可用作偿还借款的折旧；R_0为年可用作偿还借款的其他收益；R_t为还款期间的年企业留利；$(R_p+D+R_0-R_t)_t$为第 t 年可用于偿还贷款的余额。

一个项目的贷款偿还期不应超过贷款方规定的偿还期限。

第三节　价值型经济评价方法

技术方案的价值型经济指标主要有净现值（NPV）、净年值（NAV）、费用现值（PC）、费用年值（AC）等，这些指标均为动态评价指标。用这些指标进行项目评价时，通常首先

要确定项目要求达到的最低收益率（行业的基准收益率、企业的最低收益率或目标收益率），即所谓最具有吸引力的投资收益率（Minimum Attractive Rate of Return，MARR），或称为基准收益率，简记为 i_0。价值型经济指标可以用来决定一个项目是否可行，或在不同互斥方案间进行比较和择优。

一、净现值法

净现值（Net Present Value，NPV）指标是动态评价最重要的指标之一。它不仅考虑了资金的时间价值，而且考察了项目在整个项目寿命期内的全部现金流入和现金流出。

净现值是指按设定的折现率 i_0，将技术方案计算期内各个不同时点的净现金流量折现到计算期初的现值之和。其计算公式为

$$\mathrm{NPV} = \sum_{t=0}^{n} (\mathrm{CI}_t - \mathrm{CO}_t)(1 + i_0)^{-t} \tag{4-10}$$

式中，NPV 为净现值；CI_t为第 t 年的现金流入；CO_t为第 t 年的现金流出；n 为项目寿命期；i_0为基准折现率。

净现值表示在规定的折现率 i_0的情况下，方案在不同时点发生的净现金流量折现到期初时，整个寿命期内所能得到的净收益。如果方案的净现值等于 0，则表示方案正好达到规定的基准收益率水平；如果方案的净现值大于 0，则表示方案除能达到规定的基准收益率之外，还能得到超额收益；如果净现值小于 0，则表示方案达不到规定的基准收益率水平。

判别标准为：

对单一方案而言，若 NPV≥0，则项目应考虑接受；若 NPV<0，则项目应予以拒绝。

多方案比选时，一般情况下净现值越大的方案越优（净现值最大原则）。

净现值是反映项目盈利能力的一个重要动态指标，广泛应用于项目的经济评价中。

净现值指标的优点：考虑了资金的时间价值和项目在整个计算期内的费用和收益情况，以价值形式反映投资效果，比较直观。

净现值指标的缺点：需要事先确定一个基准折现率，而基准折现率在现实中的确立是比较困难的；不能说明项目运营期间各年的经营效果；净现值是一种价值型指标，不能反映项目单位投资的使用效率。

适用范围：适合用作项目的详细评价。

【例 4-4】 某项目各年投资、经营成本及收入如表 4-3 所示，基准折现率 $i_0=10\%$，试用净现值（NPV）判别项目的经济性。

表 4-3　项目现金流量表　　（单位：万元）

年　份	0	1	2	3	4 ~ 7	8 ~ 12
投资	100	800	100			
收入				350	700	700
经营成本				300	450	485
净现金流量	-100	-800	-100	50	250	215

解　根据表中各年净现金流量和式（4-10），有

$$NPV = [-100 - 800 \times (P/F,10\%,1) - 100 \times (P/F,10\%,2) + 50 \times (P/F,10\%,3) + \sum_{t=4}^{7} 250 \times (P/F,10\%,t) + \sum_{t=8}^{12} 215 \times (P/F,10\%,t)] \text{万元} = 141.26 \text{ 万元}$$

由于 NPV >0，故该项目在经济效果上是可行的。

净现值的经济含义为：在规定的折现率条件下，项目在整个寿命期内获得的净现值收益的总量。其实质是项目在寿命期内，扣除按照一定折现率所计算的机会成本后获得的报酬。如果方案的净现值等于0，则表示方案的经济效果恰好达到规定的基准收益率水平，并按照基准收益率获得收益；如果方案的净现值大于0，则表示方案超过规定的基准收益率水平，除了能够按照基准收益率获得收益之外，还能得到超额收益；如果方案的净现值小于0，则表示方案达不到规定的基准收益率水平，不能按照基准收益率获得收益。

在净现值指标中，有以下三个问题值得注意：

1. 净现值函数以及 NPV 对 i 的敏感性问题

净现值函数就是 NPV 与折现率 i 之间的函数关系，表示如下

$$NPV(i_0) = f(i_0) = \sum_{t=0}^{n} (CI_t - CO_t)(1 + i_0)^{-t} \tag{4-11}$$

一般情况下，项目的投资发生在寿命期的期初（建设期），当建成投产以后，每年产生净收益。这时，净现值函数呈单调递减变化，即同一净现金流量的净现值随折现率 i 的增大而减小。故基准收益率 i_0 定得越高，能被接受的方案越少。

表 4-4 列出了净现值函数 $NPV(i) = -2000$ 万元 $+800$ 万元 $\times (P/A,i,4)$ 随 i 变化而变化的对应关系。

表 4-4 某项目的净现金流量及其净现值函数 （单位：万元）

i(%)	0	10	20	22	30	40	50	∞
NPV(i)	1200	536	71	0	-267	-521	-716	-2000

若以纵坐标表示净现值，横坐标表示折现率 i，则上述函数关系如图 4-3 所示。

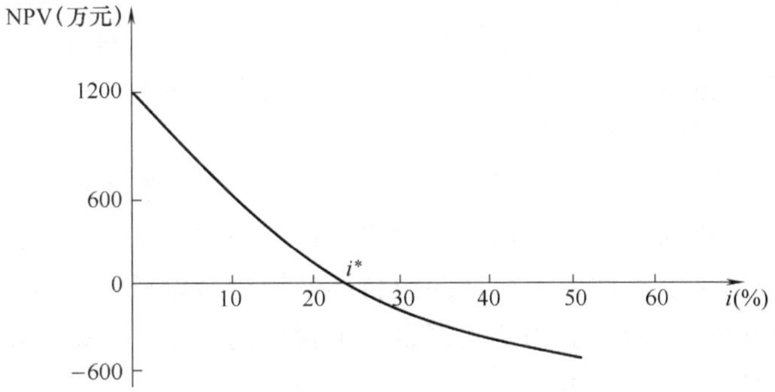

图 4-3 净现值函数曲线

从图 4-3 中可以发现，净现值函数一般有以下特点：

（1）同一现金流量的净现值随折现率 i 的增大而减小。故基准收益率 i_0 定得越高，能被接受的方案越少。

（2）在某一个 i^* 值上（图 4-3 中为 $i^* = 22\%$），曲线与横轴相交，表示该折现率下的 NPV =0；且当 $i < i^*$ 时，$NPV(i) > 0$；当 $i > i^*$ 时，$NPV(i) < 0$。i^* 是一个具有重要经济意义

的折现率临界值，即内部收益率，后面还要对它进行详细分析。

净现值对折现率 i 的敏感性问题是指，当 i 从某一值变为另一值时，若按净现值最大原则优选项目方案，可能会出现前后结论相悖的情况。表 4-5 列出了两个互相排斥的方案，即方案 A 与方案 B 的净现金流量，及其在折现率分别为 10% 和 20% 时的净现值。

表 4-5　方案 A、B 在基准折现率变动时的净现值　　（单位：万元）

方　案	年　份						NPV（10%）	NPV（20%）
	0	1	2	3	4	5		
A	-2000	100	100	100	50	50	83.91	24.81
B	-100	30	30	60	60	60	75.40	33.58

由表 4-5 可知，在 i 为 10% 和 20% 时，两个方案的净现值均大于 0。根据净现值最大原则，当 $i=10\%$ 时，$NPV_A > NPV_B$，故方案 A 优于方案 B；当 $i=20\%$ 时，$NPV_B > NPV_A$，则方案 B 优于方案 A。这一现象对于投资决策具有重要意义。例如，假设在一定的基准折现率 i_0 和投资总限额 K_0 下，净现值大于 0 的项目有 5 个，其投资总额恰为 K_0，故上述项目均被接受。按净现值的大小，设其排列顺序为 A、B、C、D、E。若投资总额必须压缩，减至 K_1 时，新选项目是否仍然会遵循 A、B、C、D、E 的原顺序排列直至达到投资总额为止呢？一般来说是不会的。随着投资限额的减少，为了减少被选取的方案数应当提高基准折现率。但是，基准折现率由 i_0 提高到 i_1 后，由于各项目方案净现值对基准折现率的敏感性不同，原来净现值小的项目，其净现值现在可能大于原来净现值大的项目。因此，在基准折现率随着投资总额变动的情况下，按净现值准则选取项目不一定会遵循原有的项目排列顺序。

2. 基准折现率 i_0 的含义及影响因素

基准折现率 i_0 是技术方案经济效果评价中的一个十分重要的参数。

基准折现率是指使投资项目可以被接受的最低期望收益率（Minimum Attractive Rate of Return，MARR）。它是投资者进行投资时可以接受的一个最低界限标准。

确定一笔投资的基准折现率 i_0，必须对该投资的条件做深入的分析。必须充分考虑资金的来源、借贷的利息、投资收益、风险大小及投资的机会成本等。

关于基准折现率的确定，主要从以下几个方面考虑：

（1）必须大于以任何方式筹措的资金成本。项目的资金来源无非两个方面：一是自有资金，包括用于项目投资的资金、公积金、提取的折旧与摊销费、未分配的税后利润和发行股票所筹集的资金；二是债务资金，包括向银行和非银行金融机构的贷款及发行债券所筹集的资金。资金成本是项目筹措资金和使用资金必须付出的代价。一般情况下，基准折现率 i_0 必须大于全部资金的加权平均成本。

（2）必须大于投资的机会成本。投资的机会成本是指投资者可筹集到的有限资金如果不用于拟建项目而用于其他最佳投资机会所能获得的盈利。例如，一个投资 1000 万元的项目，如果这 1000 万元在其他最佳投资机会中的盈利率为 15%，则这 15% 就是项目所用每一单位资金的机会成本。为了保证资金的有效利用，项目的最优期望收益率不能低于投资的机会成本。

正常情况下，投资的机会成本会高于资金成本，否则大量的日常投资活动就会停顿下来。

（3）考虑不同项目的风险水平。不同投资项目的风险大小是不同的。例如，对在市场稳定的情况下进行技术改造以降低生产费用及提高产品产量和质量的项目、现在产品扩大生产规模的项目、生产新产品开拓新市场的项目、高新技术项目等进行比较，显然风险水平是依次递增的。投资决策的实质是对未来的投资收益与投资风险进行权衡。在确定最低期望收益率时，对风险大的项目应取较高的风险补偿系数。风险补偿系数反映了投资者对投资风险要求补偿的主观判断。由于不同的投资者抗风险的能力和对风险的态度可能不同，对于同一类项目，他们所取的风险补偿系数也可能不同。

（4）考虑通货膨胀因素。在预计未来存在通货膨胀的情况下，如果项目现金流量是按预计的各年即时价格估算的，那么据此计算出的项目经济指标中就含有通货膨胀因素。在这种情况下，在确定最低期望收益率时，就要考虑通货膨胀因素。

需要指出的是，如果单项投资活动是为企业整体发展战略服务的，那么这个单项投资决策应服从于企业的全局利益和长远利益。出于对全局利益和长远利益的考虑，对于这些有战略意义的单项投资活动（如出于多元化经营战略的考虑对这些项目的投资、为增强竞争优势对先进制造技术项目的投资等）来说，取得直接投资收益只是投资目标的一部分（甚至不是主要目标）。这类项目有时应选取较资金成本小的基准折现率。

3. 净现值指标在用于多方案比较时的局限性

（1）净现值指标用于多方案比较时，不能反映资金的使用效率。净现值指标用于多方案比较时，不考虑各方案投资额的大小，因而不直接反映资金的利用效率。为了考察资金的利用效率，人们通常用净现值率（NPVR，也称现值指数），作为净现值的辅助指标。

（2）净现值指标用于多方案比较时，要求被比较方案具有相同的计算期。净现值指标在用于多方案比较时，只考虑了收益现值总量的大小，并没有考虑资金的时间效率。因此，净现值指标在用于多方案比较时，要求被比较方案具有相同的计算期，即要求方案的寿命期相同。例如，一个是寿命期为 2 年的项目，另一个是寿命期为 10 年的项目，如果单单用净现值指标来比较两个方案现值总量的大小，显然对于寿命期短的方案是不公平的，因为没有体现资金在时间方面的效率，即没有考虑每年的现值大小。这就需要借助净年值（NAV）指标来进行择优。净年值指标下面会进行介绍。

二、增量净现值

所谓增量净现值（也称差额净现值，ΔNPV）是指在给定的基准收益率下，两个方案在寿命期内各年净现金流量差额折现的累积值。或者说，增量净现值等于两个方案的净现值之差。

设 A、B 为投资额不等的互斥方案，A 方案比 B 方案投资大，两个方案的增量净现值可用下式求出

$$
\begin{aligned}
\Delta NPV &= \sum_{t=0}^{n}\left[(CI_{t_A}-CO_{t_A})-(CI_{t_B}-CO_{t_B})\right](1+i_0)^{-t}\\
&= \sum_{t=0}^{n}(CI_{t_A}-CO_{t_A})(1+i_0)^{-t}-\sum_{t=0}^{n}(CI_{t_B}-CO_{t_B})(1+i_0)^{-t}\\
&= NPV_A-NPV_B
\end{aligned}
\tag{4-12}
$$

式中，ΔNPV 为增量净现值；$CI_{t_A}-CO_{t_A}$为方案 A 第 t 年的净现金流量；$CI_{t_B}-CO_{t_B}$为方案 B 第 t 年的净现金流量；NPV_A、NPV_B分别为方案 A 与方案 B 的净现值。

用增量分析法进行方案择优时，若 $\Delta NPV \geq 0$，则表明增量投资可以被接受，即投资（现值）大的方案较投资（现值）小的方案优；若 $\Delta NPV < 0$，则表明增量投资不可被接受，即投资小的方案较投资大的方案优。

值得注意的是，增量净现值指标只能反映增量现金流的经济性（相对经济效果），不能反映各方案自身的经济性。故增量净现值只能用于方案之间的比较（相对经济效果），不能仅根据 ΔNPV 的大小决定方案的取舍。

【例 4-5】 某公司为增加生产量，计划对生产设备进行投资改造，有三个方案可供选择，寿命期均为 6 年，不计残值，基准收益率为 10%，各方案的投资及现金流量如表 4-6 所示。试用增量净现值 ΔNPV 进行互斥方案比选。

表 4-6　各方案的现金流量及评价指标　　（单位：万元）

方　案	年　份		NPV
	0	1～6	
A	-200	70	104.9
B	-300	95	113.7
C	-400	115	100.9

解　分别计算各方案的 NPV，计算结果如表 4-6 所示。由于各方案的 NPV 均大于 0，故从单个方案来看均是可行的。

三个方案按投资额从小到大排序为 A、B、C，分别计算出 ΔNPV，结果如表 4-7 所示。

表 4-7　增量现金流量与评价指标

方　案	年　份		ΔNPV
	0	1～6	
B－A	-100	25	8.8
C－B	-100	20	-12.6

根据计算结果，$\Delta NPV_{B-A}=8.8>0$，则 B 优于 A；$\Delta NPV_{C-B}=-12.6<0$，则 B 优于 C。因此，B 方案是最优方案。

显然，用增量分析法计算两个方案的增量净现值进行方案择优，与分别计算两个方案的净现值并根据净现值最大准则进行方案择优，结论是一致的。因此，实际工作中应根据具体情况，选择比较方便的比选方法。当有多个互斥方案时，直接用净现值最大准则选择最优方案比两两比较的增量分析法更为简便。

三、净年值

净年值（Net Annual Value，NAV）是按照给定的基准折现率，通过资金等值换算，将方案计算期内各个不同时点的净现金流量分摊到计算期内各年（从第 1 年到第 n 年）的等值年值。其计算式为

$$\begin{aligned} NAV &= NPV(A/P,i_0,n) \\ &= \left[\sum_{t=0}^{n}(CI_t-CO_t)(1+i_0)^{-t}\right](A/P,i_0,n) \end{aligned} \tag{4-13}$$

判别标准：对单一方案而言，若 NAV≥0，则项目在经济效果上可以被接受；若 NAV＜0，则项目在经济效果上不可被接受。

多方案比选时，净年值越大的方案越优（净年值最大原则）。

将净年值的计算公式及判别准则与净现值的计算公式及判别准则做比较可知，由于 $(A/P,i_0,n)>0$，故净年值与净现值在项目评价的结论上是一致的。因此，就项目评价结论而言，净年值与净现值是等效评价指标。净年值指标是与净现值指标类似的一个评价指标，实际上就是将净现值指标等额分摊到寿命期内各年的等值年值。净现值给出的信息是项目在整个寿命期内获取的超出最低期望盈利的超额收益现值，而净年值给出的信息是寿命期内每年的等额超额收益。由于信息的含义不同，而且在某些决策结构形式下，采用净年值比采用净现值更为简便和易于计算，故净年值指标在经济效果评价指标体系中占有相当重要的地位。由于换算后的年现金流量在寿命期内各年相同，所以有了时间上的可比性，因此可用于寿命期不同方案的比较选优。

【例 4-6】 一台新机器的初始投资为 10 000 元，寿命期为 6 年，期末残值为 0。该机器在前 3 年每年净收益为 2500 元，后 3 年每年为 3500 元。已知基准折现率为 10%，用净现值指标对方案进行决策。

解

$$
\begin{aligned}
NPV(10\%) &= \sum_{t=0}^{6}(CI_t - CO_t)(1+i_0)^{-t} \\
&= [-10\,000 + 2500\times(P/A,10\%,3) + 3500\times(P/F,10\%,3)(P/A,10\%,3)]\ \text{元} \\
&= 2757.19\ \text{元}
\end{aligned}
$$

$$NAV = NPV(A/P,i_0,n) = [2757.19\times(A/P,10\%,6)]\text{元} = 633.08\ \text{元}$$

由于 NAV＞0，所以该方案可行。

四、费用现值（PC）和费用年值（AC）

在对多个方案进行比较择优时，如果诸方案的产出价值相同，或诸方案虽能够满足同样需要但其产出效益难以用价值形态（货币）计量时，如环保、教育、保健、国防等效果，可以通过对各方案费用现值的比较选择方案。

费用现值（Present Cost，PC）是指按基准折现率，将方案计算期内各个不同时点的投资和费用折算到计算期初的现金累加值。

费用年值（Annual Cost，AC）是指将方案计算期内不同时点发生的费用支出，按基准收益率折算成与其等值的等额支付序列年值。

费用现值的计算公式为

$$PC = \sum_{t=0}^{n} CO_t(P/F,i_0,n) \tag{4-14}$$

费用年值的计算公式为

$$
\begin{aligned}
AC &= \left[\sum_{t=0}^{n} CO_t(P/F,i_0,n)\right](A/P,i_0,n) \\
&= PC(A/P,i_0,n)
\end{aligned}
\tag{4-15}
$$

式中，PC 为费用现值；AC 为费用年值；CO_t 为第 t 年的费用（包括投资和经营成本等）。

判断准则：费用现值和费用年值指标只能用于多个方案的比选，其中费用现值或费用年值最小的方案为优。

【例 4-7】 某项目有两个采暖方案均能满足同样的需要，其费用数据如表 4-8 所示。在基准收益率 $i_0=10\%$ 的情况下，试用费用现值和费用年值确定最优方案。

表 4-8　两个采暖方案的费用数据表　（单位：万元）

方　案	总投资（第 0 年末）	年运营费用（第 1 年到第 10 年）
A	200	60
B	240	50

解　两个方案的费用现值计算如下

$$PC_A = [200+60\times(P/A,10\%,10)]\text{万元}=568.64\text{ 万元}$$

$$PC_B = [240+50\times(P/A,10\%,10)]\text{万元}=547.2\text{ 万元}$$

两个方案的费用年值计算如下

$$AC_A = [200\times(A/P,10\%,10)+60]\text{万元}=92.55\text{ 万元}$$

$$AC_B = [240\times(A/P,10\%,10)+50]\text{万元}=89.06\text{ 万元}$$

根据费用最小的选优原则，费用现值和费用年值的计算结果都表明，方案 B 优于方案 A。

费用现值和费用年值的关系，恰如前述净现值与净年值的关系一样，所以就评价结论而言，二者是等效评价指标。除了在指标含义上有所不同外，就计算的方便简易程度而言，在不同的决策结构下，二者各有所长。

应用费用现值和费用年值指标要注意以下三个问题：

（1）被比较方案应具有相同的产出价值，或能够满足同样的需要，在此基础上比较方案费用的大小。

（2）被比较的方案，特别是费用现值最小的方案，应是能够达到盈利目的的方案。因为费用现值只能反映费用的大小，不能反映净收益的情况，所以这种方法只能比较方案的优劣，不能用于判断方案是否可行。

（3）费用现值指标要求所比较的方案具有相同的计算期。

第四节　效率型经济评价方法

一、净现值率

净现值率（NPVR）是项目净现值与项目投资现值的比值，其经济含义是单位投资现值所能带来的净现值。其计算公式为

$$NPVR = \frac{NPV}{I_p} = \frac{\sum_{t=0}^{n}(CI_t - CO_t)(1+i_0)^{-t}}{\sum_{t=0}^{n} I_t(1+i_0)^{-t}} \tag{4-16}$$

式中，NPVR 为净现值率；I_p为项目总投资现值；I_t为第 t 年的投资额。

判别准则：净现值率和净现值是等效指标，对于单一项目而言，若 NPV ≥0，则 NPVR ≥0（因为 $I_p > 0$）；若 NPV <0，则 NPVR <0。故用净现值指数评价单一项目经济效果时，判别准则与净现值相同。

净现值率仅仅反映了项目的资金利用效率，在实际应用时具有一定的局限性，有时也会与净现值法得出的结论不一样。因此在使用时，往往将其与净现值指标配合起来使用，主要用于资金有限情况下多方案的优劣排序。

二、内部收益率

（一）内部收益率的概念与判别准则

内部收益率（Internal Rate of Return，IRR）又称内部报酬率，是经济评价中重要的动态评价指标之一。

所谓内部收益率，是指使方案在寿命期内的净现值为 0 时的折现率，即当一个项目的折现率为内部收益率时，该方案的净现值始终为 0。由净现值函数可知，一个投资方案的净现值与折现率大小有关。在图 4-3 中，随着折现率不断增大，净现值不断减小。当折现率增至 22% 时，项目净现值为 0。因此，对该项目而言，其内部收益率即为 22%。

一般而言，内部收益率是净现值函数曲线与横坐标交点处对应的折现率。

判别准则：设基准折现率为 i_0，若 IRR ≥ i_0，则项目在经济效果上可以被接受；若 IRR < i_0，则项目在经济效果上不可被接受。

（二）内部收益率的计算

按照内部收益率的定义，其表达式为

$$\mathrm{NPV}(\mathrm{IRR}) = \sum_{t=0}^{n} (\mathrm{CI}_t - \mathrm{CO}_t)(1 + \mathrm{IRR})^{-t} = 0 \tag{4-17}$$

式中，NPV 为净现值；IRR 为内部收益率；CI_t 为第 t 年的现金流入；CO_t 为第 t 年的现金流出。

式（4-17）是一个高次方程，不容易求解，通常采用“线性插值法”求 IRR 的近似解，其原理如图 4-4 所示。

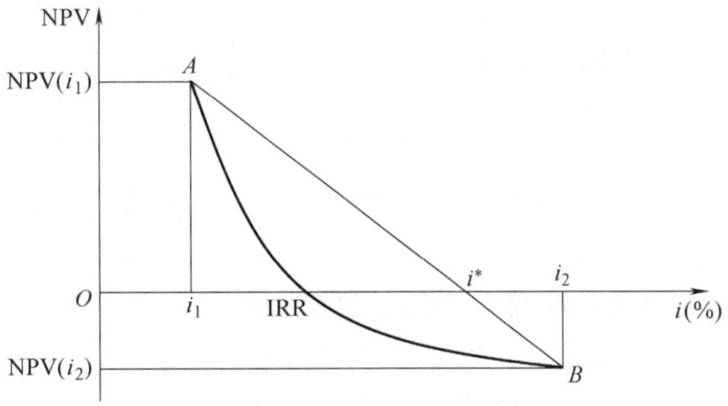

图 4-4　线性插值法求 IRR 的示意图

从图 4-4 中可以看出，IRR 在 i_1 与 i_2 之间，用 i^* 近似代替 IRR，当 i_2 与 i_1 的距离控制在一定范围内时，可以达到要求的精度，一般 $(i_2 - i_1) \leqslant 5\%$ 即可。具体计算步骤如下：

（1）设初始折现率值为 i' 进行试算，一般可以先取行业的基准收益率 i_0 作为 i'，并计算对应的净现值 NPV(i')。

（2）根据 NPV(i') 是否大于 0，继续寻找 i。若 NPV(i') >0，则让 i' 减小；若 NPV(i') <0，则让 i' 增大。直到找到两个适当的折现率 i_1 和 i_2，即满足条件：$0 < (i_2 - i_1) \leqslant 5\%$，且 NPV($i_1$) >0，NPV($i_2$) <0。

（3）用线性插值法近似求得内部收益率的值 IRR，即

$$\mathrm{IRR} \approx i^{*} = i_1 + (i_2 - i_1)\frac{\mathrm{NPV}(i_1)}{\mathrm{NPV}(i_1) + |\mathrm{NPV}(i_2)|} \tag{4-18}$$

式中，i^*为近似的内部收益率；i_1为试算用的较低折现率；i_2为试算用的较高折现率；$\mathrm{NPV}(i_1)$为用较低折现率计算的净现值（应为正值）；$\mathrm{NPV}(i_2)$为用较高折现率计算的净现值（应为负值）。

式（4-18）可利用图4-4证明如下：

在图4-4中，当$i_2 - i_1$足够小时，可以将曲线段AB近似看成直线段$\overline{AB}$，$\overline{AB}$与横轴交点处的折现率i^*即为IRR的近似值。因为$\triangle Ai^* i_1$相似于$\triangle Bi^* i_2$，故有

$$\frac{\mathrm{NPV}(i_1)}{|\mathrm{NPV}(i_2)|} = \frac{i^* - i_1}{i_2 - i^*}$$

从上式中推导出i^*，解得

$$i^* = \frac{i_2\mathrm{NPV}(i_1) + i_1|\mathrm{NPV}(i_2)|}{\mathrm{NPV}(i_1) + |\mathrm{NPV}(i_2)|} \approx i_1 + (i_2 - i_1)\frac{\mathrm{NPV}(i_1)}{\mathrm{NPV}(i_1) + |\mathrm{NPV}(i_2)|}$$

【例4-8】 某项目的净现金流量如表4-9所示。当基准收益率$i_0 = 12\%$时，试用内部收益率指标判断该项目在经济效果上是否可以被接受。

表4-9 某项目的净现金流量表 （单位：万元）

年　末	0	1	2	3	4	5
净现金流量	-100	20	30	20	40	40

解 设$i_1 = 10\%$，$i_2 = 15\%$，分别计算其净现值

$\mathrm{NPV}_1 = [-100 + 20\times(P/F,10\%,1) + 30\times(P/F,10\%,2) + 20\times(P/F,10\%,3) + 40\times(P/F,10\%,4) + 40\times(P/F,10\%,5)]$万元$= 10.16$万元

$\mathrm{NPV}_2 = [-100 + 20\times(P/F,15\%,1) + 30\times(P/F,15\%,2) + 20\times(P/F,15\%,3) + 40\times(P/F,15\%,4) + 40\times(P/F,10\%,5)]$万元$= -4.02$万元

用线性插值法计算出内部收益率IRR

$$\mathrm{IRR} = 10\% + (15\% - 10\%) \times \frac{10.16}{10.16 + 4.02} = 13.6\%$$

由于内部收益率（$\mathrm{IRR} = 13.6\%$）大于基准折现率（$i_0 = 12\%$），故该项目在经济效果上是可行的。

（三）内部收益率的经济含义

一般来讲，内部收益率就是项目投资（资金）的收益率。它表明了项目对所占用资金的一种恢复（回收）能力，项目的内部收益率越高，其经济性就越好。内部收益率是由项目现金流量决定的，即内生决定的，反映了投资的使用效率。但是，内部收益率反映的是项目寿命期内没有回收的投资的盈利率，而不是初始投资在整个寿命期内的盈利率。因为在项目的整个寿命期内按内部收益率IRR折现计算，始终存在未被回收的投资，而在寿命结束时，投资恰好被全部收回。也就是说，在项目寿命期内，项目始终处于“偿付”未被收回的投资的状况，内部收益率正是反映了项目“偿付”未被收回投资的能力，它取决于项目内部。因此，内部收益率的经济含义是，在项目整个寿命期内，如果按利率$i = \mathrm{IRR}$计算各

年的净现金流量时，会始终存在着未能收回的投资，只有到了寿命期末时，投资才能被全部收回，此时的净现金流量刚好等于0。

在例4-8中，已经计算出其内部收益率为13.6%，且是唯一的。下面按此利率计算回收全部投资的年限，如表4-10所示。

表4-10　以IRR为利率的投资回收计算表　　(单位：万元)

年　末	净现金流量①(年末)	年初未收回的投资②	年初未收回的投资到年末的金额③	年末未收回的投资④(③-①)
0	-100			
1	20	100	113.6	93.6
2	30	93.6	106.3	76.3
3	20	76.3	86.7	66.7
4	40	66.7	75.8	35.8
5	40	35.8	40.7	0.7

表4-10的现金流量图如图4-5所示。

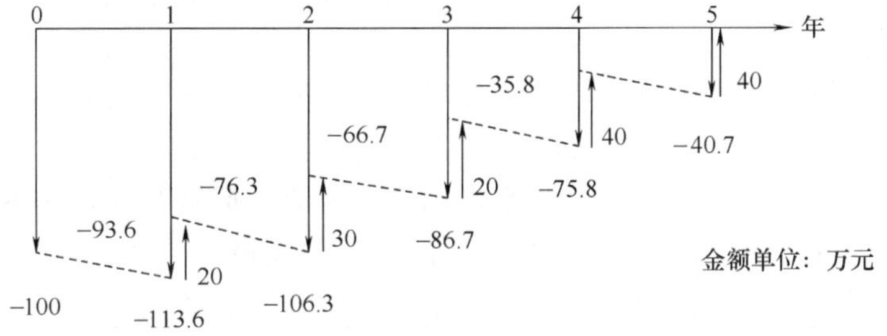

图4-5　反映IRR含义的现金流量图

由表4-10和图4-5不难理解内部收益率IRR经济含义的另外一种表达，即它是项目寿命期内没有回收的投资的盈利率。它不是初始投资在整个寿命期内的盈利率，因而它不仅受项目初始投资规模的影响，而且受项目寿命期内各年净收益大小的影响。

一般来讲，根据内部收益率方程式（4-17）与式（4-18）求得使项目净现值为0的折现率，只有当它符合内部收益率的经济含义时，才是项目的内部收益率，否则不是项目的内部收益率。

(四）内部收益率与净现值的关系及其优缺点

根据内部收益率的定义，在一般情况下，它与净现值的关系如图4-6所示。

从图4-6可以看出，当基准贴现率 i_0 小于内部收益率IRR时（i_0 < IRR），项目的净现值为正值；而当 i_0 > IRR时，项目的净现值为负值。因此，在通常情况下，内部收益率与净现值有相一致的评价准则，即当内部收益率大于基准折现率 i_0 时，此时的净现值NPV(i_0)必大于0，投资方案是可取的。

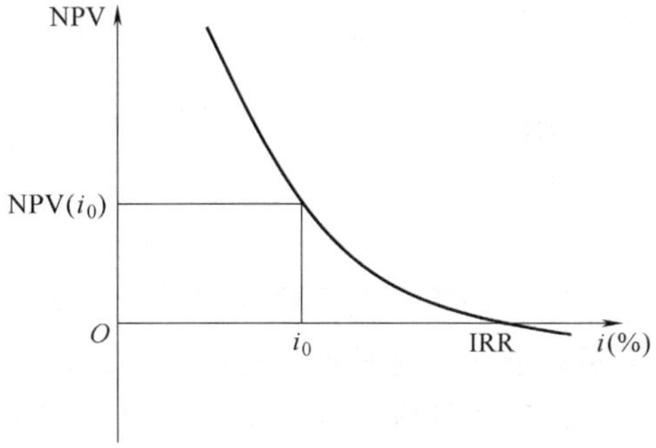

图4-6　内部收益率与净现值的关系

IRR 与 NPV 指标的比较：在技术经济分析中，不需要事先确定基准折现率，就可以计算出项目的 IRR 值，甚为方便；而计算 NPV 时，要事先确定基准折现率。

在技术经济分析中，人们之所以乐于用 IRR 指标，是因为它具有如下优点：

（1）内部收益率是投资经济效果评价的一个基本指标。IRR 指标用百分率表示，直观形象，可明确地说明一项投资或超额投资在整个经济寿命期内的盈利能力。

（2）内部收益率指标考虑了资金的时间价值，对项目进行动态评价。

（3）内部收益率能直观反映方案投资的最大可能盈利能力或最大利息偿还能力。

（4）内部收益率是内生决定的，即由项目的现金流量系数特征决定，而不是事先外生给定的。因此，内部收益率指标操作困难小，为企业的主管部门提供了一个控制本行业经济效果的内部统一衡量标准。同时，当净收益一定时，投资额大的方案则内部收益率小。所以，IRR 在一定程度上起到控制投资的作用。

IRR 指标的缺点：

（1）计算比较复杂，而且对于非常规投资项目，内部收益率的解可能不是唯一的。当出现多解时，用它直接评价经济效果是不合理的，最好采用 NPV 或其他指标进行评价。

（2）只有现金流入或现金流出的方案，此时不存在具有明确经济意义的内部收益率。

（3）IRR 的大小与项目的投资额有关。对于追求利润的绝对值最大化的企业而言，收益率大的方案不一定是最优方案。因为一个投资额很小的方案，纵然收益率很高，其所提供的利润总额仍小于投资额大而收益率低的方案。如果只根据内部收益率指标大小进行方案投资决策，可能会使那些投资大，内部收益率低，但项目收益额很大，对国民经济有重大影响的方案落选。因此，人们常将内部收益率指标与净现值指标结合起来使用。

（4）内部收益率指标是根据方案本身数据计算得出的，而不是专门给定的，所以内部收益率不能直接反映资金价值的大小。一个项目的内部收益率是该项目所固有的，与其他投资项目毫无关系。因此，内部收益率只能用来与某个标准（如基准收益率）相比，用以说明项目的可行性，而不能用来比较各种投资项目的优劣。当对多方案进行选优时，不仅要确定每个方案的 IRR，还要确定它们的差额现金流量的收益率，即增量投资内部收益率。

（五）内部收益率方程多解的讨论

需要指出的是，内部收益率的计算适用于常规投资方案，否则会出现 IRR 的多个解，这时使用 IRR 指标评价方案失效。所谓常规投资方案，是指在寿命期内除建设期或者投产初期的净现金流量为负值之外，其余年份均为正值，寿命期内净现金流量的正负号只从负到正变化一次，且所有负现金流量都出现在正现金流量之前。

方案内部收益率方程式（4-17）是一元高次（n 次）方程。如果令 $(1+\mathrm{IRR})^{-1}=\dfrac{1}{(1+\mathrm{IRR})}=x$，$C_t=(\mathrm{CI}_t-\mathrm{CO}_t)$，$(t=0,1,2,3,\cdots,n)$，则内部收益率方程式可以改写成如下形式

$$C_0+C_1x+C_2x^2+\cdots+C_nx^n=0$$

这是一元 n 次多项式，是 n 次方程，应该有 n 个解，即有 n 个根（包括重根）。其中，正实数根才可能是项目的内部收益率，而负根无经济意义。如果只有一个正实数根，则其应当是该项目的内部收益率；如果有多个正实数根，则必须经过检验，符合内部收益率的经济含义的根才是项目的内部收益率。

n次方程式的正实数根的数目可用笛卡儿符号规则进行判断，即正实数根的个数不会超过项目净现金流量序列（多项式系数序列）C_0，C_1，C_2，…，C_n的正负号变化的次数（如果有系数为0，可视为无符号）。例如，表4-11中有四个方案，可用笛卡儿符号规则判断其正实数根的数目。

表4-11　具有不同正实数根的四个方案　（单位：万元）

方　案	年　份					
	0	1	2	3	4	5
A	-2000	300	500	500	500	1200
B	-1000	-500	-500	500	0	2000
C	-100	60	50	-200	150	100
D	-100	470	-720	360	0	0

方案A：净现金流量序列正负号变化一次，故只有一个正实数根。

方案B：净现金流量序列正负号变化一次，故只有一个正实数根。

方案C：净现金流量序列正负号变化三次，故最多只有三个正实数根。经计算求得该方案有三个实数根，即$i_1=0.1297$，$i_2=-2.30$，$i_3=-1.42$。作为内部收益率的解，负根无经济意义，故只有i_1为内部收益率的有效解。经验证，$i_1=0.1297$符合内部收益率的经济含义，故IRR=12.97%为方案C的内部收益率。

方案D：净现金流量序列正负号变化三次，故最多只有三个正实数根。经计算求得，$i_1=0.2$，$i_2=0.5$，$i_3=1$为三个正实数根，如图4-7所示。但经验证，三个解均不符合内部收益率的经济含义，故它们都不是方案D的内部收益率。

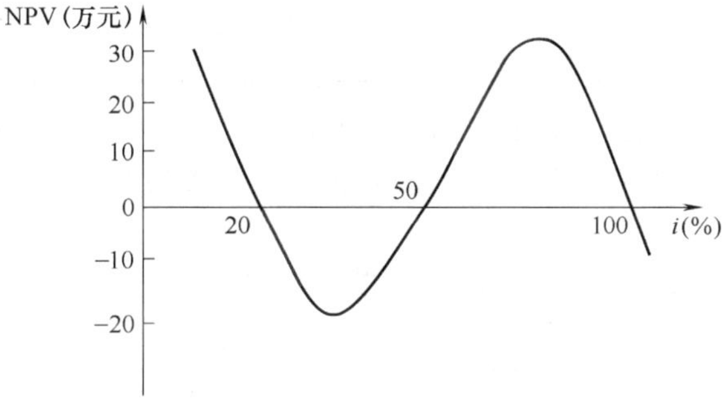

图4-7　方案D的净现值函数曲线

如果项目在整个寿命期内，其净现金流序列的符号由“-”到“+”只变化一次，则称此类项目为常规项目，如表4-11中的方案A和方案B。对常规投资项目，只要其累计净现金流量大于0，则内部收益率方程的正实数根的解是唯一的，此解就是该项目的内部收益率。大多数投资项目都应该是常规项目。因为在一般情况下，项目都是在建设期集中投资，直到投产初期可能还出现入不敷出的情况，净现金流量为负值，但进入正常生产年份或达产年后，就能收入大于支出，净现金流量为正值。因而，在整个计算期内，净现金流量序列的符号从负值到正值只改变一次，构成常规投资项目，内部收益率得到唯一解。

如果项目在整个寿命期内，其净现金流序列的符号正负变化多次，称此类项目为非常规项目，如表4-11中的方案C和方案D。一般来讲，如果在生产期大量追加投资，或在某些年份集中偿还债务，或经营费用支出过多等，都有可能导致净现金流量序列的符号正负多次变化，构成非常规项目。非常规项目的内部收益率方程的解显然不止一个，如果所有实数根都不能满足内部收益率的经济含义的要求，则它们都不是该项目的内部收益率。

对非常规项目IRR解的检验，除可采用如图4-4的图示法外，还可以采用下面的逆推公式法：

令

$$
\begin{aligned}
F_0 &= (CI_0 - CO_0) \\
F_1 &= F_0(1+i^*) + (CI_1 - CO_1) \\
F_2 &= F_1(1+i^*) + (CI_2 - CO_2) \\
&\vdots \\
F_t &= F_{t-1}(1+i^*) + (CI_t - CO_t) \\
&= \sum_{j=0}^{t}(CI_t - CO_t)(1+i^*)^{t-j}
\end{aligned}
\tag{4-19}
$$

式中，i^*是根据项目现金流序列试算出的IRR的解；F_t是0年至t年的净现金流以t年为基准年、以i^*为折现率的终值之和。

若i^*能满足

$$
\begin{cases}
F_t < 0 & (t = 0, 1, 2, \cdots, n-1) \\
F_t = 0 & (t = n)
\end{cases}
\tag{4-20}
$$

则i^*就是项目唯一的内部收益率，否则就不是项目的内部收益率，这个项目也不再有其他的具有经济意义的内部收益率。

【例4-9】 某项目的现金流量如表4-12所示，试判断这个项目有无内部收益率。

表4-12 某项目的现金流量 （单位：万元）

年　末	0	1	2	3	4	5
净现金流	-100	60	50	-200	150	100

解 该项目净现金流序列的正负号有多次变化，是一个非常规项目。先试算出内部收益率的一个解，$i^*=12.97\%$，将有关数据代入式（4-19），计算结果如表4-13所示。

表4-13 计算结果 （单位：万元）

年　份	0	1	2	3	4	5
F_t	-100	-52.97	-9.85	-211.12	-85.2	0

计算结果满足式（4-20），故12.97%就是该项目的内部收益率。

三、外部收益率

内部收益率的经济意义，实际上是假定了已回收资金用于再投资的收益率与IRR相等，但通常情况下，已回收的资金用于再投资的收益率是低于初期投资的收益率的。这是因为已回收的资金总是比初期投资少，且使用时间短。为了反映已收回资金再投资的收益率与期初投资收益率的差别，给出了一个回收资金再投资的收益率（通常取基准收益率i_0），于是，就产生了外部收益率的概念。

外部收益率（ERR）是指方案在寿命期内各年支出（负的现金流量）的终值（按ERR折算成终值）与各年收入（正的现金流量）再投资的净收益终值（按基准收益率i_0折算成终值）累积相等时的折现率。其表达式为

$$
NFV = -\sum_{t=0}^{n} CF'_t(1+ERR)^{n-t} + \sum_{t=0}^{n} CF''_t(1+i_0)^{n-t} = 0 \tag{4-21}
$$

式中，NFV 为净终值；CF_t'为第 t 年的负现金流量；CF_t''为第 t 年的正现金流量；ERR 为外部收益率。

从式（4-21）可以看出，ERR 与 IRR 相似，只不过 ERR 假设所收回的资金是以相当于基准收益率 i_0进行再投资的，而 IRR 假设所收回的资金也是以 IRR 进行再投资的。在 IRR 的计算过程中，已收回资金再投资的收益率等于 IRR；而在 ERR 的计算过程中，则等于 i_0。一般情况下，IRR≥i_0，因此，ERR 的值一般在 IRR 和 i_0之间。

四、增量内部收益率

增量内部收益率也称差额内部收益率，就是两个方案增量现金流净现值等于 0 时的折现率。增量内部收益率的表达式为

$$\Delta NPV(\Delta IRR) = \sum_{t=0}^{n}(\Delta CI_t - \Delta CO_t)(1+\Delta IRR)^{-t} = 0 \tag{4-22}$$

式中，ΔNPV 为增量净现值；ΔIRR 为增量内部收益率；ΔCI_t为方案 A 与方案 B 第 t 年的增量现金流入，即 $\Delta CI_t = CI_{t_A} - CI_{t_B}$；$\Delta CO_t$为方案 A 与方案 B 第 t 年的增量现金流出，即 $\Delta CO_t = CO_{t_A} - CO_{t_B}$。

将式（4-22）变换，得到

$$\sum_{t=0}^{n}(CI_{t_A} - CO_{t_A})(1+\Delta IRR)^{-t} = \sum_{t=0}^{n}(CI_{t_B} - CO_{t_B})(1+\Delta IRR)^{-t} \tag{4-23}$$

即

$$NPV_A(\Delta IRR) = NPV_B(\Delta IRR)$$

式中，NPV_A为方案 A 的净现值；NPV_B为方案 B 的净现值。

因此，增量内部收益率的另一种解释是：使两个方案净现值（或净年值）相等时的折现率。

应该指出，采用增量内部收益率法比较和评选方案时，相比较的方案必须寿命期相等或具有相同的计算期。由于增量内部收益率法计算式（4-22）或计算式（4-23）也是高次方程，不易直接求解，故仍采用与求内部收益率相同的方法，即线性插值法。

判别准则：计算求得的增量内部收益率 ΔIRR 基准与收益率 i_0相比较，当 ΔIRR≥i_0时，则投资大的方案为优；当 ΔIRR<i_0时，则投资小的方案为优。

用增量内部收益率法进行方案比较的情形如图 4-8 所示。

在图 4-8 中，C 点为两方案净现值函数曲线 A 与 B 的交点，在此点两个方案的净现值相等。因此，根据增量内部收益率的含义，C 点对应的折现率应为两个方案的增量内部收益率 ΔIRR。由图显而易见，用净现值法、增量内部收益率法与内部收益率法评价和比较选择方案时有如下关系：

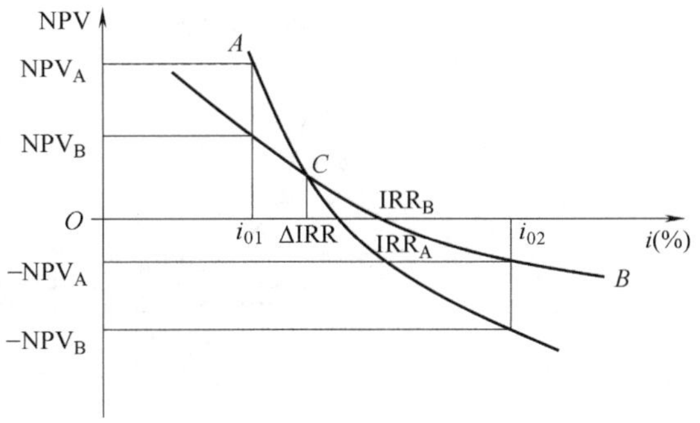

图 4-8　净现值、增量内部收益率与内部收益率之间的关系

在图 4-8 中，当 ΔIRR≥i_{01}时，按照净现值法判别准则，净现值大的方案 A 为优；按照增量内部收益率法判别准则，投资大的方案 A 为优；按照内部收益率法判别准则，内部收

益率大的方案 B 为优。由此可见，在 $\Delta IRR \geqslant i_{01}$ 的条件下，净现值法和增量内部收益率法的评价结论是一致的，但是与内部收益率法评价结论相悖。所以，增量内部收益率法与内部收益率法结论不一致。由此可知，在进行方案评价时，仅按内部收益率法的判别准则比较和选择互斥的最优可行方案，有时不能保证结论的正确性。

在图 4-8 中，当 $\Delta IRR < i_{02}$ 时，按照增量内部收益率法判别准则，投资小的方案 B 为优；按照净现值法判别准则，净现值大的方案 B 为优；按照内部收益率法判别准则，内部收益率大的方案 B 为优。由此可见，在 $\Delta IRR < i_{02}$ 的条件下，净现值法、增量内部收益率法以及内部收益率法的评价和比选结论是一致的。

所以，采用增量内部收益率法进行方案比较时，不论设定折现率为 i_{01} 还是 i_{02}，其评价和比较选择结论均与净现值法结论相同。在进行方案比较时，一般不直接采用内部收益率指标进行比较，而是采用净现值和增量内部收益率作为比较指标。

当用增量内部收益率对各个互斥方案比较和选优时，可按以下步骤进行：

（1）对多个方案，按投资额由小到大排序，并计算第一个方案（投资额最小）的 IRR。若 $IRR \geqslant i_0$，则保留该方案，作为临时最优方案；若 $IRR < i_0$，则淘汰，以此类推。

（2）保留的临时最优方案与下一个投资额较大的方案进行比较，计算 ΔIRR。若 $\Delta IRR \geqslant i_0$，则保留投资大的方案；若 $\Delta IRR < i_0$，则保留投资小的方案。

（3）重复步骤（2），直到最后一个方案被比较为止。最后被保留的方案即为最优方案。

还应当指出的是，ΔIRR 也只能反映增量现金流的经济性（相对经济效果），而不能反映各方案自身的经济性（绝对经济效果）。故增量内部收益率只能用于方案间的比较（相对效果检验），不能仅根据 ΔIRR 数值的大小判定方案的取舍。图 4-9 对此做了说明。

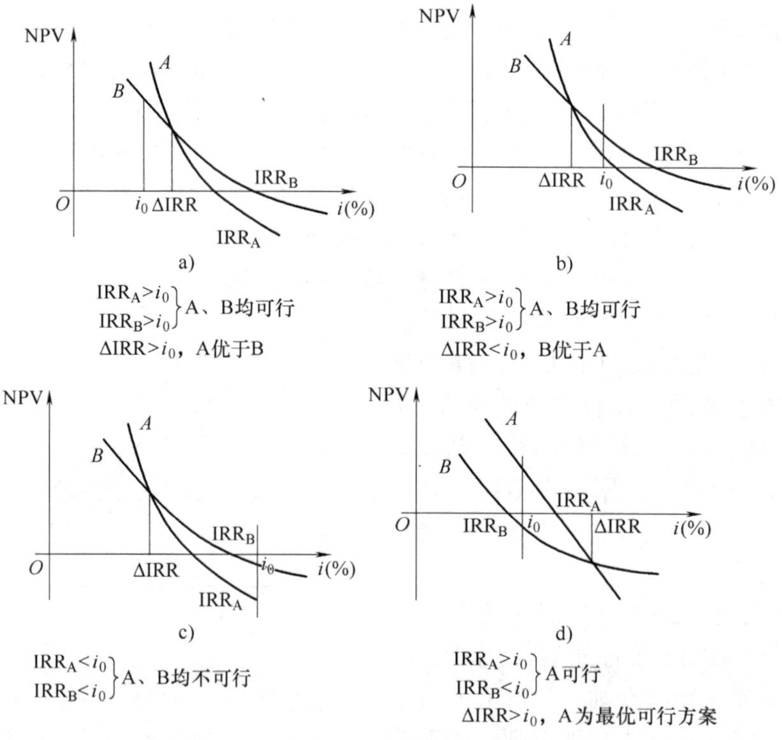

图 4-9　用增量内部收益率法比选方案示意图

在图 4-9a 与图 4-9b 所示的两种情况下，方案 A 和方案 B 均能通过绝对效果检验（$IRR_A \geqslant i_0$，$IRR_B \geqslant i_0$），可以根据 ΔIRR 与 i_0 的比较判定方案的取舍。图 4-9a 所示情况下，$\Delta IRR > i_0$，投资大的方案 A 优于投资小的方案 B；图 4-9b 所示情况下，$\Delta IRR < i_0$，方案 B 优于方案 A；在图 4-9c 所示情况下，方案 A 和方案 B 均不能通过绝对效果检验（$IRR_A < i_0$，$IRR_B < i_0$），故不管 ΔIRR 大小如何，两个方案都不应该选取；在图 4-9d 所示情况下，方案 A 通过绝对效果检验（$IRR_A > i_0$），且 $\Delta IRR > i_0$，故可以判定方案 A 为最优可行方案。

所以，用增量内部收益率对多个方案进行评价和比选时，其前提是每个方案经济评价后都是可行的，或者至少排在前面的投资最小的方案是可行的，比较到最后所保留的方案一定是最优且可行的方案。

【例 4-10】 设有两个互斥方案 A 和 B，使用寿命相同，资料如表 4-14 所示。基准收益率为 15%，试用净现值和内部收益率法比较和选择最优可行方案。

表 4-14　方案 A 和方案 B 的有关资料表　　（单位：万元）

方　案	0 年投资	年收入	年支出	净残值	使用寿命/年
A	5000	1600	400	200	10
B	6000	2000	600	0	10

解　（1）计算净现值，判断方案的可行性。

$$NPV_A = [-5000 + 1200 \times (P/A,15\%,10) + 20 \times (P/F,15\%,10)]\text{万元} = 1072.24\text{万元}$$

$$NPV_B = [-6000 + 1400 \times (P/A,15\%,10)]\text{万元} = 1026.6\text{万元}$$

因为 $NPV_A > NPV_B > 0$，所以两个方案均可行，方案 A 优于方案 B。

（2）计算增量投资内部收益率，比较和选择最优可行方案。

$$\Delta NPV = -1000 + 200 \times (P/A,i,10) - 200 \times (P/F,i,10)$$

设 $i_1 = 12\%$ 时

$$\Delta NPV(i_1) = [-1000 + 200 \times (P/A,12\%,10) - 200 \times (P/F,12\%,10)]\text{万元} = 66\text{万元}$$

设 $i_2 = 15\%$ 时

$$\Delta NPV(i_2) = [-1000 + 200(P/A,15\%,10) - 200(P/F,15\%,10)]\text{万元} = -45.64\text{万元}$$

根据式（4-18），用线性插值法求得

$$\Delta IRR = i_1 + (i_2 - i_1)\frac{NPV(i_1)}{NPV(i_1) + |NPV(i_2)|}$$

$$= 12\% + 3\% \times \frac{66}{66 + 45.64} = 13.77\%$$

因为 $\Delta IRR = 13.77 < i_0 = 15\%$，所以选择投资额小的方案，即方案 A。此结果与净现值法评价结果一致。

五、投资收益率

投资收益率是投资经济效果的综合评价指标，一般是项目达到设计生产能力后的一个正常生产年份的年净收益与项目投资总额的比值。它是反映项目静态获利能力的一个重要指标。对生产期内各年的净收益变化幅度较大的项目，应计算生产期年平均净收益与总投资的比率。其一般表达式为

$$R=\frac{\mathrm{NB}}{I} \tag{4-24}$$

式中，R 为投资收益率；NB 为正常生产年份或者年平均净收益，根据不同的分析目的，NB 可以是利润，可以是利润税金总额，也可以是年净现金流入等；I 为投资总额，$I=\sum_{t=0}^{m} I_t$，I_t 为第 t 年的投资额，m 为建设期，根据分析目的不同，I 可以是全部投资额（即固定资产投资、建设期借款利息和流动资金之和），也可以是投资者的权益投资额（如资本金）。

由于 NB 与 I 的含义不同，投资收益率 R 常用的具体形式可以有以下四种：

（1）全部投资收益率，即通常所说的投资收益率，反映项目全部投资获得收益能力的静态指标。其计算公式为

$$全部投资收益率=\frac{年利润+折旧与摊销+利息支出}{项目全部投资额}\times 100\%$$

（2）投资利润率，它是考察项目单位投资盈利能力的静态指标。其计算公式为

$$投资利润率=\frac{年利润或年平均利润总额}{项目全部投资额}\times 100\%$$

式中，年利润 = 年销售收入 − 年销售税金及附加 − 年总成本费用。

投资利润率也称投资效果系数，此时年利润总额表示纯收入。当年利润总额表示纯收入加折旧时，投资收益率又称投资回收率。

（3）投资利税率，它是考察项目单位投资对国家积累的贡献水平的指标。其计算公式为

$$投资利税率=\frac{年利润+税金}{项目全部投资额}\times 100\%$$

（4）权益投资利润率，它反映投入项目的资本金的盈利能力。其计算公式为

$$权益投资利润率=\frac{年利润或年平均利润总额}{权益投资额}\times 100\%$$

对于投资利税率与权益投资利润率来说，根据年利润的含义不同，还可以分为所得税前与所得税后的投资利税率与权益投资利润率指标。

判别准则：投资收益率指标主要反映投资项目的盈利能力，用投资收益率评价投资方案的经济效果，需要与本行业的平均水平（行业平均投资收益率）及投资者意愿等确定的基准投资收益率做比较，以判别项目的盈利能力是否达到本行业的平均水平及投资者意愿。设行业平均投资收益率或投资者可以接受的最低收益率水平为 R_0，则判别准则为：

若 $R \geqslant R_0$，则项目可以考虑接受；

若 $R < R_0$，则项目应予以拒绝。

投资收益率指标的优点：概念清晰，简单易用；反映了资金的使用效率。

投资收益率指标的缺点：未考虑资金的时间价值，而且舍弃了项目建设期、寿命期等众多经济数据。

适用范围：仅用于技术经济数据尚不完整的项目的初步研究阶段。

制定合理的基准投资收益率是一项重要的工作，它直接影响方案的合理评价。然而，国民经济各部门、各地区的具体经济条件千差万别，如果在一切场合下都采用国家的统一标准，就会影响技术方案选优的正确性。因此，有必要根据部门的生产特点、实际利润水平和技术政策，分别制定各部门的基准投资收益率。制定基准投资收益率，一般应考虑：①各部门在国民经济中的作用。②各部门的投资构成比例。一般来说，生产性投资比重偏大，非生产性投资比重较小。③各部门技术构成因素和价格因素的影响以及各部门的成本构成比例。例如，由于产品的成本构成比例变化而使成本降低，利润增加，则投资收益率增加；反之，则会降低。④该部门过去的投资收益水平。⑤整个国民经济今后一段时间内投资的可能性等。同时，要注意对所制定的标准要随技术进步、生产力水平的逐步提高做适时修订。

六、效益-费用比

如前所述，用动态投资回收期、净现值或者内部收益率等指标评价工程方案（项目）的经济效果时，都要求达到或超过标准的收益率。这对于以营利为目的的营利性企业或投资者来说，是方案经济决策的基本前提。

但是，对于一些非营利性的机构或投资者来说，其投资的目的是为公众创造福利或效果，并非一定要获得直接的超额收益。例如，不以营利为目的的公路建设，对使用该公路的公众产生效果。这种效果可以包括：由于汽车速度的加快和公交设施的建设而节省运输时间；由于路线变得更直而缩短运输距离；由于路面的平整而节约燃料；由于路面光滑而节省汽车维修费用和燃料费用；由于达到安全标准而减少车祸，等等。

评价公用事业投资方案的经济效果，一般采用效益-费用比（*B-C* 比）。其计算表达式为

$$\text{效益-费用比}(B\text{-}C\text{ 比}) = \frac{\text{净效益(现值或年值)}}{\text{净费用(现值或年值)}}$$

或

$$\frac{B}{C} = \frac{\sum_{t=0}^{n} \mathrm{CI}_t (1+i)^{-t}}{\sum_{t=0}^{n} \mathrm{CO}_t (1+i)^{-t}} \tag{4-25}$$

计算 *B-C* 比时，需要分别计算净效益和净费用。净效益包括投资方案对承办者和社会带来的收益，并减去方案实施给公众带来的损失。净费用包括方案投资者的所有费用支出，并扣除方案实施对投资者带来的所有节约。实际上，净效益是指公众得益的净累积值；净费用是指公用事业部门净支出的累积值。因此，*B-C* 比是针对公众而言的。

净效益和净费用的计算常用现值或年值表示，计算采用的折现率应该是公用事业资金的基准收益率或基金的利率。若方案净效益大于净费用，即 *B-C* 比 >1，则这个方案在经济上被认为是可以接受的；反之，则是不可接受的。因此，效益-费用比的评价标准是 *B-C* 比 >1。

B-C 比是一种效率型指标。用于两个方案的比选时，一般不能简单地根据两个方案的 *B-C*比的大小选择最优方案，而应采用增量指标的比较法，即比较两个方案增加的净效益与增加的净费用之比（增量 *B-C* 比）。若此比值（增量 *B-C* 比）大于 1，则说明增加的净费用是有利的。其表达式为

$$\frac{\Delta B}{\Delta C}=\frac{\sum_{t=0}^{n}(\mathrm{CI}_{t2}-\mathrm{CI}_{t1})(1+i)^{-t}}{\sum_{t=0}^{n}(\mathrm{CO}_{t2}-\mathrm{CO}_{t1})(1+i)^{-t}} \tag{4-26}$$

【例 4-11】 建设一条高速公路有两个备选方案，分别为方案 A 和方案 B。两个方案的平均车速都提高了 50km/h，日平均流量都是 5000 辆，寿命均为 30 年，且无残值。基准收益率为 7%，其他相关数据如表 4-15 所示，试用增量效益-费用比来比较两个方案的优劣。

表 4-15 方案 A 和方案 B 的效益与费用

方　　案	方案 A	方案 B
全长/km	20	15
初始投资（万元）	475	637.5
每年维护费用（万元/km）	0.2	0.25
大修（每 10 年一次）费用（万元/10 年）	85	65
运输费用节约［元/（km·辆）］	0.098	0.1127
时间费用节约［元/（h·辆）］	2.6	2.6

解 从公路建设的目的来看，方案的净效益表现为运输费用的节约和公众节约时间的效益；方案的净费用包括初期投资费用、大修费用以及维护运行费用。因此，用年值分别计算两个方案的净效益与净费用。

方案 A：

$$\text{时间费用节约}=\left(5000\times365\times\frac{20}{50}\times2.6\right)\text{元/年}=189.8\ \text{万元/年}$$

$$\text{运输费用节约}=(5000\times365\times20\times0.098)\text{元/年}=357.7\ \text{万元/年}$$

所以，方案 A 的净效益 $B_A=(189.8+357.7)$万元/年$=547.5$ 万元/年。

投资、维护及大修等费用年值为

$$\begin{aligned}\mathrm{AC}_A&=\{0.2\times20+[475+85\times(P/F,7\%,10)+85\times(P/F,7\%,20)]\times(A/P,7\%,30)\}\text{万元/年}\\&=47.5\ \text{万元/年}\end{aligned}$$

所以，方案 A 的净费用 $C_A=47.5$ 万元/年。

方案 B：

$$\text{时间费用节约}=\left(5000\times365\times\frac{15}{50}\times2.6\right)\text{元/年}=142.4\ \text{万元/年}$$

$$\text{运输费用节约}=(5000\times365\times15\times0.1127)\text{元/年}=308.5\ \text{万元/年。}$$

所以，方案 B 的净效益 $B_B=(142.4+308.5)$万元/年$=450.9$ 万元/年。

投资、维护及大修等费用年值为

$$\begin{aligned}\mathrm{AC}_B&=\{0.25\times15+[637.5+65\times(P/F,7\%,20)+65\times(P/F,7\%,20)]\times(A/P,7\%,30)\}\text{万元/年}\\&=59.1\ \text{万元/年}\end{aligned}$$

所以，方案 B 的净费用 $C_B = 59.1$ 万元/年。因此

$$\text{增量 } B\text{-}C \text{ 比} = \frac{B_B - B_A}{C_B - C_A} = -8.32$$

因为增量 B-C 比 <1，所以方案 B 增加的费用是不值得的，应选择方案 A 为最优方案。

第五节　投资结构与评价方法的选择

前面详细介绍了经济性评价的基本方法和指标，但在实践中，企业所面临的环境往往十分复杂，仅仅凭借几个基本的经济评价指标很难做出正确的决策。在方案技术经济性评价中，除了采用前述评价指标（如投资回收期、净现值、内部收益率），分析该方案评价指标值是否达到了标准的要求（如 $T \leqslant T_0$，$\text{NPV}(i_0) \geqslant 0$，$\Delta\text{IRR} \geqslant i_0$）之外，往往还需要在多个备选方案中进行比选。多方案比选的方法与备选方案之间关系的类型有关。因此，本节在分析备选方案及其类型的基础上，讨论如何正确运用各种评价指标进行备选方案的评价与选择。

一、备选方案及其类型

如果任何投资决策都能简单地采用前述经济效果指标以决定项目的取舍，那么投资决策会变得简单易行。可是在实践中，企业面临的选择往往是一组结构相对复杂的备选方案，所追求的目标是整体投资最优化。因此，要正确评价项目的经济性，仅凭对评价指标的计算和判别是不够的，还必须了解项目方案所属的类型，从而确定适合的评价方法与指标，最终做出正确的投资决策。合理的决策过程包括两个主要阶段：一是探寻备选方案，这实际上是一项创新活动；二是对不同的备选方案做经济衡量和比较，称之为经济决策。由于经济效果是评价和选择的主要依据，所以决策过程的核心问题就是对不同备选方案经济效果的衡量和比较问题。

要对不同备选方案的经济效果进行衡量和比较，首先要了解各备选方案之间的相互关系，只有这样才能掌握正确的评价方法，达到正确决策的目的。

通常，备选方案之间的相互关系可分为以下三种类型：

（1）独立方案。独立方案是指作为评价对象的各个方案的现金流量是独立的，不具有相关性，且任一方案的采用与否都不影响其他方案是否采用的决策。例如个人投资，可以购买国债，也可以购买股票，还可以购房增值等。可以选择其中一个方案，也可选择其中两三个，方案之间的效果与选择不受影响，互相独立，因而这些方案可以共存。独立方案的特点是具有可加性。例如，购买国债的同时也购买了股票，那么投资的总收益就是购买国债和购买股票的收益之和。在这种情况下，认为购买国债与购买股票之间是独立的。如果决策的对象是单一方案，则可以认为是独立方案的特例。

（2）互斥方案。互斥方案是指若干备选方案彼此是相互替代的关系，即彼此之间具有互不相容、互相排斥特点的方案。这种方案具有排他性，选择了其中一个方案，则其他方案必然被排斥，不能同时被选中。例如，同一块土地的利用方案就是互斥方案，是建居民住房，还是建写字楼等，只能选择其中之一；厂址的选择也是互斥方案的选择问题，一个企业是建在 A 地还是建在 B 地，只能选择其中之一；在资金有限的情况下，只能投资一个方案，

那么备选方案就具有排他性，属于互斥方案类型。

（3）混合方案。混合方案是指独立方案与互斥方案混合的情况，即方案之间有些具有互斥关系，有些具有独立关系。其一，在一组独立方案中，每个独立方案下又有若干互斥方案的形式。例如，某公司想在 A、B 两个城市各建一个大型超市，这两个大型超市是互相独立的；在 A 城市有三个选址地点，B 城市有两个选址地点，显然每个城市内的选址方案是互斥的。因此，组合起来的方案就是混合方案。其二，在一组互斥多方案中，每个互斥方案下又有若干个独立方案的形式。例如，有一笔数额不大的资金，只能用于购买股票或是购买基金，但无论是购买股票还是购买基金，又各有很多种选择。显然，购买股票和购买基金是互斥的，而个股股票或是某种基金之间是相互独立的。因此，这种组合起来的方案也是混合方案。

不论备选方案组中的项目是何种关系，项目经济评价的宗旨只能有一个：最有效地配置有限的资金，以获得最佳的经济效益。在经济性评价前，分清备选方案的类型是非常重要的。因为方案的类型不同，其评价方法、选择和判断的尺度都各不相同。

二、独立方案的经济评价方法

独立方案的采用与否，只取决于方案自身的经济性，且不影响其他方案的采用与否。因此，在一组独立方案比较选择的过程中，可以选择其中任意一个或多个方案，甚至全部方案，也可能一个方案也不选。独立方案的这一特点决定了其现金流量及效果具有可加性。一般独立方案的选择评价有下面两种情况：

（一）无资源限制条件下独立方案的选择

在无资源限制条件下，即独立方案之间共享的资源（通常指资金）足够多，此时独立方案采取与否，只取决于方案自身的经济性。在这种条件下，多个独立方案的比选与单一方案的评价方法是相同的，即用经济效果评价标准（如 NPV≥0，NAV≥0，$\Delta IRR \geqslant i_0$，$T \leqslant T_0$ 等）检验方案自身的经济性（绝对经济效果检验），直接判别该方案是否可以接受。凡通过绝对效果检验的方案，就认为它在经济效果上是可以接受的，否则予以淘汰。

【例 4-12】 两个独立方案 A 和 B，其现金流量如表 4-16 所示，判断其经济可行性（$i_0 = 15\%$）。

表 4-16　独立方案 A、B 的净现金流量　　（单位：万元）

年　末	方案 A	方案 B
0	-200	-200
1~10	45	30

解　本例为独立方案，可首先计算方案自身的绝对效果指标，如净现值、净年值或内部收益率，然后根据各指标的判别标准进行绝对效果检验并决定取舍。

（1）净现值法

$$NPV_A = [-200 + 45 \times (P/A, 15\%, 10)]\text{万元} = 25.8\text{ 万元}$$
$$NPV_B = [-200 + 30 \times (P/A, 15\%, 10)]\text{万元} = -49.4\text{ 万元}$$

因为 $NPV_A > 0$，$NPV_B < 0$，所以方案 A 应予以接受，方案 B 应予以拒绝。

（2）净年值法

$$NAV_A = NPV_A(A/P,15\%,10) = [-200\times(A/P,15\%,10)+45]万元 = 5.14 万元$$

$$NAV_B = NPV_B(A/P,15\%,10) = [-200\times(A/P,15\%,10)+30]万元 = -9.85 万元$$

因为 $NAV_A>0$，$NAV_B<0$，所以方案 A 应予以接受，方案 B 应予以拒绝。

(3) 内部收益率法

设方案 A 的内部收益率为 IRR_A，方案 B 的内部收益率为 IRR_B，由方程

$$[-200+45\times(P/A,IRR_A,10)]万元 = 0$$

和

$$[-200+30\times(P/A,IRR_B,10)]万元 = 0$$

解得各自的内部收益率为 $IRR_A=18.3\%$，$IRR_B=8.1\%$。

由于 $IRR_A>i_0$（15%），$IRR_B<i_0$（15%），故接受方案 A，拒绝方案 B。

对于无资源限制条件下独立方案的选择，实质上就是判断其绝对经济指标是否优于一定的检验标准。不论是采用净现值、净年值还是内部收益率当中的哪种指标，评价结论都是一样的。

（二）资源限制条件下独立方案的选择

独立方案的比选，最常见的是受到资源限制的情况。如果方案之间共享的资源有限，不能满足所有方案的需要，不可能采用所有经济合理的方案，那么这时存在资金的最优分配问题，即要考虑资金利用的效率。此时独立方案组合中入选的方案，首先要通过绝对经济效果检验，此外，在可行方案中根据资金限额对方案进行组合，并使最后入选的方案组合的经济效益最大。

资源有限条件下独立方案的选择主要有两种方法：一是方案组合法；二是效率指标排序法。

1. 方案组合法

(1) 方案组合法的原理。在资源存在约束的条件下，对各个独立方案，能用一个简单的评价标准来选择，这是由方案的不可分割性——一个方案只能作为一个整体发挥效益而决定的。关于资源存在约束条件下独立方案的选择，可将可行的方案组合列出来，每个方案组合都可看成是一个满足约束条件的互斥方案，并从中选取投资额不大于资金总额、经济效益最优的项目组合。因此，有约束条件的独立方案的选择，可以通过方案组合转化为互斥方案的选择。

(2) 方案组合法应遵循的步骤如下：

1）形成所有可能的互斥方案组合。不难证明，如果独立方案总数为 N，则存在 2^N-1 个方案组合。

2）除去那些不能满足约束条件的方案组合。

3）选用适当的评价指标（通常为 NPV 或 NAV），对余下的互斥方案进行评价，从中择优。

【例 4-13】 独立方案 A、B、C 的投资分别为 100 万元、70 万元和 120 万元，计算各方案的净年值分别为 30 万元、27 万元和 32 万元。如果资金有限，不超过 250 万元投资，应如何选择方案？

解 三个方案可能的组合数为 $2^3=8$ 种（包括不投资这一组合），各方案组合的投资及净年值计算结果如表 4-17 所示。

表 4-17　A、B、C 方案组合及其净年值　　（单位：万元）

序　　号	方案组合	投　　资	净　年　值
1	A	100	30
2	B	70	27
3	C	120	32
4	A + B	170	57
5	B + C	190	59
6	A + C	220	62
7	A + B + C	290	89

第 7 种方案组合的投资额超过了资金约束条件 250 万元，不可行；在允许的 1 ~ 6 方案组合中，按互斥方案选择的准则，第 6 种方案组合（A + C）为最优选择，即选择 A 和 C 可达到有限资金的最佳利用，净年值总额为 62 万元。

当项目个数较少时，这种方法简便实用，而且可以保证得到已知条件下最优的方案组合。但是，当独立项目数目增加时，其组合方案数将成倍增加。例如，由 10 个独立方案所组成的项目，可能组成 $2^{10}-1=1023$ 个互斥方案。由此可见，当项目中独立方案的数量较大时，使用这种方法是相当麻烦的。另外，在资源有限的条件下，不仅要考虑绝对指标的大小（总量大小），往往还要考虑效率问题，充分发挥资源的有效性，即单位投资获利大小的问题。

2. 效率指标排序法

效率指标排序法是日本的千住镇雄教授和伏见多美雄教授等学者在 20 世纪 50 年代提出的一种用于独立方案的优化组合方法，即利用效率指标进行排序选优的方法。

效益指标排序法的原理为：首先计算反映各方案的投资效率指标（如净现值率或内部收益率），根据资源效率指标的大小确定独立方案的优先顺序，然后在资金限额内按从高到低的顺序，根据资源条件确定最优方案组合。

这种方法是对方案组合法的改进，简便而有效，具体有两种方法：净现值指数排序法和内部收益率排序法。

（1）净现值指数排序法。净现值指数排序法就是在计算各方案 NPVR 的基础上，将大于或等于零的方案按 NPVR 的大小排序，并按次序选择项目方案，直至所选取方案的投资总额最大限度地接近或等于投资限额。其基本思想就是要考虑资金的使用效率，单位投资的净现值越大，则在一定投资限额内所能获得的净现值总额就越大。总的原则是最终方案组合的净现值最大，所以有时还需要根据净现值的大小进行适当调整。

【例 4-14】　投资预算限额是 60 万元，现有 A ~ H 八个产品方案，各方案的投资额、净现值和净现值率如表 4-18 所示。在投资限额内，应该优先投资哪些产品方案？

表 4-18　各产品方案的投资额、净现值和净现值率　　（单位：元）

产品方案	投　资　额	净　现　值	净现值率
A	200 000	120 000	0. 60
B	120 000	54 000	0. 45
C	40 000	5000	0. 13

（续）

产品方案	投资额	净现值	净现值率
D	90 000	22 500	0. 25
E	130 000	28 600	0. 22
F	360 000	64 800	0. 18
G	30 000	4200	0. 14
H	150 000	57 000	0. 38

解　先根据净现值大小确定优先顺序，即按净现值由大到小的顺序进行选择。在 60 万元的投资限额内，选择方案的优先顺序应为 A、F、C 方案，如表 4-19 所示。

表 4-19　按净现值选择方案　（单位：元）

产品方案	投资额	净现值
A	200 000	120 000
F	360 000	64 800
C	40 000	5000
合计	600 000	189 800

再按净现值率的大小确定优先顺序，选择投资限额在 60 万元以内的方案应为 A、B、H、D、C，结果如表 4-20 所示。

表 4-20　按净现值率选择方案　（单位：元）

产品方案	投资额	净现值
A	200 000	120 000
B	120 000	54 000
H	150 000	57 000
D	90 000	22 500
C	40 000	5000
合计	600 000	258 500

比较两种方案选择的净现值合计，由于 258 500 元 > 189 800 元，因此按净现值率法选择方案较为有利。如果将其中的 D、C 两个方案用 E 方案来取代，投资总额保持不变，但净现值可以达到最大，结果如表 4-21 所示。

表 4-21　按净现值率选择方案　（单位：元）

产品方案	投资额	净现值
A	200 000	120 000
B	120 000	54 000
H	150 000	57 000
E	130 000	28 600
合计	600 000	259 600

所以，最优投资组合方案为 A、B、H、E 方案。

上例说明，在资金有限时分析评价多个投资方案，采用净现值率法决策要比采用净现值法更合理。但是，为了选择出净现值最大的方案组合，最后使用净现值法来调整优先顺序还是必要的。

（2）内部收益率排序法。与净现值率排序法类似，内部收益率排序法是将方案按照 IRR 的大小依次排序，然后在资金限额内按顺序选取方案。其计算步骤如下：

1）计算各投资方案的内部收益率 IRR。

2）将各独立方案按内部收益率从小到大的顺序排列，并将它们以直方图的形式绘制在以投资为横轴、内部收益率为纵轴的坐标图上，标明基准收益率和投资限额。

3）排除投资收益率线以下和投资限额线右边的方案。

4）余下的方案即为最佳投资组合方案。

【例 4-15】 某公司做设备投资预算，有六个独立方案 A、B、C、D、E、F 可供选择，寿命期均为 6 年，基准收益率 $i_0=10\%$，各方案的现金流量及内部收益率如表 4-22 所示。

表 4-22 六个独立方案的现金流量及内部收益率 （金额单位：万元）

方　案	年　份		IRR（%）
	0	1～6	
A	-60	18	20
B	-55	11.9	8
C	-45	15.2	25
D	-80	21.7	16
E	-75	28.3	30
F	-70	17	12

请问：1）总投资限额为 250 万元，选择哪些投资方案最有利？

2）总投资限额为 300 万元，选择哪些方案最有利？

3）假设投资资金在 100 万元内，$i_0=10\%$，以后投资每增加 100 万元，i_0 会提高 4%，这时选择哪些方案有利？

解 第一步，计算各投资方案的内部收益率，按内部收益率由大到小进行排序，并绘图，如图 4-10 所示。

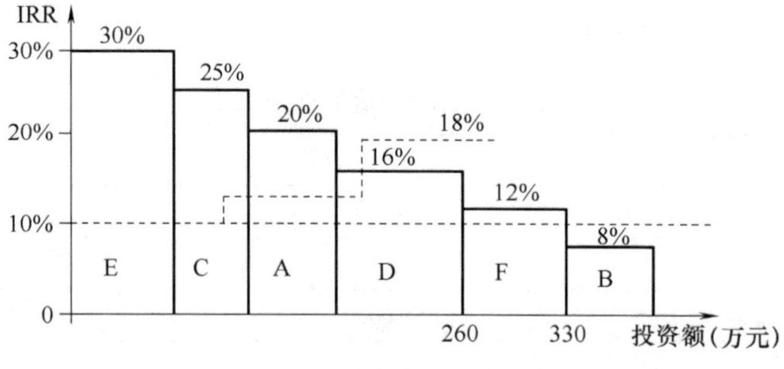

图 4-10 独立方案排序

各方案的 IRR 计算结果已列于表4-22。如对于 A 方案，由方程式

$$[-60+18(P/A,\mathrm{IRR}_A,6)]万元=0$$

解得 $\mathrm{IRR}_A=20\%$，其他方案的 IRR 由同样方法求得。方案排序为 E、C、A、D、F、B。

第二步，标注资金限额和利率限制。

第三步，根据具体资源条件选择方案。

1）资金总额250万元：依据 IRR 从大到小选择方案，以此可选择方案 E、C、A，还剩余70万元，由于项目的不可分割性，D 方案不能被选择，此时可继续判断 $\mathrm{IRR}>i_0$ 的方案是否满足资金约束条件。F 方案所需要的资金为70万元且内部收益率为12%，刚好满足约束条件，即 F 方案也可入选。因此，最优方案组合为 A+C+E+F。

2）资金限额为300万元：依据 IRR 从大到小选择方案，以此可选择方案 E、C、A、D，还剩余40万元，同理，由于项目的不可分割性，F 方案不能被选择，此时还剩余 B 方案。由于 B 方案所需资金为55万元，且内部收益率为8%，小于 i_0，是不可行方案，所以不满足约束条件。因此，最优方案组合为 A+C+E+D。

3）当投资金额为100万元时，$i_0=10\%$；当投资资金为100万~200万元时，$i_0=14\%$；当投资资金为200万~300万元时，$i_0=18\%$；以此类推，则此时利率限制线是一条变动的曲线，且该限制线与 D 方案的柱形图相交。同理，依据 $\mathrm{IRR}>i_0$ 可依次选择 E、C、A，即 A+C+E 为满足约束条件的最优方案组合。

独立方案的经济评价，除了要考虑上述资源制约这个因素以外，还要区分方案固有的效率与资本效率的评价，选择的标准往往要从自有资金的角度出发。

【例4-16】 某公司有三个独立方案 A、B、C 可供选择，投资额均为500万元，寿命期均为20年，各方案的年净收益不同，A 方案为80万元，B 方案为70万元，C 方案为60万元。问题是三个方案由于所处的投资环境及投资内容不同，各方案融资的成本（资金成本）不一样。其中，A 方案为新设工厂，融资无优惠；B 方案为环保项目，可以得到250万元的无息贷款；C 方案为新兴扶植产业，当地政府可以给予400万元的低息贷款（年利率4%）。在这种情况下，如何选择独立方案（基准收益率 $i_0=13\%$）？

解 按内部收益率作为评价指标，先分析方案固有的效率（即计算各方案的 IRR）。

由方程式

$$[-500+80\times(P/A,\mathrm{IRR}_A,20)]万元=0$$

$$[-500+70\times(P/A,\mathrm{IRR}_B,20)]万元=0$$

$$[-500+60\times(P/A,\mathrm{IRR}_C,20)]万元=0$$

解得 $\mathrm{IRR}_A=15\%$，$\mathrm{IRR}_B=12.7\%$，$\mathrm{IRR}_C=10.3\%$。从方案固有的效率来看，$\mathrm{IRR}_A>i_0$（13%），则 A 方案可以被接受；因 IRR_B 和 IRR_C 均小于基准收益率，故 B、C 方案不被接受。

但是，从自有资金的角度来看，决定项目选择的标准主要看自有资金的效率。此时，A 方案的 IRR 没有变化。对于 B 方案，500万元投资当中有250万元是无息贷款，到寿命期末只需还本金。所以，B 方案自有资金的 IRR 由下式求得

$$[-250-250\times(P/F,\mathrm{IRR}_B,20)+70\times(P/A,\mathrm{IRR}_B,20)]万元=0$$

所以 $\mathrm{IRR}_B=27.6\%$。

对于 C 方案，400万元的低息贷款，每年等值的还本付息为

$$[400\times(A/P,4\%,20)]万元=29.43万元$$

所以，C 方案自有资金的 IRR 由下式求得

$$[-100+(60-29.43)\times(P/A,IRR_C,20)]万元=0$$

得到 $IRR_C=30.4\%$。

因此，从自有资金的角度来看，三个方案的 IRR 均大于 i_0，都可以被接受，而且 C 方案的自有资金效率最高，可优先选择 C 方案。

需要指出的是，利用效率指标排序法评选独立方案，并不一定能保证获得最佳组合方案。只有当某个方案投资占投资比例很小或者入选方案投资总和与预算总额相差无几时，才能保证获得最佳方案组合，以保证投资收益的最大化。

三、互斥方案的经济评价方法

在互斥方案的决策结构形式下，经济效果评价包含了两部分内容：一是考察各个方案自身的经济效果，即进行绝对经济效果检验；二是要求选择方案组中的最优方案，即进行相对经济效果检验。两种检验的目的和作用不同，通常缺一不可，只有必须在众多互斥方案中选择一种时，才可以进行相对经济效果检验。

互斥方案经济效果评价的特点是要进行方案的比选，且参加比选的方案应具有可比性。主要应注意：计算的时间及计算期的可比性；计算的收益与费用的性质及计算范围的可比性；计算口径及计算价格的可比性；方案风险水平的可比性和评价所使用假设的合理性。本节着重介绍基于计算时间及计算期的可比性问题。按互斥方案的寿命期是否相等，将方案分为寿命期相等与寿命期不相等两类。前者满足时间可比性的要求，故直接进行比较；后者则要借助某些方法进行时间上的变换，在保证时间可比性之后再进行比较选择。

（一）寿命期相等的互斥方案评价

1. 直接比较法

对于寿命期相等的互斥方案，可以采用上述几种绝对经济效果评价指标来进行评价和择优，如净现值法、净年值法、费用现值、费用年值和投资回收期法等。

最基本的方法是净现值法。可先分别计算各个方案的净现值，剔除不合理（NPV < 0）的方案；然后进行相对效果检验，即对所有 NPV≥0 的方案比较其净现值，净现值大的方案即为最优方案。净现值评价互斥方案的判断准则为：净现值最大且大于等于 0 的方案为最优方案。

【例 4-17】 现有 A、B 两个互斥方案，寿命期相同，各年的净现金流量如表 4-23 所示。基准折现率 $i_0=12\%$，试评价选择方案。

表 4-23 互斥方案 A、B 的净现金流量 （单位：万元）

方　案	年　份		NPV
	0	1 ~ 10	
A	-20	5.8	12.8
B	-30	7.8	14.1

解 分别计算 A、B 两个方案和增量投资的 NPV，计算结果列于表 4-23 中。

$$NPV_A(12\%)=[-20+5.8\times(P/A,12\%,10)]万元=12.8万元$$
$$NPV_B(12\%)=[-30+7.8\times(P/A,12\%,10)]万元=14.1万元$$

由于 $NPV_B>NPV_A$，且大于0，故应选择B方案。

在一些情况下也可以使用净年值指标对互斥方案进行评价和择优。净年值指标与净现值指标是等价的，由于方案寿命期相等，所以净现值大的方案净年值也大，选择净年值大的方案为最优方案。

当对一些公共事业项目方案进行评价时，往往会遇到产出效益难以用收益形态计量（如环保、教育、保健、国防等）的情况，这时候可以通过对各方案的费用现值或费用年值的比较进行选择。在满足同样需求的情况下，可以通过比较互斥方案的费用来评价和选择方案，即选择费用现值或费用年值最小的方案为最优方案。

【例4-18】 某项生产技术有两个方案A和B可供选择，使用期限均为10年。方案A的初始投资为70万元，年运营费用为13万元；方案B的初始投资为100万元，年运营费用为10万元。基准折现率为15%，试选择最优方案。

解 计算各方案的费用现值

$$PC_A(15\%)=[70+13\times(P/A,15\%,10)]万元=135.2万元$$
$$PC_B(15\%)=[100+10\times(P/A,15\%,10)]万元=150.2万元$$

由于A方案费用现值低于B方案，故应该选择A方案。

或者计算各方案的费用年值

$$AC_A(15\%)=[70\times(A/P,15\%,10)+13]万元=26.9万元$$
$$AC_B(15\%)=[100\times(A/P,15\%,10)+10]万元=29.9万元$$

由于A方案费用年值低于B方案费用，故应该选择A方案。

2. 增量分析法

互斥方案的比选有多种评价指标和方法，其中，增量分析法是互斥方案比选的基本方法。所谓增量，是在两个互斥方案之间一个方案相对另一个方案现金流量的增量。增量分析法是在一组互斥方案中，计算增量经济评价指标，通过与判别标准进行比较，分析增量投资的合理性，即投资大的方案相对于投资小的方案而言，多投入的资金能否带来满意的增量收益，从而选择合理的方案。

增量分析法应遵循的步骤如下：

步骤一：增设0方案。0方案又称为不投资方案或基准方案，其投资额为0，净收益也为0。选择0方案的经济含义是指不投资于当前的方案，投资者就不会因为选择当前投资方案而损失掉相应资金的机会成本。在一组方案中增设0方案，可以避免选择一个经济上不可行的方案作为最优方案。

步骤二：将互斥方案按投资额从小到大排序。

步骤三：将初始投资最小的方案与0方案进行增量方法的比较，将两者中的优胜方案作为临时最优方案。

步骤四：将临时最优方案再与投资稍大的方案进行增量方案比较，两者中的优胜方案替代临时最优方案，将其作为最优方案保留。

步骤五：依次类推，直到所有方案都比较完毕，最后保留的临时最优方案即为一组互斥方案中的最优方案。

该方法如图4-11所示。

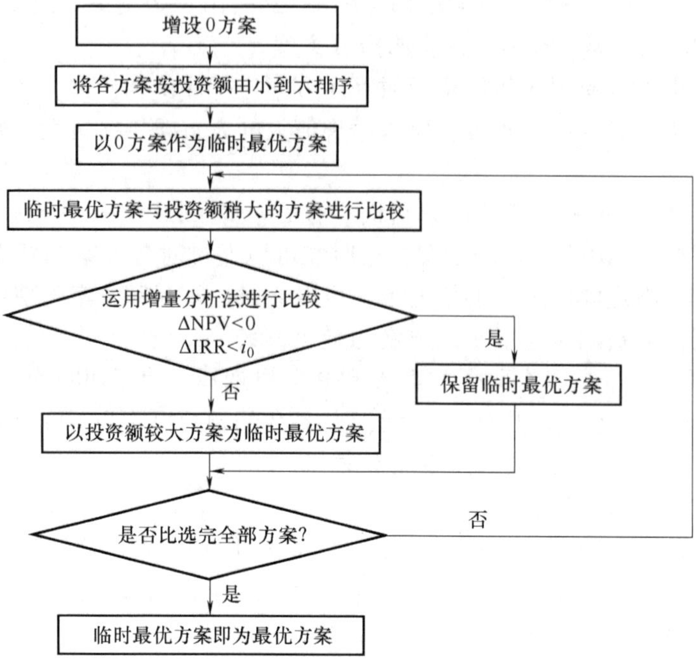

图4-11　增量分析法比较多方案的过程

增量分析法的评价指标就是之前介绍过的几个增量指标，如增量投资回收期（ΔT）、增量净现值（ΔNPV）、增量内部收益率（ΔIRR）等。

【例4-19】 三个寿命期均为10年的互斥方案，其净现金流量如表4-24所示。基准收益率为15%，用增量投资内部收益率法选择最优方案。

表4-24　互斥方案净现金流量　　（单位：万元）

方　案	年　份	
	0	1~10
A	-5000	1400
B	-10000	2300
C	-8000	2100

解　步骤一：增设0方案，并将方案按投资额大小进行排序，即0、A、C、B。

步骤二：将A方案与0方案进行比较，计算增量投资内部收益率。由方程

$$\Delta NPV_{A-0}=[-5000+1400\times(P/A,\Delta IRR_{A-0},10)]\text{万元}=0$$

解得 $\Delta IRR_{A-0}=25\%$，$\Delta IRR_{A-0}>i_0$（15%）。

增量投资方案可行，说明A方案优于0方案，把A方案作为临时最优方案。

步骤三：以A为临时最优方案，C方案作为竞比方案，计算两个方案的增量投资内部收益率。由方程

$$\Delta NPV_{C-A}=[-3000+700\times(P/A,\Delta IRR_{C-A},10)]\text{万元}=0$$

解得 $\Delta IRR_{C-A}=19\%$，$\Delta IRR_{C-A}>i_0$（15%）。

增量投资方案可行，说明 C 方案优于 A 方案，用 C 方案取代 A 方案作为临时最优方案。

步骤四：以 C 为临时最优方案，B 方案作为竞比方案，计算两个方案的增量投资内部收益率。由方程

$$\Delta NPV_{B-C}=[-2000+200\times(P/A,\Delta IRR_{B-C},10)]\text{万元}=0$$

解得 $\Delta IRR_{B-C}=0$，$\Delta IRR_{B-C}<i_0$（15%）。

增量投资方案不可行，说明 C 方案优于 B 方案，用 C 方案取代 B 方案作为临时最优方案。

步骤五：所有方案比较完毕，最终保留的 C 方案即为最优方案。

（二）寿命期不相等的互斥方案评价

以上分析互斥方案的评价方法，都是在各方案寿命期相等的情况下进行的。这样，评价各方案的经济效果在时间上具有可比性。当各方案的寿命期不等时，要采用合理的评价指标或办法，使之具有时间上的可比性。

1. 年值法

在对寿命期不等的互斥方案进行比选时，年值法是最为简便的方法，当参加比选的方案数目众多时，尤其如此。年值法使用的评价指标有净年值和费用年值。

【例 4-20】 A、B 两个互斥方案各年的净现金流量如表 4-25 所示。基准折现率 $i_0=10\%$，试比选方案。

表 4-25　寿命期不等互斥方案的净现金流量　　（金额单位：万元）

方　案	投　资	年净现金流量	残　值	寿命/年
A	-10	3	1.5	6
B	-15	4	2	9

解　分别计算两个方案的净年值

$$NAV_A(10\%)=[-10\times(A/P,10\%,6)+3+1.5\times(A/F,10\%,6)]\text{万元}=0.9\text{万元}$$

$$NAV_B(10\%)=[-15\times(A/P,10\%,9)+4+2\times(A/F,10\%,9)]\text{万元}=1.54\text{万元}$$

因为 $NAV_B>NAV_A$，所以，B 方案优于 A 方案。

用年值法进行寿命期不等的互斥方案的比选，实际上隐含着这样一种假定：各备选方案在其寿命结束时，均可按原方案重复实施或以与原方案经济效果水平相同的方案接续。因为一个方案无论重复多少次，其年值都是不变的。所以，年值法实际上假定了各方案可以无限多次重复实施。在这一假定前提下，年值法以“年”为时间单位比较各方案的经济效果，从而使寿命期不等的互斥方案具有可比性。

对于仅有或仅需要计算费用现金流的互斥方案，可以比照净年值指标的计算方法，用费用年值指标进行比较。其判断标准是：费用年值最小的方案为最优方案。如例 4-18，如果两个方案的寿命期不相等，那么用各自的寿命期求费用年值，然后比较即可。这里不再举例。

2. 最小公倍数法

最小公倍数法是以各个备选方案寿命期的最小公倍数作为各个方案的共同研究期，并假定各个方案均在这一研究期内反复实施，从而对各个方案研究期内各年的净现金流量进行重复计算，直到研究期结束。一般计算研究期内方案有限次重复后的净现值或费用现值，选择

净现值最大或费用现值最小的方案作为最优方案。

【例 4-21】 以例 4-20 的数据为基础，用最小公倍数法进行方案择优。

解 两个方案寿命期的最小公倍数为 18，故 A 方案需要重复实施 3 次，B 方案需要重复实施 2 次，分别计算重复后两方案的净现值。

$$NPV_A(10\%)=\{-10\times[1+(P/F,10\%,6)+(P/F,10\%,12)]+3\times(P/A,10\%,18)$$
$$+1.5\times[(P/F,10\%,6)+(P/F,10\%,12)+(P/F,10\%,18)]\}\text{万元}=7.37\text{万元}$$

$$NPV_B(10\%)=\{-15\times[1+(P/F,10\%,9)]+4\times(P/A,10\%,18)$$
$$+2\times[(P/F,10\%,9)+(P/F,10\%,18)]\}\text{万元}=12.65\text{万元}$$

因为 $NPV_B>NPV_A>0$，所以 B 方案优于 A 方案。

此方法适用于被比较方案寿命期最小公倍数较小，且各方案在重复过程中现金流量不会发生太大变化的情况，否则就可能得出不正确的结论。因此，采用这种方法的关键是对各个方案在重复过程中的现金流量做出比较合理的估计和预期，力求保证评价的正确性。

3. 合理研究期法

方案重复法实质上是延长项目寿命期，以达到可比的要求。这通常被认为是合理的，但在某些情况下并不符合实际，因为技术进步往往使方案完全重复是不经济的，甚至在现实中是完全不可能的。像储量有限且不可再生的资源开采问题，遭受无形磨损设备的更新换代问题等，在各自的寿命期末不可能重复。一种可行的办法是利用合理的研究期，即选择一段时间作为可比较的计算期。合理研究期法是按照对未来市场状况和技术发展前景的预测确定一个研究期，根据合理的研究期，对寿命期不等的互斥方案进行比较。研究期的选择没有特殊规定，一般选择诸方案中寿命期最短的作为研究期，计算最为方便，而且完全可以避免重复性假设。一般通过比较各方案在该研究期内的净现值或费用现值来对方案进行比较，以净现值最大或费用现值最小的方案作为最优方案。对于寿命期超过研究期的方案，要对各方案在研究期末的资产余值进行评估，到研究期结束时回收资产余值。

合理研究期法涉及寿命期末结束、方案未使用价值的处理问题。其处理方式有三种：①不考虑方案的未使用价值；②考虑方案的未使用价值；③预测方案的未使用价值在研究期末的价值，并作为现金流量计入。

【例 4-22】 以例 4-20 的数据为基础，选择 A 方案的寿命期 6 年作为合理研究期，对两个方案进行择优。

解 方式一：不考虑研究期结束后方案的未使用价值，则

$$NPV_A(10\%)=[-10+3\times(P/A,10\%,6)+1.5\times(P/F,10\%,6)]\text{万元}=3.9\text{万元}$$

$$NPV_B(10\%)=[-15+4\times(P/A,10\%,6)]\text{万元}=2.42\text{万元}$$

因为 $NPV_A>NPV_B>0$，所以 A 方案优于 B 方案。

方式二：考虑方案的未使用价值，则

$$NPV_A(10\%)=[-10+3\times(P/A,10\%,6)+1.5\times(P/F,10\%,6)]\text{万元}=3.9\text{万元}$$

$$NPV_B(10\%)=[-15\times(A/P,10\%,9)\times(P/A,10\%,6)+4\times(P/A,10\%,6)$$
$$+2\times(A/F,10\%,9)\times(P/A,10\%,6)]\text{万元}=6.7\text{万元}$$

因为 $NPV_B>NPV_A>0$，所以 B 方案优于 A 方案。

方式三：预测 B 方案的未使用价值在研究期末的价值，则

$$L_B = [15 \times (A/P,10\%,9) \times (P/A,10\%,3)] 万元 = 6.48 万元$$

即 B 方案在第 6 年年末还具有 6.48 万元的未使用价值，相当于 B 方案在第 6 年年末的残值。考虑这个残值再计算两个方案在研究期内的净现值，即

$$NPV_A(10\%) = [-10 + 3 \times (P/A,10\%,6) + 1.5 \times (P/F,10\%,6)] 万元 = 3.9 万元$$

$$NPV_B(10\%) = [-15 + 4 \times (P/A,10\%,6) + 6.48 \times (P/F,10\%,6)] 万元 = 6.08 万元$$

因为 $NPV_B > NPV_A > 0$，所以 B 方案优于 A 方案。

在实践应用时需要强调的是，选用上述各种方法时，要特别注意各种方法所做出的各种假设及适用的条件。例如，年值法和最小公倍数法尽管计算简便，但不适用于技术更新较快的产品和设备，同时也不适用于更新改造项目。合理研究期法需要注意对超出合理研究期部分设备的余值，即残值的预测问题。

四、混合方案的经济评价方法

混合方案的选择是实际工作中常遇到的一类问题。例如，某些大企业或实行多种经营的企业，投资方向很多，这些投资方向就业务内容而言是互相独立的，而对每个投资方向又可能有几个可供选择的互斥方案，这样就构成了混合方案的选择问题。这类问题的选择方法较为复杂，往往又会涉及资金是否有限制、资金成本等问题。下面通过一个投资预算分配问题加以说明。

【例 4-23】 某公司有三个下属部门 A、B、C，各部门提出若干个投资方案，如表 4-26 所示。三个部门之间是独立的，但每个部门内的投资方案之间是互斥的，方案寿命期均为 10 年，$i_0 = 10\%$。

试问：(1) 资金供应没有限制，应如何选择方案？

(2) 资金限制在 500 万元之内，应如何选择方案？

(3) 假如资金供应渠道不同，其资金成本有差别，现在有三种来源：甲方式的资金成本为 10%，最多可供应 300 万元；乙方式的资金成本为 12%，最多可供应 300 万元；丙方式的资金成本为 15%，最多也可供应 300 万元。此时应如何选择方案？

(4) 若 B 部门的投资方案是与安全有关的设备更新，不管效益如何，B 部门必须优先投资，资金供应同 (3)。此时应如何选择方案？

表 4-26　混合方案的现金流量　　（金额单位：万元）

部门	方案	年份		IRR (%)
		0	1 ~ 10	
A	A_1	-100	27.2	24
	A_2	-200	51.1	22.1
B	B_1	-100	12.0	3.5
	B_2	-200	30.1	12
	B_3	-300	45.6	8.5
C	C_1	-100	50.9	50
	C_2	-200	63.9	28.8
	C_3	-300	87.8	26.2

解 上述四个问题可采用内部收益率指标来分析。

（1）因为资金供应无限制，A、B、C 部门之间独立，所以此时实际上是各部门内部互斥方案的比选，分别计算 ΔIRR 如下：

对于 A 部门，由方程

$$[-100+27.2\times(P/A,\mathrm{IRR}_{A_1},10)]\text{万元}=0$$

$$[-100+(51.1-27.2)\times(P/A,\mathrm{IRR}_{A_2-A_1},10)]\text{万元}=0$$

解得 $\mathrm{IRR}_{A1}=24\%>i_0(10\%)$，$\Delta\mathrm{IRR}_{A_2-A_1}=20\%>i_0(10\%)$。

所以，A_2优于 A_1，应选择 A_2方案。

对于 B 部门，同样方法可求得 $\mathrm{IRR}_{B_1}=3.5\%<i_0$，故 B_1是不可行方案。

$\mathrm{IRR}_{B_2}=12\%>i_0$，$\Delta\mathrm{IRR}_{B_3-B_2}=9.1\%<i_0$，所以 B_2优于 B_3，应选 B_2方案。

对于 C 部门，求得 $\mathrm{IRR}_{C_1}=50\%>i_0$，$\Delta\mathrm{IRR}_{C_2-C_1}=5\%<i_0$，故 C_1 方案优于 C_2 方案。$\Delta\mathrm{IRR}_{C_3-C_1}=13.1\%>i_0$，所以 C_3优于 C_1，应选 C_3方案。

因此，当资金没有限制时，应选择 $A_2+B_2+C_3$，即 A 部门与 B 部门分别投资 200 万元，C 部门投资 300 万元。

（2）由于存在资金限制，三个部门投资方案的选择过程如图 4-12 所示。

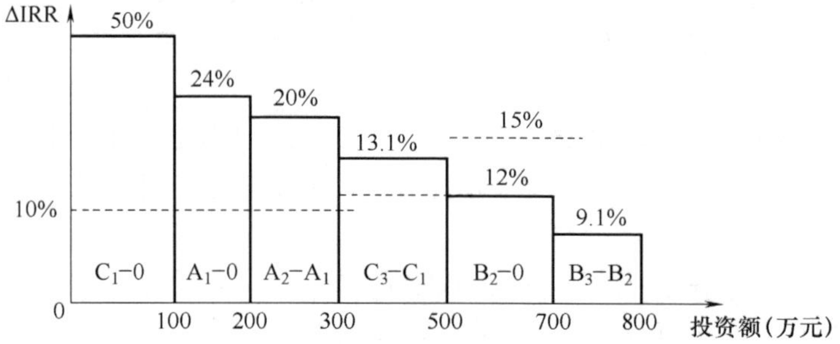

图 4-12 混合方案的 ΔIRR

从图 4-12 可见，当资金限制在 500 万元之内时，可接受的方案包括 C_1-0、A_1-0、A_2-A_1、C_3-C_1，因为这四个增量投资方案的 ΔIRR 均大于 i_0，且投资额为 500 万元。因此，三个部门应选择的方案为 A 部门的 A_2和 C 部门的 C_3，即最优方案组合为 A_2+C_3，A 部门投资 200 万元，C 部门投资 300 万元，B 部门不投资。

（3）由于不同的资金供应存在资金成本的差别，把资金成本低的资金优先投资于效率高的方案，即在图 4-12 上将资金成本从小到大画成曲线，当增量投资方案的 ΔIRR 小于资金成本时，该方案不可接受。从图 4-12 可见，投资额在 500 万元之内的增量投资方案（即 C_1-0、A_1-0、A_2-A_1、C_3-C_1）的 ΔIRR 均大于所对应资金供应的资金成本（即 10% 和 12%），因此，这些方案均可被接受，三个部门的选择方案为 A_2+C_3。而且应将甲方式的资金 200 万元投资于 A_2，甲方式的其余 100 万元和乙方式的 200 万元投资于 C_3。

（4）B 部门必须投资，即 B_2必须优先选择，即不论 $\Delta\mathrm{IRR}_{B_2-0}$大小如何，必须排在其他增量投资的前列，如图 4-13 所示。同样的道理，从图 4-13 可见，三个部门的方案应选择 $B_2+C_1+A_2$，即 B 部门投资 200 万元，A 部门投资 200 万元，C 部门投资 100 万元。而且应将甲方式的 300 万元投资于 B 部门 200 万元和 C 部门 100 万元，乙方式的 200 万元投资于 A 部门。

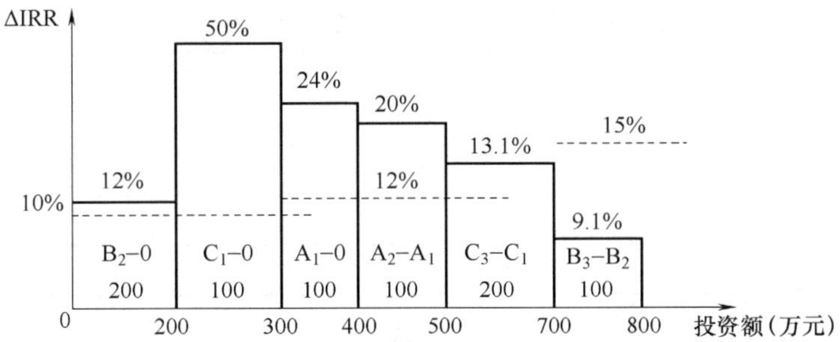

图 4-13　有优先选择的混合方案的 ΔIRR

习　　题

1. 项目经济评价指标分为几类？每一类各有什么特点？各包括哪些具体指标？
2. 动态评价指标有哪些？说明各指标的概念、计算公式、判断准则及适用范围。
3. 简述互斥方案的增量分析法及其评价准则。
4. 在互斥方案决策中，为什么根据增量效果评价方案？
5. 某项目的净现金流量如表 4-27 所示。

表 4-27　某项目的净现金流量　　（单位：万元）

年　份	0	1	2	3	4	5	6
净现金流量	-50	-80	40	60	60	60	60

（1）试计算静态投资回收期、净现值、内部收益率、净现值率和动态投资回收期（$i_0=10\%$）。

（2）画出累积净现金流量曲线与累积净现金流量现值曲线。

6. A 和 B 两方案为独立方案，净现金流量如表 4-28 所示，试用净现值和内部收益率法判断它们的可行性（$i_0=10\%$）。

表 4-28　独立方案 A、B 的净现金流量　　（单位：万元）

方　案	年　份	
	0	1～10
A	-100	22
B	-60	15

7. 互斥方案 A、B、C 的净现金流量如表 4-29 所示，试评价选择（$i_0=12\%$）。

表 4-29　互斥方案 A、B、C 的净现金流量　　（单位：万元）

方　案	年　份					
	0	1	2	3	4	5
A	-500	200	200	200	200	200
B	-160	-180	180	180	180	180
C	-100	40	40	40	40	60

8. 某人欲购置一台家用电冰箱，为满足同样的需要，有两种型号可供选择，已知其各项数据如表 4-30 所示。$i_0=10\%$，试评价选择方案。

表 4-30　型号 A 和 B 的各项数据

型　号	A	B
购置费（元）	2500	3500
年运行费（元）	900	700
残值（元）	200	350
寿命期/年	5	5

9. 某工程项目有三种可供选择的投资方案，每个投资方案的已知数据如表 4-31 所示。若基准折现率 $i_0 = 15\%$，用增量内部收益率法选出最优方案。

表 4-31　某工程项目各投资方案的数据

方　案	A	B	C
初始投资（万元）	-10 000	-5000	-8000
年收益（万元）	2500	1400	1900
寿命期/年	10	10	10

10. 已知 A、B 方案的计算期分别为 10 年和 15 年，它们的净现金流量如表 4-32 所示，基准折现率为 12%。分别用方案重复法和年值法比较这两个方案。

表 4-32　A、B 方案的净现金流量　　（单位：万元）

方　案	年　份						
	0	1	2	3～8	9	10～13	14
A	-700	-700	480	480	600		
B	-1500	-1700	-800	900	900	900	1400

11. 某厂实施技术改造工程，现有资金 80 000 元，需要上的项目很多，经过调查，继续投资的方向有四个（即四个独立方案），每个投资方向有互斥方案，各方案现金流量如表 4-33 所示。要求单项投资收益率为 12%，寿命期均为 5 年，试选出最佳方案组合。

表 4-33　各方案相关数据　　（单位：元）

投资方向（独立方案）	互斥方案	投资额（0 年）	年净收益（1～5 年）
Ⅰ	A_1	10 000	2505
	B_1	20 000	5548
	C_1	30 000	7904
Ⅱ	A_2	20 000	6399
	B_2	40 000	11 700
Ⅲ	A_3	20 000	6266
	B_3	30 000	9321
Ⅳ	A_4	10 000	3200

12. 某海岛拟建海滨收费浴场。备选场址有 A、B、C 三个。若只建一个浴场，其现金流量如表 4-34 所示。若建 A、B 两个浴场，则除投资不变外，A 的年净收入减少 2/3，B 减少 1/3；若建 B、C 两个浴场，B

的年净收入减少 1/3，C 的年净收入减少 2/3；若三个浴场同时建，则 A、B、C 的年净收入均减少 2/3。应该如何决策？（$i_0=10\%$）

表 4-34　备选场址的现金流量　　（单位：万元）

方　案	第 1 年年末投资	第 2～20 年的年净收入
A	-100	20
B	-180	30
C	-200	35

13. 某企业现有若干互斥方案，各方案的寿命期均为 7 年，投资和年净收入如表 4-35 所示。

表 4-35　某企业若干互斥方案的投资和年净收入　　（单位：万元）

方　案	投　资	年净收入
A	2000	500
B	3000	900
C	4000	1100
D	5000	1380

（1）若折现率为 10%，资金无限制，哪个方案最佳？

（2）折现率在什么范围内，B 方案可行且最佳？

14. 非直接互斥方案 A、B、C 的净现金流量如表 4-36 所示，已知资金预算 600 万元，请做出方案选择。（$i_0=10\%$）

表 4-36　非直接互斥方案 A、B、C 的净现金流量　　（单位：万元）

方　案	年　份		
	0	1～7	8
A	-200	40	50
B	-300	60	70
C	-350	65	70

15. 某企业现有若干互斥方案，有关资料如表 4-37 所示。

表 4-37　某企业若干互斥方案的有关资料　　（单位：万元）

方　案	初始投资	年净收益
A	2000	500
B	3000	900
C	5000	1380

以上各方案寿命期均为 7 年，试问：

（1）当折现率为 10%，资金无限制时，哪个方案最佳？

（2）折现率在什么范围时，B 方案可行且最优？

16. 有 5 个备选投资项目，项目寿命期均为 4 年，各项目的净现金流序列如表 4-38 所示。这些项目之间的关系是：项目 A 与项目 B 互斥，项目 C 与项目 D 互斥，接受项目 C 与项目 D 均要以接受项目 B 为前提，接受项目 E 要以接受项目 C 为前提。最低希望收益率为 10%，试分别就下面两种情况选择最优项目组合：

（1）资金无限制。

（2）资金限额为 500 万元。

表 4-38　各项目的净现金流序列　（单位：万元）

方　案	投　资	年净收入
A	-500	200
B	-300	120
C	-140	40
D	-150	50
E	-110	70

17. 某拟建项目，第一年年初投资 1000 万元，第二年年初投资 2000 万元，第三年年初投资 1500 万元，从第三年起连续 8 年每年可获净收入 1450 万元。若期末残值忽略不计，最低希望收益率为 12%，计算净现值和内部收益率，并判断该项目经济上是否可行。

18. 购买每台设备需 80 000 元，使用该设备每年可获净收益 12 600 元，设备报废后无残值。

（1）若该设备使用 8 年后报废，这项投资的内部收益率是多少？

（2）若最低希望收益率为 10%，该设备至少可使用多少年才值得购买？

19. 某企业产品市场前景看好，需要立即改造生产线扩大生产能力。根据企业发展规划，若干年后还要再进行一次技术改造以进一步扩大生产能力。有两种方案均可满足生产能力扩大的要求：第一种方案需要立即投资 200 万元，下次改造再投资 400 万元；第二种方案需要立即投资 250 万元，下次改造再投资 320 万元。最低希望收益率为 10%，试分析下次改造在哪一年之前进行可以接受第二种方案。

20. 某企业下属的 A、B、C 三个分厂提出了如表 4-39 所示的技术改造方案。各分厂之间是相互独立的，而各分厂内部的技术改造方案是互斥的。

表 4-39　技术改造方案相关资料　（单位：万元）

分　厂	技术方案	初始投资	年净收益
A	A_1	100	40
	A_2	200	70
	A_3	300	90
B	B_1	100	20
	B_2	200	55
	B_3	300	75
	B_4	400	95
C	C_1	200	85
	C_2	300	100
	C_3	400	138

若各方案的寿命期均为 8 年，基准收益率为 12%。试问：

（1）若资金无限制，应如何选择方案？

（2）当企业的投资限额在 600 万元以内时，从企业整体角度出发，最有利的选择是什么？

（3）在与（2）同样的条件下，如果 B 分厂的方案必须选择投资，应如何选择？

第五章

技术经济不确定性评价方法

投资项目的技术经济评价一般是事前行为，带有预测性，这使得方案经济效果的实际值可能偏离其预测值，从而给投资者和经营者带来风险。项目由于风险的存在而导致决策的不确定性。投资项目的风险、不确定性产生的原因可以归纳为以下四个方面：

（1）统计资料的误差。在对项目进行技术经济评价时，一般使用历史的统计数据或市场调研的数据，对未来的生产状况、经济态势进行预测和判断。统计资料的误差主要来源于两个方面：一是历史的统计资料可能存在缺失，调查获得的统计资料可能存在虚假信息等；二是对资料进行统计整理的统计方法本身就会导致误差的产生，如统计方法、预测方法和工作条件的局限性，对方案经济效果评价中使用的投资、成本、产量、价格等基础数据的估算与预测结果不可避免地会带有误差。

（2）项目内部带来的风险。项目本身的性质不同，所面临的风险也不相同，项目内部的管理、技术等都会给项目带来风险。

（3）项目外部环境所带来的风险。由于投资方案是处在一定的外部环境中的，这种外部环境带来的风险是无处不在的。政治环境、经济环境、技术环境、社会环境甚至自然环境的变化，都会给项目带来风险和不确定性。例如，投资超支，建设工期拖长，生产能力达不到设计要求，原材料价格上涨，劳务费用增加，产品价格波动，市场需求量变化，贷款利率及外币汇率变动等，都可能使一个工业投资项目达不到预期的经济效果，甚至发生亏损。

（4）项目残值的影响。投资项目的技术经济评价经常需要考虑项目的残值。项目的残值就是项目寿命期末项目的剩余价值。决策时点到项目寿命期末往往要经历几年甚至更长的时间，可想而知，这时预测出的项目寿命期末时的残值与实际的残值会存在很大误差。这也是一种风险，会影响到项目的决策。

由此可见，技术经济分析的结论并非绝对的，即存在不确定性。因此，为了提高投资决策的可靠性，减少决策时所承担的风险，就必须对投资项目的风险和不确定性进行正确的分析和评价。

不确定性分析就是针对上述不确定性问题所采取的处理方法。它通过运用一定的方法计算出各种不确定性因素对项目经济效益的影响程度来推断项目的抗风险能力，从而为项目决策提供更加准确的依据，同时也有利于对未来可能出现的各种情况有所估计，事先提出改进措施和实施中的控制手段。

不确定性分析通常采用盈亏平衡分析、敏感性分析和概率分析等分析方法。其分析方法的一般步骤如下：

1. 鉴别主要不确定性因素

虽然影响投资方案的风险和不确定性因素有很多，但不同风险和因素在不同投资项目中的不确定程度及其对投资项目的影响程度都是不同的。因此，在开始分析时，首先要从各个自变量及其相关因素中找出不确定程度较大的关键变量或因素，这些变量或因素一般数值较大或变动幅度较大，所以对因变量数值的影响也较大，是不确定性分析的重点。其中，要特别注意销售收入、生产成本、投资支出和建设周期这四个变量及其相关因素。引起它们变化的原因一般为：物品价格上涨，工艺技术改变导致产品数量和质量发生变化，未能达到设计能力，投资超出计划，建设期延长等。

2. 估计不确定性因素的变化范围或直接进行风险估计

找出不确定性因素之后，就要估计关键变量的变化范围，确定其边界值或原预测值的变化率，也可直接对关键变量进行风险估计或盈亏平衡分析。

3. 估计关键变量的可能值及其概率或直接进行敏感性分析

对每个不确定性因素，在已确定的变化范围内，估计其出现机会较多的各可能值及每个可能值的出现概率，即将上一步确定的变化范围缩小为几个可能值，也可以直接利用上一步所估计的关键变量预测值的变动率对因变量进行敏感性分析，找出方案的敏感性因素，并分析其对投资项目的影响程度。

4. 进行概率分析

用上一步确定的可能值及其发生概率，求关键变量的期望值及方差，对不确定性因素发生变动的可能性及其对投资方案经济效益的影响进行评价。

第一节　盈亏平衡分析法

各种不确定性因素（如投资、成本、销售量、产品价格、项目寿命期等）的变化会影响投资方案的经济效果，当这些因素的变化达到某一临界值时，就会影响方案的取舍。盈亏平衡分析法是通过分析产品的产量、成本和盈利之间的关系，找出方案的盈利和亏损在产量、单价、成本等方面的临界点，以判断不确定性因素对方案经济效果的影响程度，说明方案实施的风险大小。盈亏平衡分析的目的就是找出这种临界点，判断投资方案对不确定性因素变化的承受能力，为决策提供依据。这个临界点被称为盈亏平衡点（BEP）。

一、独立方案盈亏平衡分析

独立方案盈亏平衡分析的目的是通过分析产品产量、成本与方案盈利能力之间的关系，找出投资方案的盈利与亏损在产量、产品价格、单位产品成本等方面的界限，以判断在各种不确定性因素作用下方案的风险情况。

（一）销售收入、产品成本与产品产量的关系

销售收入等于产品单价与销售量的乘积。根据市场条件的不同，销售收入与产品销售量的关系有两种情况。

如果产品的销售活动不会明显地影响市场供求状况，产品的销售价格不随产量的变化而变化，即产品价格是一个常数，则销售收入与销售量之间为线性关系，可表示为

$$B = PQ \tag{5-1}$$

式中，B 为产品销售收入；P 为单位产品价格；Q 为产品销售量。

在实际情况中，产品的销售活动一般会影响市场的供求状况，产品的销售价格会随产量的变化而变化，这时，销售收入与销售量之间为非线性关系，可表示为

$$B = \int_0^{Q_0} P(Q)\,\mathrm{d}Q \tag{5-2}$$

按照与产量关系的不同，产品的总成本可以分为固定成本和变动成本两部分。固定成本是指在一定的生产规模范围内，不随产量的变动而变动的费用，如固定资产折旧费、管理人员工资等；变动成本是指随着产品产量的变动而变动的费用，如原材料费、生产工人的计件工资等。

变动成本中的大部分与产品产量呈正比例关系，也有一部分呈非正比例关系，如与生产批量有关的材料费、运输费等，通常称这部分变动成本为半变动成本。由于半变动成本一般在总成本中所占比例很小，在经济分析中可以近似地认为它也随产量呈正比例变动。

总成本费用是固定成本和变动成本之和，可表示为

$$C = C_f + C_v Q \tag{5-3}$$

式中，C 为总成本；C_f为固定成本总额；C_v为单位产品的变动成本；Q 为产品产量（或销量）。

（二）盈亏平衡点的确定

由于销售收入与产品产量之间存在着线性与非线性两种关系，因而盈亏平衡点有两种不同的形式，即线性平衡点和非线性平衡点。

线性盈亏平衡分析研究要求有四个假设：

（1）生产量等于销售量。

（2）成本只分为固定成本和可变成本，单位可变成本保持不变，且与产量呈正比例关系。

（3）销售价格不变。

（4）只按单一产品计算，若项目生产多种产品，则换算成单一产品计算。

满足以上四个假设后，可以用四种方法来表示盈亏平衡点。

（1）图示法。在坐标图上将上述关系表示出来，可以画出线性盈亏平衡图，如图 5-1 所示。图中纵坐标表示销售收入与成本费用，横坐标表示产品产量。销售收入线与总成本线的交点称为盈亏平衡点，即项目盈利与亏损的临界点。在临界点的左边，总成本大于销售收入，是项目的亏损区；在临界点的右边，销售收入大于总成本，是项目的盈利区。

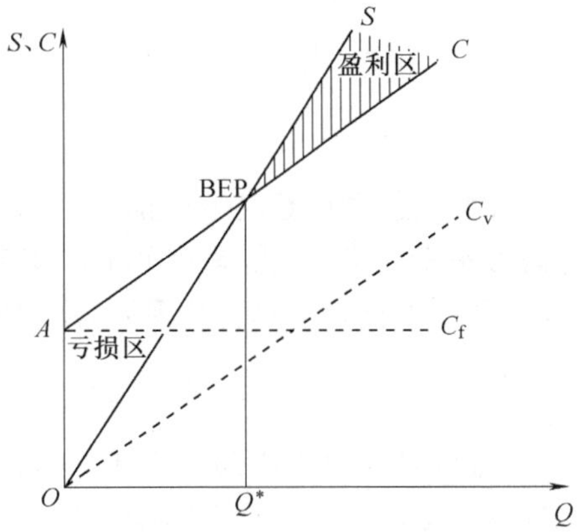

图 5-1　线性盈亏平衡图

图 5-1 中，BEP 为盈亏平衡点，Q^* 为盈亏平衡时的产量。

当产量低于 Q^* 时，$B<C$，企业必将亏损；当产量大于时 Q^* 时，$B>C$，企业才有盈利。

（2）函数法。在销售收入、产品成本与产品产量呈线性关系的情况下，根据盈亏平衡点的定义，销售收入等于总成本费用，即

$$PQ = C_f + C_v Q \tag{5-4}$$

则盈亏平衡点对应的产量 Q 为

$$Q^* = \frac{C_f}{P - C_v} \tag{5-5}$$

式中，Q^* 是以产量表示的盈亏平衡点，称为盈亏平衡产量。

除了用产量表示之外，盈亏平衡点还可以用销售收入、销售价格、单位产品变动成本来表示。

在产品销售价格、固定成本、变动成本不变的情况下，盈亏平衡销售收入为

$$B^* = PQ^* = \frac{P\,C_f}{P - C_v} \tag{5-6}$$

假设项目设计生产能力为 Q_0，且按照设计生产能力生产和销售，则在产品固定成本、变动成本不变的情况下，盈亏平衡销售价格为

$$P^* = \frac{B}{Q_0} = \frac{C}{Q_0} = C_v + \frac{C_f}{Q_0} \tag{5-7}$$

若按设计生产能力生产和销售，且产品销售价格、固定成本保持不变，则盈亏平衡单位变动成本为

$$C_v^* = \frac{C - C_f}{Q_0} = \frac{B - C_f}{Q_0} = P - \frac{C_f}{Q_0} \tag{5-8}$$

（3）边际贡献法。边际贡献是运用盈亏平衡分析原理进行产品决策的一个重要指标，是销售额减去可变成本后的余额，由固定成本和利润构成（又称边际利润、临界收益或创利额）。盈亏平衡产量就是以边际贡献补偿固定成本的产量。如果用 R 来表示利润，即有

边际贡献 = 销售收入(PQ) - 可变成本总额(C_vQ) = 固定成本(C_f) + 利润(R)

单位边际贡献是将边际贡献平均分配到每一单位产品上，也可以表示为销售单价减去单位可变成本，表示每销售一单位产品在补偿了变动成本后的余量。边际贡献率是指边际贡献占销售额的百分比或单位边际贡献占销售单价的百分比。如果以 m 代表单位边际贡献，以 m'代表边际贡献率，则有

$$m = P - C_v, m' = \frac{P - C_v}{P}$$

将 m 和 m'分别代入式（5-5）和式（5-6），得到

$$Q^* = \frac{C_f}{m} \tag{5-9}$$

$$B^* = \frac{C_f}{m'} \tag{5-10}$$

（4）盈亏平衡点生产能力利用率及经营安全率表示法。盈亏平衡点生产能力利用率（盈亏平衡点率），是盈亏平衡产销量与现实的（计划生产能力）产销量的比率。若用 E^* 来表示盈亏平衡点生产能力利用率，则其表达式为

$$E^* = \frac{Q^*}{Q_0} \times 100\% \tag{5-11}$$

盈亏平衡点生产能力利用率的经济意义是：为使项目不至于亏损时的最低生产能力利用率。E^* 值越小表示只占用少许的项目生产能力就可以达到平衡点产量，意味着项目的风险越小。也就是说，盈亏平衡产量 Q 是项目保本的产量下限，数值越高，项目的风险越大，

安全度越低；数值越低，产量变化的弹性越大，项目承受风险的能力越强。

经营安全率是现实的产销量超过盈亏平衡点对应的产销量的差额部分与现实产销量之比。它是与盈亏平衡点生产能力利用率相似的指标，也是反映企业的经营状况的一个重要指标。若用 r 表示经营安全率，则其表达式为

$$r=\frac{Q_0-Q^*}{Q_0}\times 100\%=1-E^* \tag{5-12}$$

经营安全率与盈亏平衡点生产能力利用率正好相反，经营安全率越大，说明项目风险越小，安全度越高；数值越低，项目风险越大，也就越不安全。对于企业的安全经营状态，可由表 5-1 分五级进行分析判断。

表 5-1　企业的安全经营状态

企业经营状况	安　全	比较安全	不太好	要警惕	危　险
经营安全率	≥30%	25%～30%	15%～25%	10%～15%	<10%
盈亏平衡点率	≤70%	70%～75%	75%～85%	85%～90%	>90%

【例 5-1】　某工程方案设计年生产能力为 1.5 万 t，产品销售价格为 3000 元/t，年总成本费用为 3900 万元，其中固定成本 1800 万元。试求以产量、销售收入、生产能力利用率、销售价格和单位产品变动成本表示的盈亏平衡点，并分析其风险大小。

解　首先计算单位产品变动成本

$$C_v=\frac{C-C_f}{Q_0}=\frac{(3900-1800)\times 10^4}{1.5\times 10^4}\text{元/t}=1400\text{ 元/t}$$

盈亏平衡产量

$$Q^*=\frac{C_f}{P-C_v}=\frac{1800\times 10^4}{3000-1400}\text{元/t}=1.125\text{ 万 t}$$

盈亏平衡销售收入

$$B^*=PQ^*=(3000\times 1.125)\text{万元}=3375\text{ 万元}$$

盈亏平衡生产能力利用率

$$E^*=\frac{Q^*}{Q_0}\times 100\%=\frac{1.125}{1.5}\times 100\%=75\%$$

盈亏平衡销售价格

$$P^*=C_v+\frac{C_f}{Q_0}=\left(1400+\frac{1800\times 10^4}{1.5\times 10^4}\right)\text{元/t}=2600\text{ 元/t}$$

盈亏平衡单位产品变动成本

$$C_v^*=P-\frac{C_f}{Q_0}=\left(3000-\frac{1800\times 10^4}{1.5\times 10^4}\right)\text{元/t}=1800\text{ 元/t}$$

通过计算盈亏平衡点，综合市场预测，可以对方案发生亏损的可能性，即风险程度做出大致判断。如果未来的产品销售价格及生产成本与预期值相同，那么方案不发生亏损的条件是年销售量不少于 1.125 万 t，生产能力利用率不低于 75%，年销售收入不低于 3375 万元。如果按设计年生产能力进行生产并全部销售，生产成本与预期值相同，那么方案不发生亏损的条件是产品销售价格不低于 2600 元/t，经营安全率为 25%；若销售价格和固定成本与预

期相同，方案不发生亏损的条件是单位产品变动成本不高于 1800 元/t。

在实际生产经营过程中，投资项目的销售收入与产品产量、产品价格与成本呈非线性比例关系。例如，价格的高低会受到市场供求关系的影响，在产量增加而需求不变的情况下，价格往往会降低；成本与产量也并非一成不变，由于学习效应和规模效应的存在，在生产能力范围内，随着产量的增加，产品的单位成本会降低；当产量超过生产能力范围时，就要增加设备和管理生产人员，这样固定成本也要相应增加。当销售收入函数与成本函数均呈非线性关系时，此时的盈亏平衡分析称为非线性盈亏平衡分析。非线性盈亏平衡点为销售收入与产品销量呈非线性关系时所对应的盈亏平衡点。如图 5-2 所示，在非线性盈亏平衡分析中，由于销售收入为曲线，故图中会有两个盈亏平衡点，这两个盈亏平衡点之间的区域才是盈利区。

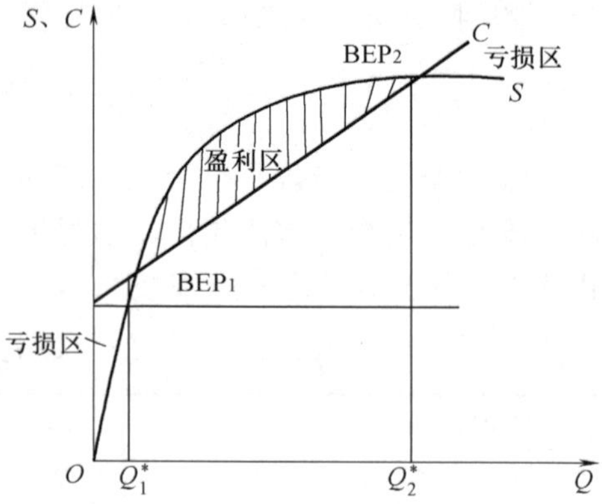

图 5-2　非线性盈亏平衡分析图

确定非线性平衡点的基本原理与线性平衡点相同，即运用销售收入等于总成本的方程求解，方程的解可有多个，需要判断各区间的盈亏情况。

【例 5-2】　某项目所生产产品的总固定成本为 10 万元，单位产品变动成本为 1000 元，产品销售收入为 $21\ 000\sqrt{Q}$（Q 为产品产销量），试确定该产品的经济规模区和最优规模。

解　产品销售收入为

$$B = PQ = 21\ 000\sqrt{Q}$$

总成本为

$$C = C_f + C_v Q = 100\ 000 + 1000Q$$

则利润为

$$R = 21\ 000\sqrt{Q} - 1000Q - 100\ 000$$

令 $R=0$，得

$$Q^2 - 241Q + 10\ 000 = 0$$

求解得

$$Q = \frac{241 \pm \sqrt{241^2 - 4 \times 10\ 000}}{2}\text{件} = 53\text{ 件或 }188\text{ 件}$$

即产销量 Q 的盈亏平衡点为 53 件或 188 件。当 Q 位于 53 ~ 188 件时，$R>0$，故该产品的经济规模区为［53，188］。

令

$$\frac{R}{Q} = 0$$

得

$$\frac{10\ 500}{\sqrt{Q}} - 1000 = 0$$

求解得

$$Q=\left(\frac{10\ 500}{1000}\right)^2\text{件}\approx 110\text{ 件}$$

故产品的最优规模为 110 件。

二、互斥方案盈亏平衡分析

盈亏平衡分析还可以运用在多方案的比选上。若一个共有的不确定性因素影响这些方案的取舍，可以采用盈亏平衡分析法帮助进行正确决策。设两个方案经济效果（E_1, E_2）受一个共同的不确定性因素 x 的影响，且可表示成 x 的函数，即有

$$E_1=f_1(x), E_2=f_2(x)$$

当两个方案的经济效果相同，即 $E_1=E_2$时，有$f_1(x)=f_2(x)$，使其成立的 x 值成为两方案的优劣平衡点。结合对不确定性因素 x 未来取值范围的预测，就可以做出相应的决策。

若有两个互斥方案，方案一的固定成本C_{f_1}低于方案二的固定成本C_{f_2}，但方案一的单位可变成本C_{v_1}高于方案二的单位可变成本C_{v_2}，产品售价 P 相同，图 5-3 是两个方案的盈亏平衡分析图。

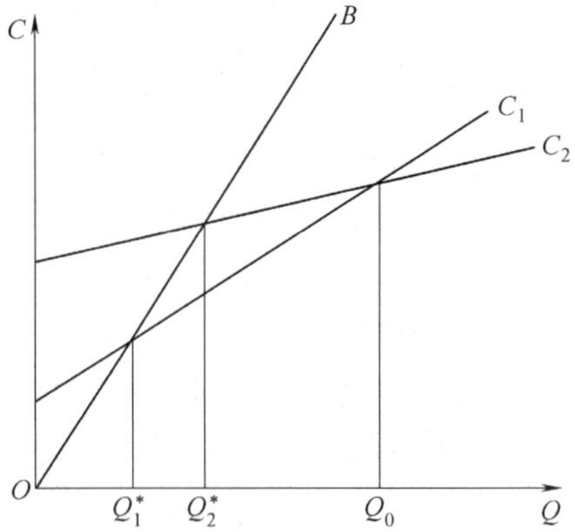

图 5-3　两个方案的盈亏平衡分析图

因为两个方案的产品单价相同，故销售收入线重合，究竟选择哪个方案主要看两个方案成本的高低。由图 5-3 可知，Q_1^*、Q_2^* 分别为两个方案的盈亏平衡点。当 $Q=Q_0$时，$C_1=C_2$，即

$$C_{f_1}+C_{v_1}Q_0=C_{f_2}+C_{v_2}Q_0$$

$$Q_0=\frac{C_{f_2}-C_{f_1}}{C_{v_1}-C_{v_2}} \tag{5-13}$$

Q_0称为优劣平衡产量。当$Q_1^*<Q<Q_0$时，方案一的总成本更低，故选择方案一；当 $Q>Q_0$时，选择方案二。

【例 5-3】　某企业拟生产某种新产品，有三个方案，有关数据如表 5-2 所示。分析各方案的适用范围。

表 5-2　某新产品方案数据　　（单位：元）

方　　案	固定成本	单位可变成本	产品单价
Ⅰ	600	7	19
Ⅱ	850	5	19
Ⅲ	1200	4	19

解　首先计算各个方案的盈亏平衡产量。

方案Ⅰ的盈亏平衡产量为

$$Q_{\text{I}}^*=\frac{C_{f_1}}{P-C_{v_1}}=\frac{600}{19-7}\text{件}=50\text{ 件}$$

方案Ⅱ的盈亏平衡产量为

$$Q_{\text{II}}^*=\frac{C_{f_2}}{P-C_{v_2}}=\frac{850}{19-5}\text{件}=61\text{ 件}$$

方案Ⅲ的盈亏平衡产量为

$$Q_{\mathrm{III}}^{*}=\frac{C_{f_3}}{P-C_{v_3}}=\frac{1200}{19-4}\text{件}=80\text{ 件}$$

再计算各方案间的优劣平衡产量。

方案Ⅰ与方案Ⅱ的优劣平衡产量为

$$Q_{\mathrm{I\,II}}=\frac{C_{f_2}-C_{f_1}}{C_{v_1}-C_{v_2}}=\frac{850-600}{7-5}\text{件}=125\text{ 件}$$

方案Ⅱ与方案Ⅲ的优劣平衡产量为

$$Q_{\mathrm{II\,III}}=\frac{C_{f_3}-C_{f_2}}{C_{v_2}-C_{v_3}}=\frac{1200-850}{5-4}\text{件}=350\text{ 件}$$

方案Ⅰ与方案Ⅲ的优劣平衡产量为

$$Q_{\mathrm{I\,III}}=\frac{C_{f_3}-C_{f_1}}{C_{v_1}-C_{v_3}}=\frac{1200-600}{7-4}\text{件}=200\text{ 件}$$

根据各个方案的盈亏平衡产量及各个方案之间的优劣平衡产量画出三个方案的优劣平衡图，如图5-4所示。

当 $50\leqslant Q<125$ 时，方案Ⅰ为优。

当 $125\leqslant Q<350$ 时，方案Ⅱ为优。

当 $Q\geqslant350$ 时，方案Ⅲ为优。

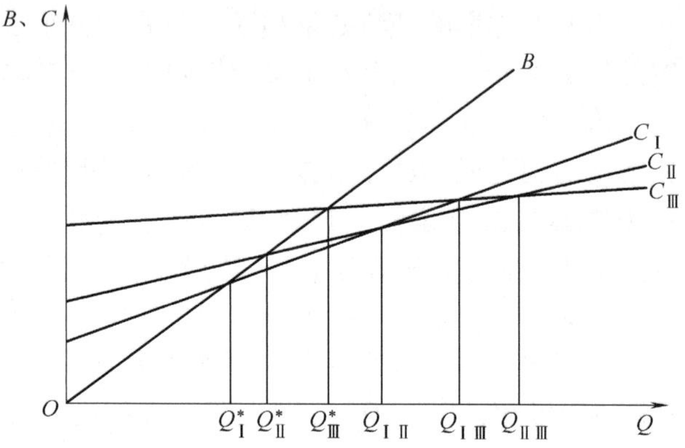

图5-4　三个方案的优劣平衡图

三、动态盈亏平衡分析

盈亏平衡分析可以用产量作为共有变量，根据年总成本费用的高低判断方案的优劣。根据实际需要，也可以用投资额、产品价格、经营成本、贷款利率、项目寿命期、期末固定资产残值作为盈亏平衡分析的共有变量，用净现值、净年值、内部收益率等作为衡量方案经济效果的评价指标。这种考虑资金时间价值的盈亏平衡分析称为动态盈亏平衡分析。

下面以项目寿命期作为两个方案的共有变量，来分析方案的取舍。需要说明的是，为了能够用图形更好地表达这种盈亏平衡关系，采用与项目寿命期的变动相关的复利系数 $(P/A,i,x)$ 作为自变量。

【例5-4】 生产某种产品有两个方案：方案A初始投资为100万元，预计年净收益25万元；方案B初始投资200万元，预计年净收益45万元。该产品的市场寿命具有较大的不确定性，如果给定的基准折现率为15%，不考虑期末的资产残值，试就方案的寿命期分析两个方案取舍的临界点。

解　设项目的寿命期为 x，则有

$$\mathrm{NPV_A}=[-100+25\times(P/A,15\%,x)]\text{万元}$$

$$\mathrm{NPV_B}=[-200+45\times(P/A,15\%,x)]\text{万元}$$

当 $\mathrm{NPV_A}=\mathrm{NPV_B}$ 时，有 $(P/A,15\%,x)=5$。

以NPV为纵坐标，以 $(P/A,15\%,x)$ 为横坐标作图，如图5-5所示。

进一步解方程

$$\frac{(1+0.15)^x-1}{0.15\times(1+0.15)^x}=5$$

得

$$x=10\text{ 年}$$

这就是以项目寿命期为共有变量的方案的盈亏平衡寿命期。注意（P/A,15%,x）这一系数随着 x 的增大而增大。如果预测项目寿命少于10年，则应采用方案A；如果项目寿命多于10年，则应采用方案B。

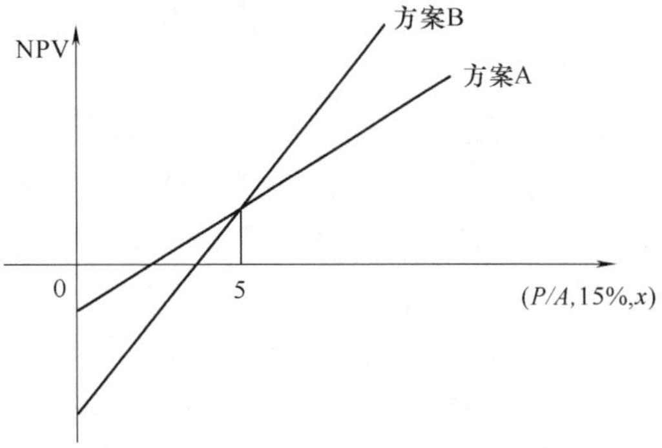

图5-5　方案间的动态盈亏平衡分析图

对于例5-4，若不确定性因素是基准收益率，那么两个方案取舍的临界点恰是两方案的差额内部收益率。如果该产品的市场寿命为10年，则临界基准收益率为15%。同时注意到（P/A,i_0,10）这一系数随 i_0 的增大而减小。那么，当基准折现率小于15%时，（P/A,i_0,10）>5，所以选择方案B；当基准折现率大于15%时，（P/A,i_0,10）<5，所以选择方案A。

第二节　敏感性分析法

一、敏感性分析概述

（一）敏感性分析的含义

敏感性分析是在影响项目经济效果的不确定性因素中，通过分析、预测不确定性因素发生变化对经济评价指标的影响程度，从而对投资方案承受风险的能力做出判断，为项目决策提供依据。

影响项目经济评价指标的不确定性因素很多，一般有产品销售量、产品价格、投资、经营成本、建设工期等。其中，有的不确定性因素发生单位变化会引起评价指标发生很大变化，对项目经济评价的可靠性产生很大影响，这些不确定性因素称为敏感因素；反之，称为不敏感因素。与不敏感因素比较，敏感因素的变化给项目带来的风险更大一些，所以，敏感性分析的核心是从众多的不确定性因素中找出敏感因素，并提出有效的控制措施，为项目决策提供依据。

通过敏感性分析，一方面，可以找出影响项目经济效果的敏感因素，测算项目的风险大小；另一方面，通过项目不同方案中某些关键因素的敏感程度对比，可以区别项目不同方案对某关键因素的敏感性强弱，选取敏感性弱的方案，以减少项目的风险性。

（二）敏感性分析的步骤

（1）确定敏感性分析指标。敏感性分析指标就是敏感性分析的对象——项目的经济评价指标。从理论上讲，所有的经济效果评价指标，如投资回收期、内部收益率、净现值等，都可以作为敏感性分析指标。但是，因为各项指标都有其特定的含义，所以用不同的指标进行敏感性分析时所反映的特点不同。在实际工作中，不可能也不需要对每一种评价指标都做敏感性分析，一般是根据项目的性质、类型和特点进行选择。确定分析指标的原则之一，是与经济效果评价指标具有的特定含义有关。例如，产品价格波动对方案超额净收益的影响，则可选用净现值作为分析指标；如果主要分析投资大小对方案资金回收能力的影响，则可选用内部收益率指标等。确定分析指标的原则之二，是与方案评价的要求深度和方案的特点有关。如果在方案机会研究阶段，深度要求不高，则可选用静态的评价指标；如果在详细可行性研究阶段，则需选用动态的评价指标。在项目的机会研究阶段，由于数据不完全、可信度低，常用投资回收期作为敏感性分析指标；而在可行性研究阶段，主要采用净现值、内部收益率等作为项目的敏感性分析指标。

（2）选择需要分析的不确定性因素，并设定变化幅度。影响项目经济效果的不确定性因素通常有很多，这些因素的未来状态变化都会对决策目标产生不同的影响。实际工作中没有必要对这些因素都做敏感性分析，一般选择那些变动可能性较大，且其变动结果对项目经济效果造成较大影响的因素，或在确定性分析中数据准确性不高、难以预测的因素。从收益方面来看，这些因素主要包括销售量与价格；从费用方面来看，这些因素包括人工费、材料费及与技术水平有关的费用、建设投资、方案寿命期、折现率等。选择敏感性分析的主要不确定性因素主要应考虑：①选择的因素要与确定的分析指标相联系。否则，当不确定性因素变化达到一定幅度时，并不能反映评价指标的相应变化，无法达到敏感性分析的目的。例如，折现率因素对静态评价指标不起作用。②根据方案的具体情况，选择在确定性分析中采用的预测准确性把握不大的数据，或者未来变动的可能性较大，且其变动会比较强烈地影响评价指标的数据，作为主要不确定性因素。例如，高档消费品，其销售受市场供求关系变化的影响较大，而这种变化不是项目本身所能控制的，因此，销售量是主要不确定性因素。如果生活必需品处于成熟阶段，产品售价直接影响其竞争力，能否以较低的价格销售，主要取决于方案的变动成本，因此，变动成本应作为主要的不确定性因素加以分析。对高耗能产品，如燃料、动力等，其价格是能源短缺地区投资方案或能源价格变动较大方案的主要不确定性因素。

在选定变化因素后，还要结合实际情况，根据各不确定性因素可能变动的范围，设定不确定性因素的变化幅度，一般选取 $\pm 10\%$ 、 $\pm 20\%$ 、 $\pm 30\%$ 等。

（3）计算不确定性因素变化导致的经济评价指标的变动结果。首先，建立分析指标与不确定性因素变化之间的函数关系，根据因素的变动幅度计算分析指标的数值；然后，根据计算结果，用纵坐标表示分析指标，横坐标表示不确定性因素的变化率，作出敏感性分析图，反映各参数的变化规律。

（4）确定敏感因素。敏感因素是其数值变动能显著影响方案经济效益的不确定性因素。它的判断方法包括：①相对测定法。设定分析的因素均从确定性经济分析中所采用的数值开始变动，且各因素每次变动的幅度（增减的百分数）相同，比较在同一变动幅度下各因素的变动对经济效益指标的影响，据此判断经济评价指标对各因素的敏感程度。②绝对测定法。设各因素均向对方案不利的方向变动，并选取其有可能出现的最不利的数值，据此计算方案的经济效果指标，看其是否可达到使方案无法被接受的程度。如果某因素可能出现的最不利数值会使方案变得不可被接受，则表明该因素是方案的敏感因素。

（5）对项目的风险状态做出评价。根据敏感因素对评价指标的影响程度，判断项目风险的大小，为项目决策提供依据。

二、单因素敏感性分析

单因素敏感性分析是假定其他因素固定不变，只有一个不确定性因素发生变化，分析这一因素变化对决策目标的影响程度，判断其风险状况。

【例 5-5】 有一个生产城市用小型电动汽车的投资方案，用于确定性经济分析的现金流量如表 5-3 所示。所采用的数据是根据对未来最可能出现的情况而预测估算的，由于对未来影响经济环境的某些因素把握不大，投资额、经营成本和产品价格均有可能在 ±20% 的范围内变动。设基准收益率为 10%，不考虑税收因素，试就上述三个不确定性因素做敏感性分析。

表 5-3　小型电动汽车项目现金流量　　（单位：万元）

年　份	0	1	2～10	11
投资	15 000			
销售收入			19 800	19 800
经营成本			15 200	15 200
资产残值				2000
净现金流量	－15 000	0	4600	4600＋2000

解　设投资为 K，年销售收入为 B，年经营成本为 C，资产残值为 L，则项目净现值为

$$\text{NPV} = -K + (B-C)(P/A,10\%,10)(P/F,10\%,1) + L(P/F,10\%,11)$$

根据表中的数据计算得

$$\text{NPV} = (-15\,000 + 4600 \times 6.144 \times 0.9091 + 2000 \times 0.3505)\text{万元} = 11\,394\text{ 万元}$$

设投资变动百分比为 x，则投资变动对净现值影响的计算公式为

$$\text{NPV} = -K(1+x) + (B-C)(P/A,10\%,10)(P/F,10\%,1) + L(P/F,10\%,11)$$

设经营成本变动百分比为 y，则经营成本变动对净现值影响的计算公式为

$$\text{NPV} = -K + [B - C(1+y)](P/A,10\%,10)(P/F,10\%,1) + L(P/F,10\%,11)$$

设价格变动百分比为 z，产品价格的变动将导致销售收入的变动，销售收入变动的比例与产品价格变动的比例相同，所以产品价格变动对项目净现值影响的计算公式为

$$\text{NPV} = -K + [B(1+z) - C](P/A,10\%,10)(P/F,10\%,1) + L(P/F,10\%,11)$$

按照上述三个公式，使用表中的数据，分别取不同的数值，可以计算出各个不确定性因素在不同变动幅度下方案的净现值，结果如表 5-4 表示。根据表中数据可以绘制出敏感性分析图，如图 5-6 所示。

表 5-4　不确定性因素的变动对净现值的影响　　（单位：万元）

变动因素	变动幅度								
	＋20%	＋15%	＋10%	＋5%	0	－5%	－10%	－15%	－20%
投资额	8394	9144	9894	10 644	11 394	12 144	12 894	13 644	14 394
经营成本	－5586	－1341	2904	7149	11 394	15 864	19 884	24 129	28 374
产品价格	33 513	27 983	22 453	16 924	11 394	5639	335	－5195	－10 725

由表 5-4 和图 5-6 可以看出：

（1）在同样的变动率下，产品价格变动对净现值影响最大，经营成本的影响次之，投资变动的影响最小。对该投资方案，产品价格和经营成本是敏感因素，在决策之前应对这两

个因素进行重点分析和控制。

(2) 当 NPV = 0 时，各个不确定性因素的临界变化点分为 $x = 76.0\%$，$y = 13.4\%$，$z = -10.3\%$，即如果其他两个因素不变，经营成本高于预期值的 13.4% 以上，产品价格低于期望值的 10.3% 以上，方案将不被接受。

(3) 如果产品价格降低 10.3% 或经营成本提高 13.4% 的可能性较大，则项目有较大的风险，否则风险不大。

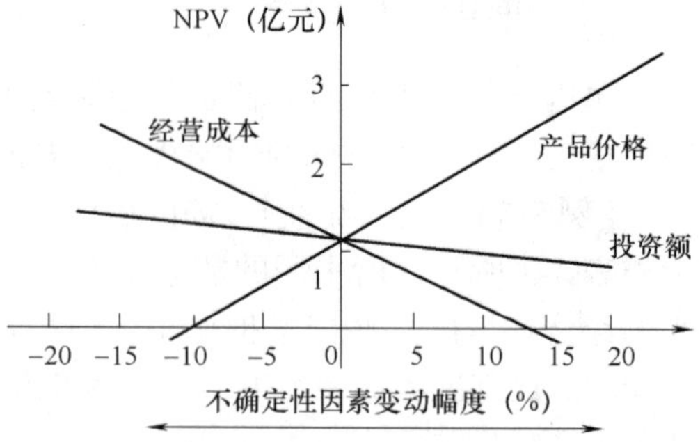

图 5-6　敏感性分析图

三、多因素敏感性分析

单因素敏感性分析是假设在某一不确定性因素变化，其他因素不变的情况下，分析因素变化对技术方案决策目标的影响。在实际工作中，许多因素之间往往存在相关性，一个因素变动可能导致其他因素随之变化。例如，在产品需求曲线一定的情况下，价格上升，可能导致销售量随之下降；反之可能上升。在这种情况下，单因素敏感性分析所做的假设可能与实际情况有一定的差距，从而影响分析的准确性。因此，在多个不确定性因素之间存在明显相关的条件下，为了提高分析质量，应该进行多因素敏感性分析。多因素敏感性分析是在影响方案经济效果的多个不确定性因素同时变化的情况下，分析对决策目标的影响程度和范围，判断投资的风险。多因素敏感性分析要考虑可能发生的各种因素不同变动幅度的多种组合，计算分析比较复杂。假定其他因素保持不变，仅考虑两个因素同时变化对经济效益的影响，称为双因素敏感性分析；如果有三个因素同时变化，称为三因素敏感性分析。如果需要分析的不确定性因素不超过三个，可以用解析法与作图法相结合进行分析。下面举例说明。

【例 5-6】 根据例 5-5 的数据进行多因素敏感性分析。

解 同时考虑投资与经营成本的变动，分析这两个因素同时变动对方案净现值的影响，公式为

$$NPV = -K(1+x) + [B - C(1+y)](P/A,10\%,10)(P/F,10\%,1) + L(P/F,10\%,11)$$

将表 5-3 中的数据代入，得

$$NPV = 11\ 394 - 15\ 000x - 84\ 900y$$

取净现值的临界值，即令 NPV = 0，则有

$$11\ 394 - 15\ 000x - 84\ 900y = 0$$

$$y = -0.1767x + 0.1342$$

这是一个直线方程，根据该列式作图，如图 5-7 所示。方程 $y = -0.1767x + 0.1342$ 为临界线，在临界线上，NPV = 0；在临界线的左下方区域，NPV > 0；在临界线的右上方区域，NPV < 0。也就是说，如果投资与经营成本同时变动，只要变动范围不超过临界线的区域，方案都是可以被接受的。

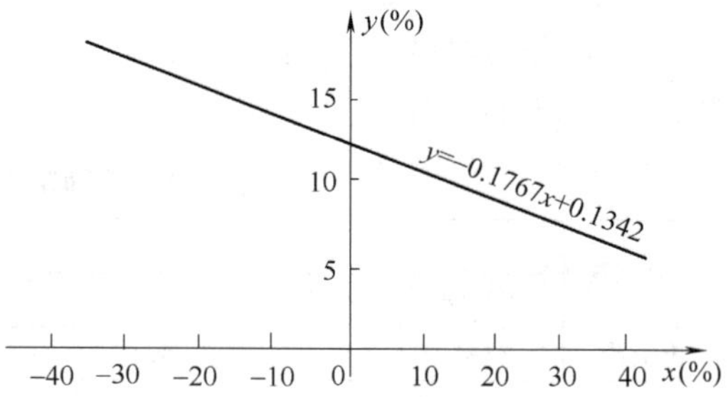

图 5-7　双因素敏感性分析图

如果同时考虑投资、经营成本和产品价格三个因素的变化，其对净现值影响的计算式为

$$NPV = -K(1+x) + [B(1+z) - C(1+y)](P/A,10\%,10)(P/F,10\%,1) + L(P/F,10\%,11)$$

代入有关数据，整理得

$$NPV = 11\ 394 - 15\ 000x - 84\ 900y + 110\ 593z$$

取不同的产品价格变动幅度代入上式，可以得出一组临界线方程，即

当 $z = +20\%$ 时，$y = -0.1767x + 0.3947$

当 $z = +10\%$ 时，$y = -0.1767x + 0.2645$

当 $z = -10\%$ 时，$y = -0.1767x + 0.0039$

当 $z = -20\%$ 时，$y = -0.1767x - 0.1263$

在坐标图上，这是一组平行线，如图 5-8 所示。

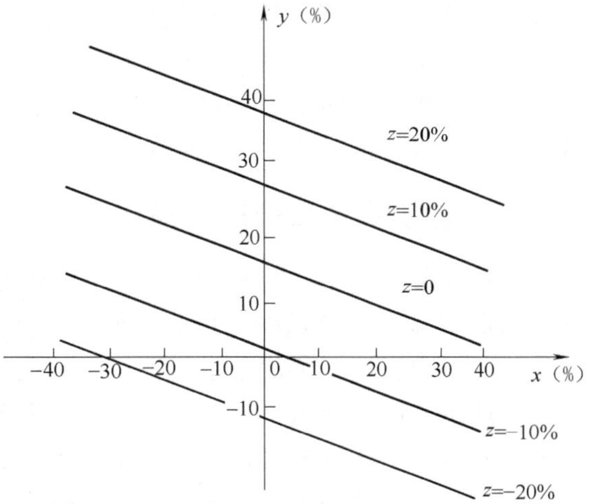

图 5-8　三因素敏感性分析图

由图 5-8 可以看出，产品价格上升，临界线向右上方移动；产品价格下降，临界线向左下方移动。根据敏感性分析图，可以直观地了解投资、经营成本和产品价格三个因素同时变动对决策的影响。

对于变动因素多于三个的情况，手工计算工作量会很大，但可以把单因素分析法应用到多参数敏感性分析中来，这里不再举例。

四、敏感性分析的应用要点及局限性

敏感性分析能够指明因素变动对项目经济效益的影响，有助于了解项目对因素的不利变动所能允许的风险程度，有助于鉴别哪些是敏感性因素，从而能够及早放松对那些无足轻重变动因素的注意力，把进一步深入调查研究的重点集中放在那些敏感因素上，或者针对敏感性因素制定出管理和应变对策，以达到尽量减少风险、增加决策可靠性的目的。但是，敏感性分析每次都是对单一因素进行的。这里隐含着两个基本假设：①每计算某特定因素变动对经济效益的影响时，都假定其他因素固定不变。实际上，许多因素的变动存在着相关性，一个因素变动了，往往会导致其他因素随之变动，而不会固定不变。例如，项目产出品的需求曲线在一段时间内稳定不变，价格便会随着销售量的上升而下降。另外，看起来不那么直接相关的因素，未来也可能会发生与原始数据大小不等的变动。这就说明敏感性分析的第一个假设并不符合实际情况，不能很好地预测项目的风险。为了克服敏感性分析的这一不足，可以在研究分析的基础上设定各个因素将来各自可能的变动范围，然后计算分析多因素联动对经济效益的影响程度，从而有助于判断项目的风险程度。②各个不确定性因素变动的概率相同。在项目的寿命期内，各个不确定性因素发生相同变动幅度的概率不会相同，这种情况显然有别于敏感性分析的第二个假设。发生变动的概率不同，就意味着项目承受风险的大小不同。例如，两个具有同样敏感性的因素，在一定的不利变动幅度内，一个发生概率很大，另一个发生概率很小，那么显然前一个因素带给项目的风险很大，后一个因素带给项目的风险很小，甚至可以忽略不计。这些问题都是敏感性分析无法确定的，需要借助于概率分析和风险分析技术。

第三节　概率分析法

概率分析是通过研究各种不确定性因素发生不同幅度变动的概率分布及其对方案经济效

果的影响，对方案的净现金流量及经济效果指标做出某种概率描述，从而对方案的风险情况做出比较准确的判断。其基本原理是：假设不确定性因素是服从某种概率分布的随机变量，因而方案经济效益作为不确定性因素的函数必然是一个随机变量。通过研究和分析这些不确定性因素的变化规律及其与方案经济效益的关系，可以全面地了解技术方案的不确定性和风险，从而为决策者提供更可靠的依据。

概率分析主要包括经济效益的期望值分析、标准差分析、离差系数分析以及方案的经济效益达到某种标准或要求的风险估计。

一、随机现金流的概率描述

严格来说，影响方案经济效果的大多数因素（如投资额、成本、销售量、产品价格、项目寿命期等）都是随机变量。人们可以预测其未来可能的取值范围，估计各种取值或值域发生的概率，但不可能肯定地预知它们取什么值。投资方案的现金流量序列是由这些因素的取值所决定的，所以，实际上方案的现金流量序列也是随机变量。为了与确定性分析中使用的现金流量概念有所区别，称概率分析中的现金流量为随机现金流。

要完整地描述一个随机变量，需要确定其概率分布的类型和参数。常见的概率分布类型有均匀分布、二项分布、泊松分布、指数分布和正态分布等。在经济分析与决策中，使用最普遍的是均匀分布与正态分布。关于这些概率分布类型的条件、特征及其参数的计算方法，可以参阅有关概率统计方面的文献。通常可以借鉴已经发生过的类似情况的实际数据，并结合对各种具体条件的判断，以确定一个随机变量的概率分布。在某些情况下，也可以根据各种典型分布的条件，通过理论分析确定随机变量的概率分布类型。

一般来说，工业投资项目的随机现金流会受许多种已知或未知的不确定性因素的影响，可以看成是多个独立的随机变量之和，在许多情况下近似地服从正态分布。

描述随机变量的主要参数是期望值与方差。期望值是在大量的重复事件中随机变量取值的平均值，换句话说，是随机变量所有可能取值的加权平均值，权重为各种可能取值出现的概率。方差是反映随机变量取值的离散程度的参数。

假定某方案的寿命期为 n 个周期（通常取 1 年为一个周期），净现金流序列为 y_0，y_1，…，y_n。周期数 n 和各周期的净现金流 $y_t(t=0,1,\cdots,n)$ 都是随机变量。为便于分析，设 n 为常数。从理论上讲，某一特定周期的净现金流 y_t 可能出现的数值有无限多个，将其简化为若干个离散数值 $y_t^{(1)}$，$y_t^{(2)}$，…，$y_t^{(m)}$。这些离散数值有的出现的概率大一些，有的出现的概率小一些，设与各离散数值对应的发生概率为 P_1，P_2，…，P_m $\left(\sum_{j=1}^{m} P_j = 1\right)$，则第 t 周期净现金流 y_t 的期望值为

$$E(y_t) = \sum_{j=1}^{m} y_t^{(j)} P_j \tag{5-14}$$

第 t 周期净现金流 y_t 的方差为

$$D(y_t) = \sum_{j=1}^{m} [y_t^{(j)} - E(y_t)]^2 P_j \tag{5-15}$$

二、方案的期望值与方差分析

（一）期望值分析

在概率计算中，期望值是一个以概率分布中相应概率为权数计算的各个可能值的加权平

均值。投资方案经济效益的期望值是指参数在一定概率分布条件下，投资效果所能达到的加权平均值。其一般表达式为

$$E(x) = \sum_{i=1}^{n} x_i P_i \tag{5-16}$$

式中，$E(x)$为变量的期望值；x_i为变量 x 的第 i 个可能值；P_i为变量 x_i的概率。

当方案经济效益指标的期望值达到某种标准时，如 $E(\mathrm{NPV}) \geqslant 0$ 或 $E(\mathrm{IRR}) \geqslant i_0$，则方案是可行的。多方案比较时，一般情况下，效益类指标的期望值越大越好，费用类指标的期望值越小越好。

【例 5-7】 某乳制品厂 2018 年 6～8 月酸奶日销售量统计资料如表 5-5 所示。预计 2019 年需求量与 2018 年同期无太大差别，若销售 1t 获利 500 元，每剩余 1t 损失 300 元，那么日产量计划定为多少吨，工厂获利最大？

表 5-5 2018 年 6～8 月酸奶日销售量统计

日销售量/t	销售天数/天	概　　率
100	18	0.2
110	36	0.4
120	27	0.3
130	9	0.1
3 个月总计	90	1.0

解 假设日产量分别为 100t、110t、120t、130t，共有四个方案。

方法一：期望收益值最大法。计算各个方案在各种情况下的收益，并计算期望收益值，选择期望收益最大的方案为最优方案。各方案的期望收益值计算过程如下，结果列于表 5-6 中。

$E(X_1) = (50\ 000 \times 0.2 + 50\ 000 \times 0.4 + 50\ 000 \times 0.3 + 50\ 000 \times 0.1)$元 $= 50\ 000$ 元

$E(X_2) = (47\ 000 \times 0.2 + 55\ 000 \times 0.4 + 55\ 000 \times 0.3 + 55\ 000 \times 0.1)$元 $= 53\ 400$ 元

$E(X_3) = (44\ 000 \times 0.2 + 52\ 000 \times 0.4 + 60\ 000 \times 0.3 + 60\ 000 \times 0.1)$元 $= 53\ 600$ 元

$E(X_4) = (41\ 000 \times 0.2 + 49\ 000 \times 0.4 + 57\ 000 \times 0.3 + 65\ 000 \times 0.1)$元 $= 51\ 400$ 元

表 5-6 各方案期望收益值列表 （金额单位：元）

日产量/t	日销售量（概率）/t				期望收益值
	100（0.2）	110（0.4）	120（0.3）	130（0.1）	
100	50 000	50 000	50 000	50 000	50 000
110	47 000	55 000	55 000	55 000	53 400
120	44 000	52 000	60 000	60 000	53 600
130	41 000	49 000	57 000	65 000	51 400

日产量为 120t 时期望收益值最大，为 53 600 元，因此，日产量计划定为 120t。

方法二：期望损失最小法。计算各个方案在各种情况下的损失，并计算期望损失值，选择期望损失值最小的方案为最优方案。各方案的期望损失值计算过程如下，结果列于 5-7 中。

$E(X_1) = (0 \times 0.2 + 5000 \times 0.4 + 10\ 000 \times 0.3 + 15\ 000 \times 0.1)$元 $= 6500$ 元

$$E(X_2) = (3000 \times 0.2 + 0 \times 0.4 + 5000 \times 0.3 + 15\ 000 \times 0.1)\text{元} = 3600\text{ 元}$$
$$E(X_3) = (6000 \times 0.2 + 3000 \times 0.4 + 0 \times 0.3 + 5000 \times 0.1)\text{元} = 2900\text{ 元}$$
$$E(X_4) = (9000 \times 0.2 + 6000 \times 0.4 + 3000 \times 0.3 + 0 \times 0.1)\text{元} = 5100\text{ 元}$$

表 5-7　各方案期望损失值列表　（金额单位：元）

日产量/t	日销售量（概率）/t				期望损失值
	100（0.2）	110（0.4）	120（0.3）	130（0.1）	
100	0	5000	10 000	15 000	6500
110	3000	0	5000	10 000	3600
120	6000	3000	0	5000	2900
130	9000	6000	3000	0	5100

日产量为 120t 时期望损失值最小，为 2900 元，因此，日产量计划定为 120t。

两种方法计算结果一致，都为日产量计划定为 120t 最优。

（二）标准差分析

用经济效益期望值表达风险程度只是一种初步的、粗略的观察，而且对于一些应做风险程度比较的项目，仅计算期望值是不够的，如当两个方案的期望值相等时。方案的风险程度与经济效益的概率分布有密切的关联。概率分布越集中，经济效益期望值实现的可能性就越大，风险程度就越小。所以，考察方案的经济效益概率的离散程度是有必要的。标准差就是反映一个随机变量实际值与其期望值偏离程度的指标。这种偏离程度可作为度量方案风险与不确定性的一种尺度。标准差越大，表示随机变量可能变动的范围越大，不确定性与风险也越大。在两个期望值相同的方案中，标准差越大的方案意味着经济效益存在的风险越大。标准差的一般计算公式为

$$\sigma = \sqrt{\sum_{i=1}^{n} [X_i - E(X)]^2 P_t} \tag{5-17}$$

【例 5-8】　在某企业的投资项目中，投资额为 1000 万元，拟订的方案有 A 和 B 两个方案。它们的预计收益额及预计收益可能出现市场状况的概率如表 5-8 所示。计算两个方案的期望收益值及标准差，并进行分析。

表 5-8　A、B 方案的收益额和概率数据表

市场状况预计	A 方案年收益（万元）	B 方案年收益（万元）	市场发生的概率
热销	400	700	0.2
一般	200	200	0.6
滞销	0	-300	0.2

解　利用式（5-16）分别计算出两个方案的期望收益值

$$E(X_A) = (400 \times 0.2 + 200 \times 0.6 + 0 \times 0.2)\text{万元} = 200\text{ 万元}$$
$$E(X_B) = [700 \times 0.2 + 200 \times 0.6 + (-300) \times 0.2]\text{万元} = 200\text{ 万元}$$

利用式（5-17）计算两个方案的标准差如下

$$\sigma_A = \sqrt{(400-200)^2 \times 0.2 + (200-200)^2 \times 0.6 + (0-200)^2 \times 0.2}\text{万元} = 126.5\text{ 万元}$$

$$\sigma_B=\sqrt{(700-200)^2\times0.2+(200-200)^2\times0.6+(-300-200)^2\times0.2}\text{万元}=316.2\text{ 万元}$$

计算结果表明，两个方案的期望收益值相等，经济效果一致，但 A 方案预期收益的标准差比 B 方案的小，即接近期望值的可能性比 B 方案要大。因此，相对而言，A 方案的风险比 B 方案的风险要小，所以选择 A 方案。

（三）离差系数分析

标准差虽然可以反映随机变量的离散程度，但它也是一个绝对值，其大小与变量数值及其期望值大小有关。标准差表示风险程度也有一定的局限性，当需要对不同方案的风险程度进行比较时，标准差往往不能够准确地反映风险程度的差异，为此引入了离散系数（V）指标。其计算公式为

$$V=\frac{\sigma(x)}{E(x)} \tag{5-18}$$

离散系数是一个相对数，能更好地反映投资方案的风险程度。当对两个投资方案进行比较时，如果期望值相同，那么标准差小的方案风险较低；如果两个方案期望值与标准差均不相同，那么离散系数小的方案风险较低。

【例 5-9】 借助例 5-8 的数据资料，计算 A 和 B 两个方案的离差系数，进一步分析两个方案的风险程度。

解 利用式（5-18）分别计算两个方案的离差系数如下

$$V_A=\frac{\sigma(x)}{E(x)}=\frac{126.5}{200}=0.6325$$

$$V_B=\frac{\sigma(x)}{E(x)}=\frac{316.2}{200}=1.581$$

由此可见，A 方案的离差系数小于 B 方案的离差系数，相对来说，A 方案的风险要小于 B 方案的风险，所以选择 A 方案。

三、投资方案的风险估计

通常采用的估计投资方案风险的方法有解析法、图示法与模拟法等，下面分别举例说明。

（一）解析法

在方案经济效果指标（如净现值）服从某种典型概率分布的情况下，如果已知其期望值和标准差，就可以用解析法进行方案风险估计。例如，若随机变量 x 服从正态分布，则可将该随机变量转化为标准正态分布，并查表计算出经济效益达到某种标准的可能性，即用下面的公式表示

$$P(x<x_0)=P\left(Z<\frac{x_0-E(x)}{\sigma(x)}\right) \tag{5-19}$$

【例 5-10】 根据对未来经济技术环境的判断，某个投资方案在其寿命期内可能出现五种状态的现金流量，其发生的概率和具体现金流量如表 5-9 所示。假定各年份的净现金流之间互不相关，净现值服从正态分布，基准收益率为 10%。试确定：

（1）方案净现值大于或等于 0 的概率。

（2）方案净现值小于 −500 万元的概率。

(3) 方案净现值大于或等于1亿元的概率。

表5-9　不同状态下的净现金流量及发生的概率　　(单位：万元)

年　末	状态（概率）				
	A (0.1)	B (0.2)	C (0.4)	D (0.2)	E (0.1)
0	-15 000	-15 000	-15 000	-16 500	-18 000
1	0	0	0	0	0
2~10	1630	2620	4600	5060	5290
11	3630	4620	6600	7060	7290

解　首先，计算方案净现值的期望值和标准差。

对于状态A而言

$NPV_A = [-15\ 000 + 1630 \times (P/A, 10\%, 9) \times (P/F, 10\%, 1) + 3630 \times (P/F, 10, 11)]$ 万元

$= -5194$ 万元

同理，对于状态B、C、D、E而言

$$NPV_B = 336 \text{ 万元}$$
$$NPV_C = 11\ 397 \text{ 万元}$$
$$NPV_D = 12\ 466 \text{ 万元}$$
$$NPV_E = 12\ 251 \text{ 万元}$$

该方案净现值的期望值为

$E(NPV) = [(-5194) \times 0.1 + 336 \times 0.2 + 11\ 397 \times 0.4 + 12\ 466 \times 0.2 + 12\ 251 \times 0.1]$ 万元

$= 7824.9$ 万元 ≈ 7825 万元

该方案净现值的标准差为

$$\sigma = \sqrt{\sum_{i=1}^{n} [X_i - E(X)]^2 P_t} = 6287.8 \text{ 万元}$$

其次，确定分布函数并计算 Z 值。

根据概率论有关知识，若连续随机变量 x 服从参数为 μ、σ 的正态分布，则 x 具有的分布函数为

$$F(x) = \frac{1}{\sqrt{2\pi}\sigma}\int_{-\infty}^{x} e^{-\frac{(t-\mu)^2}{2\sigma^2}} dt$$

令 $u = \frac{t-\mu}{\sigma}$，上式可化为标准正态分布函数

$$F(x) = \frac{1}{\sqrt{2\pi}}\int_{-\infty}^{\frac{t-\mu}{\sigma}} e^{-\frac{u^2}{2}} du$$

令 $Z = \frac{t-\mu}{\sigma}$，由标准正态分布表可直接查出 $x < x_0$ 的概率值。

$$P(x < x_0) = P\left(Z < \frac{x_0 - \mu}{\sigma}\right) = \Phi\left(\frac{x_0 - \mu}{\sigma}\right)$$

在本例中，把方案净现值 NPV 看作连续型随机变量。已知

$$\mu = E(\text{NPV}) = 7825 \text{ 万元}$$

$$\sigma = \sigma(\text{NPV}) = 6287.8 \text{ 万元}$$

则

$$Z = \frac{\text{NPV} - E(\text{NPV})}{\sigma(\text{NPV})} = \frac{\text{NPV} - 7825}{6287.8}$$

最后，由上式计算出各项待求概率。

（1）净现值大于或等于 0 的概率

$$P(\text{NPV} \geqslant 0) = 1 - P(\text{NPV} < 0)$$

$$= 1 - P\left(Z < \frac{0 - 7825}{6287.8}\right) = 1 - P(Z < -1.24)$$

由标准正态分布表可查得 $P(\text{NPV} \geqslant 0) = 0.8925$。

（2）净现值小于 −500 万元的概率

$$P(\text{NPV} < -500) = P\left(Z < \frac{-500 - 7825}{6287.8}\right)$$

$$= P(Z < -1.32)$$

由标准正态分布表可查得 $P(\text{NPV} < -500) = 0.0934$。

（3）净现值大于或等于 1 亿元的概率

$$P(\text{NPV} \geqslant 10\,000) = 1 - P(\text{NPV} < 10\,000)$$

$$= 1 - P\left(Z < \frac{10\,000 - 7825}{6287.8}\right) = 1 - P(Z < 0.35)$$

由标准正态分布表可查得 $P(\text{NPV} \geqslant 10\,000) = 0.3632$。

由以上计算可知，本项目能够取得满意经济效果（$\text{NPV} \geqslant 0$）的概率为 89.25%，净现值小于 −500 万元的概率为 9.34%，净现值大于或等于 1 亿元的概率为 36.32%。

对于随机净现值变量服从正态分布的投资方案，只要计算出净现值的期望值和标准差，即使不进行像例 5-8 那样的概率计算，也可以根据正态分布的特点，对方案的风险情况做出大致的判断。在正态分布的条件下，随机变量的实际取值在 $\mu \pm \sigma$（μ 为期望值，σ 为标准差）范围内的概率为 68.3%，在 $\mu \pm 2\sigma$ 范围内的概率为 95.4%，在 $\mu \pm 3\sigma$ 范围内的概率为 99.7%。对于例 5-10 来说，这意味着方案的实际净现值在 7825 万元 ±6287.8 万元范围内的可能性有 68.3%，在 7825 万元 ±12 575.6 万元范围内的可能性为 95.4%，几乎不可能出现偏离期望值 3×6287.8 万元的情况。

（二）图示法

如果已知所有可能出现的方案现金流量状态所对应的经济效果（如净现值）及其发生的概率，就可以绘制出投资风险图来表明方案的风险情况。下面通过案例简要说明投资方案风险估计的图示方法。

【例 5-11】 根据例 5-10 中表 5-9 所给出的数据估计项目风险。

解 将例 5-10 中的五种状态按所对应的状态净现值由小到大重新排列，并按重新排列后的顺序计算出累计概率，排序及计算结果如表 5-10 所示。

表 5-10　各种状态下的方案净现值及累计概率

序　号	状　态	净现值（万元）	发生的概率	累计概率
1	A	-5194	0.1	0.1
2	B	336	0.2	0.3
3	C	11 397	0.4	0.7
4	E	12 251	0.1	0.8
5	D	12 466	0.2	1.0

根据表 5-10 的数据绘制投资风险图，如图 5-9 所示。

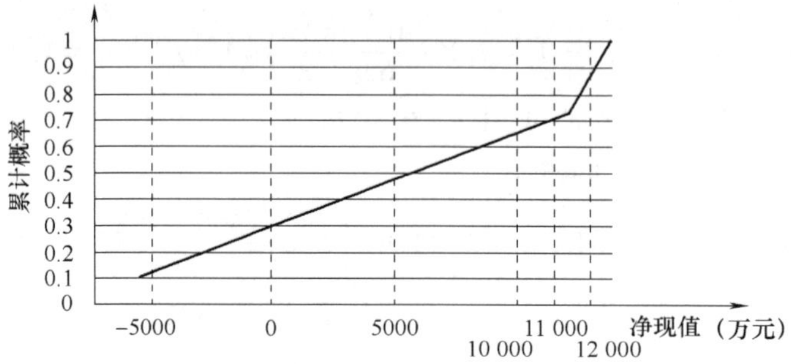

图 5-9　投资风险图

图 5-9 清楚地表明了方案净现值的累计概率分布。对于本例来说，净现值小于 0 的概率约为 0.3，也就是说净现值大于或等于 0 的概率约为 0.7。这与用解析法求得的结果（0.89）比较相近。造成差别的原因在于，图示法直接使用随机净现值的离散数据绘制风险图，未对概率分布类型做任何假定，而解析法则假定方案净现值是服从正态分布的连续型随机变量，在使用离散数据求得概率分布参数（期望值与标准差）后按连续分布函数进行风险估计。

利用图示法进行方案风险估计，不仅适合方案经济效果指标服从典型概率分布的情况，也适合方案经济效果指标的概率分布类型不明或无法用典型分布描述的情况。在后一种情况下，解析法是无能为力的。

（三）模拟法

模拟法也称蒙特卡罗技术，是用反复进行随机抽样的方法模拟各种随机变量的变化，进而通过计算了解方案经济效果指标的概率分布的一种分析方法。

【例 5-12】　对于某拟议中的工业投资项目，可以比较准确地估算出其初始投资为 150 万元，投资当年即可获得正常收益。项目寿命期估计为 12 ~ 16 年，呈均匀分布。年净收益估计呈正态分布，年净收益的期望值为 25 万元，标准差为 3 万元。设期末资产残值为 0，用风险模拟的方法描述该方案内部收益率的概率分布。

解　在本例中，需要模拟的随机变量有项目寿命期和年净收益。项目寿命期呈均匀分布，为便于计算，只取其整数值，根据均匀分布的特点画出其累计概率分布图（见图 5-10）。图中横坐标表示项目寿命期，纵坐标表示项目寿命期的取值从 12 ~ 16 年发生概率的累计值。

年收益呈正态分布，根据正态分布函数画出其累计概率分布图（见图 5-11）。图中横坐标为参数 $Z<\frac{x-\mu}{\sigma}$（x 为年净收益的随机值，μ 为期望值，σ 为标准差），纵坐标为 Z 值从

-3.0 到 3.0 发生概率的累计值。

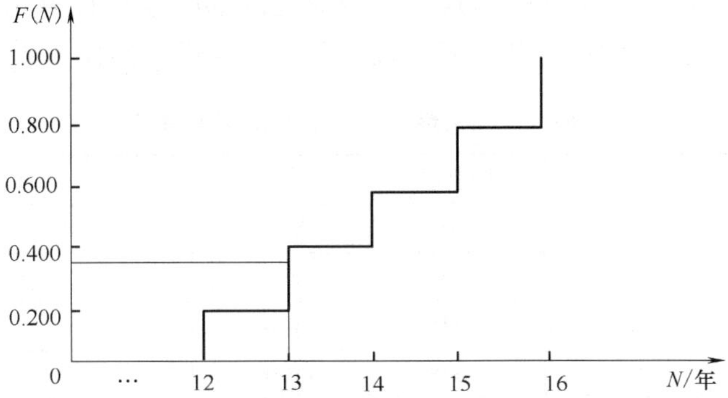

图 5-10　项目寿命期的累计概率分布图

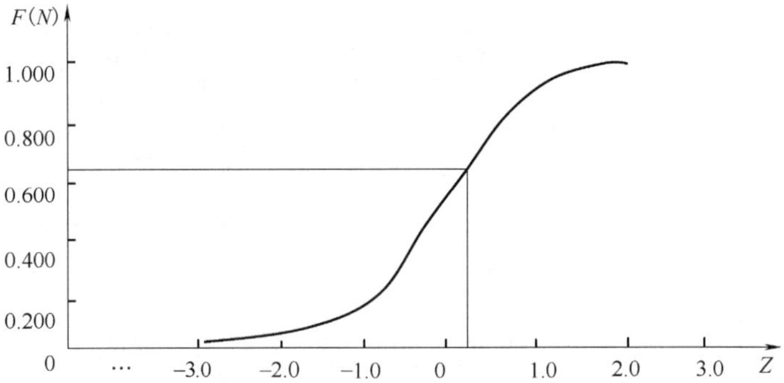

图 5-11　年净收益的累计概率分布图

在风险模拟方法中，随机变量的变化常用随机数来模拟。在本例中，用在 0 ~ 0.999 范围内抽取的随机数作为累计概率的随机值，根据累计概率的随机值，由概率分布图求出相应的项目寿命期或年净收益的随机值。反复抽取随机数，就可以模拟累计概率的变化，进而模拟项目寿命期与年净收益的变化。随机数可直接用普通函数计算器产生。

从计算器中读出一个随机数 0.303，将其作为项目寿命期取值所对应的累计概率的一个随机值。由图 5-10 可求出累计概率 0.303 所对应的项目寿命期为 13 年。再从计算器中读出一个随机数 0.623，将其作为年净收益取值所对应的累计概率的一个随机值。由图 5-11 可求出累计概率为 0.623 所对应的 Z 值为 0.325（实际工作中，Z 值也可以根据累计概率值由标准正态分布表查出）。由 $Z<\frac{x-\mu}{\sigma}$可得

$$x=\mu+Z\sigma=[25+0.325\times3]\text{万元}=25.98\text{ 万元}$$

即年净收益为 25.98 万元。也就是说，抽取的第一套随机样本数据为：项目寿命期 13 年，年净收益 25.98 万元。

由计算内部收益率的公式

$$-150+25.98(P/A,\mathrm{IRR},13)=0$$

可解出内部收益率的第一个随机值

$$\mathrm{IRR}=14.3\%$$

重复上述过程，可以得到项目寿命期和年净收益的其他随机样本数据及相应的内部收益率计算结果。表5-11是25套随机样本数据及相应的内部收益率计算结果。在实际应用中，为了更符合项目方案所面临的风险和不确定性因素，需要更多的样本数据。

表5-11　随机样本数据和IRR计算结果

序　号	随机数	项目寿命期/年	随机数	Z 值	年净收益（万元）	内部收益率IRR（%）
1	0.303	13	0.623	0.325	25.98	14.3
2	0.871	16	0.046	-1.685	19.95	10.7
3	0.274	13	0.318	-0.475	23.58	12.2
4	0.752	15	0.318	-0.475	23.58	13.2
5	0.346	13	0.980	2.055	31.15	18.5
6	0.365	13	0.413	-0.220	24.34	12.9
7	0.466	14	0.740	0.640	27.22	15.8
8	0.021	12	0.502	0.005	25.02	12.7
9	0.524	14	0.069	-1.485	20.55	10.2
10	0.748	15	0.221	-0.770	22.69	12.6
11	0.439	14	0.106	-1.245	21.27	10.8
12	0.984	16	0.636	0.345	26.04	15.7
13	0.234	13	0.394	-0.270	24.19	12.7
14	0.531	15	0.235	-0.725	22.83	12.7
15	0.149	12	0.427	-0.185	24.45	12.2
16	0.225	13	0.190	-0.880	22.36	11.1
17	0.873	16	0.085	-1.370	20.89	11.5
18	0.135	12	0.126	-1.145	21.57	9.6
19	0.961	16	0.106	-1.245	21.27	11.8
20	0.381	13	0.780	0.770	27.31	15.4
21	0.439	14	0.450	-0.125	24.63	13.7
22	0.289	13	0.651	0.390	26.17	14.4
23	0.245	13	0.654	0.395	26.19	14.4
24	0.069	12	0.599	0.250	25.75	13.4
25	0.040	12	0.942	1.570	29.71	16.7

将表5-11中的内部收益率计算结果以1%为级差划分为若干级，求出内部收益率的随机值出现在每一级的频率，就可以画出直观地反映内部收益率概率分布的直方图，如图5-12所示。

由图5-12可以很方便地求出内部收益率的取值发生在某一区间的相对频率，这个频率可以看作相应的内部收益率取值发生概率的近似值。模拟中取的样本数据越多，相对频率与实际概率就越接近。了解了内部收益率取值的概率分布情况，结合给定的基准折现率，就可以对方案的风险情况做出判断。

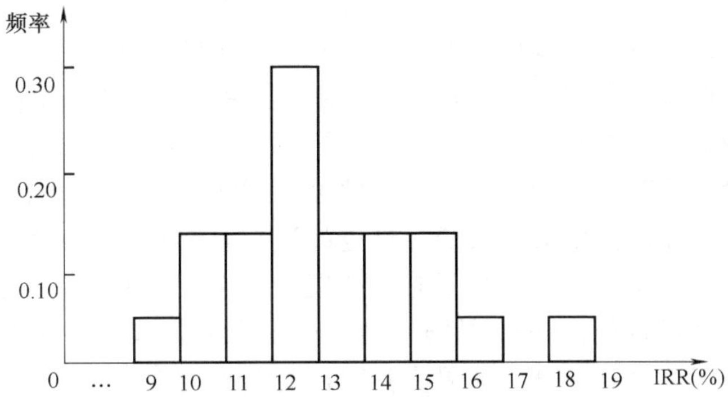

图 5-12　反映 IRR 概率分布的直方图

在本例中，不确定性因素项目寿命期和年净收益分别服从均匀分布与正态分布。实际上，本例中介绍的模拟法适合不确定性因素的任何概率分布类型，包括无法用解析模型加以描述的经验分布。

用模拟法进行风险分析，计算工作量非常大，通常要做 50 ~ 300 次的模拟试验。靠手工计算进行大样本模拟往往很困难，在实际工作中一般需要借助计算机进行模拟计算。

四、完全不确定性分析

完全不确定性投资决策技术的理论基础是博弈论（Game Theory）。由于博弈论善于解决不完全信息情况下的决策问题，因此适合分析完全不确定条件下的投资决策。完全不确定条件下投资决策的难点在于不知道影响投资决策的因素（单一的或组合的）的发生概率，虽然在前面的介绍中力图通过各种方法来分析和推测投资决策的影响因素发生和作用的概率，但决策者仍然会因为各自对风险的偏好不同而对概率的态度不同。这种对风险发生概率期望的态度和承受能力，将是决定投资者选择决策的依据。因此，完全不确定性投资决策技术将根据不同类型的投资者对风险的偏好提供决策依据。完全不确定性分析又称准则分析，下面介绍用于解决完全不确定性分析问题的五个准则。

（一）拉普拉斯准则

拉普拉斯准则也称贝叶斯-拉普拉斯法则。在投资决策分析中，该准则能够建立是基于这样一个前提假定：当决策者面临不确定性因素的影响时，通常无法预知未来事件发生的概率，在这种情况下，决策者会假定各种状态可能发生的概率是相同的，因而投资决策者应给予每种情况以相同的概率，并根据相同的概率计算出方案的期望净现值。由于拉普拉斯准则决策法是在相同概率的基础上，通过对收益值的测算比较来优选方案的，因此拉普拉斯准则也被称为等概率准则。

按照拉普拉斯准则进行决策分析的步骤是：①按等概率准则估算各方案的期望净现值，即先根据分析对象的样本数 n，确定每种可能结果的概率为 $1/n$，使概率相加等于 1，以概率为权数对每一方案的各种可能状态进行加权平均，获得方案的平均期望净现值；②根据方案的期望净现值大小决定方案的取舍，以期望净现值最大者为优选方案。其涉及的主要计算公式为

$$\text{方案期望收益值} = \frac{1}{n}\sum_{i=1}^{n} x_i \qquad (5\text{-}20)$$

式中，n 为状态总数；x_i为 x 方案在第 i 种状态下的收益值。

拉普拉斯的这种以等概率求净现值的方法，似乎是比较客观的分析，但它实际上暗含了一些不足。例如，等概率是由项目方案执行的可能状态的样本数决定的，而可能状态的设计并不是客观的，是投资者的主观考虑。因此，尽管在方案的决策标准中不涉及投资者对风险的偏好，但客观上投资者对风险的不同态度仍然会通过状态的设计而体现出来。又如，在通货紧缩时，投资的成本显然会增加，投资风险也趋强，但这并不意味着投资者就一定会有降低竞争性投资的内在冲动，其中也包括了非理性投资行为。这种情况不能从拉普拉斯准则中反映出来，一些非理性投资的决策依据仍然会被证明得非常充分。由此也引发了第二个问题，即状态设计的可能性是否充分。如果实际存在的结果大于列表结果，那么每种给定的结果概率必然大于实际水平，这种情况会导致计算的期望净现值与实际获得的净现值之间出现误差。当然，在任何情况下，预期与实际结果都存在一定误差，只是在不确定条件下，这种误差有被进一步放大的可能。

（二）悲观决策准则

悲观决策准则又称为最大最小收益值法，适合作为“保守型”投资者决策时的行为依据。这种准则认为决策者具有悲观倾向，冒险精神不足，风险承受能力较弱，因而在决策分析时，从最保守的观点出发，对每一投资方案的评价都是从最不利的状态发生来考虑，然后选择收益值最大的方案。悲观决策准则又称为瓦尔特准则、小中取大法。

按悲观决策准则进行投资决策，具体程序可分为两个步骤：①先估算出各个投资方案的预期收益值，并列出各方案在不同情况下的最小收益值；②将不同方案的收益值排列，以最小值作为比较标准，在最小值中筛选出具有相对最大收益值的方案为最优决策方案，即可按 $\mathrm{Max}_i\{\min_j P_{ij}\}$ 进行决策，P_{ij}为方案 i 在自然状态 j 下的收益值。

这种方案的优势在于，由于是从投资最坏的结果出发，去争取最大的收益，因而投资所承担的未来风险相对较小。但是，对于投资决策者而言，在选择风险较小方案的同时，也就意味着选择了收益也相对小的方案，这与投资预期最大化的普遍原则是不太一致的。保守投资的决策思路通常在企业财务存在危机，或外部投资环境较为恶劣的情况下是可行并且有效的。在具体投资方案的确定中，应该综合考虑项目的投资前景，选择风险相对小（不是最小）且能带来很高潜在收益的方案。

（三）乐观决策准则

乐观决策准则也称为最大最大收益值法，它与悲观决策准则相反，适合作为风险偏好者决策时的行为依据。它假定投资决策者对投资的不确定性持有乐观态度，对每种方案只考虑出现一种可能的结果，而且是最好的结果。决策者一般都以方案执行最有利的状态发生为依据来考虑收益值最大的方案，因此，这种方案被称为决策选择的乐观标准，也称为逆瓦尔特标准。

以乐观决策准则为依据进行投资决策分析的基本程序是：①从各方案在不同状态下的收益值中选出一个最大收益值；②对各方案的收益最大值进行比较，选取其中数值最大的方案为最优方案，即可按 $\mathrm{Max}_i\{\max_i P_{ij}\}$ 进行决策，P_{ij}为方案 i 在自然状态 j 下的收益值。

与悲观决策准则一样，该准则在决策时也存在同样的问题：它只考虑每种方案的一种可能结果，而没有考虑各种可能结果的离散情况，没有充分地考虑投资风险的客观必然性。事实上，任何投资项目都具有一定的风险，当某一方案的收益值最大时，其伴随的风险发生的概率也相对较高，因此隐含的风险损失也较大。这将决定该准则使用的局限性。

（四）折中准则

折中准则也称赫维兹法则、审慎乐观准则、乐观系数法，它是在考虑到上述两种决策准则的局限性基础上提出的。该方法认为，投资决策者在实际选择决策准则时，并不绝对地从最有利或最不利的极端角度进行方案的优选，也不存在单纯的风险厌恶者或偏好者，而是介于两者之间。当面对各种备选方案进行决策时，他们对未来事件的估计总是既看到希望，也存在对不确定性因素的担忧。对于不同的决策者而言，其区别仅仅在于对投资过程和投资前景预期所持的态度是乐观多一点，还是悲观多一点。因此，折中准则建议对每个方案的最好结果和最坏结果进行加权平均计算，然后选取加权平均收益最大的方案。用于计算的权数（α）被称为赫维兹系数或乐观系数（$0<\alpha<1$）。当决策者对未来持有偏向乐观的看法时，α 的取值范围在 0.5～1；而当决策者对未来的估计比较悲观时，α 的取值范围在 0～0.5。通常 α 的取值分布在 0.5 ± 0.2 的范围内，而 1 或 0 作为极端值一般不会被选作系数或权数。从一定意义上说，折中系数的取值范围反映了投资决策者对投资不确定性的认知程度。

按折中准则进行决策分析的具体步骤如下：

（1）确定折中系数的取值范围，利用系数值进行加权平均，求出项目收益的最大值和最小值。其计算方法是

$$\text{折中收益值}=\alpha\max P_{ij}+(1-\alpha)\min P_{ij} \tag{5-21}$$

（2）对各方案的折中评价值进行比较，选取折中收益值最大的方案为优选方案。

（五）最大最小后悔准则

最大最小后悔准则又称为萨维奇准则、最小后悔准则、后悔值法则等。与前三种准则不同的是，在不确定性投资决策中，它并不强调面对各种可能存在的决策选择方案，决策者是持乐观态度还是悲观态度。因为无论决策者持何种态度，都是其主观预期。当决策结果与预期相符时，决策的满意度将达到最大化；而当决策结果与预期有偏误时，满意度将随偏误值的大小而降低，决策者会产生遗憾和后悔。这种因选择了某种方案而放弃了另一种方案所产生的遗憾和后悔，就是决策者为方案选择而付出的机会成本。最大最小后悔准则实际上是以决策方案中的机会成本为基础，将相关方案的收益值进行对比，现行自然状态收益值最大方案的收益值与所采取方案的收益值之差，即为遗憾值或后悔值。决策者根据遗憾值或后悔值大小的比较而进行方案选择，因此，最大最小后悔准则也被称为遗憾准则。

按最大最小后悔准则进行决策分析的程序是：①创建后悔值表，即用每种状态下的最大收益值减去某一方案的收益值；②比较各方案的后悔值大小，并选出最小的后悔值，与最小后悔值相对应的方案即为最优方案。

最大最小后悔准则与前面描述的决策准则相比，更接近实际，更有针对性，也更趋向准确，因为它在提供决策者决策参考的依据时，强调了次优化决策方案的机会成本。

【例 5-13】　某工厂投产一种新产品，有三个方案可供选择：A——新建一个车间；B——扩建原有车间；C——对原有车间的生产线进行改造。但对未来销售情况判断不准，可能出现高需求、中需求和低需求三种情况，每种自然状态发生的概率无法预知。经测算，三个方案在五年内的经济效果如表 5-12 所示。如何进行这项投资方案的决策？

表 5-12　新产品项目五年内的经济效果　　（单位：万元）

方　案	收益值		
	高需求	中需求	低需求
A（新建）	600	200	-160
B（扩建）	400	250	0
C（改建）	300	150	80

解　这是典型的不确定决策问题。在难以准确估计事件发生概率的条件下进行决策，主要取决于决策者对风险的偏好，可以根据决策者对风险持有的态度进行五种决策方式的选择。

（1）拉普拉斯准则。假设三种状态出现的概率相同，即以 1/3 作为概率，计算三个方案的期望收益值，然后进行比较。

$$E(\text{A})=\frac{600+200-160}{3}\text{万元}=213.3\text{ 万元}$$

$$E(\text{B})=\frac{400+250+0}{3}\text{万元}=216.7\text{ 万元}$$

$$E(\text{C})=\frac{300+150+80}{3}\text{万元}=176.7\text{ 万元}$$

比较各方案的期望收益值，选择期望收益值较大的 216.7 万元所对应的 B 方案为最优方案。

（2）悲观决策准则。排列各方案在自然状态下的最小收益值，如表 5-13 所示。

表 5-13　各方案的最小收益值　　（单位：万元）

方　案	A	B	C	$\text{Max}_i\{\min\}$
Min_j（NPV）	-160	0	80	80

筛选出方案中最小收益值中相对最大的 80 万元，即 C 方案为最优方案。

（3）乐观决策准则。排列各方案在自然状态下的最大收益值，如表 5-14 所示。

表 5-14　各方案的最大收益值　　（单位：万元）

方　案	A	B	C	$\text{Max}_i\{\max\}$
Max_j（NPV）	600	400	300	600

筛选出方案中最小收益值中相对最大的 600 万元，即 A 方案为最优方案。

（4）折中准则。设 $\alpha=0.7$，计算各方案的折中收益值

A 方案折中净现值 $E(\text{A})=[600\times0.7+(-160)\times(1-0.7)]$万元$=372$ 万元

B 方案折中净现值 $E(\text{B})=[400\times0.7+0\times(1-0.7)]$万元$=280$ 万元

C 方案折中净现值 $E(\text{C})=[300\times0.7+80\times(1-0.7)]$万元$=234$ 万元

在折中收益值中选取最大的 372 万元，即 A 方案为最优方案。

（5）最大最小后悔准则。计算各方案的后悔值，即用每种状态下的最大收益值减去该方案的收益值，如表 5-15 所示。

表 5-15　各方案的后悔值　　　　　　　　　　　　（单位：万元）

方　案	高 需 求	中 需 求	低 需 求	最大后悔值
A	0	50	240	240
B	200	0	80	200
C	300	100	0	300

在各方案最大后悔值中选取最小的收益值 200 万元，即所对应的 B 方案为最优方案。

结论：从决策方案的选择来看，分歧比较大。哪个方案较优，还需看决策者对待风险的态度。

五、以概率分析为基础的不确定性分析的特点

概率分析法有以下优点：

（1）概率分析是一种定量分析的方法，有效地解决了投资项目不确定性因素的量化问题，使投资者在借助现代分析技术工具的基础上，能最充分地利用可占有的资料，进行投资决策分析。

（2）使投资者能够借助分析方法，确定与项目有关的各种因素变动对投资效果产生的影响。特别是利用模拟分析方法，通过对项目的随机现金流量模拟获得项目投资效果的概率，推测未来风险发生的可能性及其总体趋势。

（3）用该方法得到的结果不止一个（如净现值），而且是项目评价指标的完整概率分布，有助于决策者寻找到特殊问题的解决方案。例如，净现值为负值的概率、净现值低于一定限度的概率等。

（4）通过方差与标准差分析，掌握评价指标与期望值的离散趋势与程度，以判断风险发生的概率，并选择在风险条件相同情况下具有高净现值的方案，或在同样净现值的方案中离散趋势小的方案。

正因为如此，概率分析作为一种有效的分析方法，可以改善不确定条件或风险条件下投资决策的有效性。但不确定条件下的投资决策的难点在于不知道或难以确定影响投资决策的因素（单一的或组合的）的发生概率，由于博弈论思想善于解决不完全信息情况下的决策问题，以博弈论为理论基础的不确定性投资决策技术适合分析概率分布不清楚的不确定条件下的投资决策。

风险型投资决策的方法对于不确定性因素扰动下的投资评价具有积极意义。因为它提供了解决不确定性投资决策和风险性投资决策的有效方案，包括思维方式、指导性的操作技术和解决问题的途径。但是这并不意味着这些方法的采用可以完全避免投资风险的产生或影响。风险是客观存在的，就风险发生的过程看，其具有一定的随机性。这种随机性表现在风险的发生和传导机制极为复杂。尽管人们研究了大量的分析方法，试图预测风险发生的时间、状态和影响程度，但只能做到在有限空间和时间内改变风险存在和发生的条件，降低其发生的频率，减少损失。我们所能做到的是，在大量对风险事件的统计观察和分析的基础上，逐步认识它的发生机理，寻找其出现的概率，有效地减少由它造成的损失。

习　　题

1. 某工厂生产一种化工原料，设计生产能力为月产 6000t，产品售价为 1300 元/t，每月的固定成本为

145 万元，单位产品变动成本为 930 元/t。试分别画出月固定成本、月变动成本、单位产品固定成本、单位产品变动成本与月产量的关系曲线，并求出以月产量、生产能力利用率、销售价格、单位产品变动成本表示的盈亏平衡点。

2. 某企业生产某种设备，预定每台售价为 300 元，单位产品变动成本为 100 元。因零配件大批量采购享受优惠，单位产品变动成本将按固定的变化率 0.01 元随产量 Q 降低为（$100-0.01Q$）元；而由于市场竞争的需要，单位产品售价可能按固定的变化率 0.03 元随产量 Q 降低为（$300-0.03Q$）元。该企业的年固定成本为 18 万元，试求盈亏平衡产量和最大盈利产量。

3. 某生产工艺固定成本总额为 5 万元，每件产品价格为 30 元。当产量小于或等于 3000 件时，每件产品变动成本为 4 元；当产量大于 3000 件时，需要组织加班生产，超过 3000 件部分的单位变动成本上升为 4.5 元，税金为每件 1 元。求：

（1）盈亏平衡点的产销量。

（2）生产 4000 件的利润率。

（3）产品价格下降 30%，总固定成本上升 20%，其他各级费用均不变时的盈亏平衡点产销量。

4. 加工某种产品有两种备选设备：若选用设备 A，需初始投资 20 万元，加工每件产品费用为 8 元；若选用设备 B，需初始投资 30 万元，加工每件产品的费用为 6 元。假定任何一年的设备残值均为 0，试回答下列问题：

（1）若设备使用年限为 8 年，基准折现率为 12%，年产量为多少时选用设备 A 比较有利？

（2）若设备使用年限为 8 年，年产量为 13 000 件，基准折现率在什么范围内选用设备 A 比较有利？

（3）若年产量为 15 000 件，基准折现率为 12%，设备使用年限多长时选用设备 A 比较有利？

5. 某设备投资方案的有关费用、收入预测如表 5-16 所示。试分别分析设备使用寿命、年收入和年支出三个因素变化时，方案净现值的敏感性。

6. 根据预测，某投资方案的现金流量如表 5-17 所示。由于对未来影响经济环境的某些因素把握不大，投资额、经营成本及销售收入均有变化可能。设基准折现率为 10%，不考虑税金。

表 5-16　某设备投资方案

项　目	寿命/年	期初投资（元）	残值（元）	年收入（元）	年支出（元）	贴现率（%）
数值	5	50 000	10 000	25 000	11 000	8

表 5-17　某投资方案的现金流量　　（单位：万元）

年　份	0	1～9	10
投资	1500		
销售收入		2000	2000
经营成本		1550	1550
资产残值			200

（1）分别就上述三因素对净现值做单因素敏感性分析。

（2）就经营成本及销售收入对净现值做双因素敏感性分析。

7. 某工厂拟安装一种自动装置，据估计，每台装置的初始成本为 1000 元，该装置安装后可使用 10 年，每年可节省生产费用 300 元，设基准收益率为 10%。试做如下分析：

（1）分别就初始投资和生产费用节省额变动 ±5%、±10%、±15%、±20% 及使用年限变动 ±10%、±20% 对该方案的净现值和内部收益率做单因素敏感性分析，画出敏感性分析图，指出敏感因素。

（2）就初始投资与生产费用节约额两个变量对方案净现值做双因素敏感性分析，指出方案的可行区域。

(3) 就初始投资、生产费用节约额与使用年限三个变量对方案净现值做三因素敏性分析。

8. 已知某企业投资方案各年净现金流量的期望值与标准差（见表5-18），假定各年的随机现金流量之间互不相关，基准折现率为12%，求下列概率，并对方案的风险大小做出自己的判断。

表5-18 某企业投资方案各年净现金流量的期望值与标准差

年末	0	1	2	3	4	5
净现金流量期望值（万元）	-900	500	500	500	500	500
净现金流量标准差（万元）	300	300	350	400	450	500

(1) 净现值大于或等于0的概率。

(2) 净现值小于-50万元的概率。

(3) 净现值大于50万元时的概率。

9. 某建设项目年初投资140万元，建设期1年，生产经营期9年，i_0为10%。经科学预测，在生产经营期每年销售收入为80万元的概率为0.5，在此基础上，年销售收入增加或减少20%的概率分别为0.3和0.2。每年经营成本为50万元的概率为0.5，增加或减少20%的概率分别为0.3和0.2。假定此项目的投资额不变，其他因素的影响忽略不计，试计算该投资项目净现值的期望值以及净现值大于或等于0的累计概率，判断项目风险程度。

10. 某工业项目建设期需要1年，项目实施后第二年可开始生产经营，但项目初始投资总额、投产后每年的净收益以及项目产品的市场寿命期是不确定的。表5-19给出了各不确定性因素在乐观状态、最可能状态以及悲观状态下的估计值，各不确定性因素之间相互独立。设最低希望收益率为20%，试求出各种可能的状态组合的发生概率及相应的方案净现值，分别用解析法与图示法进行风险估计。

表5-19 各不确定性因素在各状态下的估计值

状态	发生概率	初始投资（万元）	寿命期/年	年净收益（万元）
乐观状态	0.17	900	10	500
最可能状态	0.66	1000	7	400
悲观状态	0.17	1200	4	250

第六章

投资项目可行性研究

第一节　投资项目可行性研究概述

一、投资项目可行性研究的含义及发展过程

投资项目可行性研究，是指在投资决策前，对与拟建项目有关的社会、经济和技术等各方面进行深入细致的调查研究，对各种可能拟订的技术方案和建设方案进行认真的技术经济分析与比较论证，对项目建成后的经济效益进行科学的预测和评价，在此基础上，综合研究建设项目的技术先进性和适用性，经济合理性和有效性，以及建设可能性和可行性，为项目投资决策提供科学依据的工作过程。可行性研究是技术经济分析在项目投资决策中应用最为广泛的工作。

早在 20 世纪 30 年代，美国就开始推行可行性研究，当时这种方法对田纳西流域的开发和综合利用起了很大作用。第二次世界大战以后，特别是近二十多年来，随着现代科学技术、科学管理和市场经济的高度发展，可行性研究也迅速完善和发展，目前已扩大应用到各个领域。发达国家在工程建设中，无论规模大小，新建、扩建或改建，都要先进行可行性研究，然后再决策。联合国工业发展组织（简称 UNIDO）为了推动在发展中国家开展可行性研究，于 1978 年、1980 年出版了《工业可行性研究编制手册》和《工业项目评价手册》等，很好地指导了发展中国家开展投资项目的可行性研究工作。

自 20 世纪 70 年代末以来，我国政府和各个工业部门在总结 40 余年来经济建设中的经验和教训的基础上，学习和引进国外的可行性研究方法，并应用于工业项目建设前期的技术经济分析中。1981 年，国家计划委员会正式下文，明确规定“把可行性研究作为建设前期工作中一个重要技术论证阶段，纳入基本建设程序”；1983 年又下达了《关于建设项目进行可行性研究的试行管理办法》，重申建设项目的决策和实施必须严格遵守国家规定的基本建设程序，而可行性研究是建设程序中的重要组成部分，进一步明确了可行性研究的编制程序、内容和评审方法，把可行性研究作为编制和审批项目设计任务书的基础和依据。1987 年 9 月，国家计划委员会正式颁发了《建设项目经济评价方法与参数》一书，该书包括《关于建设项目经济评价工作的暂行规定》《建设项目经济评价方法》《建设项目经济评价参数》《中外合资经营经济评价方法》四个规定性文件以及 13 个应用案例。这四个文件对经济评价工作的管理，经济评价的程序、方法、指标等都做了明确的规定和具体的说明，并第

一次发布了各类经济评价参数，填补了我国建设项目经济评价的空白。它是各工程咨询公司、规划设计单位进行投资项目可行性研究的指导性文件，也是各级计划部门审批可行性研究报告和金融机构开展项目评估和审查投资贷款的重要依据。经过几年试行，2006 年 8 月推出《建设项目经济评价方法与参数》第 3 版，对以前的“方法与参数”进行了补充和修改，将原来的暂行规定改为若干规定。新“方法与参数”反映了我国经济体制改革和财税制度改革的情况，逐步与国外接轨，使我国的可行性研究和项目评估更加科学化、规范化，步入了正轨。

二、可行性研究的必要性和作用

（一）可行性研究的必要性

对投资项目进行可行性研究，是由项目投资决策的需要、市场机制的作用、新技术革命的发展、投资的特点、对外开放的需要等方面决定的。其必要性如下：

1. 是投资项目科学决策的需要

在现代化大生产条件下，投资项目一般具有投资规模大、建设周期长、技术复杂、涉及面广的特点。传统的经验决策已经很难保证决策的正确性，必须依靠可行性研究为决策提供科学依据，进行科学决策。决策正确，对提高项目的整体经济效益具有决定性作用；反之，则会产生深远的严重影响。回顾我国的经济建设历程，在“一五”时期，用技术经济论证的方法来评选建设项目，使建设项目的成功率很高，经济效益也很好；但从 1958 年开始，不尊重科学、不按基本建设程序办事，建设前不做可行性研究的情况时有发生，“边勘察、边设计、边施工、边生产”，致使投资效果很差，有的甚至造成很大损失。例如，有的项目水文地质、工程地质、资源条件不清楚就盲目上马，仓促兴建，结果建成后没有资源，生产能力不能发挥，或者水文、地质等不符合项目建设要求；有的项目工艺不过关，产品不定型，建成后不能投产；有的项目技术落后，消耗过大，产品没有销路，建成后不久就得进行改造；有的项目重复建设、重复生产；有的项目污染问题没有解决，建成后不能投产，等等。这些情况说明，正确的决策必须以可行性研究成果为依据，这是科学决策的客观需要。进入 20 世纪 80 年代以后，我国非常重视可行性研究工作，取得了很大成效，包括三峡工程经过近 20 年的可行性研究论证等，也从正面说明了这一点。

2. 是辅助市场机制优化配置资源的手段

市场机制也就是价值规律通过市场发挥作用，实现社会经济协调发展和资源优化配置的机制。市场机制以竞争为动力，用价格传递信息，引导各种市场主体为了实现自己的最大利益，主动地做出生产什么、生产多少、怎样生产以及消费什么、消费多少、何时消费等一系列决策，从而导致稀缺资源在各个部门、各个企业之间自由地流进和流出，达到最有效的配置。这些过程必须通过可行性研究来指导人们决策。

3. 是新技术革命的发展所提出的要求

由于新技术革命的蓬勃发展，使得产品在市场上的生命周期越来越短，产品的更新换代越来越快，因此在项目决策之前，必须通过可行性研究对拟投资项目在技术上的先进性、可靠性、适用性和经济性进行分析，为决策提供依据。

4. 是对外开放、进行技术引进的客观需要

我国实行对外开放政策，尤其是加入世界贸易组织（WTO）后，与国外在经济建设方面的交往日益增多，如从国外引进装置和成套设备，与国外合资、合营，利用外资建设项目，承担国外工程建设任务等，都要事先开展可行性研究，做到心中有数，以免在谈判时处于不利地位。

（二）可行性研究的作用

（1）作为拟建项目投资决策的依据。通过可行性研究，可以预见拟建项目的投资效益，从而判断项目是否可行，为决策提供依据。

（2）作为下一阶段设计的依据。在可行性研究报告中，已对投资规模、厂址、设备、工艺等进行了较详细的方案比较及技术论证，为项目设计工作打下了基础。

（3）作为筹措资金、向银行申请贷款的依据。当建设单位向银行或金融机构提出贷款申请时，必须附有经批准的可行性研究报告。经银行或金融机构审查评估后，确认项目具有偿还能力，才能同意贷款。

（4）作为拟建项目与有关部门签订协议或合同的依据。例如，原材料和燃料供应协议，供水、供电协议，运输协议，产品销售协议等，均以可行性研究报告作为依据。

（5）作为向当地政府及环境保护部门申请建设施工的依据。

（6）作为准备工程项目建设基础资料的依据。例如，工程地质、水文气象、勘察资料、地形测量资料等，也均以可行性研究报告作为依据。

（7）作为设备制造及科学试验的依据。

（8）作为企业组织管理、机构设置、职工培训等工作安排的依据。

（9）作为今后生产经营活动的指导性文件。例如，更新改造、技术发展、开展科学试验等，也均以可行性报告作为依据。

（10）若是利用外资项目，它还是中外双方正式签订合同、成立董事会、报请审批机构颁发设立合营企业批准证书的依据。

三、可行性研究的阶段

国外的工程项目建设程序基本上按联合国工业发展组织编制的《工业可行性研究编制手册》中的规定进行，把建设程序分为三个时期、九个阶段。三个时期是指投资决策前期、投资时期和生产时期；九个阶段是机会研究阶段、初步可行性研究阶段、可行性研究阶段、评估和决策阶段、谈判和签订合同阶段、项目设计阶段、施工阶段、试运转阶段和投产阶段。这里重点说明的是投资决策前期的可行性研究阶段，也有人将可行性研究阶段分为机会研究、初步可行性研究、详细可行性研究、评估和决策。

机会研究是为了考虑投资目标、鉴别投资机会而做的。机会研究往往比较粗略，主要是依靠笼统的估计，而不是进行详细的计算。对投资额的估算精度一般只要求达到±30%；要求时间短，一般是1~3个月；花钱不多，所需费用约占投资的0.2%~1.0%。经过机会研究，只可提供项目的大概轮廓，发起人和投资者还不能据此下决心。而要下这个决心，必须对项目进行初步可行性研究和详细可行性研究。初步可行性研究的任务是进行初步比较和选择，一般要求为：对建设投资估算的精确程度达到±20%，所需费用约占总投资的0.25%~1.5%，时间为4~6个月。详细可行性研究的任务是拟订或形成详细的项目建设方案，并进行深入的技术经济分析，一般要求对建设投资估算的精度达到±10%，所需费用约占总投资的0.8%~3%，所需时间较长，约需8~12个月或更长。在此基础上，提出可行性研究报告，作为决策的依据或银行审查贷款评估的依据。项目评估是由投资决策部门组织或授权建设银行、投资银行、工程咨询公司或有关专家，代表国家对上报的建设项目可行性研究报告进行全面的审核和再评价工作。其主要任务是对拟建项目的可行性研究报告提出评价意见，最终决策该项目投资是否可行，是否给予贷款。可行性研究的阶段划分、工作目标、内容深度与要求如表 6-1 所示。

表 6-1　可行性研究的阶段划分、工作目标、内容深度与要求

研究阶段	机会研究	初步可行性研究	详细可行性研究	评估和决策
研究性质	项目设想	项目初步选择	项目拟订准备	项目评估
研究工作的目的	鉴别投资方向和目标，选择项目，寻求投资机会（地区、行业、资源和项目的机会研究），提出项目投资建议	对项目初步评价做专题辅助研究，广泛分析、筛选方案，鉴定项目的选择依据和标准，确定项目的初步可行性	对项目进行深入细致的技术经济论证，重点对项目进行财务效益和经济效益分析评价，多方案评选，提出结论性意见，确定项目投资的可行性和选择依据标准	综合分析各种效益，对可行性研究报告进行评估和全面审核，分析判断项目可行性研究的可靠性和真实性，对项目做出最终决策
研究工作的要求及作用	编制项目建议书，为初步选择投资项目提供依据，批准后列入建设前期工作计划，作为国家对投资项目的初步决策	编制初步可行性报告，判定是否有必要进行下一步详细可行性研究，进一步判明建设项目的生命力	编制可行性研究报告，作为项目投资决策的基础和重要依据	提出项目评估报告，为投资决策者提供最后的决策依据，决定项目取舍并选择最佳投资方案
估算精度	±30%	±20%	±10%	±10%
研究费用占总投资的百分比（%）	0.2～1.0	0.25～1.25	大项目 0.8～1.0 中小项目 1.0～3.0	—
需要时间	1～3 月	4～6 月	8～12 月或更长	—

我国工程项目建设程序也分建设前期、建设时期、生产时期三个时期。建设前期的可行性研究工作主要分两段进行：第一阶段是项目建议书阶段的初步可行性研究。这是为项目立项提供依据的工作，研究内容比较简单，深度较浅，计算精度较低。第二阶段是编制可行性研究报告阶段的可行性研究。这是对初步可行性研究的进一步分析论证，为项目最终决策提供依据，研究内容较为深入细致，深度要求较高，计算精确。与表 6-1 中详细可行性研究阶段要求基本相同。

我国可行性研究工作中未列入选择投资机会的“机会研究”阶段，其主要原因是我国目前是实行市场经济体制的社会主义国家，国家在制定长期经济发展规划和行业、地区规划时已根据经济和社会发展的要求和建设条件做出了这种投资选择，因此，可行性研究工作只要在此基础上进一步开展工作即可。

四、可行性研究的工作程序和要求

（一）可行性研究的工作程序

项目可行性研究工作是一项复杂的、综合性很强的系统工程，从项目产品方案预测，生产规模拟定、生产工艺技术方案和厂址选择、物料投入、资金筹集、机构组织和人员配备，直到经济效益的测算，需经过全面的技术经济论证。这是一个既相互联系又相互制约的技术与经济信息反馈和重复循环的分析过程。为此，可行性研究工作一般会涉及与该项目筹建有关的所有单位。例如，项目建设单位（投资主体）、计划部门和主管部门（决策部门）、银行与金融机构（项目贷款单位）、工程咨询公司（或设计单位）、工程承包单位（工程项目建筑施工、安装企业）、设备和材料供应单位，以及环境保护、城市规划、市政公用工程等部门和单位。根据可行性研究的相关工作，在实际工作中，有些工作是同时展开或交叉进行的。总之，可行性研究工作全过程都由项目筹建单位、设计单位和咨询单位等密切配合进行。

根据我国现行的工程项目建设程序和国家颁布的《关于建设项目进行可行性研究的试行管理办法》，可行性研究的工作程序如下：

1. 建设单位提出项目建议书和初步可行性研究报告

各部、省、市、自治区和全国性工业公司以及现有的企、事业单位，根据国家经济发展的长远规划，经济建设的方针任务和技术经济政策，结合资源情况、建设布局等条件，在广泛调查研究、收集资料、踏勘建设地点、初步分析投资效果的基础上，提出需要进行可行性研究的项目建议书和初步可行性研究报告。跨地区、跨行业的建设项目以及对国计民生有重大影响的重大项目，由有关部门和地区联合提出项目建议书和初步可行性研究报告。

2. 项目筹建单位委托可行性研究工作

各级计划部门汇总和平衡项目建议书。当项目建议书经国家计划部门审定批准后，该项目就可立项，并分别纳入各级的前期工作计划和贷款计划，项目筹建单位或主办单位就可委托经过资格审定的工程咨询公司（或设计单位）着手编制拟建项目的可行性研究报告。委托方式可由国家计划部门或主管部门直接给工程设计咨询公司下达计划任务，也可由各主管部门、建设单位采用签订合同的方式委托给有资格的设计咨询单位承担可行性研究工作。在主管部门下达的计划任务或双方签订的合同中，应规定研究工作的范围、前提条件、进度安排、费用支付办法以及协作方式等。

3. 设计单位进行可行性研究工作

设计或咨询单位与委托单位签订合同承接可行性研究任务以后，即可开展工作。一般按以下五个步骤展开工作（见图6-1）。

（1）组织与筹划。在承接任务后，获得了项目建议书和有关项目背景与所有文件，摸清了委托者的目标、意见和要求，明确了研究内容，承担可行性研究工作单位的领导，即要召集有关专业设计的负责人和室处的领导研究具体工作计划、措施、质量和进度要求。然后按矩阵型组织要求，向承接任务的室处下达书面任务，有关室处即可根据工作任务需要确定参加工作的人选，组成可行性研究工作小组，指定项目负责人和专业负责人。项目组根据设计单位下达的书面任务书，研究工作范围和要求，制定项目工作规划，安排具体实施进度。

（2）调查研究与收集资料。在清楚了委托单位对项目建设的意图和要求后，即应组织收集和查阅与项目有关的自然、经济和社会等基础资料和文件资料，并拟订调查提纲进行实地踏勘与抽样调查，收集整理所得的设计基础资料，必要时还须进行专题调查、试验和研究。

这个阶段主要通过实际调查和技术经济研究，进一步研究拟建项目的必要性和现实性。

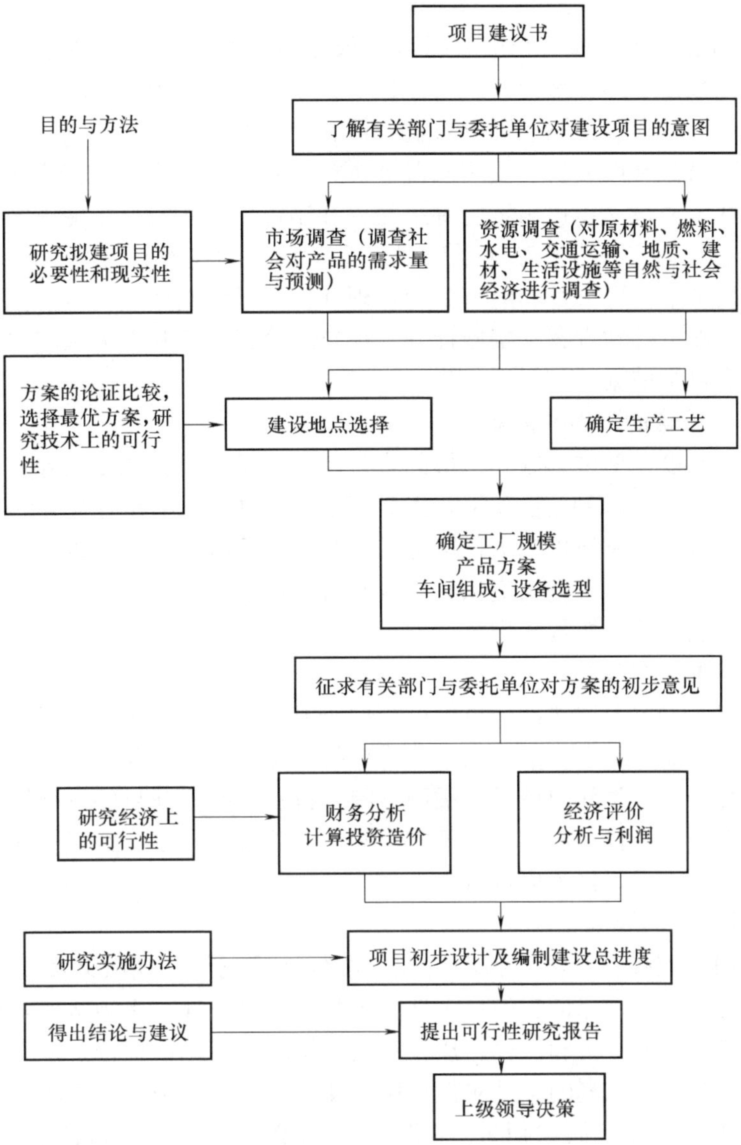

图 6-1　可行性研究的工作程序框图

调查研究主要从市场调查和资源调查两方面进行。市场调查要查明和预测社会对产品的需求量、价格和竞争能力，以便确定项目产品方案和经济规模；资源调查包括原材料、能源、厂址、工艺技术、劳动力、建材、运输条件、外围基础设施、环境保护、组织管理和人员培训等自然、社会、经济方面的调查，为选定建设地点、生产工艺、技术方案、设备选型、组织机构和定员等提供确切的技术经济分析资料，通过分析、研究，论证项目建设的必要性。

（3）方案设计和优选。根据项目建议书要求，结合市场和资源调查，在收集到一定基础资料和基准数据的基础上，制订几种可供选择的技术方案和建设方案，结合实际条件进行多次、反复的方案论证比较，会同委托部门明确选择方案的重大原则问题和优选标准，从若干方案中选择推荐较优方案，包括生产规模、工艺流程、设备选型、车间组成、组织机构和人员配备等建设方案，以备做进一步的综合经济评价。

（4）经济分析和评价。项目经济分析人员根据调查资料和有关规定，选定与本项目有关的经济评价基础数据和指标参数，列表并指明数据来源。然后对前段所选择确定的较优建设总体方案进行详细的财务预测、财务效益分析和国民经济评价。从预算项目投资、成本和利润入手，进行项目盈利性分析、费用效益分析和不确定性分析，研究论证项目在经济上的合理性和可盈利性，并进一步提出资金筹集建议和制订项目实施总进度计划。

（5）编制可行性研究报告。对建设项目进行了认真的技术经济分析论证后，证明项目建设的必要性、技术上的可行性和经济上的合理性，即可编制相近的可行性研究报告，推荐一个以上的项目建设可行性方案和实施计划，提出结论性意见和重大措施建议，为项目决策者和决策部门提供科学依据。

4. 可行性研究报告的预审和复审

工程咨询公司或设计单位编制和上报的可行性研究报告，按项目大小，应在预审前1～3个月提交预审单位。预审单位组织有关设计、科研机构、企业和有关方面的专家参加，广泛听取意见，对可行性研究报告提出预审意见。当发现可行性研究报告有原则性错误或报告的基础依据与社会环境条件有重大变化时，应对可行性研究报告进行修改和复审。此项工作仍由原编制单位和预审单位按规定进行。

5. 可行性研究报告的审批

按照国家规定：①大中型建设项目的可行性研究报告，由各主管部门，各省、市、自治区或全国性专业公司负责预审，报国家发改委审批；②重大项目和特殊项目的可行性研究报告，由国家发改委会同有关部门预审，报国务院审批；③小型项目的可行性研究报告，按隶属关系由各主管部门，各省、市、自治区或全国性专业公司审批。经可行性研究证明没有建设必要的项目，经审定后即将该项目否决。

（二）可行性研究的要求

（1）可行性研究应具有科学性和严肃性。可行性研究是一项政策性、技术性和经济性很强的综合性研究工作。为保证它的科学性、客观性和公正性，必须坚持实事求是，在调查研究的基础上，进行方案分析和比较，按客观实际情况进行论证评价。应本着对国家、对人民高度负责的精神和严肃认真的态度对待这项工作，防止主观臆断和行政干预，切忌事先定调子、画框框，为“可行”而“研究”，作为争“投资”、争“项目”、列计划的“通行证”，使可行性研究流于形式，当成一种“目的”和“工具”。可行性研究是一种科学方法，为保证可行性研究的质量，编制单位应保持独立性和公正性的客观立场。

（2）编制可行性研究的承担单位应具备相当的条件，应经过资格审定。可行性研究的内容涉及面广，收集资料量大，内容深度要求高，又是起决策作用的基本文件，因此，为保证质量，要求承担编制任务的单位应为实际经验丰富，技术力量雄厚，又有一定装备和技术手段等条件的专门单位。目前，可委托经国家正式批准并颁发证书的设计单位或工程咨询公司承担。

负责进行可行性研究的单位要经过资格审定，对工作成果的可靠性、准确性承担责任，要为可行性研究单位独立地、客观地进行工作创造条件，任何单位与个人不得加以干涉。各部、各省市自治区和全国性工业公司根据承担可行性研究单位的业务水平及信誉状况进行资格审定，未经资格审定的单位，不能承担可行性研究任务。而且，承担可行性研究的单位不得同时参与对该可行性研究报告的评审工作。

(3) 可行性研究的深度应达到标准要求。虽然对不同行业和不同项目的可行性研究的内容与深度各有侧重和区别，但其内容要完整，文件要齐全，研究深度应达到国家规定的标准，按照国家发改委颁发的《关于建设项目经济评价工作的若干规定》《建设项目经济评价方法与参数》等文件要求进行编制，这样才能保证质量，以满足项目投资决策的要求和发挥编制设计任务书依据的作用。如果项目可行性研究的内容和质量达不到规定的要求，那么负责评估和各级审批、设计、施工、投资的各部门均不予受理。

(4) 加强和完善可行性研究的立法工作，加强对承担单位的资格审查和建立严格的责任制度。可行性研究报告应由编制单位的行政、技术、经济负责人签字，并对该报告的质量负责；可行性研究的评审单位应对评审结论负责；可行性研究的审批单位应对审批意见负责。如果发现工作中有弄虚作假的现象，就要追究有关负责人的责任。

第二节　投资项目可行性研究的内容

一、可行性研究的基本内容

项目可行性研究是在对项目进行深入的技术经济分析的基础上做多方案的比较和优选，提出项目投资决策的结论性意见。因此，它的内容应能满足编制和审批可行性研究报告的要求。可行性研究的基本内容和深度应根据国家规定，一般工业建设项目的可行性研究应包括以下几个方面的内容：

(1) 总论。综述项目概况、可行性研究的主要结论概要和存在的问题与建议；阐明对推荐方案在论证过程中曾有的重要争论问题和不同的意见与观点，并对建设项目涉及的主要经济指标列表说明；还应说明建设项目提出的背景、投资环境、项目建设投资的必要性和经济意义、项目投资对国民经济的作用和重要性；提出项目调查研究的主要依据、工作范围和要求；说明项目的历史发展概况、项目建议书及有关审批文件。

(2) 市场需求预测和拟建规模。调查国内外市场近期产品的供需情况；对国内现有产品生产能力的估计；销售预测、价格分析、产品竞争能力、进入国际市场的前景；产品方案是否符合行业发展规划、技术政策、产业政策，产品结构的分析；提出产品方案的设想和进行建设的规模。

(3) 资源、原材料、燃料及公用设施情况。经过全国矿产资源委员会正式批准的资源储量、品位、成分以及开采、利用条件的评述；所需原材料、辅助材料、燃料的种类、数量、质量及其来源和供应的可能性与可靠性；有毒、有害及危险品的种类、数量和储运条件；材料试验情况；所需动力（水、电、气等）、公用设施的数量、供应方式和供应条件、外部协作条件、交通运输状况以及签订协议和合同的情况等。

(4) 建厂条件和厂址方案。建厂地点的自然条件和社会条件描述；建厂地区的地理位置与原材料场地和产品市场的距离；根据建设项目的生产技术要求，在指定的建设地区内，对气象、水文、地质、地形条件、地震、洪水情况和社会经济现状进行调查研究，收集基础资料；厂址面积、占地范围、厂区总体布置方案、建设条件、地价、拆迁及其他工程费用情况；对厂址选择进行多方案的技术经济分析和比选，提出优选意见。

（5）技术、设备及工艺选择评价和工程设计方案。拟建项目采用技术和工艺方案论证，包括技术的来源、工艺路线和生产方法，主要设备选型方案和技术、工艺的比较；若为引进技术及设备，应说明引进的必要性，来源的国别与厂商、设备的价格和技术转让费用，并就多重来源途径进行比较选择；列出所选主要设备和辅助设备的名称、型号、规格、数量及价格，并附所选工艺的流程图；确定拟建项目工程设计方案，主要包括在选定的建设地点内进行总图和交通运输的设计，进行多方比较和选择，确定项目的构成范围，主要单项工程（车间）的组成，厂内外主体工程和公用辅助工程的方案比较论证，项目土建工程总量估算，土建工程的场地平整，主要建设和构筑物与厂外工程的规划等。

（6）环境保护与劳动安全。环境现状调查，拟建项目“三废”（废气、废水、废渣）种类、成分和数量，对环境影响的预测；治理方案的选择和回收利用情况；对环境影响的预评价；劳动保护与安全卫生；城市规划、防震、防洪、防空、文物保护等要求及相应采取的措施方案。

（7）生产组织、劳动定员和人员培训。全厂生产管理体制、机构的设置方案选择论证；工程技术和管理人员的素质和数量要求；劳动定员的配备方案；人员培训的规划和费用估算。

（8）项目实施计划和进度要求。根据勘察设计、设备制造、工程施工、安装、试生产所需时间与进度要求和指定的建设工期，选择整个工程项目的实施方案和总进度，并用线条图或网络图来表述最佳实施计划的方案。

（9）经济效益的分析与评价。各项基建投资、流动资金和项目总投资的估算；项目资金来源和筹措方式与贷款计划；企业生产成本估算；项目财务评价、国民经济评价和不确定性分析。

（10）评价结论。建设方案的综合分析评价与方案选择；运用各项数据，从技术、经济、社会、财务等方面论述建设项目的可行性，推荐一个以上的可行方案，提供决策参考，指出项目存在的问题；结论性意见和改进建议。

综上所述，项目可行性研究的基本内容可概括为三大部分：首先是产品的市场调查和预测研究，这是项目成立的重要依据。产品方案和建设规模以及企业的效益都是根据市场供需和销售预测来确定的，因此，市场调查和预测是项目可行性研究的前提，其主要任务是说明项目建设的“必要性”问题。其次是技术方案和建设条件，是指资源投入、厂址、技术、设备和生产组织等方面的问题。这是可行性研究的技术基础，决定了建设项目在技术上的“可行性”。最后是经济效益的分析和评价。这是决定项目投资命运的关键，是项目可行性研究的核心部分，由此说明项目在经济上的“合理性”。可行性研究就是从这三大方面对建设项目进行优化研究，并为项目投资决策提供科学依据的。

上述可行性研究的内容主要是针对新建项目而言的，对于改建扩建项目的可行性研究，还应增加对企业现有概况的说明和利用原有固定资产及其他条件产生增量效益的分析。鉴于建设项目的性质、任务、规模及工程复杂程度的不同，可行性研究的内容应随行业的不同而有所区别并各有侧重，深度和广度也不尽一致，内容也可以根据上述内容增减。

本章主要对工业新建项目可行性研究的三大部分内容中的市场需求和生产规模的确定，技术评价中的厂址选择和环境保护评价，经济评价中的财务评价和国民经济评价进行说明。有关技术改造、技术引进等方面的可行性研究以及技术评价的其他方面的内容，参考本书其他章节。

二、市场需求和生产规模的确定

不论是工程项目还是科研开发项目，其目的都是满足社会对产品的需求。因此，可行性研究首先要研究市场对产品的需求，这是确定项目有无发展前途以及确定项目生产能力的关键因素。

市场需求研究就是预测项目在使用期间的产品销售量和销售收入，以决定项目是否可行。如果对市场需求增长和市场可能变化程度的分析不充分或不准确，就会造成确定的生产规模过大或过小。生产规模过大会造成产品滞销积压；生产规模过小则不能满足市场需求，甚至不能利用经济规模的优越性。所以，市场需求的研究是关系到项目前途、命运以及能否取得较优经济效益的重要评价内容。

（一）影响市场需求的主要因素

影响市场需求量的因素非常多，不可能将所有因素一一列举，这里只能把主要因素分析如下：

（1）市场因素。市场因素包括国际市场因素和国内市场因素。对国际市场，主要了解哪些国家或地区需要本项目的产品，这些国家的市场情况如何，对所需产品有何特殊要求，价格高低，销售渠道是否畅通，并需对出口前景变化情况做出预测；对国内市场，主要了解和预测产品近期及远期的市场需求量，本项目能有多大市场占有率，市场销售价格的变化趋势如何，用户对产品有什么新要求等。

（2）竞争因素。需要及时掌握国外、国内生产同类产品的竞争者的生产规模及动向，如产品的性能、质量、成本与价格，了解对方的市场占有率及其市场策略、销售方法、销售渠道、生产实力和盈利水平等。

（3）环境因素。经常注意国外政治、社会、经济、军事、自然气候等方面的情况，其中任何一项因素的变化均会对需求量产生巨大影响。

（4）技术因素。由于技术水平的提高，当设计生产出能代替本项目的产品时，本项目产品的需求量将受到影响。

（5）消费因素。消费者的购买力是产品销售的前提。因此，了解消费者的购买能力、购买动机以及影响消费行为的各种因素是极为重要的。

（6）价格因素。产品本身的价格对需求量的变化也起主要作用；另外，替代产品的价格和互补品的价格也影响本项目产品的需求量。

（二）研究市场需求的主要方法

研究市场需求、进行市场预测的方法有很多，归纳起来主要有两种类型：一是定性分析预测法；二是定量分析预测法。

1. 定性分析预测法

定性分析预测法也称经验判断法。它的基础是市场调查，因为产品的社会需求量、市场占有率和技术发展预测等都要以市场调查为基础。社会需求量预测主要是估计市场对项目产品的需求量有多大及发展趋势如何。市场占有率预测是指对产品销售量占该种产品市场销售总量百分比的估计，也是对产品竞争能力的预测。技术发展预测是指新技术、新材料、新产品的发展对产品需求量影响的估计。

市场调查就是收集、记录、分析有关产品市场需求情况的资料，为预测项目产品的需求量及其发展前景提供信息资料。其具体方法有专家询问法和试点调查法。前者是通过各种方式向专家征求意见，如德尔菲法；后者选定销售现场进行实地调查，然后由熟悉产品情况的有经验的人员根据所了解的情况或征询来的意见进行主观判断和预测。经验判断法简便易行，能有效地综合考虑各种影响因素，有一定的实际效果，但个人经验总有局限性，故准确性较差，在实际中还需结合定量分析方法进行校正。

2. 定量分析预测法

定量分析预测法主要有趋势外推法和因果分析法。

趋势外推法是用过去和现在的资料，推断未来的状态。这种方法需要大量的历史统计资料，只要有数据就能算出结果。该方法简单易行，但是，由于涉及因果关系，因而在有的场合使用会产生较大的误差，大多用于短期和中期预测。属于这类方法的有时间序列法，包括移动平均法、指数平滑法、季节指数法等。

因果分析法则强调寻找事物变化的原因，找出原因和结果之间的关系，并据此预测未来。这类方法是经济预测中常用的方法。属于这类方法的有回归分析法、经济计量模型法、投入产出法等。

定量分析预测法的特点是以数学方法为主，有由数学表示的计量分析，因而具有较严密的科学性。其优点是能够近似地反映客观事物的规律，所预测的结果比较准确，而且可以利用历史数据资料进行预测；其缺点是既要求完整、可靠的数据资料，又要求预测人员具有一定的数学基础，条件要求比较严格。

介绍市场预测的方法及应用的书籍很多，这里不再详述。

（三）影响企业规模的主要因素和确定生产规模的方法

1. 影响企业规模的主要因素

企业生产规模确定得合理与否直接关系到企业的经济效益，在确定企业规模时必须全面考虑各种影响企业规模的因素。其主要因素如下：

（1）产品的市场需求。产品的市场需求是确定企业生产规模的重要因素之一。如果产品面向全国或全世界，需求量大，则建厂规模可大些；若产品使用范围小或主要是满足地方需要，则规模应小一些。

（2）国家的财力和物力。国家的财力允许或拟建项目所筹资金充足，主要原材料、配套件、能源等供应充足而市场需求量又大时，可选择较大的企业规模；否则，宜建中小型企业。

（3）企业的地区分布和交通、地理条件。考虑现有同类企业的分布状况和规模。如果某种产品已过分地集中在一个地区，而且企业的规模又大，则宜分散在其他地区建中小型企业；如果某地区对某产品的长远需求量很大，附近地区也有需求，而且目前供求量差距很大，则可考虑建立较大规模的企业。另外，还需要考虑交通运输条件、地理环境、能源和劳动力的供应条件。若这些条件好，产品需求量又大，地区布局也合理，则可考虑建立大型企业；否则，应建中小型企业。

（4）生产专业化协调作用。有些产品即使适用范围很广，需求量大，但若可组织专业化生产，则其企业规模可以减小。例如，若能在一个或几个地区建立中心装配厂，将大多数零件分散到各地的专业厂进行加工，则不需要建立大型企业，或只建立一个较大的中心装配厂即可，其周围可建立许多中小配套件加工厂。

(5) 产品技术经济的特点。产品技术经济的特点在很大程度上会影响企业的规模。例如，船舶、飞机、冶金设备和重型机械等，由于产品体积大、重量重、结构复杂、零部件多、工艺过程复杂，故工厂需要大的车间、大的起重机械，并需要许多车间。因此，这些产品的生产企业一般规模都很大。当然，这些产品的零部件可以分散到各个加工厂去生产，但即使如此，它们的规模仍然是比较大的。

(6) 人员素质和设备条件。人员素质优良、设备技术条件先进，是进行大规模生产和发挥高效率的关键因素。

在工程项目的可行性研究中，确定项目的最佳生产规模也是非常重要的。确定项目的生产规模除了要考虑以上因素之外，还应通过详细的计算来确定最佳经济规模。不同的行业、不同的条件、不同的产品都有不同的最佳经济规模。所谓最佳经济规模，是指在一定的条件下，满足一定目标的、经济效益最好的规模。

2. 确定生产规模的方法

随着科学技术的不断进步，企业规模的发展趋势是人员规模变小，能力规模变大。但无论在任何一个历史时期、任何一个国家，各种产品都是大、中、小相结合的生产规模结构。因为企业规模并非越大越经济，它们各有优缺点，应该在考虑影响规模因素的基础上，进一步用定量方法来确定企业的生产规模。一般可采用以下两种方法：

(1) 方案比较法。经济规模首先应保证设备能力得到充分利用（如设备负荷在 80% 以上），同时还要考虑项目的发展条件、单位产品投资、成本和效益等因素。使用方案比较法选择较优规模时，先确定不同规模的多个方案，然后利用各方案某一共同指标的优劣来选择最佳规模。若利用效益指标，则选择效益最大的为最佳规模；若利用成本费用指标，则可使用前面介绍的方法，计算折算费用最小的为最佳规模。

(2) 最大利润法。由于技术与经济因素的限制，一切项目的生产规模在大、小两个方向都有一个限度，即有一个界限范围。在这个产量范围内，技术上是可行的，经济上是合理的；大于或小于这个范围，或者会使技术上不可行，或者会使经济上不合理。例如，一个生产项目或一条生产线，当产量不能使设备满负荷，即低于设备的生产能力时，是不经济的，低到一定限度就会发生亏损；如果产量超过设备能力的极限，则会使废品率升高，设备检修次数增多，设备使用寿命缩短，也可能发生亏损。

在运用上述方法的同时，还应进一步全面分析影响企业规模的其他重要因素，如合理的地区分布，建设周期，国家的财力、物力情况，以及建厂地区的专业化协作条件等因素，最终确定经济合理而又切实可行的生产规模。

三、厂址选择

（一）厂址选择的重要性

厂址选择是可行性研究中的一个重要环节。厂址选择包括厂区的选择和地点的选择。前者是指按照建厂条件，在较大范围内选择合适的厂区。一个适当的建厂地区可能包括相当大的区域，例如，沿一条河流的岸边，或围绕着某一城市半径若干公里范围内。而地点的选择必须确定项目的明确位置，因而需要非常具体的地点。

在项目的可行性研究中，当拟建项目的产品品种、生产规模、原材料等确定以后，就应进行厂址选择。只有厂址选定后，项目的投资与成本才能被较正确地估算出来。厂址选择不当将会产生严重后果。

（1）对基建投资有重大影响。例如，厂址土方工程量大，地基处理困难，搬迁工作量大，气候恶劣，协作条件差等，都会影响投资，延长工期。

（2）对产品成本有重大影响。厂址对产品成本的影响主要体现在原材料、燃料、动力的运输费用方面。若产品的成本增加，就会提高产品的价格，从而影响产品的销售量。

（3）影响正常生产。若厂址选择不当，则职工上下班不便、子女入学困难、文化生活枯燥等，也会影响正常生产。

（4）影响环境生态。根据项目特点，应事先考虑环境污染及生态平衡问题，以免日后造成严重后果。

（二）厂址选择的原则与步骤

1. 厂址选择的原则

建厂地区和建厂地址的选择原则，根据项目特点应有所区别，概括起来可归纳为三个方面：应符合国家的方针、政策以及国家总体规划及布局的要求；应满足职工的生活要求；应满足拟建项目的生产要求。

2. 厂址选择的步骤

（1）拟定建厂条件指标。选厂的第一步，就是根据拟建工厂的产品特点和生产规模，拟定建厂条件指标。指标内容包括：占地面积，原材料、燃料的种类、数量；副产品的种类、数量；废渣的种类、性质、数量；各类货物的运输量及运输方式；各种货物的储存量及储存方式；用水量及对水质的要求；排放的废水、废气量及其性质；用电量及用电要求；全厂定员及生活环境；对其他工业协作及社会协作等。

（2）现场踏勘和选厂基础资料的收集。进行现场踏勘前，先根据建厂条件指标制定厂址基础资料的收集提纲，主要内容包括：气象、水文、地质、地形资料；原材料、燃料供应条件，供电、给水排水条件；交通运输状况；协作条件及工农业生产情况；施工材料，用水、用电条件；生活条件及文化生活设施等。

（3）厂址方案比较和分析论证。根据现场踏勘结果，对所收集到的资料加以鉴定，对各个厂址方案进行比较、论证，提出选址报告。

（4）选址报告。厂址选择的最后工作是提出选址报告。选址报告的基本内容包括：

1）选址依据、建厂的条件指标、选址的主要经过。

2）建设地区的概况（包括自然、经济、社会方面）。

3）厂址条件概述。

4）厂址方案比较，包括厂址的技术条件、建设投资、经营费用的比较。

5）各厂址方案的综合分析论证，提出推荐方案。

6）当地领导部门对厂址的意见。

7）存在的问题及解决的办法。

（三）厂址选择的技术经济分析

当有几个厂址可供选择时，必然要进行技术经济分析。在进行技术经济分析时，为了简单起见，只需计算出各方案投资及成本不相同的部分，相同的部分可以略去不计。根据投资及成本费用，可以对厂址在经济上进行比较。但厂址选择除经济因素外，还需考虑技术等多种因素。因此，必须进行综合评价，最后提出一个合理的厂址选择建议。

四、环境影响评价

（一）环境污染的概念

环境污染是指由于人类的社会经济活动对自然界造成破坏，恶化人类生活环境的现象。环境污染包括自然环境污染和社会环境污染。危害自然环境的主要因素有废水、废气、废渣、粉尘、垃圾、放射性物质及噪声等，其中对环境危害最大的是废水、废气和废渣，简称“三废”。“三废”污染水源和大气，严重危害人们的身体健康，发展下去还会破坏生态平衡，有可能造成项目得不偿失。因此，在项目建设前期的可行性研究中，必须做好有关环境影响的评价工作。

（二）工业项目导致环境污染

现代工业生产，特别是钢铁工业、有色金属冶炼、化学石油工业，在项目建设和生产过程中排放的废气、废渣和废水是污染环境的主要来源，而核工业排放的放射性物质、废气、废水等污染对人类生命危害更大。为了有效地预防污染，必须弄清污染的来源。工业项目的建设和生产对自然环境与生态平衡的破坏主要来自三个方面的污染源：

（1）来自项目投入的物料，如有毒或易爆的投入物料。

（2）来自工厂的生产过程，如生产过程中产生的废水、废渣和有毒气体，直接会对空气、土壤和水质等自然环境产生污染，或增加噪声程度。

（3）来自项目的产出物，如化肥和农药这类产出物，会对环境和生态产生有毒或不良影响。

（三）环境影响报告书

国家规定建设项目在进行可行性研究时，必须对拟建项目拟采用的生产技术和建设方案进行环境影响评价，编制和报批环境影响报告书（表），经批准后，方可审批项目可行性研究报告。

环境影响报告书应包括如下内容：

（1）总论。

（2）建设项目概况。说明项目的规模、建设性质；废水、废气、废渣、粉尘、放射性废物等的种类、排放量和排放方式；噪声、震动数值；废弃物的回收利用，以及污染物处理方案、设施和主要工艺原则等。

（3）建设项目周围地区的环境状况调查。

（4）建设项目对周围地区和环境的近期和远期影响的分析与预测。

（5）环境影响经济损益简要分析。

（6）环境监测制度建议。

（7）结论。

（8）存在问题与建议。

（四）环境保护的可行性研究

在项目可行性研究报告中，应对建设项目的环境保护做专题论述。论述的主要内容应包括：①建设地区的环境现状；②主要污染源和主要污染物；③资源开发可能引起的生态变化；④采用的环境保护标准；⑤控制污染和生态变化的初步方案；⑥环境保护投资估算；

⑦环境影响评价的结论或环境影响分析；⑧存在的问题及建议。

在编制可行性研究报告时，应按照具体项目的不同特点和不同建设条件，遵照上述内容要求，做必需的调查研究和分析论证，并向环境部门提供研究成果和主要数据，以备考核。

五、可行性研究报告的目录格式

第 1 章　总论

1. 项目及其承办单位
2. 研究工作依据
3. 项目概貌
4. 结论与建议

第 2 章　项目背景与发展概况

1. 项目提出的背景
2. 投资环境
3. 建设的必要性
4. 项目发展概况

第 3 章　市场分析与建设规模

1. 市场调查
2. 市场预测
3. 产品方案与建设规模

第 4 章　建设条件与厂址选择

1. 资源与原材料
2. 建设地点的选择
3. 厂址选择

第 5 章　工程技术方案

1. 项目组成
2. 生产技术方案
3. 总平面布置及运输
4. 土建工程
5. 公用与辅助工程
6. 生活福利设施
7. 地震设防

第 6 章　环境保护与劳动安全

1. 环境保护的可行性研究
2. 厂址与环境保护
3. 主要污染源与污染物
4. 综合利用与治理方案
5. 环境影响评价
6. 劳动保护与安全卫生
7. 消防

第 7 章　企业组织与劳动成员

1. 企业组织

2. 人员配备与培训

第 8 章　项目实施进度安排

1. 项目实施时期的各项工作

2. 项目实施进度表

第 9 章　投资估算与资金筹措

1. 固定资产总投资估算

2. 流动资金估算

3. 资金筹措

第 10 章　财务效益、经济和社会效益评价

1. 生产成本与销售收入

2. 财务效益评价

3. 国民经济评价

4. 不确定性分析

5. 社会效益评价

6. 评价结论

第 11 章　可行性研究结论与建设

1. 结论

2. 建议

可行性研究报告的附件包括：

1. 研究工作依据文件

（1）项目建议书

（2）初步可行性研究报告

（3）各类批文及协议

（4）调查报告和资料汇编

（5）试验报告等

2. 厂址选择报告书

3. 资源勘探报告

4. 贷款意向书

5. 环境影响报告书

6. 需要单独进行可行性研究的单项或配套工程的可行性研究报告（如自备热电站、铁路专用线、码头、水厂等）

7. 生产技术方案、总平面布置方案及比选说明

8. 对国民经济有重要影响的产品市场调查报告

9. 引进技术项目的考察报告、设备协议

10. 利用外资项目的各类协议文件

11. 其他

12. 附图

（1）厂址地形或位置图（注有等高线）
（2）总平面布置方案图（注有标高）
（3）工艺流程图
（4）主要车间布置方案简图
（5）其他

第三节　投资项目可行性研究报告的编制

投资项目可行性研究报告的编制应体现出技术的可行性、经济上的合理性和方案的科学性，要在进行充分的市场调研、掌握大量技术标准的基础上，以严谨的科学态度和高度负责的精神对项目负责，为投资者的科学决策提供依据。

一、总论

总论作为可行性研究报告的首要部分，要综合叙述研究报告中各部分的主要问题和研究结论，并对项目的可行与否提出最终建议，为可行性研究的审批提供方便。

1. 项目背景

（1）项目名称。
（2）项目的承办单位。
（3）项目的主管部门。
（4）项目拟建地区和地点。
（5）承担可行性研究工作的单位和法人代表。
（6）研究工作的依据。
（7）研究工作概况：①项目建设的必要性；②项目发展及可行性研究工作概况。

2. 可行性研究结论

在可行性研究中，对项目的产品销售、原料供应、生产规模、厂址、技术方案、资金总额及筹措、项目的财务效益和国民经济、社会效益等重大问题，都应得出明确的结论。可行性研究结论包括：

（1）市场预测和项目规模。
（2）原材料、燃料和动力供应。
（3）厂址。
（4）项目工程技术方案。
（5）环境保护。
（6）工厂组织及劳动定员。
（7）项目建设进度。
（8）投资估算和资金筹措。
（9）项目财务和经济评价。
（10）项目综合评价结论。

3. 主要技术经济指标

在总论部分，可将研究报告中各部分的主要技术经济指标汇总，列出主要技术经济指标表，使审批和决策者对项目全貌有一个综合了解。

4. 存在问题及建议

对可行性研究中提出的项目的主要问题进行说明并提出解决的建议。

二、项目背景和发展概况

这一部分主要应说明项目的发起过程、提出的理由、前期工作的发展过程、投资者的意向、投资的必要性等可行性研究的工作基础。为此，需对项目的提出背景与发展概况做系统叙述，说明项目提出的背景、投资理由、在可行性研究前已经进行的工作情况及其成果、重要问题的决策和决策过程等情况。在叙述项目发展概况的同时，应能清楚地提出本项目可行性研究的重点和问题。

1. 项目提出的背景

(1) 国家或行业发展规划。

(2) 项目发起人以及发起缘由。

2. 项目发展概况

项目的发展概况是指项目在可行性研究前所进行的工作，包括：

(1) 已进行的调查研究项目及其成果。

(2) 试验试制工作（项目）情况。

(3) 厂址初勘和初步测量工作情况。

(4) 项目建议书（初步可行性研究报告）的撰写、提出及审批过程。

3. 投资的必要性

三、市场分析与建设规模

市场分析在可行性研究中的重要地位在于，任何一个项目，其生产规模的确定、技术的选择、投资估算甚至厂址的选择，都必须在对市场需求情况有充分了解以后才能决定。而且，市场分析的结果还可以决定产品的价格、销售收入，最终会影响项目的盈利性和可行性。在可行性研究报告中，要详细阐述市场需求预测、价格分析，并确定建设规模。

1. 市场调查

(1) 拟建项目产出物用途调查。

(2) 产品现有生产能力调查。

(3) 产品产量及销售量调查。

(4) 替代产品调查。

(5) 产品价格调查。

(6) 国外市场调查。

2. 市场预测

市场预测是市场调查在时间和空间上的延续，是利用市场调查所得到的信息资料，根据市场信息资料分析报告的结论，对本项目产品的未来市场需求量及相关因素所进行的定量和定性的判断与分析。在可行性研究工作中，市场预测的结论是制订产品方案、确定项目建设规模所必需的依据。

(1) 国内市场需求预测：①本产品的消耗对象；②本产品的消费条件；③本产品更新

周期的特点；④可能出现的替代产品；⑤本产品使用中可能产生的新用途。

（2）产品出口或进口替代分析：①替代出口分析；②出口可行性分析。

（3）价格预测。

3. 市场推销战略

在商品经济环境中，企业要根据市场情况，制定合适的销售战略，争取扩大市场份额，稳定销售价格，提高产品竞争能力。因此，在可行性研究中，要对市场推销战略进行研究。

（1）推销方式：①投资者分成；②企业自销；③国家部分收购；④经销人代销及代销人情况分析。

（2）推销措施。

（3）促销价格制度。

（4）产品销售费用预测。

4. 产品方案和建设规模

（1）产品方案：①列出产品名称；②产品规格标准。

（2）建设规模。

5. 产品销售收入预测

根据确定的产品方案、建设方案、建设规模以及预测的产品价格，可以估算产品销售收入。

四、建设条件与厂址选择

根据前面部分关于产品方案与建设规模的论证与建议，在这一部分中，按建议的产品方案和规模来研究资源、原材料、燃料、动力等需求和供应的可靠性，并对可供选择的厂址做进一步技术和经济分析，确定新厂址方案。

1. 资源和原材料

（1）资源详述。

（2）原材料及主要辅助材料供应：①原材料、主要辅助材料的需要量及供应；②燃料、动力及其他公用设施的供应；③主要原材料、燃料、动力的费用估算。

（3）需要做生产试验的原材料。

2. 建设地区的选择

选择建厂地区，除必须符合行业布局、国土开发整体规划外，还应考虑资源、区域地质、交通运输和环境保护四个要素。

（1）自然条件。

（2）基础设施。

（3）社会经济条件。

（4）其他应考虑的因素。

3. 厂址选择

（1）厂址多方案比较：①地形、地貌、地质的比较；②占用土地情况的比较；③拆迁情况的比较；④各项费用的比较。

（2）厂址推荐方案：①绘制推荐厂址的位置图；②叙述厂址地貌、地理、地形的优缺点和推荐理由；③环境条件分析；④占用土地种类分析；⑤推荐厂址的主要技术经济数据。

五、工厂技术方案

技术方案是可行性研究的重要组成部分，包括主要研究项目应采用的生产方法、工艺和工艺流程，重要设备及其相应的总平面布置，主要车间组成及建构筑物形式等技术方案，并在此基础上，估算土建工程量和其他工程量。在这一部分中，除文字叙述外，还应将一些重要数据和指标列表说明，并绘制总平面布置图、工艺流程示意图等。

1. 项目组成

凡由本项目投资的厂内外的所有单项工程、配套工程，包括生产设施、后勤、运输、生活福利设施等，均属项目组成的范围。

2. 生产技术方案

生产技术方案是指产品生产所采用的工艺技术、生产方法、主要设备、测量自控装备等技术方案。

（1）产品标准。叙述本项目主要产品和副产品的质量标准。

（2）生产方法。

（3）技术参数和工艺流程。

（4）主要工艺设备选择。

（5）主要原材料、燃料、动力消耗指标。

（6）主要生产车间布置方案。

3. 总平面布置和运输

（1）总平面布置原则。总平面布置应根据项目各单项工程、工艺流程、物料投入与产出、废弃物排出及原材料储存、厂内外交通运输等情况，按厂址的自然条件、生产要求与功能，以及行业、专业的设计规范进行安排。

（2）厂内外运输方案。

（3）仓储方案。

（4）占地面积及分析。

4. 土建工程

（1）主要建筑物、构筑物的建筑特征及结构设计。

（2）特殊基础工程的设计。

（3）建筑材料。

（4）土建工程造价估算。

5. 其他工程

（1）给水排水工程。

（2）动力及公用工程。

（3）地震设防。

（4）生活福利设施。

六、环境保护与劳动安全

在项目建设中，必须贯彻执行国家有关环境保护和职业安全卫生方面的法规、法律，对项目可能对环境造成的近期和远期影响，对影响劳动者健康和安全的因素，都要在可行性研究阶段进行分析，提出防治措施，并对其进行评价，推荐技术、经济上可行且布局合理，对环境的有害影响较小的最佳方案。按照国家现行规定，凡从事对环境有影响的建设项目，都必须执行环境影响报告书的审批制度，同时，在可行性研究报告中，对环境保护和劳动安全要有专门论述。

1. 建设地区的环境现状

2. 项目主要污染源和污染物

（1）主要污染源。

（2）主要污染物。

3. 项目拟采用的环境保护标准

4. 治理环境的方案

5. 环境监测制度的建议

6. 环境保护投资估算

7. 环境影响评价结论

8. 劳动保护与安全卫生

（1）生产过程中职业危害因素的分析。

（2）职业安全卫生主要设施。

（3）劳动安全与职业卫生机构。

（4）消防措施和设施方案建议。

七、企业组织和劳动定员

在可行性研究报告中，根据项目规模、项目组成和工艺流程，研究提出相应的企业组织机构、劳动定员总数及劳动力来源，以及相应的人员培训计划。

1. 企业组织

（1）企业组织形式。

（2）企业工作制度。

2. 劳动定员和人员培训

（1）劳动定员。

（2）年总工资和职工年平均工资估算。

（3）人员培训及费用估算。

八、项目实施进度安排

项目实施时期的进度安排也是可行性研究报告中的一个重要组成部分。项目实施时期又可称为投资时间，是指从正式确定建设项目到项目达到正常生产这段时间。这一时期包括项目实施准备、资金筹集安排、勘察设计和设备订货、施工准备、施工和生产准备、试运转直到竣工验收和交付使用等各工作阶段。这些阶段的各项投资活动和各工作环节，有些是相互影响、前后紧密衔接的，也有些是同时开展、相互交叉进行的。因此，在可行性研究阶段，需将项目实施时期各个阶段的各个工作环节进行统一规划，综合平衡，做出合理又切实可行的安排。

1. 项目实施的各阶段

（1）建立项目实施管理机构。

（2）资金筹集安排。

（3）技术获得与转让。

（4）勘察设计和设备订货。

（5）施工准备。

（6）施工和生产准备。

（7）竣工验收。

2. 项目实施进度表

（1）横道图。

（2）网络图。

3. 项目实施费用

（1）建设单位管理费。

（2）生产筹备费。

（3）生产职工培训费。

（4）办公和生活家具购置费。

（5）勘察设计费。

（6）其他应支出的费用。

九、投资估算与资金筹措

建设项目的投资估算和资金筹措分析，是项目可行性研究内容的重要组成部分。每个项目均需计算所需要的投资总额，分析投资的筹措方式，并制订用款计划。

1. 项目总投资估算

建设项目总投资包括固定资产总额和流动资金。

（1）固定资产总额估算。

（2）流动资金估算。

2. 资金筹措

一个建设项目所需要的投资资金可以从多个渠道获得。在项目可行性研究阶段，资金筹措工作是根据对建设项目固定资产投资估算和流动资金估算的结果，研究落实资金的来源渠道和筹措方式，从中选择条件优惠的资金。在可行性研究报告中，应对每一种来源渠道的资金及其筹措方式逐一论述，并附有必要的计算表格和附件。在可行性研究中，应对下列内容加以说明：

（1）资金来源。

（2）项目筹资方案。

3. 投资使用计划和借款偿还计划

（1）投资使用计划。

（2）借款偿还计划。

十、财务效益、经济和社会效益评价

在建设项目的技术路线确定以后，必须对不同的方案进行财务、经济效益评价，判断项目在经济上是否可行，并比选出优秀方案。本部分的评价结论是建议方案取舍的主要依据之一，也是对建设项目进行投资决策的重要依据。本部分就可行性研究报告中财务、经济与社会效益评价的主要内容做一概要说明。

1. 生产成本和销售收入估算

（1）生产总成本。

（2）单位成本。

（3）销售收入估算。

2. 财务评价

财务评价是考察项目建成后的获利能力、债务偿还能力及外汇平衡能力的财务状况，以判断建设项目在财务上的可行性。财务评价多采用静态分析与动态分析相结合，以动态分析为主的方法进行，并用财务评价指标分别和相应的基准参数——财务基准收益率、行业平均投资回收期、平均投资利润率、投资利税率相比较，以判断项目在财务上是否可行。

3. 国民经济评价

国民经济评价是项目经济评价的核心部分，是决策部门考虑项目取舍的重要依据。建设项目国民经济评价采用费用与效益分析的方法，运用影子价格、影子汇率、影子工资和社会折现率等参数，计算项目对国民经济的净贡献，评价项目在经济上的合理性。国民经济评价采用国民经济盈利能力分析和外汇效果分析，以经济内部收益率（EIRR）作为主要的评价指标；根据项目的具体特点和实际需要，也可计算经济净现值（ENPV）指标；涉及产品出口创汇或替代进口节汇的项目，要计算经济外汇净现值（ENPVF）、经济换汇成本或经济节汇成本。

4. 不确定性分析

在对建设项目进行评价时，所采用的数据多数来自预测和估算。由于资料和信息的有限性，将来的实际情况可能与此有出入，这会给项目投资决策带来风险。为避免或尽可能减少风险，要分析不确定性因素对项目经济评价指标的影响，以确定项目的可靠性，这就是不确定性分析。根据分析内容和侧重点不同，不确定性分析可分为盈亏平衡分析、敏感性分析和概率分析。在可行性研究中，一般要进行的盈亏平衡分析、敏感性分配和概率分析，可视项目情况而定。

5. 社会效益和社会影响分析

在可行性研究中，除对以上各项指标进行计算和分析以外，还应对项目的社会效益和社会影响进行分析，也就是对不能定量的效益影响进行定性描述。

十一、可行性研究结论与建议

1. 结论与建议

根据前面的研究分析结果，对项目在技术上、经济上进行全面评价，对建设方案进行总结，提出结论性的意见和建议。其主要内容有：

（1）对推荐的拟建方案的建设条件、产品方案、工艺技术、经济效益、社会效益、环境影响给出结论性意见。

（2）对主要的对比方案进行说明。

（3）对可行性研究中尚未解决的主要问题提出解决办法和建议。

（4）对应修改的主要问题进行说明，并提出修改意见。

（5）对不可行的项目，提出不可行的主要问题及处理意见。

（6）可行性研究中主要争议问题的结论。

（7）可行性研究报告附件。凡属于项目可行性研究的范围，但在研究报告以外单独成册的文件，均需列为可行性研究报告的附件，所列附件应注明名称、日期、编号。

2. 附件

（1）项目建议书（初步可行性研究报告）。

（2）项目立项批文。

（3）厂址选择报告书。

（4）资源勘探报告。

（5）贷款意向书。

（6）环境影响报告。

（7）需单独进行可行性研究的单项或配套工程的可行性研究报告。

（8）需要的市场调查报告。

（9）引进技术项目的考察报告。

（10）引进外资的各类协议文件。

（11）其他主要对比方案说明。

（12）其他。

3. 附图

（1）厂址地形或位置图（设有等高线）。

（2）总平面布置方案图（设有标高）。

（3）工艺流程图。

（4）主要车间布置方案简图。

（5）其他。

第四节　投资项目的财务评价

一、经济评价基础数据的估算

（一）经济评价基础数据估算概述

1. 基础数据估算的必要性

项目的投资、成本、销售收入、税金、利息、折旧等都可以看成财务评价的基础数据，因为经济评价的各种指标就是根据这些数据计算的。由于这些数据是在方案实施之前取得的，所以必须予以估算，这是经济评价工作的起点。如果基础数据估算的准确程度不高，甚至是错误的，就会直接影响经济评价结论的正确性，给投资决策造成严重的后果。所以，准确地估算和分析各项基础数据，是保证项目经济评价结论正确性的前提条件。

2. 经济评价基础数据测算的主要依据

（1）项目建议书。

（2）产品方案和市场评价确定的建设规模。

（3）工程项目一览表。

（4）设计方案、图样及主要设备明细表。

（5）设备的价格、安装和运输的费用。

（6）同类项目的建设资料、产品生产资料。

（7）有关规定，如资金来源、贷款利率、外汇汇率、税法、建设项目的特殊要求等。

（8）工资及其他费用标准。

3. 经济评价的主要基础数据种类

（1）项目总投资，包括固定资产投资、固定资产投资方向调节税、建设期借款利息、流动资金。

（2）产品成本，包括产品总成本费用、单位产品成本、经营成本（也叫经营费用）、固定成本与可变成本。

（3）销售收入、销售税金。

（4）固定资产折旧、无形资产和递延资产摊销。

（二）固定资产投资费用的估算

建设项目固定资产投资费用是计算分析项目经济效益的重要财务数据之一。一般情况下，项目的固定资产投资构成如图 6-2 所示。

- 固定资产投资
  - 工程费用
    - 建筑工程费
    - 设备及工器具购置费
    - 安装工程费
  - 其他费用
    - 项目实施前的费用
      - 初步可行性研究费用
      - 可行性研究费用
      - 其他有关费用
    - 项目实施期间发生的其他费用
      - 土地征用费
      - 勘察设计费
      - 研究试验费
      - 厂址选择费
      - 办公和生活用具购置费
      - 城市基础设施费
      - 动力增容费
      - 建设单位临时设施费
      - 施工机械迁移费
      - 系统调试费
      - 筹建管理费
      - 生产准备费
      - 职工培训费
      - 联合试车费
  - 预备费（不可预见费用）
    - 自然灾害造成的损失
    - 设计、施工阶段必须增加的工程费用，如设计变更费
    - 其他难以预料的情况

图 6-2　固定资产投资构成示意图

固定资产投资估算的方法主要有系数法、单位能力投资估算法和编制概算的方法。实际

中，需根据不同项目的特点和要求采用某种方法。

1. 系数法

系数法以设计方案确定的设备投资为基础，对相应的建筑费、安装费、其他费用等用一些系数进行估算。其计算公式为

$$K=[K_v(1+R_1+R_2+R_3)]\times 1.15$$

$$k_v=\sum_{i=1}^{n}(Q_iP_i)$$

式中，K 为固定资产总投资；K_v 为设备费用投资；Q_i 为第 i 种设备的需要量；P_i 为第 i 种设备的单价；R_1 为建筑费系数；R_2 为安装费系数；R_3 为其他费用系数；1.15 为综合系数。

若设备费是按现行出厂价格计算的，还应考虑次要设备和备品备件及运杂费系数，需再乘以 1.2。

【例】 某建设项目各专业设计方案提出的主要设备按现行出厂价格计算的设备费是 470 万元，根据同类型项目施工分析所取定的建筑费系数为 0.7，安装及主要材料费系数为 0.45，其他费用系数为 0.4，试估算该项目的固定资产总投资。

解　设备总投资 = 470 万元 × 1.2 = 564 万元

总投资 K = [564 万元 × (1 + 0.7 + 0.45 + 0.4)] × 1.15 = 1653.93 万元

2. 单位能力投资估算法

将同类项目已知的单位能力的投资乘以拟建项目生产能力，再乘以价格指数，即可求出拟建项目的固定资产投资。其计算公式为

$$K=\frac{K_P Q P_1}{P_0}$$

式中，K 为拟建项目建设投资；K_P 为单位能力投资［元/(年·t)］；Q 为拟建项目生产能力；P_1 为建设年份价格；P_0 为单位能力投资数据取得年份的价格。

单位能力投资按专业部门测算资料或类似建设竣工结算分析资料取得。

该法只适用于类型相同、条件近似的建设项目投资的估算。

3. 编制概算的方法

编制概算的方法是目前国内应用最广的一种方法。具体做法如下：

(1) 对土建工程，根据工程项目结构特征一览表，套用概算指标或大指标（每平方米建筑面积造价指标）进行估算。

(2) 对国内设备，按现行国内产品价格计算；对国外引进设备，按货价加运费、保险费、关税、工商税、银行手续费来计算。

(3) 对其他费用，按主管部门，省、市、自治区的取费标准或采用系数法（即按工程的百分比）计算。

(4) 对不可预见费用，按工程费用和其他费用之和的一定百分比计算。

（三）流动资金的估算方法

流动资金是保证项目建成以后，用于生产周转所需的资金，没有足够的流动资金，项目就不能正常生产，流动资金也是项目总投资中的一项重要内容。其估算方法如下：

(1) 扩大指标估算法。一般可参照同类生产企业流动资金占销售收入、经营成本、固定资产投资的比率，以及单位产量占用流动资金的比率来确定。

（2）分项详细估算法。需要分项详细估算流动资金时，可采用下列公式

$$流动资金 = 流动资产 - 流动负债$$

$$流动资产 = 应收账款 + 存货 + 现金$$

$$流动负债 = 应付账款$$

$$流动资金本年增加额 = 本年流动资金 - 上年流动资金$$

流动资产和流动负债各项的计算公式如下

$$周转次数 = \frac{360}{最低周转天数}$$

最低周转天数按实际情况并考虑保险系数分项确定。

$$应收账款 = \frac{年经营成本}{周转次数}$$

$$存货 = 外购原材料、燃料 + 在产品 + 产成品$$

$$外购原材料、燃料 = \frac{年外购原材料、燃料费}{周转次数}$$

$$产成品 = \frac{年经营成本}{周转次数}$$

$$在产品 = \frac{年外购原材料、燃料及动力费 + 年工资及福利费 + 年修理费 + 年其他制造费用}{周转次数}$$

$$现金 = \frac{年工资及福利费 + 年其他费用}{周转次数}$$

$$年其他费用 = 制造费用 + 管理费用 + 财务费用 + 销售费用 - (工资及福利费 + 折旧费 + 维简费 + 摊销费 + 修理费 + 利息支出)$$

上式中括号内项目是指制造费用、管理费用、财务费用及销售费用中的有关项目。

$$应付账款 = \frac{年外购原材料、燃料及动力费}{周转次数}$$

流动资金一般应在投产前开始筹措，在投产第一年开始按生产负荷进行安排，其借款部分按全年计算利息。流动资金利息应计入财务费用，项目计算期末回收全部流动资金。

（四）产品成本费用的估算

（1）总成本费用。总成本费用是指项目在一定时期内（一般为一年）为生产和销售产品而花费的全部成本和费用。它由生产成本、管理费用、财务费用和销售费用组成。

为了便于计算，在总成本费用估算过程中，也可将工资及福利费、折旧费、修理费、摊销费、利息支出后的费用作为其他费用。

（2）经营成本。经营成本是指从总成本费用中扣除折旧费、维简费、摊销费和借款利息后的成本。

（3）可变成本与固定成本。为了对项目进行盈亏平衡分析，还要把总成本费用中的各部分按其与产量变化的关系分为可变成本和固定成本。其中，随产量的增减而成比例地增减的部分称为可变成本；与产量的多少无关的部分称为固定成本。

（五）销售收入、税金及附加、折旧及摊销等其他基础数据的估算

这些数据的估算可参见会计制度和税制的相关内容。

计算销售收入时，假设生产出来的产品全部售出，销售量等于生产量。销售价格一般采

用出厂价格，也可根据需要采用送达用户的价格或离岸价格。

税金估算重点估算与项目有关的增值税及附加。

固定资产折旧一般采用平均年限法，特别企业经批准的也可以采用双倍余额递减法或年数总和法。

无形资产按规定期限分期摊销；没有规定期限的，按不少于10年分期摊销。递延资产中的开办费按不短于5年的期限分期摊销。

二、财务效益评价

（一）财务评价的含义和作用

财务评价是按照国内现行市场价格和国家现行财税政策，从企业的角度分析预测项目的效益和费用等财务预测数据，计算出项目在财务上的获利能力，即衡量项目给企业带来的净财务收益、项目贷款的清偿能力及外汇效果等财务状况，以判断建设项目财务上的可行性。它能初步考察工程项目投资的可靠性和可接受的前景。这是项目经济评价的第一步，也是项目可行性研究的核心内容，作为决定建设项目投资命运的重要决策依据。

企业财务评价无论是对投资主体，还是对项目投资的银行，都十分重要。投资者在对工程项目投资决策前，通过可行性研究和经济评价，研究项目实施所需资金，并根据自身的财务实力，确定自由资金投资额，采用积极措施，如利用银行的长期和短期贷款或其他途径积极筹集资金，制定资金来源和使用计划；运用技术经济分析评价方法，从微观角度比较项目的成本与效益，分析项目投资所能获得的经济效果，科学预测项目投产后的获利能力，考核项目偿还贷款能力和检验项目给投资者带来的净收益。

对于向项目贷款的银行来说，通过财务评价，可以确定企业接受贷款的可靠程度，掌握企业投产后的实际财务状况，判断企业的贷款偿还能力，据此做出给项目贷款的可能性、贷款方式和条件等决策。

（二）财务评价程序

企业财务评价的程序大致可分为三个步骤，如图6-3所示。

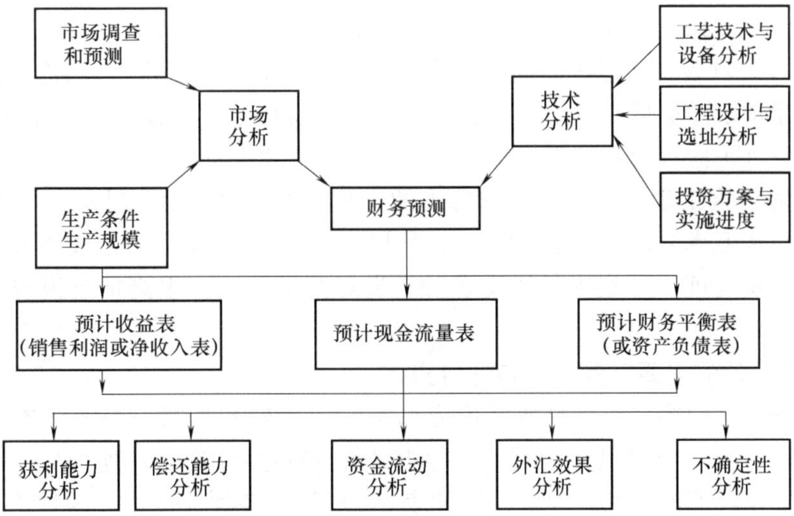

图6-3　企业财务评价程序

第一步，通过项目的市场调查和预测分析以及技术与投资的方案分析，确定生产产品方案和合理的生产规模，选择生产工艺方案、设备选型、工程设计方案、建设地点和投资方案，拟订项目实施进度计划，据此进行财务预测，获得项目投资、生产成本、销售收入和利润等一系列财务基础数据。

第二步，将上述财务预测数据汇总，编制出三个主要基本报表：①预计收益表（销售利润或净收入表），反映项目逐年的收益和成本；②预计现金流量表，反映项目逐年资金来源和运用，体现企业盈利能力和财务活动状况；③预计财务平衡表或资产负债表，反映企业逐年财务盈亏状况和收益分配及集资计划。

第三步，通过上述基本报表，可以直接计算出一系列分析评价指标，这就便于进行项目的获利能力分析、偿还能力分析、资金流动分析、外汇效果分析和不确定性分析。

（三）财务评价的主要内容

企业财务评价的基本目标是项目的盈利能力，就是以项目有无盈利及盈利大小作为评价项目财务上可行性程度的基本标志，由此可导出考察财务上盈利能力的主要评价内容：

(1) 项目达到设计生产能力的正常生产年份可能获得的盈利水平，即正常生产年份的利润及其占总投资的比率大小，用以考虑项目的年度投资盈利能力。

(2) 偿还贷款期限的长短，即按项目投产后每年能获得的利润和折旧基金及其他资金，按规定偿清项目投资贷款本息所需的时间。这是衡量企业还款能力的重要指标。

(3) 项目整个寿命期内的盈利水平，即项目整个寿命期内企业的财务收益和总收益率，并考虑资金的时间因素，运用动态计算分析，有利于较客观地反映企业所能达到的实际财务收益情况。

(4) 项目资金的流动性分析。通过计算资金流动比率、速动比率和负债与资本比率等各种财务比率指标，对项目投产后的资金流动情况进行比较分析。它用以反映项目寿命期内企业各年的利润、盈亏、资产和负债、资金来源和运用、资金的流动和债务运用等财务状况及资产结构的合理性，及时掌握流动资金应付账款和资金周转情况，反映项目所面临的风险程度，具体了解项目偿还流动负债（如短期贷款）的能力和速度。

(5) 对于涉外项目（即涉及外贸、外资及影响外汇流量的项目），尚需进行外汇效果的计算分析，衡量项目实施后对国家外汇状况的影响，以及进行产品出口能力和竞争能力的分析。这里要计算外汇净现值和换汇成本、创汇率等外汇效果指标。

(6) 分析客观因素变动对项目盈利能力的影响，即通过不确定性分析（如盈亏平衡分析、敏感性分析和概率分析），检验不确定性因素的变动对项目收益、收益率和投资回收期等效果指标的影响程度，考察项目承受各种投资风险的能力，提高项目投资的可靠性和盈利性。

（四）财务评价的主要财务报表和评价指标

根据财务评价的内容，进行财务评价应编制的一系列基本财务报表。这些表在《建设项目评价方法和参数》中有具体规定。根据基本报表还要计算一系列指标，这种评价指标与基本报表的关系及所能反映的评价内容如表 6-2 所示。各种评价指标的计算在本书的有关章节已做介绍，这里不再详细说明，还可参见本章研究案例的计算结果。

表 6-2　财务报表与评价指标

评价内容	财务分析	基本报表	财务评价指标	
			静态指标	动态指标
获利能力分析	现金流量分析	全部投资现金流量表	财务净现金流量 财务投资收益率	财务内部收益率 财务净现值 财务净现值率
		国内资金（或自有资金）现金流量表	财务净现金流量 财务投资收益率	财务内部收益率 财务净现值
	财务平衡分析	利润表	投资利润率 投资利税率	
偿还能力分析	现金流量分析	全部投资现金流量表	全部投资回收期	
		国内资金（自有资金）现金流量表	国内（自有）资金投资回收期	
	财务平衡分析	财务平衡表	固定资产投资借款偿还期	
资金流动性分析	流动性分析	资产负债表 利润表 财务平衡表	流动比率 速动比率 负债与资本比率 现金流动比率 应收账款周转率 存货周转率	
外汇效果分析	外汇效果分析	财务外汇现金流量表	财务外汇净现金流量 外汇率、节汇率 产品国际竞争能力	财务外汇净现值 财务换汇成本 财务节汇成本
不确定性分析	盈亏平衡分析	全部投资和国内投资（自有资金）现金流量表	平衡点的产量、销售收入、生产能力利用率、保本价格、安全度	
	敏感性分析	全部投资和国内投资（自有资金）现金流量表	投资收益率 投资回收期 贷款偿还期	财务内部收益率 财务净现值
	概率分析	全部投资和国内投资（自有资金）现金流量表	投资收益率期望值 投资回收期期望值 贷款偿还期期望值	净现值期望值 净现值大于或等于 0 的累计概率

第五节　投资项目的国民经济评价

一、国民经济评价

（一）国民经济评价的含义及特点

国民经济评价是根据国民经济的长远发展目标和社会需要，衡量建设项目对国家、社会、经济发展战略目标和社会福利的实际贡献。它是从宏观角度，利用影子价格、影子工资、社会折现率等参数，全面评价建设项目的实际经济效益和社会效益。对于注重宏观经济效益的社会主义国家来说，国民经济评价是项目经济评价的关键，是项目可行性研究的重要组成部分，也是对拟建项目投资取舍的主要依据。

根据国民经济评价的含义，可以看出国民经济评价有以下特点：

(1) 它是从国家角度来考察项目，即把整个国民经济作为一个大系统，把考察的项目作为其有机组成部分。进行项目评价时，不仅要考察项目本身的收益，而且要考察项目对整个系统的贡献，以及项目在系统中的最优组合，因此具有整体性和系统性的特点。

(2) 它是用影子价格、影子工资等参数，利用最优化的方法来计算项目对整个国民经济的贡献，通过对项目的分析评价实现资源的最优分配，达到投资结构的优化。这是一项科学的投资项目选择技术。

(3) 它最终考察的是项目对国民经济的净收益，确定项目对国民经济的真实贡献能力。

(二) 国民经济评价与企业财务效益评价的区别

(1) 评价的角度不同。国民经济评价是从国家整体角度考察项目对国家的净贡献，以提高全社会的投资经济效果，从而确定投资行为的宏观可行性；财务评价则是从经营项目的企业角度考察货币的收支和盈利状况以及借款偿还能力，以考察项目的财务生存能力，确定投资行为的财务可行性。

(2) 效益与费用的划分范围不同。国民经济评价是根据项目所耗费的有限资源和项目对社会提供的有用产品和服务来确定项目的收益和费用，一般不考虑通货膨胀、税金、利息等转移支付；财务效益评价则是根据企业的实际收支情况确定项目的财务效益和费用，一般需要考虑通货膨胀、税金、利息等因素。财务效益评价只计算项目直接发生的成本和利润；国民经济评价对项目引起的间接费用与效益，即外部效果也要进行计算和分析。

(3) 评价采用的价格和参数不同。国民经济评价采用根据机会成本和供求关系确定的影子价格，采用社会折现率等参数；而财务评价对投入物和产出物则采用现行价格，并采用因行业而异的基准收益率或银行贷款利率作为折现率，进行经济评价。

(4) 评价的结果不同。两者评价项目所利用的指标不同，所得结果对项目评价的影响也不同。若两种评价结果都较优，那么被评价方案理所当然应该接受；如果国民经济评价较优，而财务评价不可行，则说明现行的价格及项目本身可能存在问题，国家应该通过价格补贴或减免税等优惠政策，使方案在财务上也变为可行，或者重新修改方案，改善投资的财务环境，使财务评价也可行；若国民经济评价不可行，则财务效益评价无论可行与否，都应该予以否定。

(三) 国民经济评价的作用

(1) 合理配置有限的资源。国民经济评价的目的是评价项目使用资源的经济合理性，使社会一定时期的有限资源得到最合理的分配和运用，取得最佳经济效果。

(2) 真实反映项目对国民经济的贡献。通过科学的国民经济评价，可以全面地反映项目对国民经济的贡献，为项目投资决策提供科学的依据。

(3) 提高国际竞争能力。通过正确的国民经济评价，我国能有效地参与国际竞争，提高我国的国际竞争能力。

（四）国民经济评价的对象

国民经济评价是一件较复杂的分析评价工作，根据目前我国的实际条件和可能，只对某些在国民经济建设中有重要作用和影响的重大项目开展国民经济评价工作。具体如下：

（1）涉及国民经济若干部门的重大工业项目和重大技术改造项目。

（2）严重影响国计民生的重大项目。

（3）有关稀缺资源开发和利用的项目。

（4）涉及产品或原材料进出口或替代进出口的项目，以及产品和原材料价格明显失真的项目。

（5）技术引进、中外合资经营项目。

以上项目，除了需要进行企业财务评价外，还必须进行详细的国民经济评价。项目决策主要取决于国民经济评价。

二、国民经济评价的重要内容

（一）国民经济评价中的效益和费用

国民经济评价中的效益是指项目对国民经济所做的贡献，分为直接效益和间接效益。

国民经济评价中的费用是指国民经济为项目所付出的代价，也分为直接费用和间接费用。

1. 直接效益和直接费用

直接效益是指由项目产出物产生并在项目范围内计算的经济效益。它一般表现为：增加该产出物数量以满足国内需求的效益；替代其他相同或类似企业的产出物，使被替代物减产以减少有用资源的消耗效益；增加出口（或减少进口）所增收（或节支）的国家外汇等。

直接费用是指项目使用投入物所产生并在项目范围内计算的经济费用。它一般表现为：其他部门为供应本项目投入物而扩大生产规模所耗用的资源费用；减少其他项目投入物的供应而放弃的效益；增加进口（或减少出口）所耗用（或减收）的外汇等。

2. 项目的“外部效果”——间接效益和间接费用

间接效益是指由项目引起而在直接效益中未得到反映的那部分效益。例如，某项目生产一种新型节能水泵，用户可节省耗能、降低使用成本所带来的效益。

间接费用又称外部费用，是指社会为项目付出的代价，项目本身不需要支付的部分费用。例如，项目投产后排出的“三废”所引起的环境污染便是项目的间接费用。

与项目相关的间接效益和间接费用统称为“外部效果”，通常较难计量。国民经济评价为了考虑这个“外部效果”，一是采用影子价格对现行财务价格进行调整，使项目的外部效果得到体现；二是通过较为准确的定量、定性分析方法，对实施该项目带来的上下游企业产生的效果、技术扩散的效果，以及环境污染和生态破坏等方面的效益、费用进行确定，以便全面评价项目。

在确定效益和费用范围的过程中，还会遇到税金、国内借款利息和补贴处理问题。这些在财务评价中作为现金收支的项目，从国民经济的角度来看并未造成资源耗费的增加，属于国民经济内部的转移支付，故不应计入项目的效益和费用。

（二）国民经济评价的指标体系及表格

国民经济评价是从国民经济整体角度来考察项目给国家和社会带来的净收益（即净贡

献）。它主要包括国民经济盈利能力的评价、外汇效果评价，以及对难以量化的外部效果和社会效果做定性评价。为此，需要用如图 6-4 所示的指标体系来进行评价。

- 国民经济评价指标体系
  - 经济效果
    - 国民收入
    - 社会净收益
    - 经济净现值
    - 经济净现值率
    - 经济内部收益率
    - 投资净增值率
    - 投资净收益率
    - 外汇效果（外汇净现值、换汇成本、节汇成本）
  - 社会效果
    - 就业效果（含总就业效果与直接、间接就业效果）
    - 产品国际竞争能力
    - 综合能耗及其他
    - 环境保护效果

图 6-4　国民经济效果评价指标体系

上述国民经济评价的大多数指标的计算，所需的基础数据也与财务评价类似，通常从编制的国民经济评价表中取得。常用的项目国民经济评价表主要有经济现金流量表和经济外汇流量表。经济现金流量表用于计算项目的经济内部收益率、经济净现值、经济净现值率等评价指标；经济外汇流量表用于计算外汇净现值和经济换汇成本等评价指标。

国民经济评价表是在全面考虑项目效益和费用的基础上编制的，其格式与财务评价表类似。例如，国民经济效益费用流量表与财务现金流量表格式基本一样，只是把现金流入和现金流出改成对应的效益流量和费用流量，具体表格和有关指标计算公式参见《建设项目经济评价方法与参数》。

（三）国民经济评价的具体步骤

国民经济评价通常在财务评价的基础上进行，具体步骤如下：

（1）效益和费用范围的调整。

1）剔除已计入财务效益和费用中的转移支付。

2）识别项目的间接效益和间接费用，对能定量的进行定量计算，不能定量的，应做定性描述。

（2）效益和费用数值的调整。利用影子汇率、影子价格、影子工资、贸易费用率等参数，对固定资产投资、流动资金、经营费用、销售收入、外汇借款本金与利息等进行调整。

（3）编制项目的国民经济效益费用流量表（全部投资），并据此计算全部投资经济内部收益率和经济净现值指标。对使用国外贷款的项目，还应编制国民经济效益费用流量表（国内投资），并据此计算国内投资经济内部收益率和经济净现值指标。

（4）对产出物出口（含部分出口）或替代进口的项目，编制经济外汇流量表、国内资源流量表，计算经济外汇净现值、经济换汇成本或经济节汇成本。

(5) 对评价结果进行不确定性分析。

(6) 确定评价结果。

第六节　投资项目可行性研究案例

一、案例概述

某化学纤维厂是新建项目㊀。该项目的经济评价是在可行性研究完成市场需求预测，生产规模，工艺技术方案，原材料、燃料及动力的供应，建厂条件和厂址方案，公用工程和辅助设施，环境保护，工厂组织和劳动定员，以及项目实施规划诸方面进行研究论证和多方案比较后，确定了最佳方案的基础上进行的。

项目生产国内外市场均较紧俏的某种化学纤维（简称“化纤”）N 产品。这种产品是纺织品不可缺少的原材料，国内市场供不应求，每年需要一定数量的进口。项目投产后可以代替进口。

主要技术和设备拟从国外引进。厂址位于城市近郊，占用一般农田 250 亩㊁，靠近铁路、公路、码头，交通运输方便。靠近主要原材料和燃料产地，供应有保证。水、电供应可靠。该项目的主要设施包括生产主车间、与工艺生产相适应的辅助生产设施、公用工程以及有关的生产管理、生活福利等设施。

二、基础数据

(一) 生产规模和产品方案

生产规模为年产 2.3 万 t N 产品。产品方案为棉型及毛型两种，以棉型为主。

(二) 实施进度

项目拟 3 年建成，第 4 年投产，当年生产负荷达到设计能力的 70%，第 5 年达到 90%，第 6 年达到 100%。生产期按 15 年计算，计算期为 18 年。

(三) 总投资估算及资金来源

1. 固定资产投资估算

(1) 固定资产投资估算及依据。固定资产投资估算是依据 1988 年纺织工业部颁发的《纺织工业工程建设概预算编制办法及规定》进行编制的。引进设备价格的计算参照外商公司的报价。国内配套投资在建设期内根据国家规定考虑了涨价因素，即将分年投资额按年递增率 6% 计算到建设期末。固定资产投资估算额为 42 542 万元，其中外币为 3454 万美元。外汇依据国家外汇管理局 1993 年 10 月份公布的外汇牌价，考虑实际价值（按照未来 5 年继续升值 10% 计算），以 1 美元 = 5.48 元人民币计算。

(2) 固定资产投资方向调节税估算。按照国家规定，本项目投资方向调节税税率为 5%，投资方向调节税估算值为 2127 万元。

㊀ 某化学纤维厂新建项目为 1993 年项目。

㊁ 1 亩≈666.7m^2。

（3）建设期利息估算为4319万元，其中外汇为469万美元。

固定资产投资估算见表6-3。

表6-3　固定资产投资估算表　　（人民币金额单位：万元）

序号	工程或费用名称	估算价值						占总值比例（%）
		建筑工程	设备购置	安装工程	其他费用	总值	其他外汇（万美元）	
1	固定资产投资	3466	22 331	8651	8094	42 542	3454	100
1.1	第一部分　工程费用	3466	22 331	8651		34 448	2899	81
1.1.1	主要生产项目	1031	17 443	7320		25 794		
	其中：外汇		2029	870			2899	
1.1.2	辅助生产车间	383	1052	51		1486		
1.1.3	公用工程	449	2488	1017		3954		
1.1.4	环境保护工程	185	1100	225		1510		
1.1.5	总图运输	52	248			300		
1.1.6	厂区服务性工程	262				262		
1.1.7	生活福利工程	1104				1104		
1.1.8	厂外工程			38		38		
1.2	第二部分　其他费用				3042	3042	241	7
	其中：土地费用				612	612		
	第一、第二部分合计	3466	22 331	8651	3042	37 490	3140	
1.3	预备费用				5052	5052	314	12
1.3.1	基本预备费用				3749	3749	314	
1.3.2	涨价预备费用				1303	1303		
2	固定资产投资方向调节税				2127	2127		
3	建设期利息				4319	4319	469	
	总计（1+2+3）	3466	22 331	8651	14 540	48 988	3923	

2. 流动资金估算

流动资金估算是按分项详细估算法进行的，估算总额为7084万元。

流动资金估算见表6-4。

$$\begin{aligned}总投资 &= 固定资产投资 + 固定资产投资方向调节税 + 建设期利息 + 流动资金\\ &= (42\,542 + 2127 + 4319 + 7084)万元 = 56\,072 万元\end{aligned}$$

表 6-4　流动资金估算表　　（单位：万元）

序号	项目	最低周转天数/天	周转次数（次）	投产期		达到设计能力生产期												
				4	5	6	7	8	9	10	11	12	13	14	15	16	17	18
1	流动资产			5997	7711	8567	8567	8567	8567	8567	8567	8567	8567	8567	8567	8567	8567	8567
1.1	应收账款	30	12	1194	1535	1705	1705	1705	1705	1705	1705	1705	1705	1705	1705	1705	1705	1705
1.2	存货			4769	6132	6813	6813	6813	6813	6813	6813	6813	6813	6813	6813	6813	6813	6813
1.3	资金	15	24	34	44	49	49	49	49	49	49	49	49	49	49	49	49	49
2	流动负债			1038	1335	1483	1483	1483	1483	1483	1483	1483	1483	1483	1483	1483	1483	1483
2.1	应付账款	30	12	1038	1335	1483	1483	1483	1483	1483	1483	1483	1483	1483	1483	1483	1483	1483
3	流动资金（1－2）			4959	6376	7084	7084	7084	7084	7084	7084	7084	7084	7084	7084	7084	7084	7084
4	流动资金增加额			4959	1417	708	0	0	0	0	0	0	0	0	0	0	0	0

3. 资金来源

项目自有资金（资本金）为 16 000 万元，其余为借款，外汇全部通过中国银行向国外借款，年利率为 9%；人民币固定资产投资部分由中国建设银行贷款，年利率为 9.72%；流动资金的 70% 由中国工商银行贷款，年利率为 8.64%。

投资分年使用计划按第一年 20%、第二年 55% 的比例分配。

投资使用计划与资金筹措见表 6-5。

（四）工资及福利费估算

全厂定员为 1140 人，工资及福利费按每人每年 2800 元估算，全年工资及福利费为 320 万元（其中福利费按工资总额的 14% 计取）。

三、财务评价

（一）年销售收入和年销售税金及附加估算

N 产品年产 2.3 万 t。根据财务评价的定价原则，考虑该产品属于国内外市场较紧俏的产品，在一段时间内仍呈供不应求状态，经分析论证确定，产品销售价格以近几年国内市场已实现的价格为基础，预测到生产期初的市场价格，每吨出厂价按 15 400 元计算，年销售收入估算值在正常年份为 35 420 万元。

年销售税金及附加按国家规定计取，产品缴纳增值税，增值税率为 14%，城市维护建设税按增值税的 7% 计取，教育费附加按增值税的 2% 计取。销售税金及附加的估算值在正常生产年份为 2689 万元。

年销售收入和年销售税金及附加的估算见表 6-6。

（二）产品成本估算

根据需要，该项目分别制作了单位生产成本和总成本费用估算表。总成本费用估算正常为 23 815 万元，其中经营成本在正常年为 20 454 万元。

单位生产成本估算见表 6-7，总成本费用估算见表 6-8。

表 6-5　投资使用计划与资金筹措表

(单位：人民币：万元
外币：万美元)

序号	项　目	合计人民币	1				2				3				4				5				6			
			外币	折合人民币	人民币	小计	外币	折合人民币	人民币	小计	外币	折合人民币	人民币	小计	外币	折合人民币	人民币	小计	外币	折合人民币	人民币	小计	外币	折合人民币	人民币	小计
1	总投资	56 072	722	3957	5263	9220	2050	11 234	14 717	25 951	1151	6307	7510	13 817			4959	4959			1417	1417			708	708
1.1	固定资产投资（含投资方向调节税）	44 669	691	3787	5148	8935	1900	10 412	14 158	24 570	863	4729	6435	11 164												
1.2	建设期利息	4319	31	170	115	285	150	822	559	1381	288	1578	1075	2653												
1.3	流动资金	7084															4959	4959			1417	1417			708	708
2	资金筹措	56 072	722	3958	5263	9220	2050	11 234	14 717	25 951	1151	6307	7510	13 817			4959	4959			1417	1417			708	708
2.1	自有资金	16 000			2775	2775			7631	7631			3469	3469			2125	2125								
	其中：用于流动资金																2125	2125								
2.1.1	资本金																									
2.1.2	资本溢价	16 000			2775	2775			7631	7631			3469	3469			2125	2125								
2.2	借款	40 072	722	3958	2488	6445	2050	11 234	7086	18 320	1151	6307	4041	10 348			2834	2834			1417	1417			708	708
2.2.1	长期借款（包括利息）	35113	722	3958	2488	6445	2050	11 234	7086	18 320	1151	6307	4041	10 348												
2.2.2	流动资金借款	4959															2834	2834			1417	1417			708	708
2.2.3	短期借款																									
2.3	其他																									

表 6-6　销售收入和销售税金及附加估算表

序号	项　目	单　价		生产负荷 70%（第 4 年）						生产负荷 90%（第 5 年）						生产负荷 100%（第 6 ~ 18 年）					
				销　售　量			金　额			销　售　量			金　额			销　售　量			金　额		
		外销（美元）	内销（元）	外销/t	内销/t	小计/t	外销（万美元）	内销（万元）	小计（万元）	外销/t	内销/t	小计/t	外销（万美元）	内销（万元）	小计（万元）	外销/t	内销/t	小计/t	外销（万美元）	内销（万元）	小计（万元）
1	产品销售收入		15 400		16 100	16 100		24 794	24 794		20 700	20 700		31 878	31 878		23 000	23 000		35 420	35 420
	N 产品		15 400		16 100	16 100		24 794	24 794		20 700	20 700		31 878	31 878		23 000	23 000		35 420	35 420
2	销售税金及附加							1881	1881					2418	2418					2689	2689
2.1	产品增值税（14%）							1726	1726					2219	2219					2467	2467
2.2	城市维护建设税（7%）							121	121					155	155					173	173
2.3	教育费附加（2%）							34	34					44	44					49	49

成本估算说明如下：

(1) 为了与产品销售价格相对应，所有的原材料、辅助材料及燃料、动力价格均以市场已实现的价格为基础，预测到生产期初的价格。特别对占比重较大的原材料A进行了分析论证。该种原材料在市场上趋于供求均衡，并且在一定时期内均衡状态变化不大，所以采用的预测价格是现行市场价格，每吨到厂价按5100元计算。

(2) 固定资产折旧和无形及递延资产摊销计算。在固定资产投资中，第二部分费用除土地费用计入固定资产原值外，其余费用均作为无形及递延资产。

固定资产原值为46 558万元，按平均年限法计算折旧，折旧年限为15年，年折旧额为2933万元。

固定资产折旧估算见表6-9。

无形资产为1700万元，按10年摊销，年摊销费用为170万元。递延资产为730万元，按5年摊销，年摊销费用为146万元。

无形及递延资产摊销估算见表6-10。

表6-7　单位生产成本估算表

序　号	项　目	单　位	消耗定额	单价（元/t）	金额（元）
1	原材料、化工料及辅料				
	A	t	1.027	5100	5238
	B	t	0.59	1600	944
	C	t	0.79	230	181
	D	t	0.14	2400	336
	E	t	0.011	1400	15
	F	t	0.87	154	133
	小计				6847
2	燃料及动力				
	水	t	174	0.6	104
	电	t	2755	0.17	468
	煤	t	1.83	175	320
	小计				892
3	工资及福利费				97
4	制造费用				1043
5	副产品回收	t			0
6	单位生产成本 (1+2+3+4+5)				8879

表 6-8　总成本费用估算表

（单位：万元）

序号	项目	合计	投产期		达到设计能力生产期												
			4	5	6	7	8	9	10	11	12	13	14	15	16	17	18
	生产负荷（%）		70	90	100	100	100	100	100	100	100	100	100	100	100	100	100
1	外购原材料	229 921	11 024	14 173	15 748	15 748	15 748	15 748	15 748	15 748	15 748	15 748	15 748	15 748	15 748	15 748	15 748
2	外购燃料、动力	29 959	1436	1847	2052	2052	2052	2052	2052	2052	2052	2052	2052	2052	2052	2052	2052
3	工资及福利费	4800	320	320	320	320	320	320	320	320	320	320	320	320	320	320	320
4	修理费	22 005	1467	1467	1467	1467	1467	1467	1467	1467	1467	1467	1467	1467	1467	1467	1467
5	折旧费	43 995	2933	2933	2933	2933	2933	2933	2933	2933	2933	2933	2933	2933	2933	2933	2933
6	摊销费	2430	316	316	316	316	316	170	170	170	170	170					
7	财务费用（利息、汇兑损失）	20 121	3794	3340	2781	2549	1939	1299	995	428	428	428	428	428	428	428	428
7.1	其中：利息支出	18 084	3503	3294	2857	2258	1684	1008	704	428	428	428	428	428	428	428	428
8	其他费用	13 005	867	867	867	867	867	867	867	867	867	867	867	867	867	867	867
	其中：土地使用税	1050	70	70	70	70	70	70	70	70	70	70	70	70	70	70	70
9	总成本费用（1+2+3+4+5+6+7+8）	366 236	22 157	25 263	26 484	26 252	25 642	24 856	24 552	23 985	23 985	23 985	23 815	23 815	23 815	23 815	23 815
	其中：固定成本	86 235	5903	5903	5903	5903	5903	5757	5757	5757	5757	5757	5587	5587	5587	5587	5587
	可变成本	280 001	16 254	19 360	20 581	20 349	19 739	19 099	18 795	18 228	18 228	18 228	18 228	18 228	18 228	18 228	18 228
10	经营成本（9－5－6－7.1）	301 727	15 405	18 965	20 745	20 745	20 745	20 745	20 745	20 454	20 454	20 454	20 454	20 454	20 454	20 454	20 454

表 6-9 固定资产折旧估算表 （单位：万元）

序号	项目	合计	折旧率	投产期		达到设计能力生产期												
				4	5	6	7	8	9	10	11	12	13	14	15	16	17	18
1	固定资产合计																	
1.1	原值	46 558	6.3															
1.2	折旧费			2933	2933	2933	2933	2933	2933	2933	2933	2933	2933	2933	2933	2933	2933	2933
1.3	净值			43 625	40 692	37 759	34 826	31 893	28 960	26 027	23 094	20 161	17 228	14 295	11 362	8429	5496	2563

表 6-10 无形及递延资产摊销估算表 （单位：万元）

序号	项目	摊销年限	原值	生产期									
				4	5	6	7	8	9	10	11	12	13
1	无形资产	10	1700										
1.1	摊销			170	170	170	170	170	170	170	170	170	170
1.2	净值			1530	1360	1190	1020	850	680	510	340	170	
2	递延资产（开办费）	5	730										
2.1	摊销			146	146	146	146	146					
2.2	净值			584	438	292	146						
3	无形及递延资产合计		2430										
3.1	摊销			316	316	316	316	316	170	170	170	170	170
3.2	净值			2114	1798	1482	1166	850	680	510	340	170	

（3）修理费用计算。修理费用按年折旧额的50%计算，每年1467万元。

（4）借款利息计算。借款还本付息计算见表6-11。生产经营期间的应计利息和汇兑损失计入财务费用。

表 6-11 借款还本付息计算表 （单位：万元）

序号	项目	利率（%）	建设期			投产期			达到设计能力生产期			
			1	2	3	4	5	6	7	8	9	10
1	外汇借款	9										
1.1	年初借款本息累计			3957	15 191	21 498	18 427	15 356	12 285	9214	6143	3072
1.1.1	本金			3787	14 199	18 928	18 427	15 356	12 285	9214	6143	3072
1.1.2	建设期利息			170	992	2570						
1.2	本年借款		3787	10 412	4729							
1.3	本年应计利息		170	822	1578	1935	1658	1382	1106	829	553	276
1.4	本年偿还本金					3071	3071	3071	3071	3071	3071	3072
1.5	本年支付利息					1935	1658	1382	1106	829	553	276
2	人民币借款	9.72										
2.1	年初借款本息累计			2488	9574	13 615	13 057	10 770	7453	4019	279	
2.1.1	本金			2373	8900	11 866	13 057	10 770	7453	4019	279	
2.1.2	建设期利息			115	674	1749						
2.2	本年借款		2373	6527	2966							

（续）

序号	项目	利率（%）	建设期			投产期			达到设计能力生产期			
			1	2	3	4	5	6	7	8	9	10
2.3	本年应计利息		115	559	1075	1323	1269	1047	724	391	27	
2.4	本年偿还本金					558	2287	3317	3434	3740	279	
2.5	本年支付利息					1323	1269	1047	724	391	27	
3	偿还借款本金的资金来源											
3.1	利润					380	2109	3139	3256	3562	3429	3562
3.2	折旧费					2933	2933	2933	2933	2933	2933	2933
3.3	摊销费					316	316	316	316	316	170	170
3.4	偿还本金来源合计（3.1+3.2+3.3）					3629	5358	6388	6505	6811	6532	6665
3.4.1	偿还外汇本金					3071	3071	3071	3071	3071	3071	3072
3.4.2	偿还人民币本金					558	2287	3317	3434	3740	279	
3.4.3	偿还本金后余额（3.4−3.4.1−3.4.2）										3182	3593
人民币借款偿还期（从借款开始年算起） 8.08 年												

流动资金借款利息计入财务费用，正常年应计利息为428万元。

（5）其他费用计算。其他费用是指在制造费用、销售费用、管理费用中扣除工资及福利费、折旧费、摊销费、修理费后的费用。为简化计算，该费用按工资及福利费的250%计取，每年约为797万元。

土地使用税每年为70万元。

其他费用共计每年为867万元。

主要投入物和产出物的价格依据见表6-12。

表6-12 主要投入物和产出物价格依据表

项目	单位	单价（元）	价格依据
主要投入物			
原材料			
A	t	5100	以近几年国内市场已实现的价格为基础，预测到生产期初的价格
B	t	1600	以近几年国内市场已实现的价格为基础，预测到生产期初的价格
C	t	230	以近几年国内市场已实现的价格为基础，预测到生产期初的价格
D	t	2400	以近几年国内市场已实现的价格为基础，预测到生产期初的价格
E	t	1400	以近几年国内市场已实现的价格为基础，预测到生产期初的价格
F	t	154	以近几年国内市场已实现的价格为基础，预测到生产期初的价格
主要产出物			
N产品	t	15 400	

（三）利润总额及分配

利润总额及分配估算见表6-13。利润总额在正常年为8916万元。所得税按利润总额的33%计取，特种基金和盈余公积金分别按税后利润的25%和10%计取。

表 6-13　利润表　（单位：万元）

序号		合　计	投　产　期		达到设计能力生产期												
			4	5	6	7	8	9	10	11	12	13	14	15	16	17	18
	生产负荷（%）		70	90	100	100	100	100	100	100	100	100	100	100	100	100	100
1	产品销售收入	517 132	24 794	31 878	35 420	35 420	35 420	35 420	35 420	35 420	35 420	35 420	35 420	35 420	35 420	35 420	35 420
2	销售税金及附加	39 256	1881	2418	2689	2689	2689	2689	2689	2689	2689	2689	2689	2689	2689	2689	2689
3	总成本费用	366 236	22 157	25 263	26 484	26 252	25 642	24 856	24 552	23 985	23 985	23 985	23 815	23 815	23 815	23 815	23 815
4	利润总额（1－2－3）	111 640	756	4197	6247	6479	7089	7875	8179	8746	8746	8746	8916	8916	8916	8916	8916
5	所得税（33%）	36 839	249	1385	2062	2138	2339	2599	2699	2886	2886	2886	2942	2942	2942	2942	2942
6	税后利润（4－5）	74 801	507	2812	4185	4341	4750	5276	5480	5860	5860	5860	5974	5974	5974	5974	5974
7	特种基金（25%）	18 703	127	703	1046	1085	1188	1319	1370	1465	1465	1465	1494	1494	1494	1494	1494
8	可供分配利润（6－7）	56 098	380	2109	3139	3256	3562	3957	4110	4395	4395	4395	4480	4480	4480	4480	4480
8.1	盈余公积金（10%）	5819						528	548	586	586	586	597	597	597	597	597
8.2	应付利润																
8.3	未分配利润	50 279	380	2109	3139	3256	3562	3429	3562	3809	3809	3809	3883	3883	3883	3883	3883
	累计未分配利润		380	2489	5628	8884	12 446	15 875	19 437	23 246	27 055	30 864	34 747	38 630	42 513	46 396	50 279

（四）财务盈利能力分析

（1）财务现金流量表（全部投资）见表6-14。根据该表计算以下财务评价指标：

所得税后财务内部收益率（FIRR）为12.27%，财务净现值（$i_0=12\%$）为676万元，所得税前财务内部收益率为17.72%，财务净现值（$i_0=12\%$）为16 309万元。财务内部收益率均大于行业基准收益率，说明盈利能力满足了行业的最低要求，财务净现值均大于0，该项目在财务上是可以考虑接受的。

所得税后的投资回收期为9.26年（含建设期），所得税前的投资回收期为7.8年（含建设期），均小于行业基准投资回收期10.3年，这表明项目投资能按时收回。

（2）现金流量表（自有资金）见表6-15。根据该表计算以下指标：

自有资金财务内部收益率为14.10%。

自有资金财务净现值（$i_0=12\%$）为2808万元。

（3）根据利润表和固定资产投资估算表计算以下指标

$$投资利润率=\frac{年利润总额}{总投资}\times 100\%$$

$$=\frac{8916}{42\,542+2127+4319+7084}\times 100\%=16\%$$

$$投资利税率=\frac{年利税总额}{总投资}\times 100\%$$

$$=\frac{11\,605}{42\,542+2127+4319+7084}\times 100\%=21\%$$

该项目的投资利润率和投资利税率均大于行业平均利润率和平均利税率，说明单位投资对国家积累的贡献水平达到了本行业的平均水平。

$$资本金利润率=\frac{年利润总额}{资本金总额}\times 100\%=\frac{8916}{16\,000}\times 100\%=56\%$$

（五）清偿能力分析

清偿能力分析是通过对“借款还本付息计算表”“资金来源与运用表”“资产负债表”的计算，考察项目计算期内各年的财务状况及偿债能力，并计算资产负债率、流动比率、速动比率和固定资产投资国内借款偿还期。

资金来源与运用计算见表6-16。资产负债率、流动比率和速动比率等指标计算见表6-17。

偿还借款的资金来源，本案例为简化计算，在还款期间将未分配利润、折旧费、摊销费全部用来还款。但在进行实际项目的还款计算时，可根据项目的实际情况确定。

由于项目没有外汇收入，偿还外汇借款是项目投产后以1∶6的比价购买调剂外汇，按7年等额还本，计算利息。固定资产投资国内借款偿还，在投产后按最大偿还能力计算还本付息。

固定资产投资国内借款偿还期（从借款开始年算起）为8.08年（见表6-11），能满足贷款机构要求的期限。项目具有偿债能力。

表 6-14　现金流量表（全部投资）　　（单位：万元）

序号		合计	建设期			投产期		达到设计能力生产期												
			1	2	3	4	5	6	7	8	9	10	11	12	13	14	15	16	17	18
	生产负荷（%）					70	90	100	100	100	100	100	100	100	100	100	100	100	100	100
1	现金流入	526 779				24 794	31 878	35 420	35 420	35 420	35 420	35 420	35 420	35 420	35 420	35 420	35 420	35 420	35 420	45 067
1.1	产品销售收入	517 132				24 794	31 878	35 420	35 420	35 420	35 420	35 420	35 420	35 420	35 420	35 420	35 420	35 420	35 420	35 420
1.2	回收固定资产余值	2563																		2563
1.3	回收流动资金	7084																		7084
2	现金流出	448 276	8935	24 570	11 164	2 2621	24 888	27 250	26 657	26 961	27 352	27 503	27 494	27 494	27 494	27 579	27 579	27 579	27 579	27 579
2.1	固定资产投资（含投资方向调节税）	44 669	8935	24 570	11 164															
2.2	流动资金	7034				4969	1417	708												
2.3	经营成本	301 727				15 405	18 965	20 745	20 745	20 745	20 745	20 745	20 454	20 454	20 454	20 454	20 454	20 454	20 454	20 454
2.4	销售税金及附加	39 256				1881	2418	2689	2689	2689	2689	2689	2689	2689	2689	2689	2689	2689	2689	2689
2.5	所得税	36 839				249	1385	2062	2138	2339	2599	2699	2886	2886	2886	2942	2942	2942	2942	2942
2.6	特种基金	18 703				127	703	1046	1085	1188	1319	1370	1465	1466	1465	1494	1494	1494	1494	1494
3	净现金流量	78 501	-8935	-24 570	-11 164	2173	6990	8170	8763	8459	8068	7917	7926	7926	7926	7841	7841	7841	7841	17 488
4	累计净现金流量		-8935	-33 505	-44 669	-42 496	-35 506	-27 336	-18 573	-10 114	-2046	5871	13 797	21 723	29 649	37 490	45 331	53 172	61 013	78 501
5	所得税前净现金流量（3+2.5+2.6）	134 043	-8935	-24 570	-11 164	2549	9078	11 278	11 986	11 986	11 986	11 986	12 277	12 277	12 277	12 277	12 277	12 277	12 277	21 924
6	所得税前累计净现金流量		-8935	-33 505	-44 669	-42 120	-33 042	-21 764	-9778	2208	14 194	26 180	38 457	50 734	63 011	75 288	87 565	99 842	112 119	134 043

计算指标：	所得税后	所得税前
财务内部收益率（FIRR）	12.27%	17.72%
财务净现值（FNPV）（$i_0=12\%$）	676 万元	16 309 万元
投资回收期（从建设期算起）	9.26 年	7.8 年

表 6-15　现金流量表（自有资金）　　（单位：万元）

序号		合计	建设期			投产期		达到设计能力生产期												
			1	2	3	4	5	6	7	8	9	10	11	12	13	14	15	16	17	18
	生产负荷（%）					70	90	100	100	100	100	100	100	100	100	100	100	100	100	100
1	现金流入	526 779				24 794	31 878	35 420	35 420	35 420	35 420	35 420	35 420	35 420	35 420	35 420	35 420	35 420	35 420	45 067
1.1	产品销售收入	517 132				24 794	31 878	35 420	35 420	35 420	35 420	35 420	35 420	35 420	35 420	35 420	35 420	35 420	35 420	35 420
1.2	回收固定资产余值	2563																		2563
1.3	回收流动资金	7084																		7084
2	现金流出	470 717	2775	7631	3469	26 919	31 878	35 420	35 420	35 456	31 710	31 279	27 922	27 922	27 922	28 007	28 007	28 007	28 007	32 966
2.1	自有资金	16 000	2775	7631	3469	2125														
2.2	借款本金偿还	40 072				3629	5358	6388	6505	6811	3350	3072								4959
2.3	借款利息支付	18 120				3503	3049	2490	2258	1684	1008	704	428	428	428	428	428	428	428	428
2.4	经营成本	301 727				15 405	18 965	20 745	20 745	20 745	20 745	20 745	20 454	20 454	20 454	20 454	20 454	20 454	20 454	20 454
2.5	销售税金及附加	39 256				1881	2418	2689	2689	2689	2689	2689	2689	2689	2689	2689	2689	2689	2689	2689
2.6	所得税	36 839				249	1385	2062	2138	2339	2599	2699	2886	2886	2886	2942	2942	2942	2942	2942
2.7	特种基金	18 703				127	703	1046	1085	1188	1319	1370	1465	1465	1465	1494	1494	1494	1494	1494
3	净现金流量	56 062	−2775	−7631	−3469	−2125	0	0	0	−36	3710	4141	7498	7498	7498	7413	7413	7413	7413	1 2101

计算指标：

财务内部收益率　　14. 10%

财务净现值（$i_0=12\%$）　　2808 万元

表 6-16　资金来源与运用表

（单位：万元）

序号		合计	建设期			投产期		达到设计能力生产期													上年余值
			1	2	3	4	5	6	7	8	9	10	11	12	13	14	15	16	17	18	
	生产负荷（%）					70	90	100	100	100	100	100	100	100	100	100	100	100	100	100	
1	资金来源	223 784	9220	25 951	13 817	8964	8863	10 204	9728	10 338	10 978	11 282	11 849	11 849	11 849	11 849	11 849	11 849	11 849	11 849	9647
1.1	利润总额	111 640				756	4197	6247	6479	7089	7875	8179	8746	8746	8746	8916	8916	8916	8916	8916	
1.2	折旧费	43 995				2933	2933	2933	2933	2933	2933	2933	2933	2933	2933	2933	2933	2933	2933	2933	
1.3	摊销费	2430				316	316	316	316	316	170	170	170	170	170						
1.4	长期借款	35 113	6445	18 320	10 348																
1.5	流动资金借款	4959				2834	1417	708													
1.6	其他短期借款																				
1.7	自有资金	16 000	2775	7631	3469	2125															
1.8	其他																				
1.9	回收固定资产余值	2563																			2563
1.10	回收流动资金	7084																			7084
2	资金运用	151 686	9220	25 951	13 817	8964	8863	10 204	9728	10 338	7268	7141	4351	4351	4351	4436	4436	4436	4436	4436	4959
2.1	固定资产投资（含投资方向调节税）	44 669	8935	24 570	11 164																
2.2	建设期利息	4319	285	1381	2653																
2.3	流动资金	7084				4959	1417	708													
2.4	所得税	36 839				249	1385	2062	2138	2339	2599	2699	2886	2886	2886	2942	2942	2942	2942	2942	
2.5	特种基金	18 703				127	703	1046	1085	1188	1319	1370	1465	1465	1465	1494	1494	1494	1494	1494	
2.6	应付利润																				
2.7	长期借款本金偿还	35 113				3629	5358	6388	6505	6811	3350	3072									
2.8	流动资金借款本金偿还	4959																			4959
2.9	短期借款本金偿还																				
3	盈余资金	72 098									3710	4141	7498	7498	7498	7413	7413	7413	7413	7413	4688
4	累计盈余资金										3710	7851	15 349	22 847	30 345	37 758	45 171	52 584	59 997	67 410	72 098

表 6-17 资产负债表

（单位：万元）

序号		建设期			投产期		达到设计能力生产期												
		1	2	3	4	5	6	7	8	9	10	11	12	13	14	15	16	17	18
1	资产	9220	35 171	48 988	51 736	50 201	47 809	44 559	41 310	41 917	42 955	47 350	51 745	56 140	60 620	65 100	69 580	74 060	78 540
1.1	流动资产总额				5997	7711	8567	8567	8567	12 277	16 418	23 916	31 414	38 912	46 325	53 738	61 151	68 564	75 977
1.1.1	应收账款				1194	1535	1705	1705	1705	1705	1705	1705	1705	1705	1705	1705	1705	1705	1705
1.1.2	存货				4769	6132	6813	6813	6813	6813	6813	6813	6813	6813	6813	6813	6813	6813	6813
1.1.3	现金				34	44	49	49	49	49	49	49	49	49	49	49	49	49	49
1.1.4	累计盈余资金				0	0	0	0	0	3710	7851	15 349	22 847	30 345	37 758	45 171	52 584	59 997	67 410
1.2	在建工程	9220	35 171	48 988															
1.3	固定资产净值				43 625	40 692	37 759	34 826	31 893	28 960	26 027	23 094	20 161	17 228	14 295	11 362	8429	5496	2563
1.4	无形及递延资产净值				2114	1798	1483	1166	850	680	510	340	170	0	0	0	0	0	0
2	负债及所有者权益	9220	35 171	48 988	51 736	50 201	47 808	44 559	41 310	41 917	42 955	47 350	51 745	56 140	60 620	65 100	69 580	74 060	78 540
2.1	流动负债总额				3872	5586	6442	6442	6442	6442	6442	6442	6442	6442	6442	6442	6442	6442	6442
2.1.1	应付账款				1038	1335	1483	1483	1483	1483	1483	1483	1483	1483	1483	1483	1483	1483	1483
2.1.2	短期借款				2834	4251	4959	4959	4959	4959	4959	4959	4959	4959	4959	4959	4959	4959	4959
	其中：流动资金借款				2834	4251	4959	4959	4959	4959	4959	4959	4959	4959	4959	4959	4959	4959	4959
2.2	长期借款	6445	24 765	35 113	31 484	26 126	19 738	13 233	6422	3072	0	0	0	0	0	0	0	0	0
	负债小计（2.1 + 2.2）	6445	24 765	35 113	35 356	31 712	26 180	19 675	12 864	9514	6442	6442	6442	6442	6442	6442	6442	6442	6442
2.3	所有者权益	2775	10 406	13 875	16 380	18 489	21 628	24 884	28 446	32 403	36 513	40 908	45 303	49 698	54 178	58 658	63 138	67 618	72 098
2.3.1	资本金	2775	10 406	13 875	16 000	16 000	16 000	16 000	16 000	16 000	16 000	16 000	16 000	16 000	16 000	16 000	16 000	16 000	16 000
2.3.2	资本公积金																		
2.3.3	盈余公积金									528	1076	1662	2248	2834	3431	4028	4625	5222	5819
2.3.4	累计未分配利润				380	2489	5628	8884	12 446	15 875	19 437	23 246	27 055	30 864	34 747	38 630	42 513	46 396	50 279
计算指标：																			
资产负债率（%）		69.9	70.4	71.7	68.3	63.2	54.8	44.2	31.1	22.7	15.0	13.6	12.5	11.5	10.6	9.9	9.3	8.7	8.2
流动比率（%）					154.9	138.0	133.0	133.0	133.0	190.5	254.9	371.3	487.6	604.0	719.1	834.2	949.3	1064.3	1179.4
速动比率（%）					31.7	28.3	27.2	27.2	27.2	84.8	149.1	265.5	381.9	498.3	613.3	728.4	843.5	958.6	1073.7

（六）不确定性分析

1. 敏感性分析

该项目做了所得税前全部投资的敏感性分析。基本方案的财务内部收益率为 17.72%，投资回收期从建设期算 7.8 年，均满足财务基准值的要求。考虑项目实施过程中一些不确定性因素的变化，分别对固定资产投资、经营成本、销售收入做了提高 10% 和降低 10% 的单因素变化对内部收益率、投资回收期影响的敏感性分析。

财务敏感性分析如表 6-18 所示。

表 6-18　财务敏感性分析表

序号	项　目	基本方案	投　资		经营成本		销售收入	
			+10%	-10%	+10%	-10%	+10%	-10%
1	内部收益率（%）	17.72	16.19	19.74	14.47	20.73	22.35	12.47
	较基本方案增减（%）		-1.53	1.75	-3.25	3.01	4.63	-5.25
2	投资回收期/年	7.8	8.19	7.44	8.75	7.16	6.87	9.48

从表 6-18 可以看出，各因素的变化都不同程度地影响内部收益率及投资回收期，其中销售收入的提高或降低最为敏感，经营成本次之。敏感性分析图如图 6-5 所示。

从图上可以看出，销售收入和经营成本对基本方案内部收益率的影响曲线与财务基准收益率的交点（临界点）分别为销售收入降低约 11% 和经营成本提高约 17% 时，项目的内部收益率才低于基准收益率的水平。

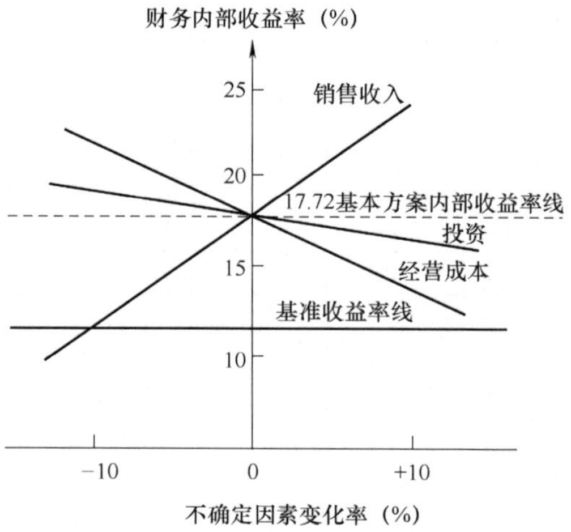

图 6-5　敏感性分析图

2. 盈亏平衡分析

以生产能力利用率表示的盈亏平衡点（BEP），其计算公式为

$$BEP = \frac{\text{年固定总成本}}{\text{年产品销售收入} - \text{年可变总成本} - \text{年销售税金及附加}} \times 100\%$$

$$= \frac{5587}{35\,420 - 18\,228 - 2689} \times 100\% = 39\%$$

计算结果表明，该项目只要达到设计能力的 39%，也就是年产量达到 0.90 万 t，企业就可以保本。由此可见，该项目风险较小。

盈亏平衡图如图 6-6 所示。

从上述财务评价看，财务内部收益率高于行业基准收益率，投资回收期低于行业基准投资回收期，借款偿还期能满足贷款机构要求。从敏感性分析看，项目具有一定的抗风险能力。因此，项目从财务上讲是可行的。

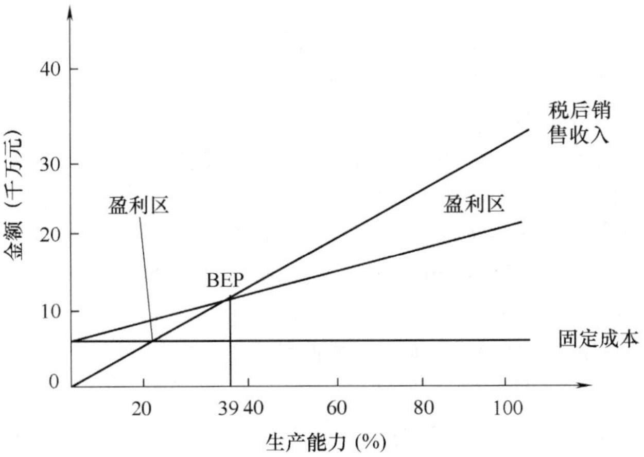

图 6-6　盈亏平衡图

习　　题

1. 可行性研究的概念和作用是什么？
2. 可行性研究的主要内容有哪些？
3. 什么是资金结构、财务风险、债务比？
4. 项目筹资渠道有哪些？各有何特点？
5. 分析国民经济评价与财务评价的关系。
6. 投资项目国民经济评价中，如何识别费用和效益？与财务评价的费用和效益有何不同？
7. 影子价格的含义是什么？在国民经济评价中为什么要采用影子价格？
8. 假定企业投入资金总额 600 万元，全投资利润 100 万元，试求下列三种情况下，自有资金的利润、自有资金利润率。

(1) 全部投资均为自有资金。

(2) 借入资金与自有资金比例为 1∶3，借款的资金成本率为 10%。

(3) 借入资金与自有资金比例为 1∶1，借款的资金成本率为 17%。

9. 某企业计划年初的资金结构如表 6-19 所示。普通股股票每股面值 200 元，今年期望股息为 20 元，预计以后每年股息增加 5%。该企业所得税税率为 25%。

表 6-19　某企业的资金结构表

各种资金来源	金额（万元）
长期债券，年利率 9%	600
优先股，年股息率 7%	200
普通股，年股息率 10%，年增长率 5%	600
保留盈余	200
合计	1600

现在该企业拟增资 400 万元，有两个备选方案：

甲方案：发行长期债券 400 万元，年利率为 10%，筹资费率为 3%，同时普通股股息增加到 25 元，以后每年还要增加6%。

乙方案：发行长期债券200万元，年利率为10%，筹资费率为4%，另发行普通股200万元，筹资费率为5%，普通股股息增加到25元，以后每年增加5%。

试根据资金加权平均成本选择筹资方案。

10. 某公司有三个独立方案A、B、C可供选择。A、B、C方案的投资额均为500万元，寿命均为20年，各方案的年净收益不同，A方案的年净收益为80万元，B为70万元，C为60万元。但三个方案由于所处的投资环境及投资内容不同，各方案融资的成本（资金成本）不一样。其中，A方案为新建工厂，融资无优惠；B方案为环保项目，可以得到250万元的无息贷款，借款期20年，到期只需还本；C方案为新兴扶植产业，当地政府可以给予400万元的低息贷款（年利率为4%）。还款方式为等额摊还法，偿还年限为20年。在这种情况下，应如何选择独立方案（基准收益率 $i_0=12\%$）？

11. 原始资料：

（1）某项目建设期2年，生产期8年，营业税按销售收入的5%计，所得税税率为25%，基准折现率为12%。

（2）投资估算及资金来源：建筑工程费600万元，设备费2400万元，综合折旧率为12%，固定资产残值为固定资产投资的4%，无形资产及开办费500万元（第1年投入），生产期内均匀摊入成本费用。资金投入计划及收益、成本预测如表6-20所示。

表6-20　资金计划表　　（金额单位：万元）

序　号	项　目	第1年	第2年	第3年	第4年	第5~10年
1	建设投资					
	自有资金	1200	300			
	借款		2000			
2	流动资金					
	自有资金			180	180	
	借款			300	300	
3	年产（销）量（万件）			60	90	120
4	经营成本			1682	2360	3230

注：产品价格为40元/件；流动资金按年初发生额计算；销售收入、经营成本、税金按年末发生额计算。

（3）还款方式：建设投资借款利率为10%，借款当年计半年利息，还款当年计全年利息，投产后（即第3~10年）按等额本金法偿还，建设期利息用自有资金偿还；流动资金借款利率为8%，每年付息，借款当年和还款当年均计全年利息，项目期末还本。

要求：1）作借款还本付息表。

2）作成本表。

3）作利润表。

4）作全投资现金流量表，计算 T_P、T_P^*、NPV、IRR。

5）作自有资金现金流量表，计算 $NPV_自$、$IRR_自$。

6）分别就产品价格、经营成本和建设投资在±20%范围内，对项目全投资净现值做敏感性分析。

第七章

技术创新理论

进入21世纪，人类社会日益进步，沿着农业经济向工业经济，再向后工业经济时代演化。纵观世界经济发展史与技术发展史，无论是从世界层面还是从国家层面，或者从企业的微观层面上来看，技术创新对经济增长、企业发展都产生了巨大的推动作用。当今经济增长遇到的一个重要挑战就是资源的日益短缺，如何实现经济持续增长成为急需解决的课题。经济需要持续稳健发展，依赖于技术创新。而技术创新是通过经济中的基本单元——企业来进行的。所以，本章通过对技术创新的含义、分类、影响因素，技术创新与经济增长，技术创新过程与技术创新战略，以及技术创新扩散的介绍，说明企业进行技术创新的必要性。

第一节　技术创新与影响因素

一、技术创新的定义

创新（Innovation）这一名词的发明者奥地利经济学家约瑟夫·A. 熊彼特（Joseph A. Schumpeter）对其定义为：把一种从来没有过的关于生产要素的“新组合”引入生产体系。他认为，经济学的中心问题不是均衡，而是结构性变化。古典经济学不考虑创新，认为创新是经济学的外部因素，不是经济学的组成部分；而熊彼特则认为创新是现代经济学的精髓，它是“创造性地毁灭”，使已有的固定设备和资本投资陈旧过时，促使资源从旧的、过时的产业转向新的、更富有成长性的产业。

熊彼特把创新概括为生产新的产品，引入新的生产方法或工艺，开辟新的市场，开拓原材料新的供应来源，实现新的组织方法。他的创新概念的含义是相当广泛的，是指各种可以提高资源配置效率的活动，而这些活动不一定与技术有关。

熊彼特去世以后，学术界以熊彼特的创新定义为出发点深化研究，分化为两个分支：一是侧重产品、工艺创新研究，形成技术创新理论；二是主要以组织变革和制度创新为研究对象，形成制度创新理论。

对技术创新的理解有一个演进过程，从狭义的解释趋于广义，先后有数十种技术创新定义被提出。早期是在重新阐述、评价熊彼特创新概念的基础上，依照各自的不同理解而定义，并逐渐拓展。影响较大的有索罗（S. C. Solo，1951）提出技术创新成立的两个条件，即新思想来源和以后阶段的实现发展，首次以阶段、过程解析熊彼特的定义，后续的研究大都沿着这条思路。伊诺思（J. L. Enos，1962）提出，技术创新是几种行为综合的结果，包括发明的选择、资本投入保证、组织建立、制订计划、招用员工和开辟市场等。曼斯菲尔德（E. Mansfield）对技术创新所下的定义被较多地使用：创新是从企业对新产品的构思开始，以新产品的销售和交货为终结的探索性活动。美国国家科学基金会（NSF）在报告《1976年：科学指示器》中，将技术创新的定义扩展为："技术创新是将新的或改进的产品、过程或服务引入市场。"

众多的技术创新定义可从两个方面探讨：一是从过程的角度理解技术创新，不同阶段应包含哪几个环节；二是从要素组合的角度界定技术创新，视之为创新资源的组合。顺应技术创新与制度创新两个分支逐渐融合之势，对技术创新的理解也逐渐呈现出以下特点：在过程方面涵盖从创新构思产生至市场价值实现的全过程；对技术的理解泛化，除传统的生产技术，也包含经营、管理和组织技术；创新内容既可为产品、工艺的创新，组织制度的创新，也包括各类创新的组合。清华大学傅家骥教授所给的定义即反映了在宽泛意义上对技术创新的最新理解："技术创新是企业家抓住市场的潜在盈利机会，以获取商业利益为目标，重新组织生产条件和要素，建立起效能更强、效率更高和费用更低的生产经营系统，从而推出新的产品、新的生产（工艺）方法，开拓新的市场，获得新的原材料或半成品供给来源或建立企业的新的组织。它是包括科技、组织、商业和金融等一系列活动的综合过程。"这是基于对技术创新的深刻理解而得出的。

本书在综合考虑以上各种对技术创新定义界定的基础上，认为弗里曼（C. Freeman）教授的定义比较系统。弗里曼认为，技术创新是指技术的、工艺的和商业化的全过程，其促成新产品的市场实现和新技术工艺与装备的商业化应用，即新产品、新过程、新系统和新服务的首次商业性转化。

关于技术创新，还需强调以下几点：

1. 技术创新是属于经济范畴的概念

技术创新与发明创造不同，发明创造是科技行为，而技术创新则是经济行为。技术创新是把发明创造或其他科技成果引入生产体系，利用那些原理制造出市场需要的商品，从而使生产系统产生震荡效应。对发明和创新的区别，被认为是熊彼特的一大贡献。熊彼特认为，创新就是发明的第一次商品化。在发明未能转化为创新之前，它只是一个新观念、新设想。发明不一定促使创新，但创新的前身大多是发明。这种科技成果商业化和产业化的过程才是技术创新。技术创新的核心是将生产要素的新组合应用于生产中，应用于商业化的生产系统中，所以，它是一个经济上的概念。技术创新最后要以市场实现而告终，它将通过营销环节来实现技术创新的价值。

2. 技术创新与研究开发的关系

经济合作与发展组织（OECD）对技术创新与研究开发（Research and Development，R&D）的定义是："研究和实验开发是在一个系统的基础上的创造性工作，其目的在于丰富有关人类、文化和社会的知识库，并利用这一知识进行新的发明。"R&D 一般包括三种活动：基础研究、应用研究和实验开发。它是创新的前期阶段，是创新的投入，是创新成功的物质和科学基础。它可以说是创新的实体化机构。过去往往认为 R&D 活动就是创新，R&D 活动越多，投入越大，创新便越多，把创新与 R&D 活动看作一回事，并以 R&D 经费来衡量创新活动。而大量研究证明，这两者之间并无如此强烈的线性关系。

从本质上看，技术创新是经济行为。它是企业家抓住市场的潜在盈利机会，以获取商业利益为目标，重新组织生产条件和要素，建立起效能更强、效率更高和费用更低的生产经营系统。因而，它是包括科技、组织、商业和金融等一系列活动的综合过程。而 R&D 是技术行为，它是一种新概念、新设想或者至多是试验品的产生。R&D 是系统的创造性工作，其原型设计和试验则是研究开发工作的重要阶段。

但是，两者之间还是有紧密联系的，尽管不是强烈的线性关系。技术创新始于 R&D 而终于市场实现，技术创新多是从 R&D 开始的，没有 R&D 就谈不上进行技术创新；R&D 是构成技术创新的一个必要环节，重大的技术创新则更需要 R&D 来支持。技术创新最终以市场实现而告终，它通过营销环节来实现 R&D 的价值。

同样，发明、研究、发现与技术创新的关系也是如此，它们存在联系，但都不是简单的等同。弗里曼教授对它们之间的关系给出了非常详细的描述，如表 7-1 所示。

表 7-1 研究、发明、开发与创新的投入和产出

阶段	投入			产出	
	（1）无形的	（2）有形的	（3）可度量的	（4）无形的	（5）可度量的
（1）基础研究	科学知识 科学问题	科学家 技术助手 办公人员 实验室 材料、燃料、能源	人员数 工时 工资 科研经费	新的科学知识 新的科学问题 新的实际问题	研究论文 科研报告
（2）发明	科学知识 技术 实际问题 创意	科学家 非科学家 发明家 工程师 技术助手 办公人员 实验室 材料、燃料、能源	人员数 工时 工资 发明经费	技术诀窍 获专利的发明 可获专利的发明，未申请专利，但已发表 不能申请专利的发明，但已发表 不能申请专利也不能发表的发明 新的科学问题 新的实际问题 创意	专利申请 专利 论文 报告
（3）开发	科学知识 技术 实际问题 不成熟的发明 创新 原始的发明 改进	科学家 工程师 技术助手 办公人员 实验室 材料、燃料、能源 实验工厂 生产原形	人员数 工时 工资 科研经费 投资	完善后的发明图样、说明书、样品 新的科学问题 新的实际问题 创意	有关新工艺、新产品的图样、说明书
（4）创新	完善的发明 企业的敏锐和市场预测 冒险精神	企业家 经理 金融银行家 建筑人员 承包商 工程师 建筑材料 机器工具	在新工厂和新产品上投资	新的实际问题 创意	新的工厂、生产线、新产品、新工艺

（资料来源：FREEMAN C，SOETE L. The Economics of Innovation［M］. 3rd ed. Cambridge：The MIT Press，1997：7-9.）

3. 技术创新的核心是企业家

按照熊彼特的论述，企业的厂长、经理不等于企业家，只有当其实际上对生产要素“实现新组合”，才能是一个企业家。企业家的职能是通过利用一种新发明，或利用一种没有使用过的技术生产新产品，或利用没有使用过的新方法生产老产品，通过开辟原材料的新来源或产品的新销路，通过重组产业等来改革生产模式或使其革命化。所以，企业家是具有新观念、新意识和能力，并进行创新的独立商品经营者和生产者。一个停滞不前、不进行技术创新的企业就不存在企业家。当然，这里所说的企业家在现代企业中更多地表现为群体，是由企业上层的若干领导组成的群体。

企业家是核心，因为他们是技术创新全过程的决策者与组织者。创新过程的每一个环节都需要企业家敏锐的目光、果断的决策与高效率的组织，都需要用其所掌握的生产要素作为后盾。市场的需求、占有率和超额的利润前景始终是诱发企业家创新的动力。

4. 技术创新的目的是获得超额利润

没有技术创新的企业最多只能获取行业的平均利润，而技术创新成功的企业，其新产品、新技术在别人没有模仿、技术没有扩散前，往往可以垄断市场，在价格上采取高价策略，利润自然可以较大地超过平均利润。技术创新之所以获取超额利润，在于它建立了一种新的生产函数，把最新的科学技术融入生产过程，提高了生产力的技术构成，从而大大提高了劳动生产率。

二、技术创新的分类

技术创新的分类有很多方法，下面介绍几种典型的分类方法：

（一）按创新对象分类

按创新对象的不同，技术创新可分为产品创新和工艺创新两类。

1. 产品创新

产品创新是指在产品技术变化基础上进行的技术创新。按照技术变化量的大小，产品创新可分为重大（全新）的产品创新和渐进（改进）的产品创新。广义的产品包括服务（无形产品），因此，产品创新也包括服务创新，如网上银行业务的推出。

重大（全新）的产品创新是指产品用途及其应用原理有显著变化的创新。例如，美国贝尔公司发明的电话和半导体晶体管、美国德州仪器公司首先推出的集成电路等，都对人类的生产和生活产生了重大影响。重大的产品创新往往与技术上的重大突破相联系。例如，杜邦公司和法本公司首创的人造橡胶、杜邦公司推出的尼龙和帝国化学公司生产出的聚乙烯这三项创新，奠定了三大合成材料的基础。

渐进（改进）的产品创新是指在技术原理没有重大变化的情况下，基于市场需要，对现有产品所做的功能上的扩展和技术上的改进。例如，索尼公司取得巨大成功的“随身听”，就是对原有录音机产品的功能做了某些微小的变动，或者对不同产品的功能进行重新组合开发出来的。不能轻视渐进或改进式的创新，正是这类创新不断地吸引大量的顾客，为企业产品开辟了广阔的市场前景。

2. 工艺（过程）创新

工艺创新又称过程创新，是指在生产（服务）过程技术变革基础上的技术创新。工艺（过程）创新同样也有重大和渐进之分。例如，炼钢的氧气顶吹转炉、钢铁生产中的连铸系统、早期福特公司采用的流水线作业生产方式以及现代的计算机集成制造系统等，都是重大的工艺创新。这些工艺创新往往伴有重大的技术变化，与采用新的技术原理相联系。另外，也有很多渐进式的工艺（过程）创新，如对产品生产工艺的某些改进、提高生产效率的一些措施或导致生产成本降低的一些方法等。工艺（过程）创新与提高产品质量、降低原材料和能源的消耗、提高生产效率有着密切的关系，是技术创新中不可忽视的内容。

（二）按创新程度分类

按创新程度分类，技术创新可分为渐进性创新和根本性创新两类。

1. 渐进性创新

渐进性创新也称改进创新，是指通过对现有技术的改进而引起的渐进的、连续的创新。它在技术原理上没有重大变化，只是根据市场需要，对现有产品或生产工艺进行功能上的扩展和改进。例如，美国明尼苏达矿业和制造业公司（3M 公司）开发生产的小型不干胶便笺，可贴于任何需要的地方（如书页、门窗、桌椅等），又可以不留痕迹地撕下来。就是这样的小便笺，每年为3M 公司带来 3 亿美元以上的销售收入。又如，性能日新月异的家用电器、功能不断扩展的手机、服务领域逐渐扩大的电子商务。这些创新都没有技术原理的重大突变，但对产品性能的改进或拓展给消费者带来了实实在在的价值提升。

2. 根本性创新

根本性创新也称重大创新，是指技术有重大突破的技术创新。它常常伴随着一系列渐进性的产品创新和工艺创新，并在一段时间内引起产业结构的变化，甚至创造一个新的时代。例如，信息技术开创的信息时代，使远程研究开发、远程教育、远程医疗诊断、远程控制等成为现实，整个世界变成了“地球村”。

（三）按技术创新源分类

按技术创新源分类，技术创新可分为原始创新和模仿创新。

1. 原始创新

原始创新是指基于重大科学发明、技术发明、原理性主导技术的创新，特别是在基础研究和高技术研究领域取得独有的发现或发明，并取得商业化的成功。原始创新是最根本的创新，也是难度最大的创新，需要大量投入、雄厚的技术基础，还要承担高风险。从发达国家的发展经验看，没有一个国家的原始创新在创新整体中占有较大比重。

2. 模仿创新

模仿创新是一种在引进技术的基础上，通过学习、分析、借鉴进行的再创新。这种模式的创新具有技术上的跟随性、研究开发和竞争对手的针对性、创新资源投入的集聚性等显著特点，能为企业降低研发成本，缩短研究周期，提升市场适应力。模仿创新是提高创新能力的主要途径，是发展中国家和地区普遍采取的方式。

（四）按技术变动的方式分类

技术变动的方式可分为两种：结构性变动和模式性变动。结构性变动是指技术（产品或工艺）要素结构或连接方式的变动，如通信技术中从有线电话到无线电话就是结构性变动；模式性变动是指技术原理的变动，如从模拟通信技术到数字通信技术就是模式性变动。

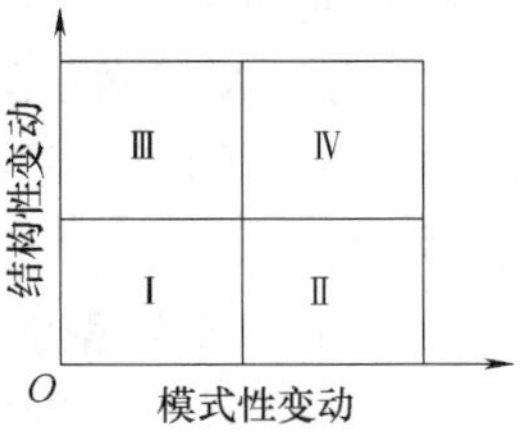

图 7-1　技术变动方式

按技术变动方式的不同，技术创新可分为四类，如图 7-1 所示。

1. 局部性创新

局部性创新又称渐进性创新，是指在技术结构和模式均未变动的条件下，局部技术改进所形成的创新，如图 7-1 中的Ⅰ区域。例如，电话机由拨号式改进为按键式的创新就是一种局部性创新。

2. 模式性创新

模式性创新是指在技术原理变动基础上的技术创新，如图 7-1 中的Ⅱ区域。例如，通信技术中由模拟交换到数字交换的创新就是模式性创新。

3. 结构性创新

结构性创新是指技术结构变动形成的技术创新，如图 7-1 中的Ⅲ区域。例如，无绳电话的创新在一定程度上改变了通信连接方式，但原理并未发生变化。

4. 全面性创新

全面性创新是指技术结构和模式均发生变动所形成的创新，如图 7-1 中的Ⅳ区域。例如，由模拟式有线通信技术到数字式无线通信技术所形成的技术创新，就是全面性创新。

（五）按技术创新的规模分类

按技术创新的规模分类，技术创新可分为企业创新和产业创新。

1. 企业创新

企业创新是指一个企业内部，对其产品、工艺过程、组织机构等方面开展的创新活动和取得的创新成果。

2. 产业创新

产业创新是指某一项技术创新或形成一个新的产业，或对某一产业进行彻底改造。产业技术创新或是表现为创新技术的规模化和群体化，并因此而兴起一种新兴的高新技术产业；或是表现为由某类创新技术的商业化及扩散过程而使传统产业的传统技术得到突破性改进，使整个产业实现整体的高效化。当然，产业创新活动是以企业创新活动为基础和主体的，但它又不仅仅是某个产业中不同企业技术创新结果的简单叠加，而是同一产业中多个企业技术创新结果的有机结合与扩散。

（六）按技术创新本身的经济价值分类

按技术创新本身的经济价值分类，技术创新可分为基础性创新和增值性创新。

1. 基础性创新

基础性创新本身不要求有重大的技术开发成果或技术上有重大的突破，但是却能够在某一方面给社会增加新的需求满足，或者使某一社会需求能更好地得到满足。

2. 增值性创新

增值性创新的引入，虽然不能引起某一项技术领域发生根本性变化，但却能够使原效益得到较大幅度的提高。

（七）按技术创新的最终效益分类

按技术创新的最终效益分类，技术创新可分为资本节约型创新、劳动节约型创新和中性技术创新。

1. 资本节约型创新

资本节约型创新的结果能够使某一行业或某一领域的资本有机构成中的物质劳动部分减少，从而使得商业价值构成中物化劳动的价值减少。

2. 劳动节约型创新

劳动节约型创新的结果可使某一行业或领域内的商品价值构成中的活劳动部分减少，从而形成资本密集型产业或产品。

3. 中性技术创新

中性技术创新的结果使整个劳动生产效率提高，商品中的活劳动与物化劳动消耗大幅度减少，但商品价值构成中活劳动与物化劳动的比重并不发生很大变化。

三、技术创新的影响因素

技术创新是一种涉及面广、环节多、过程复杂的技术经济活动，它的规模、方向及成就大小受许多复杂的社会因素的制约和影响。

（一）政府的支持力度

政府的支持力度对技术创新的影响极大，特别是目前我国国有大中型企业自有资金仍然有限，技术开发与应用的科研单位在市场经济条件下还有一个适应过程，财力也十分有限。因此，如果政府的支持力度大，无疑能够为这些企业增强创新能力。政府的政策导向内容很多，包括对行业或产业各种优惠政策的倾斜，如税收、信贷政策等，产业调整政策，对技术创新成果的政策，对知识产权的支持政策等。这些无疑都会从正方向或反方向上起到鼓励或延缓技术创新的作用。

（二）社会科学技术发明的成果状况

社会科学技术发明的成果状况的影响主要表现在以下几个方面：①技术创新实现的周期长短；②是在近期即可实现，还是在未来才能实现；③技术创新本身实现的难易程度；④技术创新成果的大小，大的创新会推动经济的大幅度推进和发展，小的创新对经济发展的作用无大影响，只会为企业带来效益。

（三）社会资源的紧缺程度

社会资源的紧缺程度不仅影响技术创新成果的大小，而且影响技术创新的方向。例如，劳动力资源的紧张会使技术创新向劳动节约型迈进；基础资源的缺乏会使技术创新转向资本节约型。社会资源紧缺程度越大，供需矛盾越突出，技术创新的进度就会越快。如果通过技术创新能够创造某种新的、可以替代旧资源的重要资源，可能会引起社会经济的深刻变革及技术上的适应性变革。

（四）市场结构与市场竞争的状况

市场结构与市场竞争的状况都会直接影响企业技术创新的积极性。市场竞争越激烈，企业的紧迫感就越强。这时企业若要生存和发展，需要在竞争中处于有利地位，而技术创新恰恰可以改善产品，降低消耗，为企业的有利竞争创造条件。所谓市场结构，是指将市场划分为完全竞争市场、完全垄断市场、垄断竞争市场和寡头垄断市场。完全自由竞争的行业或产业往往创新意识强，但创新的力量分散，而且其创新成果不显著。由几个主导企业占据垄断地位的行业或产业，其创新的意识较完全自由竞争的产业或行业弱，但是力量集中、创新能力强，并且能够使技术创新获得尽快扩散且成果显著。

（五）企业的规模大小

企业的规模大小也是影响技术创新的一个重要因素。一般情况下，企业规模越大，技术创新能力越强；反之，技术创新能力越弱。

四、技术创新与经济发展

当今世界已步入知识经济时代，这一时代的基本特征是知识密集型产业已成为全部产业的核心，成为一个国家取得长期竞争优势的决定性因素。从长远角度看，技术创新才是推动经济可持续发展的关键理论，而不是靠资本和劳动力投入的增加。

（一）技术创新对经济增长的推动作用

约瑟夫·熊彼特在其《经济发展论》一书中指出：经济增长过程是经济不断地从一种均衡状态向另一种均衡状态的动态变化过程。当经济处于均衡状态时，没有变革，也没有发展，所有生产者都只能取得正常利润，没有超额利润，此时经济发展处于停滞状态。为了在市场竞争中占得优势，某些企业（产业）着手进行创新，其中成功者摆脱了均衡，获得了超额利润。这种超额利润的获得会刺激其他企业（产业）模仿这种创新，由此产生相当大的关联作用，此时经济增长处于高峰期。也就是说，这种技术创新所引发的模仿促进了经济增长。当这种模仿达到某一阶段或规模，超额利润趋于减少或消失，此时经济进入另一种均衡状态，经济增长停止。下一周期经济增长的出现等待新一轮技术创新的出现。

以门施（Gerhard Mensch）为代表的新熊彼特主义的创新理论则进一步分析指出，在经济萧条时期，为了摆脱危机，除了技术创新再无其他办法。“只有创新才能克服萧条”，门施把这种在经济萧条中被迫进行技术创新前的窘状称为“技术僵局”，认为技术僵局是技术创新的前提。他最终得出的结论是：经济萧条刺激技术创新的产生，而基本的技术创新必将把经济推向繁荣。

以罗斯托（Rostow）为代表的经济学派对技术创新中各部门之间的影响及其对经济的推动做了明确的阐述。他们认为，经济增长的过程就是主导部门带动其他部门增长并不断交替的过程。由此得出的结论是：这种运动形成经济增长的动力。

以上各经济学派均从不同的侧面分析了技术创新对经济增长的推动作用。马克思和恩格斯在《共产党宣言》中曾指出：资产阶级在它的不到一百年的阶级统治中所创造的生产力，比过去一切世代创造的全部生产力还要多，还要大。而这种生产力的巨大发展，正是技术创新的结果。人类几千年的文明史，正是靠几次大的技术革命推动着人类社会向一个又一个新台阶迈进。青铜器和铁器工具的发明，使农业的劳动生产率逐步提高，出现了手工业与农业的分离；18 世纪以蒸汽机的发明为标志，人类社会进入了工业革命时期。劳动生产率的提高，一方面解放了大量的劳动力，另一方面也加速了资本的进一步扩张，促进经济总量的迅速增长；20 世纪随着第三次浪潮的来临，以微电子技术、生物技术、新材料技术和航天航空技术等高新技术为标志的技术创新又推动着产业结构进一步升级，促使经济高速增长，也推动了人类社会的不断发展。

西方经济学者把经济增长的动因归结为资本、土地和技术，而资本和土地均为稀缺性的有形资源。如何保持在有形资源（在此把资本、土地视为有形资源，而把技术视为无形资源）有限的情况下，得到最有效配置，主要还得看无形资源，即技术含量的高低。因此，技术创新是经济增长的核心动力。目前在世界 500 强企业中，资本技术密集型产业占主导地位。曾经辉煌一时的钢铁、烟草、建材等行业的企业在 500 强中已越来越少，而电子信息和生物医药等新兴行业的企业在世界 500 强中越来越多。

在经济发达的国家中，技术创新对经济增长的贡献越来越大。在其经济增长源中，技术创新对经济增长的贡献一般均达到60%～70%。而其他经济增长源，如资本、劳动等因素对经济增长的贡献率已越来越低，经济增长主要依靠内涵式增长。而我国经济增长源中，资本的投入对经济增长的贡献却很高。改革开放以来，技术创新对我国总体经济贡献率基本达到30%～50%，但与发达国家相比，仍有较大的差距。我国除少数电子信息产品外，主要行业的技术与世界先进水平的差距还较大，多数行业的主体技术仍以引进为主，部分引进不注重消化、吸收和创新，造成了引进、落后再引进的不良循环。因此，加强向集约型为主的内涵扩大再生产方式的转变，推进技术创新活动，提高经济增长质量，对建立社会主义市场经济体制具有十分重要的作用。

1. 技术创新是建设社会主义市场经济体制的内在要求和重要目标

建立社会主义市场经济体制的目的是优化资源配置，加快技术创新步伐。优化科技资源配置是优化整个社会资源的重要内容，因而，建立经济新体制与创新活动是密不可分的，后者是前者的内在要求。同时，随着社会主义市场经济体制的不断完善，市场机制的作用越来越强，企业所面临的市场竞争越来越激烈，随时都有被淘汰的危险。企业要把积累自身科技创新能力，引进消化科技新成果，开发新技术、新产品作为自身生存和发展的基本战略。所以，加快技术创新步伐是建立社会主义市场经济体制的重要目标。

2. 技术创新是保证高质量经济增长的基本前提

高质量的经济增长意味着在同等的资源条件下，可以创造出更多的社会财富；而低质量的经济增长在创造同等财富的同时会消耗和浪费大量的资源。现在，资源问题已成为制约我国经济高质量增长的严重障碍。要改变这种状况，只有通过技术创新，提高资源的使用效率，才能保证经济的高质量增长。

3. 技术创新是转变经济增长方式的根本途径

技术创新的根本目的就是推动发明创造成果在生产中的应用和促进新市场的开拓，从而获得最大利润。一项成功的技术创新，经过大面积的技术扩散，必然导致产业结构、市场结构、外贸结构的某种变化，形成创新的规模效益，从而加快从粗放型经济增长向集约型经济增长转变的步伐，促进经济增长。同时，新一轮技术创新又会带动更高层次的技术创新高潮。这种创新不断地循环往复，就会推动一个国家的经济持续增长和繁荣。因此，技术创新既是经济增长取之不尽的源泉，又是转变经济增长方式的根本保证。

当今时代，科技竞争是综合国力竞争的焦点，谁在知识和科技创新方面占据优势，谁就能够在发展上掌握主动。因此，我国应尽快形成有效的技术创新机制，同时也要注意处理好技术改造、技术升级与企业长期和短期经济效益之间的关系，加快技术创新的步伐，提高技术创新对经济增长的推动力，以保持经济长期持续发展。

（二）技术创新与产业结构

产业结构是指一个国家经济系统中各个产业之间的比例关系和相互联系的形式。合理的产业结构能使经济资源得到合理利用，各产业协调发展，有利于取得最佳的经济效益。技术创新对经济结构的最直接影响表现为产业结构的演进和变迁。从历史上看，第一、二、三产业的依次出现和重点转移，以及第二产业内部各个阶段的依次递进，都与技术创新的发展息息相关。按照熊彼特的观点，技术创新就是导入一种新的生产函数，从而可大大提高潜在的产出水平，而产业结构调整和升级的过程，就是伴随着技术进步和生产社会化程度的提高，不断提高产业结构作为资源转换器的效能和效益的过程。因此，技术创新就成为产业结构调整和升级的最直接的推动力。

从短期来看，技术创新，如老技术的改进和新技术的发明与应用等对经济增长的贡献是直接通过提高创新主体的劳动生产率表现出来的。但在市场经济中，创新主体在经济活动中并不是孤立存在的，而是与其他部门（包括其他企业或产业）有着千丝万缕的联系。因此，创新主体的技术变革会通过产业链在各产业之间进行扩散，一个行业的技术创新最终会通过产业之间的前向关联或后向关联拉动其他行业劳动生产率的提高。产业的前向关联是指产业的产品在其他产业中的利用而形成的产业关联；后向关联则是指产业在其生产过程中需要投入其他产业的产品所引起的关联。以钢铁为例，与汽车制造的关联是前向关联，而与采煤业的关联是后向关联。产业之间的这种投入产出联系使得上、下游产品和上、下游产业之间形成互为产品创新和过程创新的关系。这样，一个产业的技术创新依次向其前向关联产业或后向关联产业传递、扩散，促使其发生新的技术创新，进而引起产业的扩张或收缩。

技术创新不仅能提高国民经济各部门的劳动生产率，而且会不断地对产业结构进行调整，促进产业结构向高层次、合理化发展。实践证明，技术创新、产业结构和经济增长三者有很强的相关性。建立在技术创新基础上的产业结构的优化调整，为生产发展提供了良好的物质载体。技术创新对总体经济增长的贡献很大程度是通过产业结构的优化和升级间接表现出来的。

技术创新对产业结构升级的推动是通过推动传统产业的改造、新兴产业的兴起和落后产业的淘汰三个方面来体现的。传统产业是相对新兴产业来说的，它是指在新兴产业形成之前就已存在的物质生产部门，如钢铁、汽车、纺织、石油、煤炭、电力等；新兴产业则是指伴随着技术革新，由于新材料、新能源、信息、微电子、生物工程及航空航天等新技术的开发而发展起来的一系列新兴产业部门。具体表现在：技术创新使得传统产业部门有可能采用新技术、新工艺和新设备来提高其技术水平，改变其生产面貌，促进原有生产部门和产品的更新换代，甚至创造出全新的产品。最典型的例子是采用电子和信息技术改造传统产业，如机械工业，使其实现机电一体化。值得注意的是，技术创新的结果并不是消灭一批传统产业，而是使这些传统产业以新的面貌出现在新的产业结构中，有时甚至成为某些新兴产业赖以建立的重要物质条件之一。

随着传统产业的改造和新兴产业的不断涌现，一些落后的产业由于设备陈旧、工艺落后、劳动生产率低、产品成本高，不符合社会的需求，在市场上逐渐失去竞争力，最终被淘汰。我国初级产品产量已居于世界前列，由于产业技术较落后，造成生产过程中能源、原材料消耗高，产品的技术含量和附加值低。据有关资料统计，我国用同样的能源、原材料消耗所生产出来的产品价值量仅相当于发达国家的1/4，甚至1/6。这种状况对资源环境造成的巨大的压力严重制约着我国经济的持续健康发展。解决这些问题，唯一的途径便是依靠技术创新。

第二节　技术创新过程和模型

技术创新是企业持续创新的根本竞争力，是企业在市场经济条件下必须采取的把科技进步和需求结合起来以提高企业效益的过程。这一过程不仅是知识的产生、创造和应用的进化过程，而且是一种创造性的破坏过程，促使资源从旧的、过时的方面转向更富有生产性的方面。可见，企业技术创新是一个完整的行为过程，因而有必要首先对企业的技术创新过程有一个清楚的认识。

一、技术创新过程

对技术创新过程的认识和划分，目前国内外学者有不同的观点。既然技术创新是一个新产品或新工艺的第一次商业运用，那么技术创新过程也必然是一个从新的产品或工艺创意到真正商业化的过程。结合我国企业技术创新运行过程的实际情况，可以把技术创新过程划分为如下阶段：

（一）创意的形成阶段

创意的形成主要表现在创新思想的来源和创新思想的形成环境两个方面。创新思想可能来自科学家或从事某项技术活动的工程师的推测或发现，也可能来自市场营销人员或用户对环境或市场需要或机会的感受，但是这些创意要变成创新还要经过很长时间。人造纤维大约用了200年，计算机用了100年，而航天飞机则用了更长时间。创新思想的形成环境主要包括市场环境、宏观政策环境、经济环境、社会人文环境、政治法律环境等。

（二）研究开发阶段

研究开发阶段的基本任务是创造新技术，一般由科学研究（基础研究、应用研究）和技术开发组成。企业从事研究开发活动的目的是很实际的，就是开发可以或可能实现实际应用的新技术，即根据本企业的技术、经济和市场需要，敏感地捕捉各种技术机会和市场机会，探索应用的可能性，并把这种可能性变为现实。研制出可供利用的新产品和新工艺是研究开发的基本内容。研究开发阶段是根据技术、商业、组织等方面的可能条件，对创新构思阶段的计划进行检修和修正。有些企业也可能根据自身的情况购买技术或专利，从而跳过这个阶段。

（三）中试阶段

中试阶段的主要任务是完成从技术开发到试生产的全部技术问题，以满足生产需要。进行小型试验能在不同规模上考验技术设计和工艺设计的可行性，解决生产中可能出现的技术和工艺问题，是技术创新过程不可缺少的阶段。

（四）批量生产阶段

按商业化规模要求把中试阶段的成果变为现实的生产力，产生新产品或新工艺，并解决大量的生产组织和技术工艺问题。

（五）市场营销阶段

技术创新成果的实现程度取决于其市场的接受程度。本阶段的任务是实现新技术所形成的价值与使用价值，包括试销和正式营销两个阶段。试销具有探索性质，探索市场的可能接受程度，进一步考验其技术的完善程度，并反馈到以上各个阶段，予以不断改进与完善。市场营销阶段实现了技术创新所追求的经济效益，完成了技术创新过程中质的飞跃。

（六）创新技术扩散阶段

创新技术扩散即创新技术被赋予新的用途，进入新的市场。例如，雷达设备用于机动车测速，微波技术用于微波炉制造。

在实际的创新过程中，阶段的划分不一定十分明确，各个阶段的创新活动也不仅仅是按线性序列递进的，有时存在着过程的多重循环与反馈以及多种活动的交叉和并行。下一阶段的问题会反馈到上一阶段以求解决，上一阶段的活动也会从下一阶段所提出的问题及其解决中得到推动、深入和发展。各阶段既相互区别又相互联系和促进，形成技术创新的统一过程。

二、技术创新过程模型

技术创新过程涉及创新构思产生、研究开发、中试阶段、批量生产、市场营销和创新技术扩散等一系列活动。这些活动之间的相互联系与作用呈现出多种形式，表现为逐项渐进、循环交叉、并行操作、网状联结等，不仅反映了技术的变化，而且还涉及生产、营销和组织的运作。根据活动之间的相互作用方式，技术创新可分为线性创新模型、交互作用创新模型、网络创新模型与过程创新模型。

（一）线性创新模型

自 20 世纪 60 年代以来，国际上提出了许多具有代表性的技术创新模型，最早的就是线性模型。这种模型认为技术创新是由前一个环节向后一个环节单向的、逐次推进的过程。它主要有两种形式：技术推动模型和市场拉动模型。

1. 技术推动模型

技术推动模型认为，创新是以基础研究为先导或以科技为起点、以市场为终点的直线过程。也就是说，创新起源于研究开发，经过生产和销售环节单向逐次递进，最终以新产品（或新技术）进入市场销售，市场是创新成果的被动接受者，如图 7-2 所示。

图 7-2　技术创新的技术推动模型

现实中，确实有许多根本性创新来源于技术的推动，如工业发达国家早期的技术创新多是由技术推动的，现代新技术的发展也是由技术推动的。新的发现、新的技术激发了人们寻找为之应用的领域，以实现新技术的价值。例如，计算机技术的研发推动了整个社会进入信息时代，大大改变了人们传统的工作和生活方式。这类技术创新往往起源于根本性的技术推动，并催生了新的产业。所以，重视基础研究是提升国家综合实力、提高创新水平的重要措施。

2. 市场拉动模型

市场拉动模型认为，市场需求是研究开发构思的主要来源。也就是说，创新是根据市场需求进行研究开发，进而向生产和销售环节逐次推进，最终形成市场需要的新产品，市场是创新成果的接受者，同时也是创新构思的创造者，如图 7-3 所示。

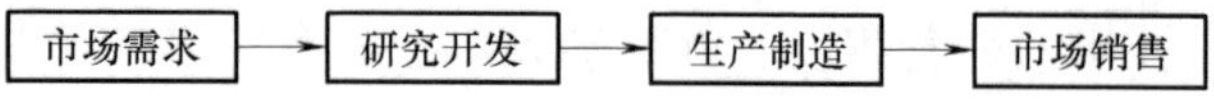

图 7-3　技术创新的市场拉动模型

事实上，市场需求是激发创意的主要源泉。国外一项研究的统计分析表明，各领域的重要创新 60% ~80% 是由市场需求和生产需要激发的。其中，美国的创新只有 22% 来自技术推动，而有 47% 来自市场需求，31% 来自生产需求。特别是当技术发展到一定程度，往往会出现边际效用递减，市场需求引发的创新越来越普遍。例如，美的集团开发的带有特殊健康功能的风扇新产品，其创意就来自“群众路线”。美的意识到“没有人比消费者更了解消费者”，根据“群众”创意开发出的产品，往往概念更新，更受市场欢迎，有时甚至可发展为系列产品。所以，注意市场需求的变化，从中提炼创新项目，开发成新产品，成为许多企业创新的主要渠道。同时，它风险小、成本低，通常具有重大商业价值。

在线性创新模型中，技术推动模型认为技术进步的速度、规模和方向决定着技术创新的速度、规模和方向；市场拉动模型则认为市场需求决定着技术创新的资源配置，从而决定着创新的速度、规模和方向。两种模型事实上都隐含了知识流动的单向性假设，只是知识的源头不一样。在过去很长一段时间里，这种简单的线性模式在人们对创新过程的认识中占据了主导地位。但后来新兴工业化国家的成长和发展使人们看到一个国家的科研潜力与其创新能力之间并没有完全的直接联系。例如，日本的现代化和工业化与国内新创造的知识并无直接联系，从而证明了创新不仅限于线性模型。

（二）交互作用创新模型

随着创新实践与理论研究的深入，人们发现，无论是技术推动模型还是市场拉动模型，都过于简单化了，通常情况是：创新是科学、技术与市场之间耦合的过程。正如美国管理学者蒋世任（Felix Janszen）所说：“在多数情况下，创新是新技术、新工艺、新服务和新市场以及新组织管理形式等诸多因素相互渗透而共同作用的结果，因为各因素之间本身就存在相互依存的关系，而且整个系统也是一个螺旋式上升的过程。”在这种认识的基础上，借用控制论中“反馈-回路”的概念，有学者提出了技术与市场交互作用的创新模型以及“链环-回路”的创新模型。

1. 技术与市场交互作用的创新模型

技术与市场交互作用的创新模型是一些学者于20世纪七八十年代提出的。这种模型强调创新过程中技术与市场两大要素的有机结合，也就是说，技术与市场的交互作用共同引发并决定着技术创新，如图7-4所示。

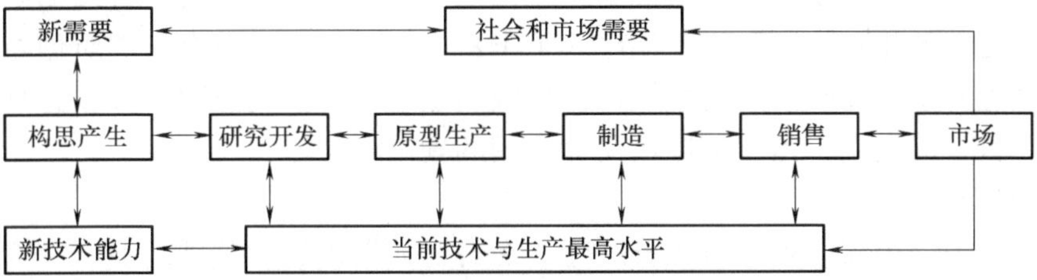

图7-4　技术与市场交互作用的创新模型

技术与市场交互作用的创新模型认为，市场与社会需要的交互作用能够激发创新的构思，技术的进步与创造能够形成创新的源泉，市场、技术与创造链上各个环节的交互作用都会促成创新的产生。

2. “链环-回路”的创新模型

“链环-回路”的创新模型是克莱因（Lawrence Klein）和罗森伯格（Nathan Rosenberg）于1986年提出的，也称为技术创新过程的集成模型。该模型认为，技术创新不是简单地从技术、工业研究开发，到工程建设和制造，再到市场销售的循序渐进的单向过程，而是R&D、原型研制、生产制造、产品销售等要素并行发展、综合集成的过程，如图7-5所示。

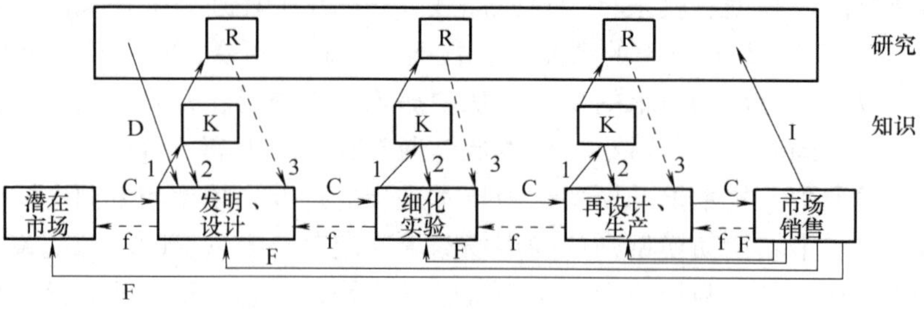

图 7-5 “链环-回路”的创新模型

“链环-回路”模型展示出以下五条创新途径：

路径是创新的中心链，以 C 表示。这条路径起始于潜在市场的挖掘，通过发明、设计，细化实验，再设计、生产到市场销售。

路径由一系列的反馈环组成，以 F 和 f 表示。F 路径表示市场信息有可能对中心链上的任一环节产生直接反馈；f 路径则表示中心链上每个环节都可能对市场的需求产生反馈。反馈信息进入中心链的相应环节，引发创新。

路径由一系列多次反馈组成，形成中心链 1-K-2 或 1-K-R-3 的路径。这种路径描述了中心链、知识、研究与创新之间的相互作用及联系，反映了创新是以科学知识的积累为基础的，寻求通过现有知识与技术解决，形成 1-K-2 路径；如果不能解决，进一步深入研究，形成 1-K-R-3 路径。

路径以科学研究开发推动创新，以 D 表示。这条路径揭示了研究开发直接引发创新，形成新的产业，如半导体、激光便是著名的例子。

路径以需求导致创新，以 I 表示。这条路径说明创新也能刺激科学进步，推动研究开发。

“链环-回路”的创新模型从技术创新本身出发，将整个过程进行了合理的阶段划分，并且在各个阶段之间的相互作用和联系上注入了丰富的知识。它既符合人们对创新过程的顺序思维模式，又克服了以往模型单纯线性化、反映问题不够全面的局限，被认为是分析创新过程较为合理和科学的模型，是被普遍接受和采用的理论模型。

（三）网络创新模型

系统理论认为，企业的生存与成长既建立在自身前期发展的基础之上，又依赖于同时代其他企业的发展，是一个多主体的系统，主体之间相互促进、适应和发展。这种系统思想应用于创新，出现了以网络为基础的组织形式，即通过建立虚拟企业、动态协作和知识联网来实现创新。这里介绍两种主要的网络模型，即系统集成网络模型和莲花形创新模型。

1. 系统集成网络模型

英国经济学家克里斯托夫·弗里曼（Christophe Freeman）在 1987 年的工作中最早运用系统思想与方法研究创新。他在研究日本的经济发展时发现，日本在技术落后的情况下，以技术创新为主导，辅以组织制度创新，只用了几十年的时间，便一跃成为世界工业大国与工业强国。他认为，是“公共部门和私营部门中各个机构形成的网络互相之间的影响促进了新技术的开发、引进、改进和扩散”。也就是说，创新不仅受经济因素影响，还受环境、制度、组织、社会和政治等其他因素的影响。这种模型的创新主体有高等院校、企业、科研院所、金融机构、中介机构、政府机构等，主体之间的相互作用形成了创新的有机整体，如图 7-6 所示。

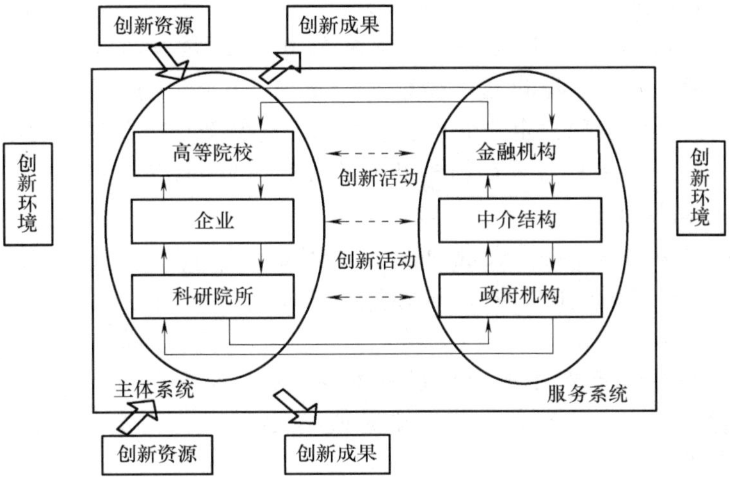

图 7-6　技术创新的系统集成网络模型

创新系统中的实体由于各自拥有技术资源、知识资源、人力资源、信息资源与管理资源等方面的差异性，使彼此之间排斥、竞争与合作、促进与制约，形成系统主体之间的互动互应关系，构成系统创新的内在激发动力。创新实体与外部环境进行资源、能量与信息的交换，需要不断学习、调整、寻找新的结构和行为模式，以适应不断变化的环境，在与环境的互动互应关系中获得系统发展的外在诱发动力。系统思想认为，创新同时涉及多主体相互作用过程的转变，而不是序列式的从一个职能转到另一个职能的过程，这意味着创新是更为复杂的相互作用的非线性过程。

2. 莲花形创新模型

莲花形创新模型是美国的戴布拉·艾米顿（Debra M. Amidon）女士于 1989 年在《全球创新战略：创新增值价值联盟》一书中提出的。她用交错的花瓣描述在动态的全球经济中为取得商业成功所需要的多重关系。莲花形创新模型特别强调“怎样才能最大限度地把大学和研究室中产生的知识和技术引入到公司中去”，这种思想代表着一种新的创新价值链。莲花形创新模型由三个层次构成：微观经济层次是第一层次，代表着跨职能团队与企业范围内联盟所需要的一种微观经济层次的组织内的相互作用；中观经济层次是第二层次，是指由企业、供应商、合作伙伴、教育部门、政府、分销商和其他利益相关者（有时也包括竞争对手）构成的网络，有效地促进了知识流动，并丰富了知识创造，增加了创造增值的可能；宏观经济层次是第三层次，代表着最适应知识流动的国际基础。三层体系的莲花形创新模型把企业内、外环境和全球范围内所需要的复杂的相互作用按序列集合在一起。

这种创新模型认为，创新是一个相互学习的过程。成功的创新不仅来源于企业内部不同形式的能力和技能之间多角度的反馈，同时也是企业与外部众多知识生产和知识持有者之间联系和互动的结果，这是对传统价值链思想提出的极大挑战。各创新要素之间的联系是创新系统的核心，正是要素之间的联系孕育了创新。这意味着新思维是在不同技能、思想和价值观的人们的融合与交流中产生的，能够在企业中的任何地方产生。

(四) 过程创新模型

一项重大的创新出现之后，往往会有一系列后续的创新紧随其后，形成创新群，从而引起新产业的成长或者产业的演变。

过程创新模型是从产业层面进行探讨分析的，是美国哈佛大学的阿伯纳西（N. Abernathy）和麻省理工学院的厄特拜克（Jame M. Utterback）通过对大量产业成长实例进行研究后提出的。他们发现，企业的产品创新和工艺创新在产业成长的不同阶段会表现出不同的相互关系，概括为 A-U 过程创新模型和逆 A-U 过程创新模型。

1. A-U 过程创新模型

A-U 过程创新模型的总体特征表现为：在产业成长的前期，产品创新比工艺创新活跃，创新成果更多；而在产业成长的后期，则是工艺创新较产品创新有更丰富的成果，如图 7-7 所示。根据产品创新、工艺创新与产业组织之间的相互关系，产业发展过程可分为三个阶段：不稳定阶段、过渡阶段和稳定阶段。

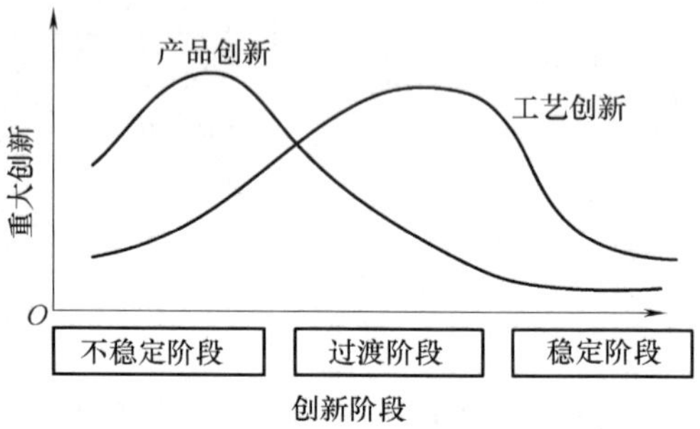

图 7-7　A-U 过程创新模型

（1）不稳定阶段。此阶段的产品创新和工艺创新都呈上升趋势，但产品创新明显强于工艺创新。这是产业发展的初期阶段。在行业发展的早期，由于技术本身处于发展和变动的状态，技术的潜在市场有待确认，因此，创新的重心是进行新产品的设计与开发，寻找该技术可以开发的、能被消费者喜欢的、有价值的产品，于是，多种产品设计进入市场且频繁变动。对应于变动频繁的产品设计，相应的制造工艺和产品组织也显示出不稳定的特征，工艺创新从属于产品创新。这是一个在商业与技术上不断“尝试、纠错”的阶段。这一阶段的研究开发目标具有探索性，研究开发经费支出比较高，且不容易获得好的经济效益。但对那些具有较强技术鉴别与开发能力的企业来说，若能准确把握技术方向和市场机会，即有可能取得未来的商业成功。

（2）过渡阶段。此阶段的产品创新逐渐减少，而工艺创新继续呈上升趋势，且超越产品创新，产品发展进入主导设计阶段。随着企业技术经验的积累和消费者倾向的明晰，会出现一个将技术资源与市场需求连接起来的主导设计，如汽车产业发展过程中的福特 T 型车和计算机产业发展过程中的 IBM S/360 系统。主导设计为产业的发展提供了“标准”，降低了市场的不确定性。在主导设计确定后，产品基本稳定，产品创新率下降，工艺创新替代产品创新成为创新关注的重点。

这是一个主导设计被消费市场接受和推崇的阶段。在这一阶段，企业的市场地位出现分化，不能向市场提供符合主导设计产品的企业将被竞争者挤出市场，而能够围绕主导设计推出有价值产品的企业将会赢得明显的竞争优势。

（3）稳定阶段。此阶段的产品创新与工艺创新均表现为下降趋势，工艺创新较产品创新仍然有相对优势，产业发展进入成熟期。由于主导设计的出现，产品设计、生产程序与生产工艺日趋标准化，市场需求相对稳定，大规模生产使制造效率大大提高，企业由此享受到规模经济带来的好处，故该阶段创新的重点是以降低成本和提高质量为目标的渐进性的工艺创新。

一个产业一旦发展到稳定阶段，企业组织即会呈现出越来越大的刚性，产业内部会产生一种强烈的抵制重大创新的力量。技术变化可能会使工厂的现有设备过时，员工（从高级经理到一般技术工人）担心技术变化会使他们失去工作。因此，技术、财务、人力资源管理等各部门都可能会对企业要做出的适应性变化设置障碍，这也就意味着原有技术和产品生命周期的结束。在这一阶段，新的创新浪潮大都是在外部因素的刺激下产生的。例如，由于政府在法律上对污染和汽油消耗规定了新标准，汽车行业不得不进行创新；又如，计算机排版导致了印刷业的技术创新。

A-U 过程创新模型描述的是产品创新导向的创新过程，反映了许多产业实际的创新演化过程。例如，半导体产业的发展即明显展示出这种规律。在 1950—1968 年的 19 年中，在美国半导体行业最重要的 13 项产品创新中，有 8 项出现在前 7 年，而该行业前 7 年的总销售额占这 19 年总销售额的比例还不到 5%。又如 IBM、美国德州仪器公司和仙童半导体公司，在这 19 年中完成了一半的重大产品创新，而只完成一项工艺创新。可见，大多数重大产品创新都发生在产品生命周期的初期。

然而，A-U 过程创新模型并不能够描述所有行业的创新发展规律，如不适合描述钢铁、建材和化工原料等一些重要产业的创新分布。这类产业的产品生命周期长，产品变化小，表现出不同于 A-U 过程创新模型和工艺创新导向的产业持续创新模型。它也不能够描述不同类型国家的产业演变发展规律。一般认为，A-U 过程创新模型反映发达国家以原创性技术推动产业演化的创新规律，而发展中国家产业的发展大多是以技术引进、消化吸收开始的，只有当它们具有一定的技术能力后才能进行产品创新，这就是逆 A-U 过程创新模型。

2. 逆 A-U 过程创新模型

逆 A-U 过程创新模型与 A-U 过程创新模型观点相悖。它认为，在产业的发展过程中，工艺创新较产品创新有先行相对优势，然后产品创新才转变为占据主导地位，如图 7-8 所示。

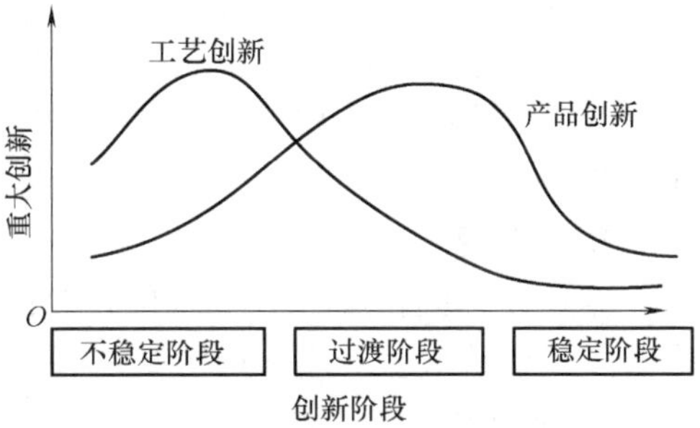

图 7-8 逆 A-U 过程创新模型

由逆 A-U 曲线可以看出，在产业发展初期，工艺创新较产品创新更多；而在产业成长的后期，则是产品创新比工艺创新有更多的成果。因为对于技术引进而言，产业发展初期主要是通过引进国外成套技术来启动生产，包括引进生产设备、装配方法、产品规范、生产技术和零部件等。在这一阶段，引进者重点将引进的技术进行消化与吸收，学习使用设备，组装生产出标准的、无明显差异的产品。只有当它们具有一定的技术能力后，才能进行产品创新。由于技术能力的提高是渐进、缓慢的，在这个过程中，企业的技术能力还比较低，创新的重点是只能在消化与吸收中进行渐进性工艺创新。当它们掌握引进技术后，生产和产品设计的知识与技术很快在全国范围内扩散与传播，推进本国更多的企业参与技术的模仿、分拆（反求工程），从而开发产品。生产者与日俱增，竞争越来越激烈，迫使企业生产多样化产品和差异化产品，产品创新日趋活跃，超越工艺创新。在技术能力发展到一定程度后，行业发展进入稳定阶段。

从技术创新模型的演进可见，随着创新的深入，创新源越来越丰富，不仅仅是市场与技术本身，而是创新链上的任何环节都有可能激发创意；创新主体也呈现从单一的企业向多元化拓展的趋势；创新模式也表现出多样化的特征。随着环境的变化与技术的进步，技术创新很有可能又发展出新的模式。

第三节　技术创新战略

伴随着科学技术的进步和高新技术的迅猛发展，未来企业的生存与发展将越来越依赖于技术进步和技术发展，越来越依赖于企业技术创新的能力和速度。企业只有通过技术进步，不断采用新技术、新工艺、新设备，努力更新并发展新产品，才能不断提高经济效益，增强竞争能力，适应知识经济发展的要求。然而，这并不是说企业必须采用最先进的技术，即最先进的技术并不一定适合每一个企业，企业应该根据其自身特点，采用最适合自己发展的技术。因而，在企业的各种职能战略中，技术创新战略显得越来越重要。

一、技术创新战略的概念和特征

战略是指重大的、带有全局性的或决定性的谋划。企业技术创新战略则是指企业在技术创新领域内重大的、带有全局性或决定全局的谋划，是企业经营战略的有机组成部分。随着经济和社会的发展，企业技术创新战略越来越成为企业经营战略体系中的核心内容。从企业技术创新战略制定的要求来看，企业技术创新战略就是要充分利用企业的机会，并认识企业面临的危机，去评价企业现在和未来的环境，用其技术优势和劣势去评价企业的内部条件，进而选择和确定适当的技术目标，并制定和选择实现目标的战略。

企业技术创新战略具有如下基本特征：

1. 全局性

企业技术创新战略是企业技术发展全局性的安排。企业在发展战略中选择和实施主导型技术，不仅直接影响技术、生产等部门，而且对其他部门以及企业整体规划和发展都会产生重要影响，对企业的竞争力、发展前途起决定性的作用。

2. 长期性

企业技术创新战略不仅影响企业的近期经济效益，而且会对企业的长期竞争力、发展方向和长期经济效益产生深远的影响。

3. 层次性

企业技术创新战略不仅要从指导思想、基本框架方面做总体性策划，而且要对构成技术创新战略的各个方面和各职能部门（如技术开发、生产、营销等）做出策划，即企业技术创新战略不仅包括企业总体的技术发展策划，还必须包括与技术创新相关的具体规划。

4. 风险性

由于技术创新战略的长期性、技术发展和未来市场的不确定性等特点，决定了技术创新战略面临的环境是变化的，这就导致了技术创新战略不可避免地具有风险性的特征。而技术创新战略的全局性特点则会使战略失误的损失放大，因此，技术创新战略存在较大的风险性。

5. 依从性

企业技术创新战略是企业总体发展战略的组成部分，因此，企业技术创新战略必须服从于企业总体发展战略，服务于企业总体发展战略。它不仅不能超越企业总体发展战略，而且要对企业总体发展战略形成有力的支撑。

二、技术创新战略的内容框架

企业技术创新战略主要是从宏观上解决三类问题：①技术创新面向市场竞争应采取何种姿态，是进攻型还是防卫型；②研究开发何种技术；③采用何种方式进行技术的研究和开发。由于技术创新战略是按照企业的实际情况制定的，各企业的情况千差万别，技术创新战略也各不相同，因此，不存在普遍适用的企业技术创新战略。下面仅对一般企业技术创新战略给出一个参考规范，各企业应根据自身情况进行取舍和补充。

（一）企业外部环境和内部条件分析

企业内外部环境、条件分析是制定技术创新战略的前提。在制定技术创新战略之前，要预测和分析技术发展、经济和社会发展趋势及机遇、挑战，竞争者的情况和竞争压力，企业总体战略对技术创新战略提出的要求，企业的技术能力等。

（二）战略目标

企业技术创新战略目标可分为长期战略目标和阶段战略目标两类。

1. 长期战略目标

长期战略目标具有长期性、稳定性和超越性等特点。长期性是指所制定的目标须经过长期努力才能实现；稳定性是指所制定的目标保持相对稳定，不轻易改变；超越性是指所制定的目标往往超过当前企业能力所能达到的水平。长期战略的作用：一是指导企业长期奋斗的方向，引导企业一步步达到更高的境界；二是使企业明确差距，激励企业不断努力，以逐渐接近目标。为了实现长期战略目标，企业需要将其分解为具体的阶段战略目标。

2. 阶段战略目标

阶段战略目标是企业在中、短期内要达到的目标。与仅起指导、激励作用的长期目标不同，阶段目标必须在限期内实现，因此具有较强的可操作性。阶段战略目标通常包括在预定期限内要达到的技术能力和技术水平、要进入的产业、要占领的市场和要取得的市场份额等。

（三）战略指导思想

战略指导思想是实现战略目标的基本思路，包括拟采取的基本技术路线、获取技术能力的基本方式、实施战略的基本策略等。例如，联想集团在分析了企业内外环境、条件，衡量了自身能力以后，制定了“贸—工—技”的基本发展思路：第一步，通过做国外大计算机厂商的代理商等方式了解 IT 行业市场，学习市场营销知识，积累开拓市场的经验，建立市场营销网络；第二步，引进消化国外技术，进行局部创新，开始自主生产计算机等产品，并推向市场；第三步，开发拥有自主知识产权的产品，创立自己的品牌。联想集团所确定的指导思想，成功地引导企业一步步走向成熟，成长为中国最大的计算机集团公司。

（四）战略方案

战略方案是在战略目标和战略思想指导下的行动方案。其基本内容包括：

（1）战略模式选择。对可能选择的战略模式进行分析比较，选择可行的模式。

（2）战略性技术选择。对企业的主导性、基础性技术做出定位和选择。

（3）技术能力建设方案。从技术能力获取、培养、运用等方面进行方案设计。

（4）技术支撑体系建设方案。对实现战略目标所需要的技术支撑体系做出设计。

（五）战略实施要点

战略实施要点是实施战略要抓住的关键和重点。企业技术创新战略的实施通常要重视以下要点：

（1）战略时机把握。对出现的技术机会、产业机会、市场机会等重大机会进行分析，做出对策。

（2）资源配置。对实施战略所需要的资金、设备仪器、人力等做出规划，确定基本来源和供给方式。

（3）人力资源开发。对人才引进、培养、使用等做出基本安排。

（4）运行机制设计。对技术研究开发机构内部、相关部门之间和技术活动环节之间的基本运行模式、激励方式等进行设计。

（5）技术创新活动的组织。对技术研究开发部门内部、技术部门与相关部门关联的组织方式做出设计。

三、技术创新战略的分类

企业技术创新战略模式的类型可从不同的角度进行划分。

（一）按技术来源划分

按照技术来源不同，企业技术创新战略可划分为自主创新战略、模仿创新战略和合作创新战略。

（1）自主创新战略。自主创新战略是指企业通过自身的努力和探索实现技术突破，攻破技术难关，并在此基础上依靠自己的能力推动创新的后续环节，完成技术的商品化，获取商业利润，实现预期目标。企业的技术来源主要是自主开发，但并不排斥引进技术及联合开发技术。该战略要求企业具有较强的研发实力和一定的投资能力，能实现从基础研究向应用研究的转化。企业需要独自承担风险，而一旦成功，也能独享其创新成果，获得超额利润。

（2）模仿创新战略。模仿创新战略是指企业通过学习模仿率先创新者的创新思路和创新行为，吸取率先创新者的成功经验和失败教训，引进、购买或破译率先创新者的核心技术和技术秘密，并进行适当的改进和创新。企业技术主要通过模仿他人已有的技术获得。这种战略的制定必须基于以下两个前提：一是引进者拥有技术引进的能力，即能从长远、全局、全方位、战略的角度出发引进技术；二是引进者自身拥有良好的研发能力，在引进后要加以消化、吸收与创新，不能单纯地停留在使用技术层面，否则，企业就会陷入恶性循环而无法具备竞争力。该战略往往是技术后进企业的创新途径。例如，日本、韩国都是通过成功实施该战略而获得了技术能力的迅速增长。

（3）合作创新战略。合作创新战略是指两个或两个以上的企业合作进行研发，共享技术创新的成果，以达到节约研发投资、缩短开发周期或进入新市场的目的。合作创新通常以合作伙伴的共同利益为基础，以资源共享或优势互补为前提，有明确的合作目标、合作期限和合作规则，合作各方在创新的全过程或某些环节共同投入，共同参与，共享成果，共担风险。合作的方式很多，可以是制造商、供应商、用户之间的合作，也可以是企业之间或企业与科研院所的横向合作，如同行制造商（竞争者）之间的合作、产学研合作。随着技术生命周期的缩短和竞争的激烈化，合作创新已不仅仅集中于新兴技术和高新技术产业，而成为国际普遍现象。

（二）按技术竞争态势划分

按照企业所期望的技术竞争地位的不同，企业技术创新战略可划分为技术领先战略与技术跟随和模仿战略。

（1）技术领先战略。技术领先战略致力于在同行竞争中处于技术领先地位。采用该战略，要求企业不断开发出新技术并占领市场。

（2）技术跟随和模仿战略。技术跟随和模仿战略不图率先开发、采用新技术，而是在新技术被开发、采用后即行跟上或进行模仿。采用跟随战略，往往是对率先采用的新技术进行改进后推向市场，甚至只利用率先技术的原理而开发独特的技术。竞争的模仿战略与前述技术来源的模仿战略有相同之处，也有差别。相同之处在于技术来源于模仿；不同之处在于竞争模仿不仅模仿技术，而且常常模仿技术推向市场的过程、市场目标和行为。

（三）按市场竞争策略划分

按照企业市场竞争策略的不同，企业技术创新战略可划分为市场最大化战略、市场细分化战略和成本最小化战略。

（1）市场最大化战略。市场最大化战略追求最大的市场占有率。其在技术上体现为：或以领先的技术抢先占领市场，巩固和扩大市场阵地；或以优势的（但不一定是领先的）技术辅以优势的配套资源，开拓和扩大市场份额。

（2）市场细分化战略。在主要市场已被占领的情况下，新进入企业往往采取这种战略。这种战略强调应用基本技术服务于特别应用的小块需求。因此，这种战略常表现为一种“填空”策略，其在技术上的体现是制造技术有较高的柔性，有较强的工程设计能力。

（3）成本最小化战略。这种战略利用规模经济和制造技术的优势，大力降低成本以取得价格竞争优势。其技术上的体现是优化产品设计，在生产系统中采用优势制造技术，实现专业化，并降低管理费用。

（四）按行为方式划分

按照企业所谋求的行为方式不同，企业技术创新战略可划分为进攻型战略、防御型战略和游击型战略。

（1）进攻型战略。采取这种战略的企业在市场竞争中采取进攻的姿态，向同行企业市场和技术领域发动进攻，以进入或扩大技术领域或市场阵地。

（2）防御型战略。采取这种战略的企业在市场竞争中采取防御的姿态，固守本企业的技术和市场阵地。为此，要采取一系列措施建立和加固进入壁垒，当被攻击时能进行有力的反击。

（3）游击型战略。采取这种战略的往往是处于技术和市场劣势的企业，为了打破现有的技术和市场地位格局，推出一种新的技术以取代占统治地位的现有技术，打乱优势企业的阵脚，以求重新瓜分市场。这种战略一旦得手，就要转变为其他战略。

以上几种战略类型是企业技术创新战略的基本形式。在具体实践中，企业往往会根据不同的发展阶段选择不同的创新战略，并且越来越多的企业采用以一种战略为主、其他战略为辅的组合战略。

四、战略模式选择的基本步骤

（一）机会、目标及竞争态势识别

在调查和掌握充分信息的基础上，对技术机会、产业机会和市场机会进行鉴别；预测技术发展前景、市场规模大小、竞争者可能采取的行动，从而估计本企业可能的活动空间；明确本企业的发展目标和总体规划以及对技术发展的要求。

（二）能力评价

对本企业的技术能力及资源调动、运用能力进行评价，并与潜在竞争者进行比较，鉴别本企业的优势与劣势。

（三）机会、目标与能力的匹配分析

技术、市场、产业机会能否被企业利用，企业总体目标对技术的要求能否达到，取决于企业技术能力与将机会和要求变为现实的需求之间的匹配。例如，企业的技术能力能否解决关键技术问题等。企业要对这些匹配关系进行恰当的分析与判断。

（四）基本战略的选择

在对机会、目标和能力深入分析的基础上，对企业拟采取的基本技术战略做出选择。这是关键步骤，也是一项复杂而重大的决策。决策者要在错综复杂、众多、往往是相互矛盾和相互牵制的因素中进行权衡。企业技术创新战略模式选择的一般规律如图 7-9 所示。

企业熟悉市场能力 ＼ 企业技术能力	弱	较雄厚	雄厚
强	引进型技术创新战略	联合型技术创新战略	进攻型技术创新战略
较强	引进型技术创新战略、渐进型技术创新战略	联合型技术创新战略、模仿型技术创新战略	进攻型技术创新战略、防御型技术创新战略
差	渐进型技术创新战略	渐进型技术创新战略、模仿型技术创新战略	防御型技术创新战略

图 7-9　企业技术创新战略模式选择的一般规律

（五）主要战略部署的决策

在基本战略选定后，还要就实施战略的一些关键问题做出决策，主要包括：

（1）技术定位，即对主要技术发展方向做出选择；市场定位，即对企业拟占领的市场做出选择；产业定位，即对企业拟进入的产业做出选择。

（2）技术创新与进步的跨度选择。

（3）时机选择，即对技术开发、生产、推向市场的时机做出选择。

（4）配套的组织与制度安排。

五、技术创新战略模式的比较分析

（一）自主创新战略

1. 自主创新的基本特点

（1）技术突破的内生性。自主创新所需的核心技术是企业内部的技术突破，是企业依靠自身力量，通过独立的研究开发活动而获得的。这是自主创新的本质特点，也是自主创新战略与其他创新战略的本质区别。自主创新技术突破的内生性有助于企业形成较强的技术壁垒，通过专利保护的形式从法律上确定自主创新者的技术垄断地位，形成创新的集群现象和簇射现象。

例如，美国英特尔（Intel）公司在计算机微处理器方面可谓是自主创新的典范。从 1970 年自主开发推出世界上第一块微处理器 Intel 4004，到 1973 年推出 Intel 8080，后来又相继推出 Intel 80268、Intel 80368、Intel 80468 系列，及至 1994 年推出风靡全球的 Pentium 微处理器，该公司始终掌握着最先进的、其他公司无法破译的计算机微处理器的关键技术，确保了英特尔公司在国际微处理器市场中的霸主地位。

对某一企业而言，自主创新并不意味着要独立研究开发其中的所有技术，只要企业独立开发了其中的关键性核心技术，打通了创新中最困难的技术环节，独自掌握了核心技术原理即可。辅助性技术研究与开发既可以自己进行，也可以委托其他企业和组织进行，或通过技术购买解决。

(2) 技术与市场方面的率先性。率先性虽然不是自主创新的本质特点，但却是自主创新努力追求的目标。新技术成果是具有独占性的，在技术开发的竞争中，真正法律上的成功者只能有一个，其他晚于率先注册专利者的同类成果不仅不能受到专利保护，而且不能够被合法使用。因此，在同一市场中，非率先性的自主创新是没有意义的。技术上的率先性必然要求和带动市场开发方面的率先性。自主创新企业能先于其他企业获得产品成本和质量控制方面的竞争优势，并通过制定产品的行业标准和技术规范来奠定其在行业中稳固的核心地位。自主创新作为新市场的开拓者，能够为企业带来丰厚的利润，因此，自主创新企业还应将市场领先作为努力追求的目标，以防止跟随者抢占市场，侵占其技术开发的成果。

(3) 知识和能力支持的内在性。知识和能力支持是创新成功的内在基础和必要条件，在研究、开发、设计、生产制造、销售等创新的每一环节，都需要相应的知识和能力支持。自主创新不仅技术突破是内生的，而且创新的后续过程也主要依靠自身的力量推进。同时，自主创新过程本身也为企业提供了独特的知识和能力积累的良好环境，有效地提高了企业的研究开发能力。在自主创新过程中，除一些辅助性工作或零配件可通过委托加工或转包生产让其他企业承担外，技术创新的主体工作及主要过程都是通过企业的自身知识与能力支持实现的。此点与合作创新有根本性区别。合作创新中，创新的推进是通过合作双方（或多方）的共同努力进行的，合作群体中的任何一方都没有能力独自推动创新的进程。

2. 自主创新战略实施应注意的问题

(1) 自主创新战略具有显著的优点，但还应注意到其高投入和高风险性的特征。为了获得有效的技术突破，企业不仅需要有较大的研究与开发投入，而且还要拥有一支实力雄厚的科研人员队伍。自主研究开发的成功率是相当低的，据统计，在美国，基础性研究的成功率为5%，技术开发的成功率一般为50%左右。而开发产出在时间上又是高度不确定的，短则数月、数年，长则十几年。为了有效降低这种率先探索的风险和产出的不确定性，自主创新企业往往需要进行多方位、多项目的复合投资，因此，自主创新研究开发投资的负担很重、风险很高。

(2) 充分利用专利制度保护知识产权。自主创新企业的优势在很大程度上是通过自主研究开发、形成并掌握新的核心技术而建立的。能否独占并控制其核心技术，是自主创新战略能否奏效，达到理想效果的前提。要保证自主创新企业对新技术的独占性，仅仅依靠技术的自然壁垒是远远不够的，还必须求助于专利制度的法律保护。

(3) 灵活、恰当地进行技术转让。自主创新企业所开发的新技术一经授予专利，便成为企业合法的无形财富。自主创新企业既可保持对新技术的独占性，也可对新技术进行合理的转让。实践表明，不转让、过早转让、过晚转让或向不恰当的对象转让自主开发的新技术，对企业自身发展都是不利的。正确的技术转让策略应该是在适当的时候、向适当的对象对所持有的新技术进行适度的转让。技术转让不仅可以使自主创新企业获得丰厚的经济回报，这种回报有时甚至远远超过研究开发的成本投入，而且对改善产业结构，加速新兴产业的发展，强化自主创新企业的竞争优势，奠定企业在产业中的核心地位具有十分重要的意义。

此外，还应注意自主创新产品的自我完善，重视对创新后续环节的投入等。

（二）模仿创新战略

1. 模仿创新的基本特点

（1）模仿跟随性。模仿创新的重要特点在于最大限度地吸取率先者成功的经验与失败的教训，吸收、继承与发展率先创新者的成果。在技术方面，模仿创新不做新技术的开拓探索者和率先使用者，而是做有价值的新技术的积极追随学习者；在市场方面，模仿创新者也不是独自开辟新市场，而是充分利用并进一步发展率先者所开辟的市场。模仿创新这方面的特点与自主创新及合作创新具有鲜明的区别。模仿创新战略不是以率先而取胜的战略，而是巧妙地利用跟随和延迟所带来的优势，化被动为主动，变不利为有利的战略。在某些情况下，这种跟随和延迟是自然形成的，如在研究开发能力方面落后于率先者，对市场需求信息不敏感等情况下，致使模仿创新企业在起步阶段落后于率先创新者，而不得不扮演追赶者的角色。许多模仿创新企业都属于这种类型。例如，佳能公司对复印机新产品的开发，IBM 公司对个人计算机的开发等。在某些情况下，这种跟随和延迟是模仿创新企业为规避风险而故意发生或者造成的。例如，摩托罗拉公司在 RISC 芯片开发方面就故意延缓了开发行动，待仙童公司、MIPS 公司、AMD 公司等率先开发的 RISC 芯片产品推向市场，用户需求不断增长，市场风险和技术风险大幅下降后，才推出了自己开发的 RISC 芯片。

（2）研究开发的针对性。模仿创新并不是单纯的模仿，而是一种渐进性的创新行为。模仿创新并不是照搬、照抄率先者的技术，它同样需要投入足够的研究开发力量，从事其特有的研究开发活动。模仿创新的研究开发不仅包括对率先者技术的反求，还包括对率先者技术的完善或进一步开发，从而实现后来者居上，在产品质量、性能、价格等方面建立自己的竞争优势。与自主创新或合作创新不同的是，模仿创新的研发投入具有高度的针对性，能够免费获得的公开技术或能够以合理价格引进购买到的技术不再重复开发，其研发活动主要偏重于破译无法获得的关键技术、技术秘密以及对产品的功能与生产工艺的发展与改进。相比较而言，模仿创新的研究开发更偏重于工艺的研究开发。

（3）资源投入的中间聚积性。模仿创新在资源投入方面与率先创新有较大的区别。率先创新面临着艰巨的新技术和新市场开发任务，必然要在创新链的前期和后期投入足够的人力、物力，因此，率先创新在创新链上的资源分布较为均衡。在某些情况下，为了集中资源进行强势投入，率先创新甚至会牺牲在创新链中期的投入，如美国的许多公司将生产制造环节转包给国外企业，在本国只保留研究开发和销售部门。而模仿创新省去了新技术探索性开发的大量早期投入和新市场开发建设的大量风险投入，因而能够集中力量在创新链的中游环节投入较多的人力、物力，即在产品设计、工艺制造、装备等方面投入大量的人力和物力，使得创新链上的资源分布向中部聚积。这是模仿创新战略的一个重要特点，也是模仿创新的优势所在。

2. 实施模仿创新战略应注意的问题

（1）正确认识模仿创新战略的劣势。模仿创新战略在提高企业竞争力方面具有诸多优势，但同时也存在一些缺陷。

模仿创新战略的主要缺点是被动性。由于模仿创新者不做研究开发方面的广泛探索和超前投资，而是做先进技术的跟进者，因此，在技术方面有时只能被动适应，在技术积累方面难以进行长远的规划。在市场方面，被动跟随和市场定位经常变换也不利于营销渠道的巩固和发展。

模仿创新战略有时会受进入壁垒的制约而影响实施的效果。这种壁垒一方面是自然壁垒，如核心技术信息被封锁，反求困难，模仿创新难以进行，率先企业先期建立的完备的营销网难以突破等；另一方面是法律保护壁垒，模仿创新有时会与率先者知识产权发生矛盾，产品技术受专利保护的率先创新企业会通过法律手段保护自身的利益，阻碍模仿创新的发生。由于这方面的原因，也使得模仿创新战略的实施受到一定程度的影响。

（2）模仿创新与我国企业创新战略选择。从总体上看，模仿创新不失为我国企业现阶段创新战略的现实选择，是我国大多数企业技术创新的优选战略。其原因在于：首先，从资金方面看，目前我国企业创新资金投入明显不足，且在近期内难有根本好转。因此，在选择创新战略时，应特别考虑降低风险，提高资金使用效率。而模仿创新就能够有效缓解我国企业创新资金紧缺的局面。其次，模仿创新是与一定的经济发展阶段相适应的。大量的事实证明，模仿创新正是后进国家以最小的代价、最快的速度实现技术独立的现实途径，是实现向自主创新过渡的必经阶段，对提高社会总体技术水平以及技术扩散与技术转移起着十分重要的作用。模仿创新能够将扩散活动与扩散总体的经济效益紧密联系起来，成为目前最积极、最主动、最具效率的扩散方式。

（3）正确理解模仿创新与技术引进的关系。技术引进是模仿创新的重要途径，但并不一定导致模仿创新。例如，在我国目前的引进实践中，有相当部分的技术引进还只是引进生产能力，未能很好地对引进技术加以模仿复制，未能实现消化、吸收和二次创新。当然，模仿创新也不一定必须通过技术引进这一途径，还需要自主学习和创造。我国企业如何通过提高自身的快速反应能力、学习吸收能力和技术改进能力实现跨越式发展，成为值得深入研究的问题。

关于如何妥善处理知识产权保护与模仿创新之间关系的问题，也应得到充分重视。在某些情况下，模仿创新和知识产权保护可能会产生一定的矛盾。模仿创新通常会涉及专利技术、技术秘诀、商标、著作权（含软件）等，因此，要通过知识产权的合法交易来保证模仿创新合法、有序进行。由此，不仅保护了率先创新者的合法权益，而且也使模仿创新者的合法权益不被其他模仿者非法模仿。这一切都有赖于政府、企业、社会协同努力来实现。

（三）合作创新战略

1. 合作创新的必要性

当今世界全球性的技术竞争不断加剧，企业技术创新活动中面对的技术问题越来越复杂，技术的综合性和集群性越来越强。即使是技术实力雄厚的大企业，也会面临技术资源短缺的问题，单个企业依靠自身能力取得技术进展越来越难。因此，以企业间分工合作的方式进行重大技术创新，通过外部技术资源的内部化实现资源共享和优势互补，成为新形势下企业技术创新的必然趋势。

具体而言，合作创新可以缩短收集资料、信息的时间，提高信息占有量，降低信息费用。合作创新可以使创新资源组合趋于优化，使创新的各个环节能有一个比较好的接口环境和接口条件，从而缩短创新过程所需的时间。合作创新可以通过合作各方技术经验和教训的交流，集中各方智慧，减少创新过程中因判断失误所造成的时间损失和资源浪费。合作创新能使更多的企业参与分摊创新成本和分散创新的风险，从而为参与合作的企业赢得市场，带来经济效益，提高企业在市场竞争中的地位。

2. 合作创新的一般形式

由于合作创新的成功取决于很多因素，除技术与组织因素外，还包括市场特征、企业文化、战略考虑、人际关系等，因此，合作创新也就有多种多样的形式。例如，荷兰飞利浦公司乐于采用合资方式，而我国企业惯用产、学、研合作方式。表 7-2 显示了各种合作创新的形式及其优缺点。

表 7-2　合作创新的形式及其优缺点

合作形式	适用期限	优　点	缺　点
合同方式	短期	降低成本和风险，缩短周期	获取与技术相关的信息有限
技术许可证	定期	引进技术加快速度	合同费用和约束
联合研究（产、学、研合作）	中期	专长互补，设定标准费用共担	知识泄露
战略联盟	灵活的	优先承诺获取市场	潜在锁定，知识泄露
合资	长期	专用技术诀窍的互补改进管理	文化不融合
创新网络	长期	动态的学习潜力	信息交流的复杂性

表 7-2 介绍的几种合作创新的方式各有其特点，企业必须根据自身需要，同对方在平等、互利的原则下，考虑、兼顾各方面因素，因时、因地制宜，采用最合适的形式，同合作伙伴在技术、产品、市场等能力上达到优势互补。例如，在合同方式中，麻省理工学院的冯·希伯尔（Von Hippel）教授提出的“领先用户法”，日本制造商与供应商的合作创新模式，都在实践中得到了成功的应用。下面就进入 21 世纪以来日益重要的几种合作创新方式予以简单介绍：

（1）联合研究（发展）。联合研究（发展）是指若干个组织在一个具体的项目上进行共同的研究（发展）。联合研究可能存在多种形式。例如，美国较常用集中式，合作者同在一处进行工作；而欧洲企业较常用分散式，合作者分散在各单位定期进行交流；日本则两者混用，并在汽车零部件、半导体随机动态存储器开发上得到了成功的应用。我国的产、学、研合作大多采用分散型，仅在一些由政府组织的重大攻关项目上采用集中型。对于我国缺乏研究力量的中小企业，依靠大学和研究院所在研究阶段的合作与支持，具有十分重要的意义。

（2）动态（战略）联盟。所谓动态联盟，是指多个企业之间或者特定事业和职能部门之间，为实现某种共同的目标，通过公司协议和联合组织等方式，将各企业的核心能力和资源通过信息网络集中在一起，形成一个临时性的开放组织，来进行产品或技术的合作开发。在这个虚拟组织中，各企业各自负责整个项目的子任务块，在自己的优势领域独立运作，并通过彼此之间的协调和合作实现整个项目。动态联盟中的各企业完成项目后，该组织自行解散，各企业继续参加其他的市场机会。

据统计，从 20 世纪 80 年代以来，西方发达国家企业之间的战略联盟日益盛行。例如，戴姆勒 – 克莱斯勒公司与其竞争对手福特公司结成战略联盟，合作研发燃料电池汽车。戴姆勒-克莱斯勒拥有将燃料电池用于运输车辆的技术，福特公司则在电动驱动系统上领先一步，两家公司都不想独自生产燃料电池，因此都从加拿大重要的燃料电池生产商巴拉德动力系统公司购买技术，并都与巴拉德公司合作成立了一系列公司，这些公司使得两大公司的经营业务得以进一步拓展。

第四节　技术创新扩散

一、对技术创新扩散的认识

技术创新在我国已被许多学者认可并理解，也有相当多的相关研究结论，但对技术创新扩散概念的认识，至今还没有统一，而对其内涵的本质理解则大同小异。

熊彼特认为，技术创新扩散实质上是一种模仿行为。当某项可以大幅提高效率、大幅降低成本或旨在生产出一种前所未有的新产品的技术创新在少数企业里率先实施后，由于其良好的示范作用，众多企业出于对超额利润的追求，将纷纷加入模仿者的行列。大规模的模仿活动及其所带动的相关产业的进步，将有力地促进经济走向繁荣，然后，随着模仿高潮的结束，技术创新的扩散趋于饱和，经济又重新归于平静并开始走下坡路。作为技术创新理论的创始人，熊彼特对技术创新扩散的认识是极其深刻和独到的。

英国经济学家斯通曼（P. Stoneman）善于用数量模型来阐述对技术创新扩散概念的理解。他认为，更确切地说，技术创新扩散过程应是一种“学习”活动，即在模仿的基础上还有不断的自主创新活动，就如同通过学习“温故而知新”一样。它区别于那些一概照搬、一成不变的模仿。对于一项技术创新是否应当在本企业得到应用，斯通曼认为，这要视对成本与利益的期望而定。当采用某技术创新所获利益的期望大于企业在采用创新过程中所支付的学习、调控成本时，企业就将采用创新，技术创新扩散也就发生了；反之，企业将停留在积累经验、观望的阶段。由此可见，斯通曼更重视技术创新扩散得以发生的经济学条件。

梅特卡夫（J. C. Metcalfe）将创新扩散与其对经济增长的影响联系在一起。他认为：“我将扩散与经济结构变化一视同仁。在创新扩散的任何研究中，我们关心的是，新技术形式与经济相结合而使经济结构发生变化的过程。可以在许多水平上考察与扩散有关的结构变化；从整个产业的宏观发展，到扩散新机器或新消费品种使厂商和个人行为发生的微观变化，大多数扩散研究都是在微观水平上进行的。”但是，扩散研究的重要意义远远超出了对个人创新的任何细节。所以，他认为技术创新扩散即是技术创新对经济结构变化的影响过程。

美国经济学家舒尔茨（Schults）在他的著作《人力资本投资》中将创新扩散定义为“通过市场和非市场渠道的传播”，并指出，“没有扩散，创新便不可能有经济影响”。

经济合作与发展组织（OECD）1998 年的定义是：“技术创新扩散，它是创新随后被许多使用者采用。”

我国的一些著名学者对技术创新扩散也有各自不同的观点。清华大学的傅家骥教授认为：“技术创新扩散是技术创新通过一定的渠道在潜在使用者之间传播、采用的过程。”浙江大学的许庆瑞教授等人认为：“所谓技术创新扩散，是指创新技术通过一种或几种渠道在社会系统的各成员或组织之间随时间传播，并推广应用的过程。它包括四个方面的因素：创新技术、信息互动渠道、时间和社会系统。”

大连理工大学的武春友教授认为：“技术创新扩散是技术创新大过程中的一个后续子过程，但同时它又是一个完整的、独立的技术与经济结合的运动过程。”实现商品化的技术创新成果，通过产生规模的扩展，成果有偿与无偿转移等途径，使技术创新得以再应用或多次再应用，最终达到技术创新对社会经济发展产生相应影响的过程。他把这一独立的扩散过程看作是由“扩”和“散”两个方面实现的。他认为，所谓“扩”，是指技术创新成果并不向企业外部转移，而是在企业内部通过生产规模的扩大，不止一次地将技术创新的成果反复应用，最终结果是不断扩大这种成果在社会上产生的影响；所谓“散”，可以理解为企业外部转移或传播。一项技术创新成果从一个企业转移到另一个企业，从一个国家转移到另一个国家，不断地在不同的企业或国家中得以再应用，这仍然是技术创新扩散的重要形式和途径。

学者盛业认为：“直观地说，技术创新扩散是技术创新成果的放大效应过程，是成果推广的推广。”

综上所述，本书认为，系统地认识技术创新的概念应从以下方面考虑：

（1）技术创新扩散的主体是创新成果的提供方和创新成果的采用方。按照熊彼特的创新思想，技术创新扩散不仅是技术创新持有者转让他的技术创新的行为，还应该包括采用者对技术创新的采用（Adoption）行为。由于技术创新的扩散是技术创新成果不断再应用的过程，这中间既包括简单的模仿，又包括模仿创新，因此，创新成果的提供者与采用者之间存在着相互转化的关系。在研究技术创新扩散时，应把成果提供者与采用者看作一个系统中的两个主体元素来研究，而不能将二者割裂开来，既研究提供方的扩散行为，又研究采用方的采用行为。

（2）技术创新扩散的对象是商品化了的技术创新成果。按照熊彼特的观点，技术创新“是一种新产品或工艺被首次引进市场或被社会所使用”“是企业家抓住市场潜在的盈利机会，重新结合生产条件、要素和组织，从而建立效能更强、效率更高和生产费用更低的生产经营系统的活动过程”。这是人们普遍按受的狭义的技术创新概念。从广义上看，技术创新除了包括狭义的技术创新过程外，还包括研究与开发（R&D）及技术创新扩散（TID），因此，“社会经济按照一定的周期规律发展的源头在于技术创新，而原因在于技术创新扩散”（武春友，1997）。

（3）技术创新扩散只有对社会经济发展产生影响才有效。时至今日，国内外的学者普遍认同的观点是，技术创新本身如果不扩散，就无法推动社会经济发展，而只实现商品化，不能形成一定规模，则为社会提供的价值不足，也就是为社会经济发展提供的动力不足，从而无法推动经济增长。判断技术创新扩散是否有效的总的指标是其对社会经济带来的影响。这种影响主要表现为是否创造了社会需求，是否有效或分层次地满足了社会需求，或推动了相关技术达到了创新的需求，从而为社会带来利益或高的附加价值。

（4）技术创新扩散过程得以实现必须借助于环境因素，优化的环境因素有助于技术创新扩散的有效性提高。技术创新扩散过程就像细菌的繁殖过程一样，需要在一定的环境中借助媒介渠道才能得以实现。这里的环境是指一定地域内的经济、政策、社会资本等因素的总称。技术创新扩散作为一种经济行为，必然受到经济体制、经济发展形态的影响，政府虽然在计划经济体制和市场经济体制下，在技术创新中扮演不同的角色，但它都能通过行政手段或政策法规手段对技术创新行为进行直接或间接的干预，从而影响技术创新扩散的方向、速度和强度。而不同的经济形态对应不同的市场结构和政府的政策结构，从而对技术创新扩散产生影响。中介组织和社会资本是技术创新扩散的媒介、桥渠和因素。借助于这一媒介，技术创新成果会更快捷地在一定的社会区域内进行高速、高质地扩散，从而促进区域经济乃至社会整体经济的增长，实现并提高技术创新扩散的有效性。

基于上述认识，本书把技术创新扩散定义为：在一定的环境作用条件下，商品化的技术创新成果，在社会系统中的各成员或组织之间随时间被采用，对区域经济增长产生积极的正影响的过程。

二、技术创新扩散的分类

从不同的角度认识技术创新扩散会有不同的分类，研究这些分类对认识技术创新扩散的影响及作用机理会有所帮助。

（一）按技术创新扩散的空间来划分

按技术创新扩散的空间来划分，技术创新扩散可分为企业内的技术创新扩散和企业间的技术创新扩散。

1. 企业内的技术创新扩散

一项新技术研究成功并在创新企业中得到应用，其结果是给创新者带来超额利润。当企业家对企业盈利的预期及企业扩大生产规模充满信心时，就会做出扩大生产规模的投资决定。正如曼斯菲尔德认为的那样，企业内的技术创新扩散速度是其盈利预期、初期应用时间、企业流动性以及企业规模的线性函数，其扩散速度将随着企业上述变量的不同而不同。

企业内部的技术创新扩散，就是武春友教授所说的“扩”的过程。其实质就是创新企业为了获得垄断利润，不止一次地将技术创新的成果反复应用，最终达到不断扩大这种成果在社会上产生影响的目的。

另外，从潜在应用者来看，其采用创新成果的决策主要取决于企业家效用最大化的决策，即正如贝叶斯（Bayes）理论认为的那样，创新技术扩散的速度取决于企业对风险的态度、初次使用新技术所带来的不确定性、调整费用的大小及收益的协方差。在扩散的初期，由于潜在使用者对上述各因素认识的模糊性，因此，其采用过程存在观望期，这一时期技术创新扩散的主要任务就落在了创新者的身上，内部扩大生产规模的形式是扩散的主流。

2. 企业间的技术创新扩散

企业间的技术创新扩散，即武春友教授所说的“散”的过程，是指技术创新成果从一个企业转移到另一企业里。这种扩散常以采用创新的企业数占潜在采用者总数的比率来度量。曼斯菲尔德理论主要研究企业之间采用新技术的企业数量的扩散。他认为，企业之间的技术创新扩散按照一定的逻辑曲线进行，并且扩散通常伴随着所有权的扩展进行；具有较高预期利润和较低投资的扩散最快；从一项技术中获得较高利润的部门将新技术较快地扩散开来。此外，研究企业之间技术创新扩散的另一种方法——概率法，则认为由于环境因素的影响，潜在采用者采用创新技术“刺激变量”存在一个“临界水平”，而这一临界水平在不同的企业之间是不同的，存在一个不同价值的分布。当一项新技术问世后，在潜在采用者中逐渐出现一些企业越过“临界水平”而成为采用者。

（二）按照技术创新扩散的对象来划分

按照技术创新扩散的对象来划分，技术创新扩散可以分为产品创新扩散和工艺创新扩散。

1. 产品创新扩散

产品创新扩散是指技术创新的成果是可供消费者使用的终极新产品，其扩散的主要方式通常以市场开拓为主，其扩散的主要采用者是市场的消费者。对于一些生产用的机械电子等产品，其消费者是采用新产品的企业；而对于其他新产品，其采用者为普通的消费者。

2. 工艺创新扩散

工艺创新扩散是指技术创新的成果是可供企业使用的新工艺技术或改进的工艺技术，对新工艺技术的采用，其目的是提高劳动生产率或提高产品的质量或功能，或者是降低产品的生产成本。工艺创新扩散存在两个极端：一是提供方积极促进其扩散直至被广泛采用，如科研院所开发的新工艺技术；二是创新者开发新技术的目的是自己使用，往往采用技术垄断的策略而避免其扩散。相对于产品创新扩散而言，工艺创新扩散存在诸多壁垒。例如，采用创新工艺技术，要有足够的资产用于设备投资以及无形资产的投资，从而存在资本壁垒；由于创新工艺技术的目的是未来提高企业产品的市场占有率，所以采用存在许多不确定性因素，因而存在风险壁垒。

产品创新扩散与工艺创新过程在很大程度上是交叉在一起的，特别是工业部门进行的创新产品的扩散，如新机器、新加工设备等，往往伴随着工艺创新的扩散。

不管是企业内部创新扩散、企业之间的创新扩散，还是新产品扩散、工艺扩散，其结果都是新产品或者用新工艺生产的新产品市场总的销售量的增长。因而，技术创新扩散的采用者总是可以用采用新产品的市场消费者来表示。

三、技术创新扩散过程

明确了技术创新扩散的过程，就可以通过对实际扩散中的各环节进行分析，了解扩散中存在的主要障碍和问题，从而制定解决的办法，达到促进技术创新扩散顺利进行的目的。因此，对技术创新扩散过程的研究具有十分重要的意义。这里重点借鉴了清华大学傅家骥教授关于技术创新扩散过程的研究成果。

所谓技术创新扩散过程，是指技术创新从扩散源向潜在采用者扩散的过程。

扩散过程起始于初始扩散源——技术创新者。随着扩散过程的进行，新的采用者变为潜在的创新供应者。因此，可把它看作是扩散源的一部分。由此可知，扩散源是随着扩散过程而不断扩大的，潜在采用者中未采用创新的企业数量不断下降，直至为零，扩散过程就此结束。另外，还有一点值得注意的是，在技术创新的扩散过程中，扩散的中介渠道起着连接潜在采用者和扩散源的作用，是扩散过程顺利进行的重要一环。

企业技术创新扩散过程如图 7-10 所示。

图 7-10 中，方框表示扩散源；三角形表示扩散的中介渠道；圆圈表示创新的采用者；圆圈中的数字表示采用创新的企业的编号。

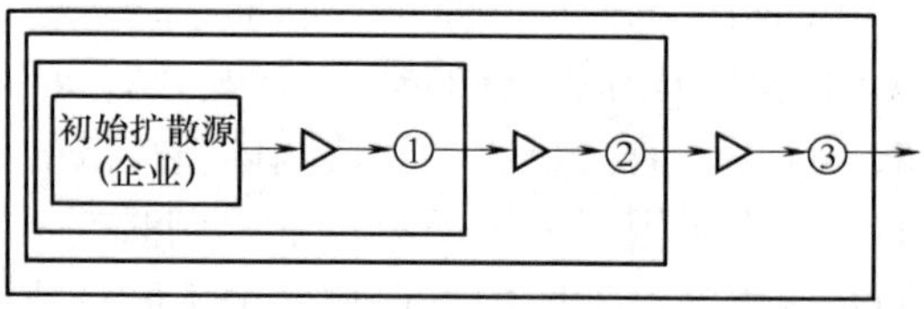

图 7-10 企业技术创新扩散过程

对于技术创新扩散的模型，必须把握以下三方面的内容：

1. 技术创新扩散过程模式

由图 7-10 可知，技术创新由初始扩散源向潜在采用者扩散，直到第一个采用者出现，此时，扩散源增加为初始扩散源与采用企业①之和。由此，对未采用创新的所有企业来说，创新的供给者可以是初始扩散源，也可以是企业①；当第二个采用者出现时，扩散源增加为初始扩散源与采用企业①、②三者之和，即既可以是初始扩散源，也可以是企业①或②；以此类推，直到所有的潜在采用者都转变为创新的采用者为止。

2. 扩散源

（1）初始扩散源既可以是创新企业，也可以是由创新企业与科研单位或大学共同构成的。

（2）扩散源并不是面向图中箭头所指的单个企业进行扩散的，而是面向所有未采用创新的潜在创新者进行扩散的，但这个箭头所指的企业优先于其他企业采用创新。

（3）已采用创新的企业构成了创新源的一个组成部分，表明对未来采用创新的企业来说，已采用创新的企业是可能的创新提供者，但并不一定就会供给创新技术。事实上，在许可证扩散方式下，只有创新企业才能供给创新。

3. 技术创新的基本扩散过程

技术创新扩散过程是由若干个基本扩散构成的。基本扩散过程是指创新从扩散源出发，经过中介渠道，达到第一个采用创新企业的过程，如图 7-11 所示。因此，要想提高整个技术创新过程的速度，就必须以提高每个基本扩散过程的速度为前提条件。

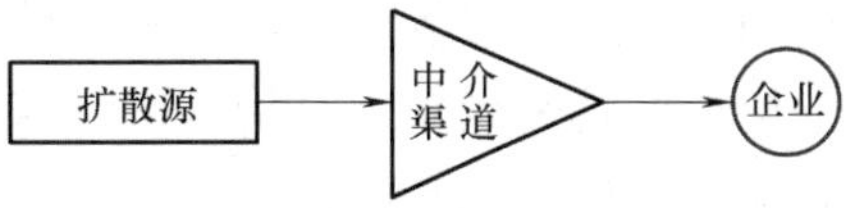

图 7-11　基本扩散过程

基本扩散过程由供给子过程、采用子过程和交流子过程构成。供给子过程和采用子过程通过中介渠道中的中介功能发生相互交流活动。

供给子过程包括以下方面：①发现问题；②认识需求和技术；③产生创新观点；④可行性研究；⑤研究与开发；⑥科研成果评价；⑦生产条件准备；⑧应用于生产；⑨成果上报；⑩提供咨询和服务；⑪订合同，转让；⑫搜寻反馈信息。

采用子过程包括以下方面：①发现问题；②认识需求和技术；③找出创新；④可行性研究；⑤技术分析；⑥采用决策；⑦生产条件准备；⑧应用于生产；⑨成果上报、展示；⑩提供咨询和服务；⑪订合同，转让；⑫搜寻反馈信息。

交流子过程与上述两个子过程类似。但是这三个子过程和每一个子过程的阶段相互之间的关系及子过程的重复阶段的关系并不是十分清晰。

四、技术创新有效扩散对经济增长的影响

前面已经讨论过技术创新是经济增长的动力和源泉，而一项技术创新是否有效，即能否为社会带来利益或高的附加价值，关键在于该项创新技术是否创造了新的社会需求，是否有效地满足了社会需求，或推动了相关技术达到新的需求，更有效、更高层次地满足了社会需求。要实现其有效性，就应使创新技术能多次再创新并产生巨大的社会效益，以达到有效扩散。

1. 技术创新的有效扩散促进经济快速增长

技术创新推动经济增长的作用并不仅仅在于创新本身，而在于创新的扩散。这是因为，在成功创新之后，首先是一些企业采用，接着是大多数企业会紧随其后；其次，创新不是随机地均匀分布于这个经济系统中的，而倾向于、集中于某些部门和邻近部门。熊彼特在解释经济周期或经济波动时认为，剔除一些外部因素，如气候、战争等，创新的群集和增长的非周期因素是经济波动的主要原因。有两点值得注意：一是创新会比随后类似的创新要艰难得多，一旦突破入门障碍，对后来者的启迪，包括观念、认识、信心及行为都会产生极大的激

励作用；二是创新是一个学习过程，首先创新的失败教训和成功经验，都会给后来者提供少走弯路、快速实现创新成功并较快获得超过社会平均盈利能力的机会的借鉴，这是形成技术创新集群现象的根本原因。有很多类似的例子，如计算机问世后引发的多次再创新和换代产品的周期缩短等，都是集群现象的成功例子。

技术创新会创造超额利润的机会，导致人才、资金和物资的高速流动。在创新创造的超额利润机会中，由于资源的涌入而渐渐与社会平均利润水平拉平时，新的创新就为社会所渴求，新的创新又将吸引资源的高速转移……创新不断产生和资源流向不断调整，从而导致社会的平均创新机会、水平和频率不断提高，促使社会平均利润水平提高，因此社会盈余就会增多，新的投入就有了条件，对创新的促进也就成为可能。所以说，创新——资源调整（优化配置）——再创新——资源再调整。由此可知，技术创新有效扩散对经济增长的主要作用是促进了资源的优化配置，使有限资源得到了最大限度的使用，进而使社会经济发展的平均速度越来越快，平均水平越来越高，社会财富的积累越来越丰富，使得社会需求得到更高层次、更高水平的满足。所以，没有技术创新的有效扩散，就没有经济的持续增长。

2. 技术创新的有效扩散是技术创新商品化的最佳延续

技术创新商品化是指技术创新实现商品化的全过程。创新技术的有效扩散，可能是衍生延伸式的扩散，也可能是外生内联式的扩散。无论是怎样的扩散，都一定是超越了技术创新的试制阶段、经过社会检验并已被社会所承认的扩散，说明已经有了商品化行为，并且是成功的商品化行为。“化”是指一个过程、一个完整过程得以实现的体现，其动力是社会需求和市场拉动，但在现实生活中，更应强调和鼓励创造更新的社会需求。例如，常见的计算机和现代通信技术等大多数技术创新的社会需求，都是创造后经诱导产生的。由于社会需求的诱导作用，技术创新的复制和再创新都会获得巨大的市场机会，其成果或产品的需求将形成巨大的商业源或市场机会。只要这样不断地实现技术的再创新和多次创新扩散，创造更新的社会需求，就会加速技术创新的扩散过程。所以，技术创新的有效扩散是技术创新商品化的最佳延续。

3. 技术创新的有效扩散推动了技术创新的产业化发展

技术创新的产业化，是将已经商品化的创新技术推向成熟、稳定批量生产，以满足更大的社会需求的过程。所谓产业化实现，是指既有影响社会需求的产品，其经济上的强度对国家和地区是非常重要的，又可以主导产品带动若干相关技术得以发展，形成一支强大的专业队伍，成为国民经济不可分割的部分和支柱。任何一项产业化了的技术，几乎都融合了若干现代相关技术，并形成技术优势。

技术创新的有效扩散，使得创新技术群集产生，其结果是经济增长波得以产生、延伸，国家或地区经济开始繁荣。产业化所需要的人、财、物等条件，伴随着技术创新的有效扩散带来的高附加值而逐渐具备；产业化的形成也极大地推动了创新技术的有效扩散。这一互促联动不断演进，体现了经济发展进入良性循环的轨道。

4. 技术创新的有效扩散是创新技术国际化的必由之路

国际社会范围内的资源优化配置，需要国与国之间资源的有效流动。技术成果的转让是技术创新扩散的直接体现，是海外投资或经营国际化的间接体现。需求的无限性与资源的有限性之间的矛盾越来越突出，因此，世界经济一体化趋势和地区经济集团化越来越受到各国的关注和重视。究其原因，是围绕满足用户需求功能而进行的竞争越来越激烈。为了能在有限资源的竞争中成为胜者，为了解决各具所长也伴随着各有所短的劣势带来的竞争力不强的问题，取长补短，优势互补，以造就更大规模、更高档次的整体优势已成为一种趋势。因此，技术交流、技术转移和技术创新的有效扩散是优势互补行为的具体体现。

1995 年成立的世界贸易组织，缔约方之间在贸易上平等互惠，更加促进了国与国之间竞争的激烈性。任何企业要想在竞争中生存和发展，都必须毫无例外、不可回避地参与这场“没有硝烟的战争”。所以，国际竞争是不可避免的，而要想获得超过社会平均盈利能力的机会，只有通过技术创新的有效扩散，特别是形成产业后的扩散。

5. 技术创新的有效扩散是企业提高国际竞争力的根本保证

企业国际竞争力的显性表现为所占市场份额及其增加能力。企业的目标应该是借市场机会获得超额利润。因此，企业创新技术表现为产品实物量的份额，还必须考虑到销售收入及其增长能力，因为这是扩大再生产能力的需要。

企业家们都深信这样一种说法：“产品是企业的生命，质量是产品的生命。”在现实生活中，企业竞争已经相当激烈。随着社会的不断发展和人们生活水平的不断提高，消费者对产品的需求档次和功能需求也在不断变化。在技术高速发展的今天，企业要想提高自己的产品竞争力，扩大市场份额，就应使自己的产品不断创新并实现技术创新的有效扩散。任何一项有效的技术创新群，都不同程度地改变着人们的认识、心态、观念和行为。要想实现技术创新的有效扩散，必要的组织创新是不可缺少的。生产方式的改变，竞争对手各具所长、优势互补的调整也就不可避免，联合、合伙、股份制等方式的重组，以构造出适应创新群发展所必需的组织结构与方式，造就在人才、资金和物资上均具有优势的新的竞争群体就成为必不可少的条件。所以，技术创新的有效扩散是企业提高国际竞争力的根本保证。

习　题

1. 什么是技术创新？技术创新有哪几种分类？
2. 影响技术创新的因素有哪些？请结合我国的实例说明。
3. 何谓经济增长？技术创新与经济增长的关系如何？如何通过技术创新来促进经济增长？
4. 技术创新的过程包括哪些阶段？具体有几种技术创新过程模型？
5. 技术创新的 A-U 过程创新模型有什么特征？请结合我国产业发展的实例说明。
6. 什么是技术创新战略？有哪几种分类？
7. 技术创新战略主要包括哪些内容？
8. 试比较自主、模仿、合作三种技术创新模式的优缺点，谈谈我国企业技术创新战略模式的选择。
9. 什么是技术创新扩散？技术创新扩散有哪几种分类？
10. 简述技术创新扩散的过程。

第八章

价 值 工 程

价值工程（Value Engineering，VE）又称价值分析（Value Analysis，VA），是第二次世界大战以后发展起来的一种技术分析方法，是国际上公认的最有效的现代化管理方法之一。它与质量管理、系统工程、工业工程、行为科学、网络计划技术一起，被誉为最先进、最有价值的六大管理技术。价值工程方法一般用作产品开发、设计和产品改进的具体方法，更重要的是，它作为现代管理观念、现代管理思想，对各类管理科学化工作都产生了重大影响。

第一节　价值工程的基本概念

一、价值工程的产生与发展

价值工程起源于美国。第二次世界大战期间，由于战争需要，军用品的生产强调交货期而不顾及材料的节约，因此，在资源丰富的美国也出现了原材料短缺，乃至匮乏的情况。当时，美国通用电气公司需要石棉板，但其供应紧张，价格飞涨。在采购部门就职的劳伦斯·D. 麦尔斯（Laurence D. Miles）对采购石棉板的目的进行分析，发现公司的产品上涂料时，涂料溶剂洒落在地面容易引起火灾，而美国当时的消防法规定必须铺石棉板防火，采购石棉板是因为石棉板具有防火的功能。就此，麦尔斯着手寻找具备防火功能的其他材料。后来，他在市场上找到一种货源充足且价格只有石棉板 1/4 的防火纸替代石棉板，能起到防火和防止油漆弄脏地板的作用，不仅解决了公司生产中原材料紧缺的问题，还降低了生产成本。由此，麦尔斯联想到，既然完成同一个功能可以用不同的材料相互替代，那么能否在完成某一功能的前提下采用较经济的原材料呢？

为此，麦尔斯不断实践，使他所从事的采购工作取得了卓越的成绩，受到通用电气公司总裁的赞赏，并为他安排了几名助手，专门从事在保证产品质量的前提下，如何降低成本的科学方法的研究。麦尔斯用于替代石棉板的纸，还可以用于写字、包装；而石棉板还可以用于保温。因此，用纸替代石棉板的提法，是非常不确切的，充其量是传统的思考表达而已。因为纸与石棉板的功用有很大差异，只是在防火和防止油漆弄脏地板的特定功用上可以互相替代。显然，这种替代的本质不是物品（载体）之间的替代，而是物品（载体）所具有的某一个或某几个特定功能的替代。因此，用纸替代石棉板的提法，应该改为用纸的防火和防止油漆弄脏地板的特定功能，或者直接表达为是特定功能的替代。这是麦尔斯的一大贡献——是他首次提出载体之间互相替代的本质是载体所具有的某些特定功能的替代。经过一系列的研究和实践，麦尔斯得出以下三个结论：

（1）顾客在购买商品时，所需要的其实并不是商品本身，而是商品所具有的能够满足某种需求、达到某种目的功能。

（2）面对能够实现相同功能的商品，顾客总会优先选择价格最低的商品。

（3）从功能和费用的关系得出“价值”这个概念。功能通过一定的方法量化后，“价值”就可以通过数值来衡量其大小，并以此优化功能和费用的最佳组合。这就是价值分析。

1947 年，麦尔斯将研究成果正式以《价值分析》为题在美国《机械师》杂志上公开发表，至此，产生了价值分析的概念。在文中，麦尔斯深刻、系统地阐述了价值工程的基本理论和方法。鉴于麦尔斯在价值工程方面的杰出贡献，他被誉为“价值工程之父”。同时，国际上把 1947 年作为“价值工程”的正式产生年。

在麦尔斯的大力宣传和倡导下，价值分析得到了迅速的发展。不少企业采用麦尔斯的价值分析方法，在激烈的市场竞争中取得了较为显著的经济效益。由于价值工程的实施效果十分显著，引起了美国政府的高度重视。1950 年，美国海军设立了专门机构，从事价值工程的研究和开发工作。美国海军舰船局应用价值工程技术后，第一年就节约了 3500 万美元。美国海军舰船局将这一成功的方法正式命名为价值工程。1959 年，美国成立了价值工程师协会。到了 20 世纪 60 年代初，美国国防部规定，所有供应国防部物资的厂商，凡金额超过一定数量的，必须进行价值分析，并与进行价值分析的厂商订有优厚的奖励条款（将用价值工程获得的节约额的 20%~30% 用于奖励贡献者）。1971 年，在美国出版的《工业管理工程手册》中，将价值工程列为第二次世界大战以后在工业管理领域中出现的六种新技术之一。此后，价值工程在美国邮电、建筑、垦荒、卫生等各个领域都得到了广泛应用，并取得相应的成效。由于价值工程追求的是用低成本的载体所具有的功能替代高成本载体所具有的功能，因此，目前在美国仍有 40% 以上的企业把价值工程作为降低成本的有效方法加以采用。由于价值分析方法的开拓是在事后的改进，因此该方法在设计、开发环节的应用就被称作价值工程，以示区别，但二者的核心是相同的。

随着技术交流和商业贸易活动的不断发展，价值工程被加拿大、日本、瑞典、挪威、丹麦、英国、爱尔兰、法国等国家陆续引进。上述国家不仅将价值工程应用于重点材料代用方面，而且还着重应用于决策、改进生产计划、改进设计、改进工艺以及新产品的开发设计中。

以日本为例。1955 年，价值工程引入日本，受到日本政府的高度重视。日本政府派出了一个成本控制考察团去美国，考察一个月后，一致认为价值工程是降低成本的有效方法，并开始推广采用这一方法。但由于日本当时属于紧缺经济，处于“皇帝女儿不愁嫁”的发展阶段，该方法没能及时推广。时至 1960 年，日本经济迅速发展，供给能力迅速超过需求能力，过剩经济时代已经到来，市场竞争日渐加剧，厂商不得不寻求提高企业素质，降低产品成本，进而提高企业竞争能力的途径。在这种情况下，价值工程在日本得以迅速推广。1965 年，日本政府成立了日本价值工程协会，致力于价值工程的研究和普及工作，使价值工程的理论方法不断得到完善和发展，在企业中切实得以实行。例如，1974 年，日立电器公司在经济不景气的情况下，提出“VA/VE 利润倍增计划”，要求把通过价值工程节约的金额，由原来的每月 12 亿日元提高到每月 25 亿日元。到了 1976 年，日立在产品设计、制造、采购、运输等方面全面推行 VA/VE，每月节约金额已超过 50 亿日元。时至今日，许多日本的大公司仍然在积极地推行价值工程，纷纷设立价值工程指导中心，并且在组织上予以保障，为企业的发展做出了巨大贡献。

1978 年，价值工程被引入我国。本着“洋为中用”的原则，国内许多企业积极学习、试验和推广这一方法，在寻找代用材料、改进产品设计、改进工艺方案和指导新产品的开发与设计等方面都进行了尝试，取得了较好的效果。此外，在分析方法和组织方法方面也取得了许多宝贵经验。1987 年，价值工程作为我国管理标准中的第一部国家标准（GB/T 8223—1987）正式颁布。通常国家标准每隔五年修订或重新制定一次，目前现行的价值工程标准是 GB/T 8223.1—2009。

实践证明，价值工程是一种有效的技术经济分析方法。据统计，在美国，每投资 1 美元开展价值工程活动，一般可收益 12～20 美元，能降低 30% 左右的成本。在日本，工人提出的改善方案，一般可降低成本 5%；经培训的技术人员的提案，一般可降低成本 10%～15%；而有组织地开展价值工程活动，可降低 30% 以上的成本。

二、价值工程的定义及其特点

1. 价值工程的定义

价值工程的应用范围很广泛，在不同领域有不同的名称，如“价值管理”“价值保证”“价值改善”“价值研究”等。这些都与价值工程或价值分析相类似，其基本原理是相同的。价值工程是提高产品功能、降低产品成本的一种有效技术。那么，究竟什么是价值工程呢？目前，西方对它的解释有多种表述。如果给价值工程下一个较为确切的定义，可概括为：以功能分析为主要手段，以用最低的产品生命周期成本来可靠地实现用户所需要的必要功能为目的，所进行的有组织的活动。

由上述定义可以看出，价值工程的要点为：

（1）价值工程是一项有组织的集体活动。其主要思想是揭示价值工程组织者必须发挥设计人员、财务管理人员、生产人员、销售人员、采购人员及各级领导干部等方面的智慧和积极性。仅靠单一方面的努力，效果是有限的。

（2）价值工程的目的是提高产品的功能，降低产品的成本，从而提高产品的价值。因此，必须从产品的功能和成本入手同时考虑，偏废哪一方面都不利于价值工程核心的体现。

（3）价值工程的核心是功能分析。其强调对产品或劳务进行功能分析，没有中肯的功能分析就不可能有恰当的功能定位，也就没有价值工程有效应用的前提。这正是价值工程与其他成本分析、质量控制等活动的不同之处。

（4）价值工程要求保障必要功能的实现。因此，它不是为了降低成本而不负责任地损害用户的利益。

（5）价值工程追求的产品生命周期成本最低，是追求制造商的制造成本与用户的使用成本之和最低，而不是仅仅追求制造成本最低，因此是资源消耗最低的体现。

2. 价值工程的相关概念

（1）产品。产品又称物品，是价值工程的主要对象。所谓产品，是指根据社会和人们的需要，通过有目的的生产劳动，创造出来的物质资料。针对不同的对象，产品有不同的称谓：对于市场来说，它是商品；对于使用者来说，它是用品。但不论称谓如何，均不影响产品的内容和整体性。

产品分类的方法有很多，常见的有两种划分方法：一是横向分类法，即按产品的不同用途（如生活用品与生产用品）或不同使用对象（如儿童用品、成人用品或老年用品）进行划分；二是纵向分类法，即按照产品生产过程的不同阶段进行划分。其可以进一步分成三类：①单元产品，又称原材料产品，如金属原材料；②零部件产品，如机械产品中的齿轮、轴等；③组合产品，如机电产品、轻工产品等。上述三者中，前者依次是后者的原材料或加工组合产品。除了上述常规产品，还有一些特殊形式的产品，如书籍、报纸、期刊、报告等。

总之，一切具有使用价值的产品都是价值工程的对象。但是，对于工业设计或产品设计而言，其主要对象是组合产品或通常所说的成品，而且是有形的成品。如不做特殊说明，本书中提到的产品都是指这种类型。

（2）功能。功能也可称为性能和机能，是指产品的用途和功用。功能是价值工程的核心内容，研究它的目的是使功能适应用户的要求。通常，产品有多种不同的功能划分方法。例如，按功能的重要程度，可以分为基本功能和辅助功能；按用户的要求，可将产品的功能分为必要功能和非必要功能。

对某个特定产品或某项劳务功能的要求并不是越高越好，而应视用户的要求而定。价值工程追求的即是用户需求的必要功能，这一功能距用户的要求不多也不少，以减少不必要的成本，从而减轻用户负担，并使社会资源得到合理应用为宜。

（3）生命周期成本。生命周期分为自然生命周期和经济生命周期。自然生命周期是指产品投放市场，进入用户手中使用，经过多次维修和再使用的反复，最后到产品不能再维修、报废为止这一过程。产品的自然生命是其使用价值消失的过程。产品的经济生命周期也称产品的市场生命周期，是指产品从进入市场到退出市场所经历的全部时间。产品的经济生命是其交换价值消失的过程。价值工程中所指的生命周期，是它的经济生命周期。当前，随着技术与经济的飞速发展，产品的生命周期正在逐渐越短。

生命周期成本是指产品在其经济生命周期中的全部费用。通常，为了满足某种需要，使用者或用户要花一定的费用去购买某一特定产品。在其随后的使用过程中，仍需要支付一定的费用，如能耗费、保养费和维修费等。上述费用统称为使用费用。另外，在用户停止使用该产品时，尤其对于大型产品来说，可以转让产品，回收一部分成本。这部分费用则称为残值。

因此生命周期成本为

$$C = C_1 + C_2 \pm C_3 \tag{8-1}$$

式中，C 为生命周期成本；C_1 为生产成本；C_2 为使用成本；C_3 为残值或清理费用（残值收入为负值，清理费用为正值）。

用户对产品的要求是价格便宜，使用过程中所需维修费少。因此，这要求产品既有较高的质量，又要售价（成本）较低。价值工程的目的就是以最低的生命周期成本，实现用户所要求的功能，即达到所需要的功能时，应满足生命周期成本最小。用公式表示为

$$C_{\min} = \min(C_1 + C_2 \pm C_3)$$

事实上，产品的残值和清理费用不是经常发生的，也是无法预测的，所以该项费用通常被忽略不计。因此，产品的生命周期成本只包括生产成本和使用成本。

根据对产品功能与成本之间关系的分析，随着产品质量的提高，生产产品的成本呈上升

趋势；而产品质量的提高，又使产品在使用过程中的维修费用呈下降趋势。两者之间的变化关系如图 8-1 所示。

由图 8-1 可以看出，在某一质量点 F_0处，存在一个生命周期成本最低点 C_{min}，质量低于或高于 F_0点，均会使生命周期成本增加。价值工程就是努力寻找生命周期成本的最低点。当然，图中所示 M_0是理想状态，实践中的成本不容易达到此点。但是通过价值工程活动，可以使产品的生命周期成本不断地接近这一点。

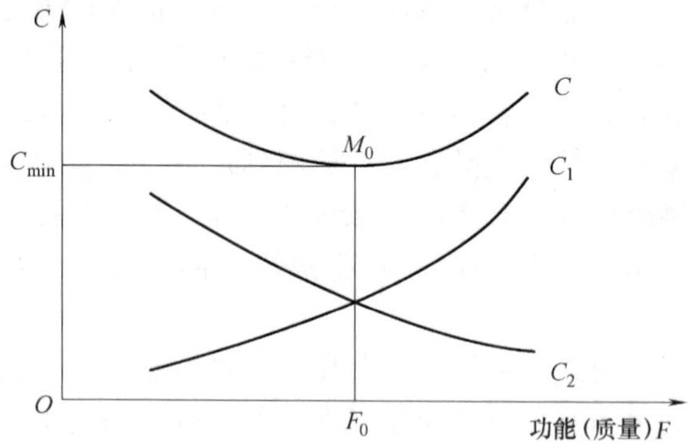

图 8-1　产品成本与功能（质量）的变化关系

（4）价值。一个产品，从它的形成来看，一方面是生产过程，另一方面又是消费过程。而从顾客对某一产品的需要来看，购买一个产品，一方面获得了这个产品，另一方面又支付该产品的费用。因此，顾客在购买这个产品时，首先看其质量如何，然后再比较所花费用与获得的产品功能是否相当，即“合不合算”，这就是产品的“价值”如何。顾客购买产品往往是为了拥有该产品的某些特殊功能。例如，顾客购买一辆自行车，并不是为了自行车本身，而是因为自行车有替代步行和轻量载重的功能。因而，在顾客心目中比较的是购买产品的费用与所获得的产品，即功能是否匹配。如果功能较好，花费又不高，顾客便认为“合算”；反之，便认为“不合算”。这就是“价值”的概念。如果用公式表示出来，则为

$$V=\frac{F}{C} \tag{8-2}$$

式中，V 为产品的价值；F 为产品的功能；C 为产品的成本。

对于上述公式应强调的是，功能 F 是顾客要求的必要功能，成本 C 是产品的生命周期成本。根据这一内涵，价值的公式更为确切地可写为

$$价值=\frac{顾客要求的必要功能}{产品的生命周期成本} \tag{8-3}$$

价值的公式明确反映出价值、功能、成本三者之间相互依存、相互制约的关系，说明功能和成本是决定价值的两个因素。而要提高价值，很明显只能从改善功能和降低成本这两个方面入手。具体说来提高产品价值可以有以下途径，如表 8-1 所示。

表 8-1　提高产品价值的途径

项 目 途 径	功能 F	成本 C	价值 V
第一途径	↑	→	↑
第二途径	→	↓	↑
第三途径	↑	↓	↑↑
第四途径	↑↑	↑	↑
第五途径	↓	↓↓	↑

注：“↑”“→”“↓”“↑↑”“↓↓”分别表示提高、不变、下降、大幅度提高和大幅度下降。

1）第一途径：功能提高，成本不变，价值提高。

2）第二途径：功能不变，成本降低，价值提高。

3）第三途径：功能提高，成本降低，价值大大提高。

4）第四途径：功能大大提高，成本略有提高，价值提高。

5）第五途径：功能略微降低，成本大大降低，价值提高（但功能降低必须在不损害顾客要求的必要功能前提下）。

3. 价值工程的特点

价值工程是一门新的科学、新的管理技术。在我国的传统管理中也实行成本核算，降低产品成本，在传统的产品设计和生产中也都抓产品质量，似乎都已具备了价值工程的思想，其实并不是一回事。价值工程是一种比成本控制、提高产品质量更加优越且有效的方法。其特点是：

（1）从产品功能和成本的关系上考虑问题。它既不是单纯考虑功能，也不是单纯考虑成本，而是从功能分析入手，分析达到用户所需的某一功能，其费用与所实现的功能是否匹配。如果不匹配，如何通过提高功能或降低成本来达到二者的匹配。

（2）从价值工程对于产品成本的控制范围来说，它不同于一般成本控制之处在于，它不是考虑产品的生产成本，而是考虑产品的生命周期成本。而生命周期成本不仅要考虑产品的制造成本，还要考虑产品的制造质量，否则就会使产品的使用成本提高，从而提高产品整个生命周期的成本。

（3）从价值工程对产品成本的节约深度来看，它不仅仅是靠减少和消除跑、冒、滴、漏或改进加工方法等达到节约成本的目的，而是通过功能分析，改进产品或零部件的结构，突破原材料费用的最低界限，从而使产品成本得到大幅度降低。

（4）从对产品分析的时间来看，成本分析在事后，而价值工程在事先。

4. 价值工程的核心

价值工程的核心是对产品或作业进行功能分析，即在产品设计和研制时，把重点从传统的对产品结构的分析研究，转移到对产品功能的分析研究。只有这样，才有利于摆脱现存结构对思想的束缚，为广泛应用最新科技成果，实现满足必要功能的最优方案提供有效的方法。例如，对手表的改进，如果从传统的结构分析出发进行研究，最终也不会跳出机械表的范围。只有从它的基本功能是“显示时间”这个概念出发，才会产生新的突破，促成石英电子表的出现。通过功能分析，可以发现哪些功能是顾客需要的，哪些功能是不必要的；哪些功能是过剩的，哪些功能是不足的。搞清各功能之间的关系以后，可以在改进方案中提出新的解决办法，去掉不必要的功能，削减过剩的功能，补充不足的功能，从而使产品的功能结构更加合理，以达到既能保证必要的功能，降低产品成本，又能满足顾客要求，提高产品竞争能力的目的。

三、价值工程的工作程序及指导原则

1. 价值工程的工作程序

价值工程的执行过程，实质是一个发现问题、分析问题和解决问题的过程。将价值工程执行过程粗略地描绘出来，如图 8-2 所示。

由图 8-2 可以看出，价值工程可以分为两个大的阶段：第一个阶段是发现和分析问题；第二个阶段是解决问题。

对于一个产品或零部件，对其进行价值分析是通过提问展开的。通常可提出下列七个问题：

（1）这是什么？

（2）它是干什么用的？

（3）它的成本是多少？

（4）它的价值是多少？

（5）有无其他方法实现同样的功能？

（6）有无新方案实现这一功能，其成本是多少？

（7）新方案能满足要求吗？

针对上述七个问题，相应采取不同的价值分析方法。其具体的工作程序如表 8-2 所示。

价值工程的实施步骤可分为功能定义、功能分析、新方案创造三个基本步骤，具体分解为表 8-2 所示的 12 个具体步骤。下面几节叙述的内容就是对这 12 个具体步骤的展开。

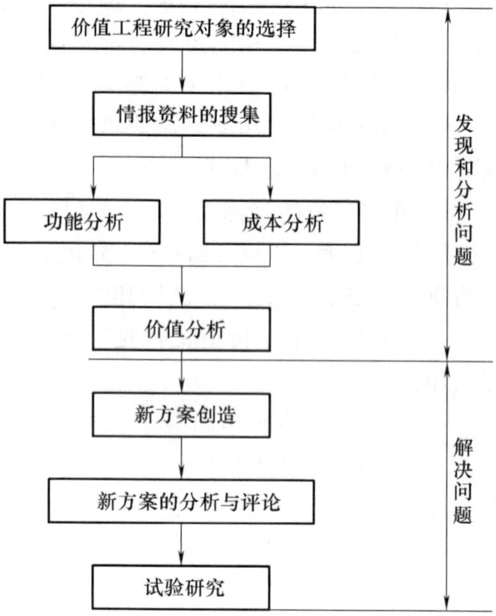

图 8-2　价值工程执行过程图

表 8-2　价值工程的工作程序

决策的一般程序	价值工程实施步骤		价值工程提问
	基 本 步 骤	具 体 步 骤	
分析	（1）功能定义	对象选择 搜集情报资料 功能定义 功能整理	（1）这是什么？ （2）它是干什么用的？ （3）它的成本是多少？
	（2）功能分析	功能成本分析 功能评价 选择对象范围	（4）它的价值是多少？
综合评价	（3）新方案创造	方案创造 初步评价 具体化调查 详细评价 提案审批	（5）有无其他方法实现同样的功能？ （6）有无新方案实现这一功能，其成本是多少？ （7）新方案能满足要求吗？

2. 价值工程的指导原则

价值工程的创始人麦尔斯在他的工作实践中积累了丰富的经验。为了很好地回答前述几个问题，他提出了 13 条指导原则：

（1）避免一般化、概念化。

（2）收集一切可用的费用数据。

（3）使用最可靠的情报资料。

（4）打破现有框框，进行创新和提高。

(5) 发挥真正的独创性。

(6) 找出障碍，克服障碍。

(7) 请教有关专家，扩大专业知识面。

(8) 对于重要的公差要换算成加工费，以便认真考虑。

(9) 尽量利用专业化工厂生产的产品。

(10) 利用和购买专业化工厂的生产技术。

(11) 采用专门的生产工艺。

(12) 尽量采用标准件。

(13) 以“我是否也如此花自己的钱”作为判别标准。

上述13条指导原则十分重要，并且在实践中是行之有效的。价值工程要执行得好，必须深刻领会这13条原则的思想。麦尔斯根据他个人的体会指出：“根据实际情况使用其中一条原则，即能取得良好的效果，如果同时应用几条甚至全部原则，则会取得更好的效果。”

第二节 价值工程的对象选择

一个企业往往生产许多产品，而每个产品往往又由多种材料或多个零部件组成。因此，企业不可能，也没有必要对全部产品或产品的全部零件进行价值分析。企业应根据自己的实际情况，就产品或零部件的轻重缓急、重要与否，选出一个或几个产品或零部件进行分析，即选择价值工程活动中分析的对象。

一、价值工程对象选择的原则

价值工程对象选择的原则是既有改进的必要，又有改进的可能。具体来讲，对象选择一般可遵循以下几个方面的原则：

1. 根据社会需要的程度来选择对象

(1) 视产品对国计民生影响的大小，优先选择影响大的产品。

(2) 视产品在市场上的需要情况，优先选择国际市场和国内市场有一定需求量的或有潜在需求量的产品。

(3) 视产品的使用情况，优先选择用户意见大、使用成本高和尚需提高性能的产品。

(4) 视科学技术发展的要求，优先选择耗能高、“三废”问题严重的产品。

(5) 视新产品发展情况，优先选择用户急需、正在研制即将投放市场的新产品。

2. 根据企业内部生产等各方面的情况来选择对象

(1) 设计上：结构复杂、技术落后、零部件多、工艺性差、工艺问题多、体积大、重量大、材料贵、性能差的产品应列为价值分析的对象。

(2) 生产上：产量多、批量大、原材料消耗高、返工率高、废品率高的产品应优先选择。

(3) 成本上：成本高、利润低、经济效益差的产品或成本比重大的产品也在优先选择之列。

(4) 销售上：市场竞争激烈，但对本企业来说经济效益好的产品，或已经进入衰退期的老产品应优先选择。

3. 根据企业现有力量在进行对象选择时还应考虑的问题

（1）本企业有无开展价值工程活动的基础条件？例如，有无良好的生产秩序？信息的存储和收集工作如何？有无详细合理的定额标准，定额是否准确？成本的原始记录是否全面、准确？等等。

（2）本企业开展价值工程的力量如何？是否能抽出足够的技术人员、财务人员和生产等方面的人员进行价值分析？若力量较强，可以多选择一些产品；反之，可选择一两个产品，避免因团体力量不足而使价值工程活动流于形式或效果不佳，影响企业各方面人员对价值工程执行的信心。

4. 复杂产品部件选择应考虑的原则

有些企业的产品是比较复杂的，由许多零部件组成。例如，组合机床或组合机床自动线、大型冷冻设备等。在这种情况下，若没能力或没必要对整个产品进行价值分析，也可以选择其中一个部件作为分析对象。这时应遵从以下原则加以选择：

（1）造价高的部件。

（2）结构复杂、性能差、工艺性差的部件。

（3）体积大、重量大、用料多的部件。

（4）用料贵重、耗用稀缺资源多的部件。

二、选择分析对象的方法

上述对象选择的原则，是确定价值工程研究对象的基本标准。如果要具体、准确地选择合适的对象，还必须通过一定的方法来进行。

1. 经验分析法

经验分析法也称因素分析法，它是一种定性分析方法，就是凭借经验来分析因素。具体来说，就是参加价值工程活动的人员，根据自己所了解的本企业产品的情况，凭借个人的知识和经验，经过对情况的全面分析和综合，区别轻重、主次，从而选定价值工程分析的对象。

使用该方法时，要选择熟悉业务、经验丰富、对生产和技术有综合了解的人员。在选择对象时，要充分发挥集体的智慧，综合各方面的意见。

这种方法使用起来简便易行，并且因为进行综合分析，所以考虑的问题比较全面，对象选择比较准确。特别是当时间紧迫时，使用此法更为适宜。不足之处是，此法缺乏定量分析，容易受参加选择人员的工作态度、经验水平等主观因素的影响。因此，在使用此法时，应与其他方法结合使用。

2. 费用比重分析法

这是一种根据各个对象所花费的费用占该种费用总额比重的大小，选择价值工程对象的方法。假如企业要降低能源消耗费用，则可列出费用比重表，优先选出能源消耗费用比重大的作为价值分析的对象。其他如运输费、管理费、材料费等也可用此方法进行选择。例如，某企业现有A、B、C、D、E、F、G七种产品，其中能源消耗比重如表8-3所示。

表8-3　产品能源消耗比重表

产　品	A	B	C	D	E	F	G	合　计
能源消耗（%）	50	24	10	8	4	3	1	100

若以节约能源为目的选择价值分析对象，应如何选择？

在上述七种产品中，A 产品的能源消耗比重最大，应选为价值分析对象。若企业有能力，也可以对 A、B 两种产品进行分析，只要 A、B 两种产品的能源消耗能够降低，该企业就能在 74% 的能源消耗中挖掘潜力。

费用比重分析法简单易行，但其主要缺点是仅从一个指标上进行分析选择，无法对产品进行综合分析，因此，必须同经验分析法等其他方法结合使用。

3. 最合适区域法

最合适区域法是由日本东京大学的田中教授提出的，又称田中法。它也是一种国际上较为流行和通用的，通过计算价值系数来选择价值工程对象的方法。其选择价值工程对象的准则不是以价值系数大于或小于 1 为标准，而是确定一个选用价值系数的最合适区域。

最合适区域法的基本思想是：价值系数相同的对象，由于各自的成本系数与功能评价系数的绝对值不同，因而对产品价值的实际影响有很大差别。所以，不应把价值系数相同的对象同等看待，而应优先选择对产品实际影响大的为分析对象。

最合适区域的确定是以成本系数为横坐标，以功能系数为纵坐标，绘制出价值系数坐标图，图中与横轴或纵轴成 45°夹角的直线，是价值系数等于 1 的标准线，在此线两侧由曲线方程 $y_1 = \sqrt{x_i^2 - 2S}$，$y_2 = \sqrt{x_i^2 + 2S}$两条曲线围成的阴影部分，即为最合适区域。其中，S 是给定常数。若给出的 S 较大，则两条曲线距离标准线的差异就大，价值工程对象选择就少一些；反之，若给出的 S 较小，则曲线更加逼近标准线，选定的对象将多一些。至于 S 取值的大小，取决于选择价值工程活动对象的数目。在实际工作中，可以通过试验，取不同的 S 值，直到获得满意的结果为止。

凡是在区域内的对象，都认为其价值系数对于 1 的偏离是被允许的，因此不列为价值工程的对象；而在区域外的点，特别是离区域越远的点，则应优先选作价值工程的对象。这个区域能够很好地解决对离原点远的对象控制严、对离原点近的对象控制宽的问题，因而被称为最合适区域。

如图 8-3 所示，零件 C、D、E、G 均在最合适区域内，可不作为价值分析的对象；零件 B、F 在标准价值系数线下、最合适区域之外，应作为降低成本的重点对象；零件 A、H 在标准价值线上、最合适区域之外，也应将其列为研究对象，看其是否存在功能过剩等问题。

下面介绍确定最合适区域的边界 $y_{1,2} = \sqrt{x_i^2 \pm 2S}$的方法，如图 8-4 所示。

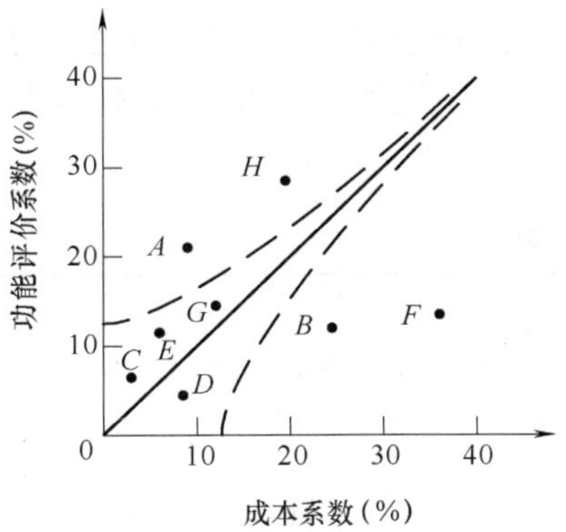

图 8-3 最合适区域示意图

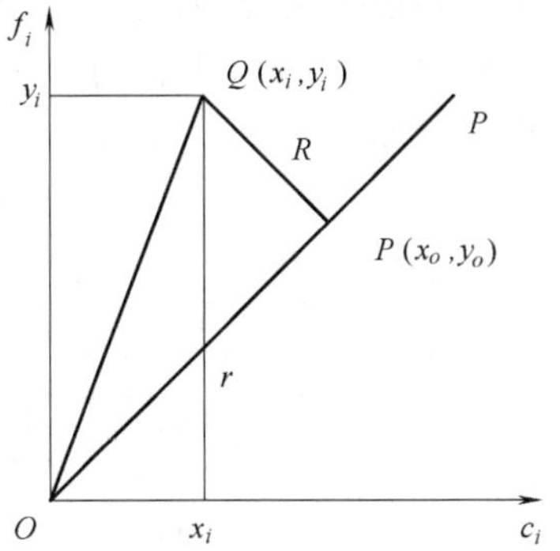

图 8-4 确定对象或重点区域法坐标图

设 Q 为坐标图上的某一点，其坐标为（x_i, y_i），OP 为45°线。因 $V_i=1$ 时是理想的，即此时 $V_i=\frac{F_i}{C_i}=\frac{y_i}{x_i}=1$，$R$ 为从 Q 点垂直于 OP 线的垂线，则 P 点坐标为 $\left(\frac{x_i+y_i}{2},\frac{x_i+y_i}{2}\right)$。若把 OQ 看作是两个矢量 OP 和 PQ 之和，并设 $OP \cdot PQ = r \cdot R = S$，$S$ 为常数。距 O 点远，则 r 大，R 小；距 O 点近，则 r 小，R 大。那么，在这种情况下移动 Q 点，Q 点存在的区域可以用在第一象限所得到的两条曲线形成的图形封闭区域作为 Q 点的活动区域。这个区域的数字模型可以用下式求出

$$R(\text{差异})=\frac{1}{\sqrt{2}}|x_i-y_i|$$

$$r(\text{矢量})=\frac{1}{\sqrt{2}}|x_i+y_i|$$

$$S(\text{常数})=Rr=\frac{1}{2}|x_i^2-y_i^2|$$

则

$$y_i=\sqrt{x_i^2-2S}(\text{于标准价值线下方})$$
$$y_i=\sqrt{x_i^2+2S}(\text{于标准价值线上方})$$

4. ABC 分类法

ABC 分类法又称帕累托（Pareto）分析法，是价值工程对象选择中应用最多的方法之一。帕累托是意大利经济学家，19 世纪末，他在研究英国人的财富和收入分配问题时发现了“关键的少数和次要的多数”的规律，即占人口少数的富人占有社会财富的大部分，而占人口总数绝大多数的穷人却处于贫苦的边缘。这种“关键的少数和次要的多数”的关系就是80/20 法则，又称为帕累托法则。该法则能很好地解释现实中的众多现象。例如，20%的产品带来 80%的销售额等。在产品的成本分配方面也存在类似的规律。

对具有很多零部件的产品，可以选择其中的某一部分零部件作为价值分析的对象。ABC 分类法就是用于这种选择的较好的、较常用的一种方法。其基本思想是：根据成本分布的规律，在一个产品中，数量占总零件数的 10%左右，成本却占整个产品总成本 60%～70%的零件，可划为 A 类；数量占总零件数 20%左右，成本大约占总成本 20%的零件，可划为 B 类；其余占总零件数 70%左右，而成本只占总成本 10%的零件，可划分为 C 类。价值工程中的对象选择正是利用成本的这一分布规律，选择 A 类零件作为价值分析的重点对象。若有条件，也可将 A、B 两类都作为价值分析的对象。ABC 分类法的具体做法是：首先，将零件按成本从大到小依次排列；然后，分别求出各零件的累计成本和累计成本所占百分比、零件累计件数和累计件数所占百分比；最后，分出 A、B、C 三类。表 8-4 是对某产品进行ABC 分类的具体实例。

表 8-4　某产品 ABC 分类表

零件序号	件数（件）	累计		成本（元）	累计		分类
		件数(件)	占总数比率(%)		成本金额（元）	占全部成本比率（%）	
1	1	1	2.27	556.00	556.00	21.85	A 类（4 项）
2	1	2	4.55	548.87	1104.87	43.42	
3	1	3	6.82	521.78	1626.65	63.93	
4	1	4	9.09	196.94	1823.59	71.67	

（续）

零件序号	件数（件）	累　计		成本（元）	累　计		分　类
		件数（件）	占总数比率（%）		成本金额（元）	占全部成本比率（%）	
5	1	5	11.36	174.84	1998.43	78.54	B类（12项）
⋮							
16	1	16	36.36	50	2417.96	95.05	
17	1	17	38.64	20	2437.96	95.82	C类（28项）
⋮							
44	1	44	100	0.02	2544.42	100	

ABC分类法侧重于从成本方面选择价值工程的分析对象。但有时有的零件由于成本很低，虽然功能很重要却没选上。所以用ABC分类法进行分析时，需要同其他方法结合使用。

除了上述几种方法外，还有很多其他方法，如功能成本比较法、生命周期分析法、强制确定法（又称FD方法或0～1评分法）、倍数确定法（又称DARE法）等。这些方法不仅适用于对象选择，也适用于功能评价和方案选择等价值工程活动的诸多步骤，是价值工程活动的基础方法，后面还会详细阐述。

三、价值工程中的信息收集

信息是分析问题和解决问题的基础，价值工程的每一个步骤都必须依赖相关信息进行。所以，企业要有计划、有目的地进行信息收集。

1. 信息收集的内容

开展价值工程的对象确定后，就应根据对象的性质、范围和要求，制订收集信息的计划，寻找可靠的信息来源。具体内容主要包括以下几点：

（1）用户要求。用户对产品的意见和要求，产品使用的目的、使用的条件，以及对产品的价格、技术服务的要求等。

（2）本企业的基本情况。例如，经营方针，生产规模，设备能力，各项定额，产品的品种、产量、质量，职工人数，工资总额，存在的问题等。

（3）技术资料。本企业和国内外同行业同类产品的技术资料，如产品的结构、性能、设计方案、加工工艺、材料品种、次品率、废品率、成品率等。

（4）经济资料。本企业和国内外同行业同类产品的成本构成，如材料费、加工费和外购件等。

2. 信息收集应遵循的原则

收集来的信息是否能起作用，关键在于在信息收集过程中能否遵循下列基本原则：

（1）收集信息要有明确的目的。根据所选择的价值工程活动对象，有目的、有计划、有步骤地收集或索取与对象有关的信息资料。

（2）信息的可靠性。要注意三个问题：一是信息的来源是否可靠；二是要将收集的信息加以分析、整理和正确判断，务求准确可靠；三是要把技术预测和市场预测建立在科学的基础上。

（3）收集信息的及时性。收集信息的目的是有效地利用。如果信息不及时，就失去了价值。所以，收集信息必须规定完成的期限。

(4) 收集信息的广泛性。应根据价值工程的对象目标，广泛地收集相关信息。

3. 信息收集的步骤和方法

收集信息可按以下步骤和方法进行：

(1) 要明确收集信息的内容。

(2) 制订收集信息的活动计划。

(3) 收集信息。信息可分为有记录的信息和无记录的信息。前者可按收集信息的一般方法进行；对于无记录的信息，可用面谈法、观察法和书面调查法等方法收集。

(4) 整理信息。将信息集中起来，加以分析鉴定，特别要注意的是避免一般化、概念化，务必使信息切实可靠，以达到预想的效果。

第三节　功能分析与评价

产品（或劳务）的功能分析是价值工程的核心。用户购买一个产品，是为了产品的某一特殊功能，用户在心目中评价的“价值”，是产品的特殊功能与购买这一产品的费用是否相当。价值工程以用户所需要的功能为出发点，研究成本与功能之间的关系。功能分析则是价值工程活动的基础和核心，包括功能定义、功能整理和功能评价。通过对功能下定义、进行整理、进行评价这一系列活动，达到用最少的成本实现必要功能的目的。

一、功能定义

1. 功能定义的概念

所谓功能定义，就是用最简明的语言表达产品、作业及构成要素的功能。其内容是把产品或零部件的功能加以确定、区分、理解、澄清并命名。不同的产品有不同的用途，而同一产品中不同的零件所起的作用也不同。功能定义的实质就是寻找这些功能的过程。功能定义是价值工程的特殊方法，它要达到以下目的：

(1) 明确所要求的功能。价值工程的根本问题是摆脱以事物（产品结构）为中心的研究，转向以功能为中心的研究，这是价值工程取得成功的必要条件。要从产品的具体结构转向功能，必须彻底搞清楚并正确掌握用户所需要的功能，而这一点不进行功能定义是无法实现的。

(2) 使功能评价容易进行。功能评价是比较产品和零件的功能与成本的关系，看其是否匹配，不仅要彻底了解产品和零件的功能，而且要把功能定量地表达出来。如果不进行功能定义或者功能定义做得不好，就会给功能评价带来困难，从而使价值工程活动无法继续进行。

(3) 扩大设计思路。价值工程的目的是创造出高价值的方案，这不是研究现行方案能够解决的问题，而应从产品的功能出发。如果只考虑现行的结构，就会束缚住思想，而有了功能的定义，就可以抛开原来的结构，开阔设计思路。

2. 对功能定义的要求

(1) 功能定义要确切。为便于功能评价，给功能下定义的名词要采用可测定的名词。例如，对于传导电流和支承重量，电流和重量可以用数量测定；而传电和支承桌面，电和桌面是不能测的，不符合要求。当然，给功能下定义，也不能完全拘于形式，有时也可以加形容词或其他词类。

(2) 功能定义要有助于打开设计思路。例如，给钻床下的定义，“钻孔”不如“打孔”好，而“打孔”不如“作孔”好。因为“作孔”借助的手段和思路比“钻孔”更广泛。

(3) 对复合功能要分别表述。一个产品通常是由许多零部件构成的，除产品的整体功能外，还分别有各零部件的各自功能。有的构成要素同时具备几种功能，有的实现一种功能需要几个构成要素，对于这些情况要分别定义。

3. 功能的分类

功能的分类方法有很多，从不同的角度出发，就会有不同的分类。

(1) 按功能的性质划分，可分为使用功能和外观功能。用户购买一个产品，第一位的要求是要有使用价值，这就是产品的使用功能。一个产品能够为用户服务，主要是它的使用功能。例如，钢笔能书写文字，而没有书写文字这一使用功能的钢笔是没有人要的。外观功能又称“美学功能”，是指一个产品的颜色、形状、尺寸等方面是否适宜。这种功能虽然与使用无关，却能给人以美的享受。外观功能对于不同产品，其重要程度不同。例如，机电产品主要应有使用功能，外观功能的重要性相对差一些；而服装、鞋帽等产品，一方面需要有耐穿等使用功能，另一方面（也是重要的）也要有产品的式样、颜色等外观功能；而羽毛画、贝雕等工艺品，其有无存在价值（或其基本功能）取决于其外观功能。我国以前对产品的外观功能重视不够，目前，随着工、农业生产的不断发展，人们的生活水平不断提高，外观功能越来越引起人们的重视，不仅服装、鞋帽，机电产品也开始改善其外观功能。

(2) 按用户对产品的要求划分，可分为必要功能和不必要功能。必要功能和不必要功能是相对而言的。一个产品的功能是否必要并不是设计者所能决定的，而是要以用户为标准。对现存方案内的功能要加以分析，经过反复提问、推敲，原来认为是必要功能的也许会变为不必要功能。价值工程的目的就是要保证用户所要求的必要功能，发现和剔除用户不需要的不必要功能。

(3) 按功能整理的顺序划分，可分为上位功能和下位功能。上位功能和下位功能也是相对而言的。在功能系统图中处于目的位置的称为上位功能，处于手段位置的称为下位功能。同一个功能相对于目的来说是下位功能，而相对于手段来说又是上位功能。

(4) 按功能的重要程度划分，可分为基本功能与辅助功能。基本功能是产品或零部件最基本的用途，是产品或零部件得以存在的条件，产品具有此功能才有存在的意义，而无此功能就失去了存在的意义。例如，手表的基本功能是指示时间，电视机的基本功能是显示图像。若手表不能指示时间，便无用了；电视机若不能显示图像，也就没有存在的价值。辅助功能是为完成基本功能所必备的功能，它是相对于基本功能而言的。例如，自行车的基本功能是代替步行，同时也有载重的辅助功能；手表带有夜光，能够帮助看清时间，但对准确走时无关，因而是辅助功能。

二、功能整理

产品各功能之间的内在联系是非常紧密的，共同构成一个系统。这种系统性与完备性是进行功能整理的基础。

1. 功能整理的定义

功能整理是把其构成要素的功能相互连接起来，分清它们之间的关系，从局部功能和整体功能的相互关系上分析、研究问题，以达到把握必要功能的目的。

一个产品是由许多相互联系的零部件组成的，这些零部件往往具有几个功能，并同时发挥作用。产品越复杂，功能的数量越多，功能之间的关系也就越复杂。要从大量定义过的功能中把握住必要的功能，就需要进行功能整理，找出产品的基本功能和辅助功能、必要功能和不必要功能，并指明哪些功能是并列关系，哪些功能是从属关系，以便设计出更合理的方案。

2. 功能整理的方法

各零部件功能之间都存在一定的逻辑关系，零部件就在这些逻辑关系中发挥作用，所以每个零部件都有其存在的目的。例如，在使用平口钳时，“施加旋力”的功能是为了达到“压紧钳口”的目的，“压紧钳口”又是为了达到“夹紧工件”的目的；反过来说，“夹紧工件”这个目的是靠“压紧钳口”这一手段来实现的，“压紧钳口”这个目的又是靠“施加旋力”这一手段来达到的。由此可见，各零件功能之间的关系可以通过“目的-手段”的形式来表达，如图 8-5 所示。

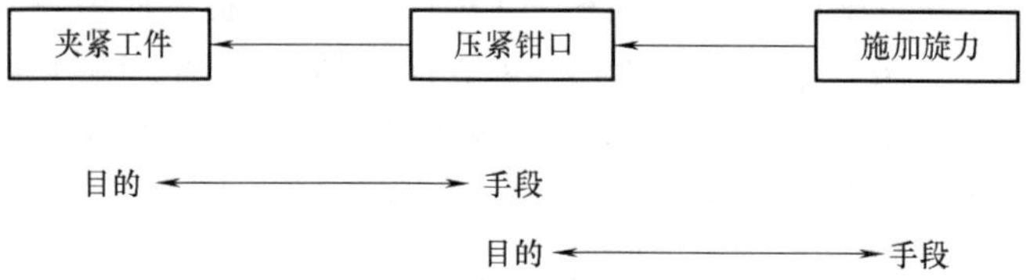

图 8-5　功能手段及目的关系图

从图 8-5 可以看出，对某个特定功能，从它的上位功能来看，它是手段；从它的下位功能来看，它是目的。例如，“压紧钳口”这一功能对“夹紧工件”功能来看，它是手段；对“施加旋力”功能来讲，它是目的。我们把上位一级的功能称为上位功能，表示目的；把下位一级的功能称为下位功能，表示手段。

功能的并列关系存在于复杂的功能系统中。上位功能之后往往存在几个并列功能，或有几种手段实现同一个目的。按照这种上下关系和并列关系去整理功能，就是所谓的逻辑功能体系。根据功能之间的这种逻辑关系进行功能整理有两种方法：

（1）从产品的最终目的开始。可以提出这样的问题：“该功能是通过什么办法实现的?”由此追问出其手段功能，然后再以这一手段功能为目的，进一步追问其手段，如此，一步步地提出问题，一步步地将其全部功能整理出来。这种方法多用于新产品的开发设计，因为一般的新产品并无固定结构，通常是由用户提出对其最终功能的要求。

（2）从产品的具体结构，即从最终手段开始。可以提出这样的问题：“该功能的目的是什么?”由此推出其目的功能，再以目的功能为手段，进一步提问，直到追问出最终功能为止。通常在老产品改造中使用这种方法，因为老产品改造，许多是从某一具体结构存在的问题入手分析的。

通过上述两种方法，最后可以将其功能整理成如图 8-6 所示的形式。

从图 8-6 中可以看出，功能系统有如下两个特点：

（1）功能之间的关系是通过上位功能和下位功能的位置表现出来的。例如，图中的 F_1 相对于 F_0 是下位功能，F_0 是 F_1 的上位功能；而 F_1 相对于 F_{11} 是上位功能，F_{11} 是 F_1 的下位功能。

（2）全部功能划分为几个功能区域。如图 8-6 中划分为两个功能区域。

3. 功能整理的意义

（1）掌握必要功能。功能整理是要彻底找出分析对象的各功能的上位功能。对功能整理结果的分析会使必要功能更加明确，而且通过功能系统图可以明确地把功能的重要性表示出来，这样就能够帮助分析者更准确地掌握必要功能。

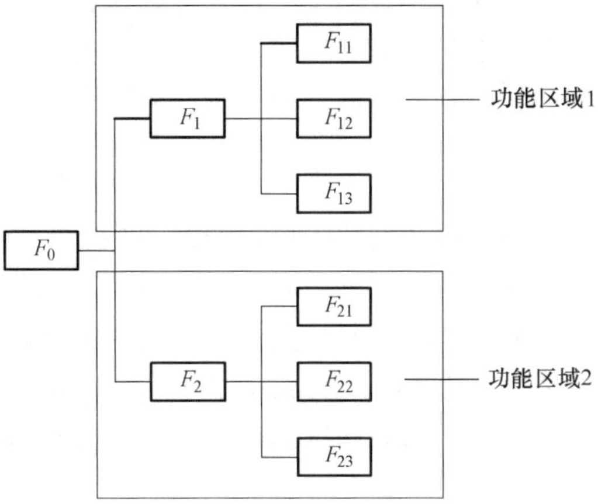

图 8-6　功能系统图

（2）把握住价值改善的功能领域。在研究产品的改善措施时，通常是抛开原产品的设计结构，以功能范围为对象的，这样才有希望大幅度提高产品的价值。而只有画出了功能系统图，才会明确改善其功能范围，不至于牵一发而动全身，造成不必要的人力、时间等方面的浪费。

（3）消除不必要功能。在功能整理的过程中，可能会出现没有上位功能的功能，那么这个功能就可以认为是不必要功能，应剔除掉。

（4）明确改善对象的等级。从功能系统图中可以看到，功能是逐级得以实现的。如果不进行功能整理，就不知道要改善的功能处于哪个位置。一般情况下，功能越靠近上位功能，改进后的价值提高幅度就越大。所以，功能整理还可以帮助人们选择靠近上位功能的功能作为价值改善的对象。

三、功能评价

功能评价是功能分析的重要步骤，是整个价值工程活动的中心环节。借助功能定义和功能整理，仅仅帮助人们搞清楚了功能系统及其范围，还不能确定改善应从何入手，而功能评价正是解决这一问题的。

所谓功能评价，就是评定功能的价值，即对功能分析所确定的功能领域进行数量比，并定量地评价功能价值，选出功能价值低、改善期望值大的功能作为价值工程活动的重点对象等工作过程。

其基本做法是：找出实现某一必要功能的最低成本（称作功能评价值），以功能评价值为基准，通过与实现这一功能的现实成本相比较，求出二者的比值（称作功能的价值）和二者的差值（称作节约期望值），然后选择价值低、改善期望值大的功能作为改善的重点对象。

在进行功能评价时，要比较功能与成本的大小，不仅成本要定量，而且功能也要定量。功能的定量表示即为功能评价值，所以价值的公式也可以改写为

$$价值=\frac{功能评价值}{成本} \tag{8-4}$$

在实际进行比较时，成本即某功能的现实成本，功能评价值应定义为实现必要功能的最低成本。

$$价值=\frac{实现必要功能的最低成本}{实现现行功能的现实成本} \tag{8-5}$$

在功能评价中，往往容易获得整个产品（或最终功能）的功能评价值。这样，要计算产品各个分功能的功能评价值，就必须根据功能的重要程度来确定，求出各功能的重要度系数，相应的成本也必须求出其系数，二者进行比较。由此可知，价值的公式也可以表达为

$$价值=\frac{功能评价系数}{现实成本系数} \tag{8-6}$$

上面所述的关于价值的四个公式，意义是完全相同的，所不同的是，式（8-2）纯粹是价值的概念，式（8-4）、式（8-5）、式（8-6）分别是式（8-2）的各种定量化的表现形式。

从价值公式和功能评价的概念中可以看出，若进行功能评价，必须求出三个量：功能评价值 F；功能的现实成本 C；功能的价值 V。

目前，功能评价的具体方法可分为两类：一类是功能评价系数法，另一类是功能成本法。

1. 功能评价系数法

所谓功能评价系数，是指某种功能在总功能中所占比重。它反映该功能在总功能中的重要程度。功能评价系数法（又称相对值法）是指根据功能的重要程度对功能进行计量的方法。一般说来，要使产品的构成部分均能发挥最大功能，就必须使各部分的强度、寿命大致相同，也就是要使各部分的价值大致相等。因此，功能评价应根据功能系数和成本系数的比值——价值系数来进行。这类方法的具体做法很多，如强制确定法、倍数确定法、0～4 评分法、最合适区域法、基点分析法等。以下主要介绍前几种方法：

（1）强制确定法。强制确定法（Forced Decision Method）又称 FD 法或 0～1 评分法。这种方法是先求出分析对象的功能评价系数和成本系数，然后将两个系数相比，求出价值系数，再根据价值系数进行分析。具体步骤如下：

1）求算功能系数。首先把分析对象的零部件或功能单元在表中排列好，然后按各自功能的重要程度做一一对比，重要一方打 1 分，次要一方打 0 分，自身相比不得分，全部打分完毕后，再用每个对象所得分之和除以全部对象所得分之和，得出该对象的功能评价系数，即功能系数。由于打分时采用的分数非 1 即 0，因此，此法也称 0～1 评分法。如果以 F_i 表示功能评价系数，以 f_i 表示单个对象功能得分之和，以 $\sum f_i$ 表示全部对象功能得分总和，则功能评价系数计算的基本公式为

$$F_i=\frac{f_i}{\sum f_i} \tag{8-7}$$

2）求算成本系数。价值工程的成本有两种：现实成本和目标成本。现实成本是指当时的实际成本；目标成本是指降低成本的奋斗目标，是实现必要功能的最低成本。目标成本可以根据图样和定额计算确定，也可以根据市场调查、科学预测或国内外先进水平来确定，还可以根据在调查研究基础上拟订的初步改进方案的最低成本来确定。现实成本与目标成本之差就是成本降低幅度。成本确定之后，用每个对象的单项成本除以全部分析对象的成本总和，即得到该零部件或功能单元的成本系数。

在计算功能成本时，功能的成本计算是以功能为对象计算每种功能的成本的。在产品构成中，一个零部件往往不止一种功能，而实现一种功能也不止一个零部件。因此，计算功能成本时，需把各零部件的成本转移到它们所承担的功能上去。计算时先查出各零部件的成本，然后根据每个零部件在实现功能过程中所起的作用，把零部件分配到功能

上去，将每个功能区域分摊到的成本加以汇总。把零部件成本转换为功能成本，一般凭经验进行。

设 C_i 表示成本系数，c_i 表示零部件的单项成本，$\sum c_i$ 表示各单项成本之和，则成本系数的计算公式为

$$C_i = \frac{c_i}{\sum c_i} \tag{8-8}$$

3）求算价值系数。价值系数就是功能系数与成本系数的比值。

设 V_i 表示价值系数，则

$$V_i = \frac{F_i}{C_i} \tag{8-9}$$

4）评价选择。价值系数的值可以概括为三种基本情况：V_i 等于 1（$V_i=1$）、大于 1（$V_i>1$）和小于 1（$V_i<1$）。根据功能与成本相匹配原理，在功能系数较为正确评定的条件下，针对上述三种情况可以做出如下解释：

若价值系数值等于 1（$V_i=1$），则说明分配在该单项（零部件或功能单元）上的成本比重比较合理；若大于 1（$V_i>1$），则说明分配在该单项上的成本比重偏低；若小于 1（$V_i<1$），则说明分配在该单项上的成本比重偏高。因此，小于 1 者可选为价值工程工作对象，并且，其数值越低，越应列为重点工作对象。同时，对大于 1 者也应注意研究，看是否存在过剩功能或功能不足的情况。

这种方法的优点是简便实用、易于掌握。对于机械设备等产品，其分析对象可以是零部件；对于工程项目或作业，其分析对象则可以是工程项目的部分或功能单元。总之，可以根据不同情况灵活掌握、灵活运用。但是，此方法还带有一定的局限性，主要是评分方法比较呆板，不容易反映功能差距甚大或甚小的零部件或功能单元之间的关系；价值系数的指示方向也不是十分精确。因此，在实际运用过程中，一是要根据不同对象灵活运用；二是可配合其他方法并用，以求获得最佳效果。

【例 8-1】 某企业生产的一种产品由六个零部件组成，其重要度从大到小的顺序为 A > E > B > D > C > F，其功能和成本资料如表 8-5 所示。试用一对一比较法确定零部件的功能评价系数，并以实际成本降低 20% 为目标成本，计算各零部件的价值系数和成本降低幅度（成本节约期望值）。

表 8-5 功能成本分析表 （单位：元）

零部件成本功能	A	B	C	D	E	F	功能成本
甲	20			10	15	5	50
乙		10	10	10			30
丙	10				10		20
零部件成本	30	10	10	20	25	5	100

解 按照强制确定法的基本原理，对各零部件进行一对一打分，并将打分结果和功能评价系数列在表 8-6 中，价值系数列在表 8-7 中。

表 8-6 一对一打分表

零部件名称	A	B	C	D	E	F	功能得分	功能评价系数
A		1	1	1	1	1	5	0.33
B	0		1	1	0	1	3	0.20
C	0	0		0	0	1	1	0.07
D	0	0	1		0	1	2	0.13
E	0	1	1	1		1	4	0.27
F	0	0	0	0	0		0	0
合计							15	1.00

表 8-7 成本系数和价值系数求算表

零部件名称	功能评价系数 F_i' (1)	现实成本 C_i（元）(2)	成本系数 C_i' (3) = (2)/100	价值系数 V_i' (4) = (1)/(3)	按功能评价系数分配目标成本（元）(5) = 80 × (1)	成本节约预期值（元）(6) = (2) − (5)
A	0.33	30	0.30	1.10	26.40	3.60
B	0.20	10	0.10	2.00	16.00	−6.00
C	0.07	10	0.10	0.70	5.60	4.40
D	0.13	20	0.20	0.65	10.40	9.60
E	0.27	25	0.25	1.08	21.60	3.40
F	0.00	5	0.05	0	0	5.00
合计	1.00	100	1.00		80.00	20.00

注：表中第（5）格中 80 元是目标成本。

（2）倍数确定法。倍数确定法又称 DARE 法，它是在强制确定法的基础上做了改进。具体做法是：先将分析对象的零部件或功能单元按任意顺序填入表中，再由上至下对相邻两个单项进行比较。假定 A 的功能重要性为 B 的 1.2 倍，B 的重要性为 C 的 1.5 倍等，所得数列称为暂定重要性系数。然后，再求算修正重要性系数，假定最后一个单项的重要性为 1，用它乘以上一个单项的暂定重要性系数，即得出上一个单项的修正重要性系数，以此类推。最后，用各项的修正重要性系数除以各单项修正重要性系数的总和，即得出各单项的功能系数，如表 8-8 所示。

表 8-8 倍数确定法求算表

零件名称	暂定重要性系数	修正重要性系数	功能系数
A	1.2	1.44	0.23
B	1.5	1.2	0.19
C	0.5	0.8	0.13
D	8	1.6	0.26
E	0.2	0.2	0.03
F		1	0.16
合计		6.24	1.00

求算出功能系数之后，再求算出成本系数和价值系数，继而进行评价选择。这种方法还可以用于方案评价，与强制确定法相比，其优点是打分灵活，对比次数少。

（3）0 ~4 评分法。0 ~4 评分法即在两个零部件相互比较打分时，不是简单地打 0 分或 1 分，而是根据各零部件在产品中的重要程度，打 0 分到 4 分，从而避免 0 ~1 评分法的绝对化。0 ~1 评分法的重要程度差别仅为 1 分，不能拉开档次。而 0 ~4 评分法弥补了这一不足，将分档扩大为 4 级，其评分矩阵仍同 0 ~1 评分法。档次划分如下：

A 比 B 重要得多：A 得 4 分，B 得 0 分。

A 比 B 重要：A 得 3 分，B 得 1 分。

A 与 B 同等重要：A 得 2 分，B 得 2 分。

A 不如 B 重要：A 得 1 分，B 得 3 分。

A 远不如 B 重要：A 得 0 分，B 得 4 分。

采用 0 ~4 评分法的优点在于可以更详细地分等；缺点在于对参加打分的人员要求较高，不易掌握。为了克服上述缺点，需要组织较多有经验的人员参加。从本质上来说，0 ~4 评分法是一种加权评分法。

2. 功能成本法

功能成本法又称绝对值法或功能评价值法。所谓功能评价值，是指实现功能的最低成本。这种方法就是把功能换算成实现这一功能的现实成本，或者说直接用实现这一功能所需的成本来表现功能，即用货币来表现某种功能，并寻求或测定实现这一功能的最低成本，即功能评价值（金额），进而计算出它们的价值系数和成本降低幅度，以确定 VE 活动的对象。最后，将计算出的结果进行比较，选择那些价值系数低、成本降低幅度大的功能领域作为 VE 活动的重点对象。基本步骤是：

（1）确定产品各要素的现实成本。

（2）将各要素的现实成本换算成相应的功能现实成本。具体方法可参照前述计算成本系数的方法。

（3）计算功能的最低成本，即确定功能评价值。其具体方法可采用经验估算法、最低成本法（又称实际调查法）等。这几种方法既常见又简单，且广为利用，这里不做评述。

（4）计算价值系数，进而进行评价选择。由于这种方法计算的价值系数一般都不会大于 1，因而当价值系数等于 1 时，说明现实成本已达到最低成本，可不必列为改进对象；价值系数小于 1 者均是改进对象，其中，成本降低幅度大者可列为重点改进对象。

第四节　方案的创造与评价

经功能分析确定了价值改善的对象之后，下一步工作就是要创造出新的方案来代替原有方案。

进行方案创造有两种形式：一种形式是新产品的设计，通常是从最终功能出发，一步一步地构想手段功能，创造出一个全新的设计方案；另一种形式是老产品改造，通常以功能系统图为依据，从某一功能范围入手，创造出一个老产品改造的方案。

方案创造与评价的步骤及内容如图 8-7 所示。从图中可以看出，这些步骤是交叉进行的。

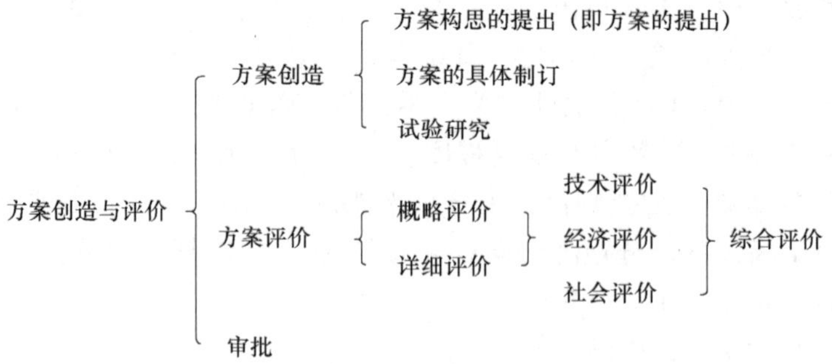

图 8-7　方案创造与评价的步骤及内容

首先从用户要求的功能出发，形成各种设计构想，然后通过集体讨论，并将讨论的结果汇集，创造出各种方案。由于最初提出的方案很多，因此首先要进行概略评价，粗选出有价值的几个方案，然后进行方案的详细评价。经过技术的、经济的、社会的和综合的详细评价，若可行，可从中选出一两个方案作为最终确定的方案付诸实施。若经试验研究后方案不可行，还应回到方案创造阶段，重新构思新的方案，然后继续概略评价阶段。如此可能要经过几个循环，方能获得较满意的方案。下面将详细介绍方案创造的步骤。

方案的创造是价值工程中的关键环节，若不能创造出好的改进方案或全新方案，前面所进行的功能分析将前功尽弃，价值工程的活动也不会收到好的效果。方案创造从必要功能的要求出发，提出设计构思，直到方案的实施。

一、方案的创造

1. 方案创造的原则

为了创造出好的方案，应遵循下列四项原则：

（1）解放思想，勇于创新。方案创造是一项开发性的工作，创造既是开拓又是发明，绝不是模仿，更不是简单重复。创造工作就是突破原来的框框，不是在原来基础上量的增添，而必须有质的飞跃。因此，在进行方案的创造时，必须提倡勇于思考、勇于创新的精神，最大限度地解放创造者的思想，使其创造出见解独到、别具一格的方案。

（2）言无不尽，力争多提方案。提出方案的数量决定了方案的质量。如果方案很少，选择的余地小，就很难选择出高质量的方案来。要想提出的方案多，必须坚持言无不尽的原则，无论是正面的建议还是反面的疑义，成熟的方案、不成熟的方案、不同角度的方案构思、不同观点的方案设想，均应受到欢迎，鼓励大家提出来，这样才能从中选出优秀的方案，并使方案得以补充完善。

（3）群策群力，充分发挥各种专业人才的特长。进行方案创造，不能靠少数几个人冥思苦想。因为个人的学识、经验及思考能力是有限的，而不同专业、不同岗位上的人员，其知识经验可以互相补充，多数人的思考也可以互相启发。因此，要创造出较为新颖、完善、有特点的方案，必须依靠集体的智慧和组织的力量。在进行方案创造时，要充分调动各方面人才的积极性和主动性，充分开发他们的智慧，充分发挥集体的智慧。

（4）以功能为核心，力争从功能出发来考虑问题。用户提出的产品功能要求，是进行方案创造的根本依据，因此必须围绕功能，发掘实现必要功能的一切不同方法、不同材料、不同技术，并遵循优先考虑上位功能的原则。

2. 方案创造的方法

所谓方案创造的方法，实质是开发人的创造力，有效运用人的创造力，使其处于有利于发挥状态的方法。

（1）头脑风暴法（Brain Storming，BS）。“头脑风暴”最早是精神病理学用语，指精神病患者的胡思乱想，如今用来形容参加会议的人思想自由奔放，创造性地思考问题。该方法由美国 BBDO 广告公司的奥斯本（Osborn）于 1941 年首次提出，他通过这种方法创造出了许多新的广告形式。

其方法是召开一个由 5 ~ 12 名有经验、有专长的人参加提案会，会前将讨论的内容通知大家。开会时，要求会议的气氛热烈、协调，环境优美，室温、光线适宜，并对到会人员做出如下规定：自由奔放地思考，勇于发言，发言次数越多越好；不允许对别人的设想进行评论、肯定、否定，更不允许批评；即使设想明显地脱离现实和常识，也要全部记录下来；到会的人不以官职相称，完全处于平等地位；不允许私下交谈，不允许提出集体看法、权威的看法。由于营造了良好气氛，大家开动脑筋、集思广益、互相启发，可以在较短时间内提出大量设想。

（2）戈登法（Gordon Method）。这种方法是美国人戈登（Gordon）最早提出的，也是通过会议形式请与会者提设想、提方案。但是，会议要研究什么问题，目的是什么，不事先告诉与会者，而是把问题适当地加以抽象，以便与会者开拓思路，不受具体问题的约束，然后提出具体的解决方案。关键在于会议主持者的引导和启发，在适当的时候提出具体问题。

（3）专家检查法。这种方法是由负责设计的工程师提出实现所需功能的办法，要求工程师做出设计，拟定工艺，然后请各方面的专家审查。审查的方式可以采用开会的方法，也可以采用函询的方式。采用这种方法时，应注意所选择的专家不宜过多，也不宜过少；从年龄上看，所请专家应尽量采取老、中、青结合的方式，从而既能汇集各年龄段专家的经验，又能解放思想。

（4）检查提问法。检查提问法是一种刺激方案构思的方法。在进行方案创造时，漫无边际、泛泛地想方案，往往提不出成形的具体构想，而如果围绕回答某一问题往往容易有好的思路。检查提问法正是通过提出问题的方式，引导人们对方案提出构思、设想。美国 BBDO 广告公司的奥斯本对检查提问提出了如下几个方面的问题：

1）就现在这样或稍加变化，还能有其他用途吗？

2）能不能借用其他方案？例如，有什么东西与此相似？过去有相似的东西吗？能模仿其他什么东西吗（不是同类产品）？

3）能否改变它的结构、颜色、运动、形状等，做出一些别出心裁的东西？

4）能不能扩大？例如，增加一些什么东西，如增加长度、增加强度、增加次数等。

5）能不能缩小？例如，把某些东西取消，如变小、压缩、减轻、分割等。

6）能不能代用？例如，以其他材料、其他元件、其他工艺、其他动力、其他方法和其他声音等代用。

7）能不能替换？例如，能否改变布置，能否改变顺序，因果互换等。

8）能不能颠倒？例如，正反颠倒、上下颠倒等。

9）能否组合？例如，部件组合、装配组合、方案组合等。

（5）特征列举法。这种方法多用于新产品的设计。具体做法是把设计对象的要求一一列举出来，针对这些要求逐个研究实现的手段。

（6）缺点列举法。这种方法同特征列举法相类似，多用于老产品的改进设计。具体做法是将要改进方案存在的缺点一一列举出来，然后针对这些缺点加以改进，为提高产品在市场上的竞争力创造条件。

在进行方案创造时，下列几点是值得借鉴的：

1）必须具有充分的功能意识。要想创造出有独创风格的好方案，而不是对原方案或他人方案的模仿，必须具有充分的功能意识，每一步都围绕用户所需要的功能考虑问题。

2）适当修改功能的表达形式。在进行方案创造的过程中，往往会碰到这样的情况，即想了许多办法仍然找不到适当的解决办法，想不出方案来，这时就应该回过头来，检查一下功能定义的表达是否有问题，分析之所以找不到方案是不是因为定义得不适当，或定义得太抽象而引起的。如果是这种情况，就应当对功能的定义进行适当修改。

3）适当降低功能的等级。在进行方案创造时，越靠近上位功能，其功能的定义就越抽象，功能越抽象，解决的方案也就越多，价值改善的期望也就越大。但是，对某个方案的具体构思，或是想出具体结构来实现这一功能却有些困难。因此，如果在方案创造中碰到具体结构的构思十分困难时，应停下来，考虑改善功能领域的选择是否合适，是否将功能等级降一级。然后再进行创造，看是否有明显效果。

3. 创造力的开发

（1）人的创造力是可以开发的。根据大脑研究专家的研究，人的头脑中的信息有两种：一种是有意识记忆的质量较高的信息，这种信息可以随时使用提取；另一种是无意识的信息，这种信息不是有意识和按照逻辑的输入，并不可以随时提取。它受情绪的影响，往往在意识不到的时候忽然出现在脑海中，而且这种信息比前一种信息的数量要多得多。创造正是依靠头脑中的这些信息，依靠人的经验和对知识的分解与组合能力。只有最大限度地唤起这些信息的记忆，才能最大限度地发挥人的创造力。例如，美国通用电气公司制订了训练人的创造力的计划。实践证明，工程技术人员在接受这种训练之后，创造力比接受训练前增加了至少三倍。

（2）创造力的培养和组织。创造力与智力有关，工程技术人员需要进行全面的智力训练。观察、记忆、思维、想象、操作等都是智力的构成要素，不可偏废。想象力与创造力的关系尤为紧密，而这正是工程技术人员容易忽视的。非智力因素对创造力有极为重要的影响，心理学家的大量试验表明，早期的智力水平对将来的成果不起决定作用。因此，任何智力正常的人，只要勤奋努力、坚韧不拔、方法得当，都可以有很好的创造力。创造力的发挥也与合理的组织、采用恰当的方法有关。创新方法的研究在国外已形成专门学问，如今创新方法已不下二三百种。价值工程创新的核心是激励智力、突破框框、引起联想。据日本统计，目前用得最多的是头脑风暴法。另外，类比法、检查提问法、缺点列举法等也都是较常用的方法。这些方法还可以与合理化建议结合起来使用。

（3）克服限制创造力的障碍。价值工程能否成功，其成果大小取决于创造力。从事价值工程工作的人员首先必须树立起创新观念，克服障碍。影响创造力的障碍主要来自心理、环境、理念等方面。

往往有这种现象：当有人对一种设计、一种工艺、一种方法提出问题、意见、改进设想时，人们会自然产生反驳、拒绝的反应，继而举出许多理由予以否定。这可能是由于人们对原有事物长时间接触，习以为常，或者是由于权威发表了意见，形成了一种框框，束缚了思想。价值工程提倡多提问题，多提设想，不轻易反驳和反对别人的新提法、新意见，而是从别人的意见中接受启发，引起联想，突破现有框框的束缚，不断进取。

此外，科技人员对自己呕心沥血设计的产品怀有很深的感情，舍不得改变，这也容易产生妨碍创造的感情障碍。创造有时也要经历痛苦的自我否定，有事业心的科技人员应当具备这种勇气。

不少人认为创造有一种神秘感，似乎只有发明家、科学家才能创造，这也是一种心理障碍。其实，任何智力正常的人都可以有所创造。价值工程所说的创造并不仅指重大发明，还包括所有突破现有框框的革新、改进。对产品设计的重大改革是企业生产新产品、提高价值的重要源泉所在，企业需要有远见、有计划地组织研究。这类创造性工作往往要花较长的时间、较大的精力和一定的经费。采用先进的、比较成熟的技术对现有设计进行改革，见效快、效益大，改进创新的大量工作都体现在这些方面，也能使技术人员大有用武之地。至于小改革，随时可搞，全体员工都能参加，花钱不多，但往往效果明显。

环境可以成为促进创造的有利因素，也可以变为抑制创造的不利条件。企业的领导者、价值工程的倡导者和组织者应当尽力排除环境上的障碍，鼓励改革和创新，不仅要奖励成功，也要允许失败，使人们能在宽松的气氛中解放思想。

创造性思维是一种发散性思维，其答案不是唯一的。现有的设计、加工方法等本来也是人们创造出来的，是否存在更好的方式有待探索。况且，由于技术在不断进步，为创新、改进提供了更多途径。创新是无止境的，人们应富于联想、善于联想、激发灵感。联想是灵感的领导，是创造力开发的诱因。飞机的发明者能首先想到让飞机有翅膀，一定是观察了世界上凡不借助外力和其他载体而能离开地面（飞行）行走的，都一定有翅膀；蛙泳的名称是发明者“向青蛙学习游泳”后命名的；“形意拳”多是模仿自然界某动物的特别动作而演化来的，如鹰爪拳就是学习老鹰高速俯冲使猎物防不胜防的招式；秦少游在苏东坡将石头投向水缸时产生“画面”的启发下，灵感被瞬间激发出来，对出了苏小妹“双手推开窗前月”的下联“一石击破水中天”，成了千古佳句。

创造力的开发要摒弃一切传统的束缚，不能让过时的、必须淘汰的观念、概念和理念束缚思想。例如，想人之所不敢想，才能为人之所不能为；永远没有最好的方案，但永远有更好的方案；想都不敢想的人，谈何去做。只有变换才是永恒的。创造力的开发提倡双向思维，要学会和培养换一个视角去看、去思考问题。长跑比赛要看谁最快，但是，自行车比赛就有比慢的项目；商品都竞相降价时，涨价和限购反而容易增加销售量；一个公司老板在从两个接班人中选择一个时，由于各有千秋而很为难，在最后决定取舍时出的题目却是“看谁能使自己的马最后到达终点”。创造力的开发同时还应具有积极心态。积极心态与消极心态只有很小的差别，但结果却是成功与失败的天壤之别。创造力开发首先需要开动自己全身的各个“零部件”，在创造激情中诱发灵感，在灵感产生时捕捉并积极推动联想，使之形成创意。

4. 分析对象的改进和创新

价值工程的工作过程就是“推倒—创造—再实现”的过程。所谓“推倒”，是否定现有的实现功能的手段；“创造”是寻找实现功能的新手段；“再实现”不是简单重复，而是通过创造和提高使功能重新实现。例如，从机械钟表到电子钟表的创新，就是对机械结构这一手段的推倒，创造电子结构新手段，重新实现“指示时间”这一功能的，如图 8-8 所示。

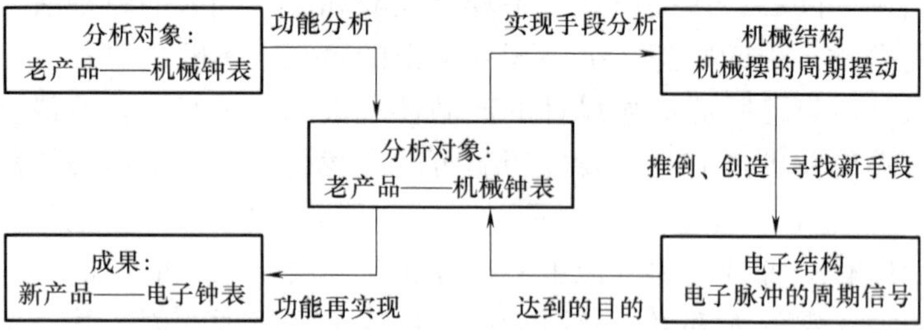

图 8-8　“推倒—创造—再实现”过程

价值工程的完整程序比较复杂，但其主要内容都体现在以上过程中。从功能分析进入到创新就是从发现问题过渡到解决问题。发现问题，即为创新准备条件的功能分析三阶段（功能定义、功能整理、功能评价），具有相对独立性，从其中的任一阶段开始进入到创新都是可行的。当然，由于功能分析的深度不同，掌握的信息量不同，改进、创新的结果会有差别。但是，在初次开展这项工作、缺乏经验和专家指导的情况下，为简化步骤、便于施行，也不必拘泥于价值工程的完整程序，同时，对于某些简单的分析对象，也不必做复杂的分析。

下面分别讨论如何从功能分析的不同阶段着手改进创新的问题。

（1）通过功能定义，着手改进创新。功能定义已经概括、抽象出了分析对象的功能，从而提供了创新的条件。从功能定义着手，进行改进创新，是针对某一功能的，其对象可以是整个产品，也可以是某些零部件，是价值工程最简化的程序。为便于进行，可采用提问方式，所列的问题要通俗，容易被人们理解。提问的多少和细化程度可根据具体情况确定。用提问的方法明确问题，引起思考，可以使价值工程程序通俗化，易于人们掌握、应用，对于价值工程的普及很有意义。

（2）通过功能的定义和整理，着手进行创新。经过功能定义和功能整理，不仅弄清了分析对象的个别功能，而且对功能系统有了清楚的了解，这时的改进创新就能以系统图为基础进行。功能系统图与零部件实体应有对应性。当功能与实体不能对应时，有以下几种可能：

1）功能系统图画得不正确或零部件功能定义得不恰当。此时应重新修正功能定义和功能系统图。

2）原产品的功能不够安全。其表现是，系统图上的功能没有相应的零部件实体来实现。此时应完善手段，达到所需要的功能要求。

3）存在不必要功能。其表现是，零件实体在系统图上找不到相应的位置。可用以下方法检查出不必要功能：

① 在功能系统图的末位功能上注出对应的零件名称或代号。当功能系统图上找不到某一零件时，就应研究该零件是否属于多余。

② 分别研究功能与对应的实体，看是否存在重复或过剩功能。

不必要功能一般能与必要功能分离，从而可保留必要功能，去掉不必要功能。但有些不必要功能难以与必要功能分离，如果去掉了不必要功能，必要功能也不复存在。例如，白炽灯的主要功能是发光，而发光却与发热这一不必要功能共存。要解决这一类不必要功能，一般需要根本改变设计原理，创造出全新的产品来。例如，日光灯发热很少，与白炽灯相比，电能得到了更有效的利用。

（3）按功能评价结果，有重点地进行改进创新。功能评价完成后，功能系统分析就有了最后结果。分析这些结果，可以抓住薄弱环节，有目的、有重点地改进创新。这就是按价值工程的完整程序进行功能评价，得出价值 V。V 值范围有三种可能：$V=1$，$V>1$，$V<1$，对这三种情况要区别对待。

1）$V=1$，表明功能和成本匹配得很好，是一种理想状况，对此可以不重点研究改进。但这种情况极为少见。

2）$V>1$，即功能大于成本。从原理上讲，这是不可能的，但在功能评价中确有这种现象。它可能由以下原因引起：

① 目标成本定得过高，致使与实际成本相近。

② 对某些功能的重要度系数估计偏高，使功能值过高。

以上两种情况均可不进行重点研究改进。

③ 用户对功能有更高的要求，从而在分配功能重要度系数时加大了比重。在这种情况下，需要改进、完善手段，这会导致成本上升，V 值下降。

3）$V<1$，表明实现功能所费的成本过高，或功能过低，需要提高功能或降低成本。这是改进创新的重点。从价值公式 $V=\frac{F}{C}$ 出发，提高价值 V 有以下途径：功能不变，成本降低；功能提高，成本不变；功能大大提高，成本略有提高；功能略有下降，成本大大下降；功能提高，成本下降。

在实践中，这几种途径都可运用，但要结合具体情况灵活掌握。

尽管在功能系统图上的任何一级改进都可以达到提高价值的目的，但是改进的多少、取得效果的大小却是不同的。越接近功能系统图的末端，改进的余地越小，越只能做结构上的小改革；相反，越接近零级功能，改进就可以越大，越有可能做原理上的改变，从而带来显著效益。

对一个产品来说，从设计上改进比从加工上改进的效果更明显。因此，设计人员不仅要在技术上精益求精，同时应该树立经济观念，做到技术和经济的统一。

二、方案的初步评价与具体化

1. 方案的初步评价

在进行方案创造时，提出的方案很多，但不能对所有的方案都进行具体化，因为这样既没有必要，又浪费人力、财力和时间。因此，在进行方案的具体化之前，首先应从大量的方案中筛选出一部分好的方案来。为了有效地进行筛选，通常在初步评价前对方案进行整理、分类。整理工作可大致分为如下几项：

（1）将构思相同的方案归纳在一起。有些方案从表面上看有些差别，其内容却完全相同。这样，一类方案可作为一个方案拿出来评价，节省时间，提高价值工程活动的效率。

（2）将抽象的或含糊的方案明确化。有些方案虽然提出来了，但较抽象，不能使人一看就懂。这时应将其具体化。有些方案本身的内容比较含糊，这时也应研究此方案到底说明了什么问题，明确其内容，最好以图形的形式表示出来，便于选择评价。

（3）表面上离题太远的方案，应分析它的本质，看有无合理的地方。不要因对问题不清楚而在粗选时将其舍去，因为往往有突破的重要方案正是人们觉得离题太远的方案。

（4）各种方案构想如果能进行组合则尽量组合。这样既节省评价时间，又能完善方案，有助于最终获得价值高的方案。

进行方案的初步评价，要以现有的产品或现有的工程项目为评价的基准，比较新方案与老方案在技术上实现功能的可能性如何；经济上与现在的成本比，情况如何；从其社会性看，有无严重污染、噪声或违反国家某些政策的地方。通过比较、分析，最后选出两三个方案作为粗选出的方案，以备具体化，如表 8-9 所示。

表 8-9　初步评价一览表

序号	方案	初步评价内容				方案可行性	方案采用性
		技术	经济	社会	综合		
1 2 3 ⋮ n	A B C ⋮	√ √ √ ⋮	√ ? × ⋮	√ ? × ⋮	√ √ × ⋮	√ ? × ⋮	√ ? × ⋮

2. 方案的具体化及试验研究

经过初步评价之后，可能性不大、价值较低的方案会被舍掉，对剩下的几个较好方案即可进行具体化分析。方案的具体化内容大致包括：各组成部分的具体结构和零件设计、选用的材料和外购配套件；加工和装备方法；工艺装配；检验方法；运输、库存方式等。

对于方案中具体采用的新结构、新材料、新工艺应进行试验，看其功能的实现程度如何。如果发现存在问题，或方案实现有困难，那么应设法修正或修改方案。

三、方案的详细评价与提案审核

方案的详细评价主要考虑技术、经济、社会等方面。

1. 技术评价

方案的技术评价以用户所需要的功能为依据，看其对必要功能实现的程度。一般应从以下几个方面进行评定：①必要功能的实现程度（包括性能、质量、寿命）；②产品的可靠性；③产品的维修性；④产品的安全性；⑤产品的操作性；⑥产品整个系统的协调；⑦产品本身与周围环境、条件的协调；⑧产品的外观；⑨产品本身的加工性、装配性、搬运性；⑩产品中采用某些技术对现存问题的解决程度。

进行技术评价常采用的方法有以下几种：

（1）优缺点列举法。这种方法既简单又行之有效。它是根据用户的要求，针对产品的各个方面一一列举优缺点，通过各产品所具备的优缺点来判断方案的优劣，再从中选择出最优方案。

（2）加权评分法。这种方法是将定性分析转为定量分析的一种较好的方法。它的做法是对产品的各技术因素评分，并规定各因素的重要程度（称为权数），最后根据权数和评分得出加权后的评分数，分数高者为优。具体步骤如下：

1）定出评价要素。这里的评价要素是指决定某方案优劣的主要因素。以产品为例，可选择可靠性、成本和外观等作为评价要素。

2）定出评价要素的比重或重要程度的次序（统称为权数）。例如，可靠性比重为60%，第一重要；成本比重为30%，第二重要；外观比重为10%，第三重要。重要次序的权数可分别选为3、2、1。

3）列出评价表。评价表的形式如表8-10所示。

表8-10　评价表

评价要素	比重		满足程度（10分制）（分）			方案评价值（分）					
	W（%）	K	A_1	A_2	A_3	W_{A_1}	K_{A_1}	W_{A_2}	K_{A_2}	W_{A_3}	K_{A_3}
可靠性	60	3	8	7	6	4.8	24	4.2	21	3.6	18
成本	30	2	6	5	5	1.8	12	1.5	10	1.5	10
外观	10	1	1	4	8	0.1	1	0.4	4	0.8	8
合计	100		15	16	19	6.7	37	6.1	35	5.9	36

表中的A_1、A_2、A_3为可行方案，各方案在三项评价要素上的得分如表8-10所示。各方案按比重加权平均分数分别为6.7分、6.1分和5.9分；按重要次序加权平均分数分别为37分、35分、36分。最后，以方案评价要素的加权平均分数（加权评价值）来确定方案的优劣，评价总值越高，方案越优。显然，本例中应首选A_1方案。另外，这里的成本是指生命周期成本，由生产成本和使用成本构成，如果有必要，各方案的生命周期成本要分别计算、比较，再决定采用哪一个方案。这里权数的选择尤为重要，它直接影响评价的结论，具体情况要具体分析。

【例8-2】 某机械产品的设计有四个方案，现根据这四个方案对功能的满足程度分别对各技术因素打分，其结果如表8-11所示。

表8-11　功能评分法

方案	各项技术因素得分（分）							选择
	可靠性	工艺性	安全性	重量	操作性	维修性	合计	
A	2	9	3	10	10	10	44	×
B	7	7	5	7	8	4	38	×
C	6	10	9	9	9	8	51	采纳
D	5	10	4	9	10	7	45	保留

上述情况是将产品的工艺性、可靠性等技术因素的重要程度同等看待，而实际中，有些性能是十分重要的，有些则不那么重要。为此，对上述六个性能应规定其重要程度（权数），即六个因素的总重要程度为100%时，将各因素所占的重要度进行加权后，其评价结果如表8-12所示。

表 8-12　功能加权评分表

方　　案	各项技术因素得分/分							选　　择
	可靠性（45%）	工艺性（10%）	安全性（15%）	重量（8%）	操作性（12%）	维修性（10%）	合计（100%）	
A	0.90	0.90	0.45	0.80	1.2	1.00	5.25	×
B	3.15	0.70	0.75	0.56	0.96	0.40	6.52	保留
C	2.70	1.00	1.35	0.72	1.08	0.80	7.65	采纳
D	2.25	1.00	0.60	0.72	1.20	0.70	6.47	×

2. 经济评价

一个方案的好坏不仅在于它的技术方面，而且在于它的经济性如何。因此，必须对一个方案的经济性进行评价。反映一个产品或项目的经济性有如下几个指标：

（1）成本。它包括生产某产品的料、工、费三个方面。比较两个方案时，可用两个方案的年成本，也可以用总成本。用年成本比较，称为年成本法；用总成本比较，称为总成本法。

（2）项目或产品的一次性投资。一个产品或项目要实施，均需支付投资。同样质量、同样功能的两个方案，当然投资少者为佳。故可以用投资额大小来确定方案的好与坏。

（3）追加投资效果系数和追加投资回收期。

（4）产品或项目的利润。利润是一个综合指标，能综合地反映出一个方案的经济效益如何。因此，也可以用它来比较两个方案的优劣，获得利润多的方案为优。

3. 社会评价

社会评价是指除考虑方案的技术性、经济性外，还要从企业、用户及国家三方面利益出发评价方案的好坏。通常考虑的因素有国家和政府机关的有关政策、法令；有无严重的污染、噪声；是否破坏生态平衡等问题。进行社会评价时，不仅要有价值工程活动小组的人参加，通常还采用专访调查，请有关部门的人员与有关群众座谈等方法进行。

4. 综合评价

前面讲的评价均是从方案的某一侧面进行分析评价，而一个方案的好坏并不完全取决于某一方面，因此，必须对方案进行综合评价，最后决定取舍。综合评价不仅包括对技术、经济、社会方面的评价，而且包括对市场、原材料来源、能源、劳动力资源、科技发展情况等各方面的分析。

具体方法可采用连乘评分法、差异评价法、优缺点列举法、加权评分法、连加评分法、理想系数法等。下面简单介绍连乘评分法。

连乘评分法是对方案的各个方面规定各自的评分标准，然后从这几个方面对方案打分，最后将各方案的分数相乘，分数最高的方案为优。表 8-13 是应用连乘评分法进行方案综合评分的实例。根据表中的评定，A 方案的得分最高，因此取 A 方案。连加评分法同连乘法十分类似，所不同的是最后的综合分数是连加得出的结果。

表 8-13　产品连乘评分表　（单位：分）

内　　容	评分等级	评分标准	方　　案			
			A	B	C	D
产品功能	功能好	3	3			
	功能稍次	2		2		2
	功能再次	1			1	

（续）

内　容	评分等级	评分标准	方　案			
			A	B	C	D
产品销路	销量大、地区广	3	3			
	销路中等	2		2	2	
	销路很小	1				1
预计盈利	30%以上	4		4		
	20%以上	3	3			
	10%以上	2				2
	5%以上	1			1	
合计			27	16	2	4

四、价值工程方案的实施及成果评价

1. 价值工程方案的实施

通过综合评价选出的方案，一经送达决策部门审核批准后便可组织实施。为了确保方案的顺利实施，主要应从以下四个方面加以落实：

（1）组织落实，即建立和完善相应的管理体系，在实施方案时明确制定质量、成本、进度等指标及相应的保障措施，并将其落实到具体的部门和有关个人手中，同时妥善协调各部门与各工作环节的关系。

（2）经费落实，即落实实施方案所需的经费来源及经费使用安排。

（3）物质落实，即落实实施方案所需的物资供应、技术力量和技术装备等。

（4）时间落实，即妥善安排实施方案的起止时间和各阶段所需的时间。

在方案实施的过程中，价值工程小组成员要深入实际，密切跟踪，检查方案实施的全过程，及时发现问题，找出原因，并采取有效措施加以解决。

2. 价值工程的成果评价

方案实施后，要进行总结评价和验收。所谓价值工程的成果评价，即将改进方案的各项技术经济指标与原设计中各项技术经济指标进行对比衡量，以考察方案所取得的综合效益，并对本次价值工程活动的可取之处和不足之处进行全面分析、总结和评价。成果评价与方案评价是有区别的。方案评价是采用改进方案的预计效益与原设计进行比较，而成果评价则是采用改进方案的实际效益与原设计进行比较。成果评价通常包括以下三方面的内容：

（1）企业的技术效果评价。企业的技术效果评价主要是通过计算产品功能水平的提高率来衡量。根据改进后有显著变化的技术性能指标的多少，将其分为两种类型：

1）简单技术效果评价。简单技术效果是指仅有一种主要技术性能指标发生了显著的变化。其功能水平提高率的计算较为简单，可以通过直接比较改进前后主要技术性能指标的数值来评价。

$$\begin{aligned}\text{产品功能水平提高率} &= \text{主要功能参数变化率}\\ &= \frac{|\text{主要功能参数改后值} - \text{主要功能参数原值}|}{\text{主要功能参数原值}} \times 100\%\end{aligned} \tag{8-10}$$

2）复合技术效果评价。复合技术效果评价是指有两个或两个以上主要技术性能指标发生了显著的变化。在这种情况下，产品功能水平提高率的计算较为复杂。首先，计算出每一种技术性能的功能水平提高率，方法同简单型；其次，以每种技术性能的重要性系数为权重，计算所有技术性能的功能水平提高率的加权和，这个加权和就是整个产品的功能水平提高率。

（2）企业经济效益评价。企业可以根据需要计算方案实施后的劳动生产率、材料消耗、能源消耗、资金利用、设备利用、产量品种发展、利润及市场占有率等指标，并与方案实施前加以比较。此外，还可以通过如下经济效益指标进行比较：

1）全年净节约额

全年净节约额 =（改进前的单位成本 − 改进后的单位成本）× 年产量 − 价值工程活动费用的年度分摊额

2）节约百分比

$$\text{节约百分比} = \frac{\text{改进前的成本} - \text{改进后的成本}}{\text{改进前的成本}} \times 100\% \tag{8-11}$$

3）节约倍数

$$\text{节约倍数} = \frac{\text{全年净节约额}}{\text{价值工程活动经费}} \times 100\% \tag{8-12}$$

4）价值工程活动单位时间节约数

$$\text{价值工程活动单位时间节约数} = \frac{\text{全年净节约额}}{\text{价值工程活动延续时间}} \tag{8-13}$$

5）价值工程活动投资效率

$$\text{价值工程活动投资效率} = \frac{\text{净节约额}}{\text{价值工程活动经费}} \tag{8-14}$$

（3）方案实施的社会效果评价。方案实施的社会效果评价包括：是否满足国民经济发展或国防建设的需要；是否影响国家和社会协调发展；是否填补了国内外科学技术或产品品种的空白；是否节约了稀缺资源；是否降低了能源消耗；是否对人们的心理或意识形态有所影响；是否对环境造成污染，等等。但是，在实际中，多数社会效果评价指标较难准确地进行定量分析，通常只能做大略估计。

（4）价值工程的工作质量评价。对价值工程事先预测的效果和实际取得的效果进行对比分析和评价，求出误差百分比，并对误差较大的项目找出原因，从而加以完善。主要评价内容包括：实际功能与预测功能改善之间的比较；实际成本降低和预测成本降低之间的比较；实际总投资额与预测总投资额之间的比较；实际净节约额与预测净节约额之间的比较，等等。

通过价值工程的成果评价，若发现产品的技术经济指标有了很大程度的改善，企业的技术效益、经济效果和社会效果等成果显著，则将对未来价值工程的应用产生巨大的鼓舞和推动作用，有利于下一次价值工程活动的顺利开展；若存在诸多不足，那么通过分析总结，找出原因所在，吸取教训，对今后有效指导价值工程活动的各项活动也具有现实的意义。

第五节　价值工程应用案例

一、产品状况简介

RX21 型被漆线绕电阻器（以下简称电阻器）是某电器厂的主要产品。这种产品的市场需要量大，该厂有大量生产任务。经过向用户调查，产品的性能能够较好地满足用户的要求，不需要再提高其功能。因而要提高产品的价值，必须降低产品的成本。该厂运用价值分析方法对产品成本进行了分析，从而降低了成本，提高了企业的经济效益。

二、选择价值分析对象

这种产品由四种零件组成，各零件名称及其现实成本如表 8-14 所示。根据产品的现实成本构成，采用 0 ~ 1 评分法选择价值。

表 8-14 各零件的名称及其现实成本

零件名称	电阻丝	瓷体	引帽	保护漆	包装盒	得分合计（分）	功能评价系数
电阻丝		1	1	1	1	4	0.36
瓷体	0		1	1	1	3	0.27
引帽	0	1		1	1	3	0.27
保护漆	0	0	0		1	1	0.1
包装盒	0	0	0	0		0	0
合计						11	1.00

1. 计算成本系数

根据表 8-14 所列各零件的现实成本，分别求出各零件的成本系数，列于表 8-15 第 5 列。

2. 计算各零件的价值系数

用各零件的功能评价系数除以成本系数，求出各零件的价值系数，列于表 8-15 第 6 列。其中价值系数小于 1 的有两个零件，即瓷体和引帽，这两种零件即为价值分析的重点对象。通过调查研究，参考类似产品的现实成本，经专家研究，确定此产品的单件目标成本为 0.25 元。

3. 计算各零件的目标成本和应降低成本额

根据功能评价系数求出每种零件的目标成本和应降低成本额，分别将结果列于表 8-15 第 7 列和第 8 列。通过功能评价，确定引帽和瓷体的成本降低额。

表 8-15 电阻器功能评价表

序号	主要零件名称	功能评价系数	现实成本（元）	成本系数	价值系数	按功能评价系数分配目标成本（元）	应降低成本额（元）
		①	②	③ = ②/0.276	④ = ①/③	⑤ = 0.25 × ①	⑥ = ② - ⑤
1	电阻丝	0.36	0.06	0.22	1.64	0.09	-0.03
2	瓷体	0.27	0.10	0.36	0.75	0.0675	0.0325
3	引帽	0.27	0.102	0.37	0.73	0.0675	0.0345
4	保护漆	0.1	0.008	0.03	3.33	0.025	-0.017
5	包装盒	0	0.006	0.02		0	0.006
合计		1.0	0.276	1.00		0.25	0.026

三、制订改进方案

（1）经过分析，认为引帽价值低的主要原因是所用材料有过剩功能，故应消除不必要功能，以降低成本。工厂经过十几次试验证明，可以用便宜的铁帽代替贵重的镍帽。

（2）购买满足技术条件要求的便宜瓷体。

（3）改进包装，对大量订货采用大包装。

（4）加强企业管理，修改劳动定额，提高劳动生产率。

（5）将高温烘干有机硅漆改为低温固化有机硅漆。

四、实施改进方案

在改进方案付诸实施这一阶段，主要有以下几项活动：

1. 编制价值工程提案表

电阻器价值工程提案表的形式如表 8-16 所示。其中，进行价值工程活动成果总评价，需计算下述指标：

全年净节约额 =（②－③）×⑥－⑧

对象产品成本降低率 =（②－③）/② ×100%

投资倍数 = ⑨/⑧

VE 活动单位时间节约额 = ⑨/⑩

达到 VE 目标的比率 =（②－③）/（②－⑦）×100%

计算结果如表 8-16 所示。

表 8-16　价值工程提案表　　提案表编号：

序号	项　目	单位	数额	序号	项　目	单位	数额
①	对象产品零件总数	个	4	⑧	VE 活动经费	元	4000
②	对象产品现实成本	元	0. 386	⑨	全年净节约额	万元	4
③	改进方案成本	元	0. 342	⑩	VE 活动延续时间	天	50
④	单位产品节约额	元	0. 044	⑪	目标成本节约额	元	0. 136
⑤	对象产品成本降低率	%	11. 4	⑫	VE 活动单位时间节约额	元/天	800
⑥	全年产出量	万只	100	⑬	达到 VE 目标的比率	%	32. 4
⑦	单位目标成本	元	0. 25	⑭	投资倍数	倍	10

2. 提案的实施效果

上列改进方案已实施了主要两项：用铁帽代替镍帽，每个产品可降低成本 0. 014 元；购买价格便宜的瓷体，每个可降低 0. 03 元。每个产品的材料费用由原来的 0. 276 元下降为 0. 232 元，该厂这种电阻器的年产量在 100 万只以上，材料费的节约额可达 4 万余元。以后逐步采用改进包装、加强企业管理和改用低温固化有机硅漆等措施，成本将会进一步降低，从而给企业带来更大的经济效益。

习　　题

1. 什么是价值工程？为什么它是国际上公认的最有效的现代化管理方法之一？
2. 价值工程的活动程序是什么？
3. 什么是生命周期和生命周期成本？

4. 什么是功能定义？如何进行功能定义？

5. 什么是功能整理？

6. 方案的创造有哪些方法？如何进行方案评价？

7. 价值工程的成果评价包括哪些方面的内容？

8. 螺口白炽灯泡由下列零件（包括工艺结构和工艺步骤）组成：①玻璃泡（包括抽真空、注入惰性气体等工艺步骤）；②灯丝；③细金属丝；④粗金属丝；⑤玻璃柱；⑥灯头。请给出零件（包括工艺步骤）的功能定义，画出功能系统图，并在末位功能上注明其对应的零件号。

9. 某产品共有 A，B，…，H 八个功能，其功能的重要程度顺序为：D，A，B，H，C，F，E，G。产品目标成本为 4050 元，试用强制确定法（0～1 评分法）确定其功能重要度评价系数，并求出功能评价值。

10. 上题中，若已知产品各功能的现实成本及产品总成本如表 8-17 所示，求其价值系数及成本节约期望值。

表 8-17　各功能的现实成本及产品总成本　　（单位：元）

A	B	C	D	E	F	G	H	合计（总成本）
1818	3000	285	284	612	407	82	720	7208

11. 某产品共由 10 个零件组成，对这些零件的功能重要性进行一对一比较后确定的各零件的功能重要度评价系数及各零件的现实成本如表 8-18 所示。

表 8-18　各零件功能重要度评价系数及现实成本　　（单位：元）

零件	A	B	C	D	E	F	G	H	I	J	合计
功能评价系数	0. 188	0. 146	0. 104	0. 125	0. 167	0. 104	0. 063	0. 083	0	0. 021	1. 00
现实成本	54	39. 5	20	25	24. 8	22. 3	12	11. 4	5	10	224

要求：

（1）计算各零件的价值系数。

（2）以产品实际成本降低 15% 为目标成本，计算各零件基于功能系数的成本降低幅度（成本节约期望值）。

第九章

先进制造项目技术经济评价

第一节　先进制造项目技术经济评价的内容与特点

一、先进制造项目技术经济评价的定义

先进制造项目技术经济评价就是对先进制造项目技术方案的经济效益进行计算、分析和评价，从而选择出技术上先进可行、经济上合理有效的最优方案。先进制造项目技术经济评价不是研究技术本身，而是从经济的角度来研究技术问题，也就是根据先进制造项目技术经济效果的大小来决定该技术的取舍。

二、先进制造项目技术经济评价的内容

先进制造项目技术经济评价的内容包括经济效益评价与技术经济评价。经济效益评价包括财务评价（也称财务分析）和国民经济评价（也称经济分析）。财务评价是在国家现行财税制度和价格体系的前提下，从项目的角度出发，计算项目范围内的财务效益和费用，分析项目的盈利能力和清偿能力，评价项目在财务上的可行性。国民经济评价是在合理配置社会资源的前提下，从国家整体利益的角度出发，计算项目对国民经济的贡献，分析项目的经济效率、效果和对社会的影响，评价项目在宏观经济上的合理性。

技术经济评价过程是研究生产技术经济效益的科学方法，就是对各种生产建设方案进行技术上和经济上的综合研究。它主要包括以下几点：①通过对技术方案的分析和比较，正确地选择和确定最优方案；②计算技术方案可能获得的经济效益，并为其实现提出必要的措施；③为提高整体项目的经济效益，对技术进行创新与发展。

三、先进制造项目技术经济评价的原理

先进制造项目技术经济评价原理的核心和实质就是对于先进制造项目提供一整套科学的论证、评审分析与评价的方法。一般将项目可行性研究、设计、评价中的经济分析论证称为经济评价。技术经济评价过程是项目孕育诞生的过程，通常为实现同一目标有许多技术方案可供选择，如建设规模、产品方案、厂区厂址、工艺技术、装备水平、组织管理以至项目的总体设计，都有几个可能的方案，如何取舍，这就需要通过技术经济论证和经济评价来选择与推荐最优的投资方案。

由各个推荐方案组合构成的项目总体设计，其各个部分是否协调，是否存在功能过剩或瓶颈，最后效益是否达到预期目标，这些综合设计研究成果，也只有通过经济评价才能得以反映。

为使有限资源得到最佳利用，在项目研究和设计中，总是要想方设法去应用新技术进行创新，项目设计的成果，往往表现有许多方面的优点和特点，诸如技术上先进可行、操作安全可靠、布局和结构上合理、外形美观，能确保目标实现等。

先进制造项目的技术经济评价其实是对项目经济性的设计，即通过经济评价，以达到最佳利用资源和盈利为目的，既要获得高价值的产品，又要降低成本；既要消除技术设计的过剩功能，又要消除不必要的费用开支，使项目的各项技术经济指标更优。所以，经济评价总是伴随着技术的应用和设计创新而进行，并得以发展，否则经济评价就没有实际意义了。经济评价的实质，就是如何以获得最大效益的方式使有限的资源分配于各种不同用途中，以一种既方便又易于为人所理解的方式对各种选择做出比较。也就是对项目的费用和效益进行估价，然后把它们以一个共同的尺度来度量，进行比较，效益大、费用低的方案取之，否则弃去。在市场经济条件下，项目的经济评价是项目可行性研究的有机组成部分和重要内容，贯穿于项目可行性研究的全过程，是项目投资前研究的核心，只有在经济、财务上可行的方案才有可能进行投资决策。

四、先进制造项目技术经济评价的内容综述

根据我国投资项目的立项和决策程序，一个项目在项目成立到建成投产运营的过程中，大的评估一般有三次，即项目建议书的评估、可行性研究报告的评估和项目建成投产运营后的总结评估。这三项评估又分别称为立项评估、决策评估和后评估。目前在实际工作中，重大投资项目都要进行前两项评估，一般项目主要进行可行性研究报告的评估，个别重大项目在投产后也进行总结评估。投资项目的评估涉及诸多方面的技术经济工作，需组织专家和专业人员，广泛开展调查和收集资料工作，进行评估分析，汇集主要评估论点，召集有关专家学者和管理人员参加科学论证会，最后提出评估报告。可行性研究报告的评估一般包括以下主要内容：

（1）建设必要性和市场供求分析的评估。分析投资项目未来产品的市场供求，预测、确定产品在未来一定时期内的需求量，产品的总供应能力，包括正在建设和准备建设的生产能力，分析是否有必要进行新项目的投资；分析投资项目的产品，特别是新产品在市场上的竞争力；分析拟定的生产规模是否合适；分析投资项目对国民经济和社会发展的作用。

（2）生产建设条件的评估。评估的内容包括：对资源条件的分析；对原材料、能源等投入物料供应条件的分析；对交通运输条件的分析；工程地质、水文地质条件是否适合投资项目的建设；对环境保护条件的分析。

（3）建厂方案和技术评估。①厂地选择分析：项目地区布局、建设地点和具体建厂地址的选择是否合适。②设计方案评估：分析项目的构成范围和厂区总平面规划。③技术选择分析：根据先进适用、经济合理、安全可靠原则，分析项目的产品方案工艺技术、设备选项是否符合国家的技术发展政策；是先进的产品还是落后的产品；工艺技术是否成熟，新工艺、新技术是否经过工业试验和鉴定，选用的设备能否实现工艺流程的要求。④规模经济分析：项目规模是否符合规模经济的规律而能获得规模效益。⑤建设顺序经济性的分析。

（4）投资、运营费用和收入及筹资方案的评估。评估的内容包括：固定资产投资和流动资金的估算及评价；运营费用估算；销售收入、税务和利润的估算；筹资方案分析及评价。

（5）财务效益评价。评价的主要内容包括：项目盈利能力评价；项目清偿能力分析；外汇效果分析。

（6）国民经济效益分析。评价的主要内容包括：经济净现值分析；经济内部收益率分析；经济外汇效益分析。

（7）不确定性分析。主要包括盈亏平衡点分析和敏感性分析。

（8）对有关政策和改进管理体制的建议。通过项目效益分析，从提出国民经济效益的角度出发，对有关政策和管理体制存在的问题提出某些改进建议。

（9）在以上工作的基础上，对项目进行总评估。

五、先进制造项目经济评价的作用

1. 先进制造项目经济评价是投资决策的重要依据，对提高投资决策科学化水平，改善投资效益具有重要作用

任何一笔投资的耗费，任何一项工程的兴建都应讲求经济效益，力争以尽可能少的投入获得尽可能多的产出，即谋求最好的投资效益。然而，项目经济效益的好坏并不是可以简单地凭感觉所能识别和判定的，而是需要采用科学的方法，通过一系列的分析计算才能得到科学的结论。先进制造项目经济评价正是为了这一目的，在项目建设前采用现代费用效益分析方法对拟建项目进行分析论证。如果事先不进行认真分析就盲目决策，往往会导致投资效益低下，这样的教训是深刻的。因此，进行项目经济评价有助于优选项目或方案。特别是在社会主义市场经济条件下，投资者需要承担投资的风险，分享投资的效益，这就更需要在决策前进行项目的经济评价，把拟建项目周期内的获利能力、清偿能力、应变和抗风险能力全面反映出来，以便于投资者权衡利弊，择优决策。

2. 先进制造项目经济评价是合理配置资源的需要

项目国民经济评价采用了影子价格进行费用效益的估算，影子价格是反映资源经济价值的最优价格，是实现优化的手段。从国民经济的宏观管理看，进行项目的国民经济评价，可以从宏观的、综合平衡的角度考察项目对国民经济的净效益，指导投资方向，促进资源的合理配置，使有限的资源发挥更大作用。

3. 先进制造项目经济评价是引进外资的需要

随着改革开放的深入和市场经济的发展，越来越多的国外投资者来华进行投资，包括国际组织、政府机构、财团和商团等。他们来华投资的共同目标之一就是寻求期望的投资效益。因此，首先需要进行经济效益和风险的分析和预测。另外，经济评价也有利于促进中、外投资者或合作者在平等互利基础上的合作。

六、先进制造项目技术经济评价的特点

1. 动态分析与静态分析相结合，以动态分析为主

所谓动态分析，就是考虑了资金的时间价值。动态分析方法强调考虑时间因素，采用等值计算方法，将不同时间内流入和流出的效益和费用折算成同一时间点的价值，进行动态价

值比较判断。同时也不排斥静态分析，计算静态指标。

2. 定量分析与定性分析相结合，以定量分析为主

经济分析的本质就是要对拟建项目在整个计算期内的经济活动，通过费用、效益的计算进行项目经济效益的分析和比较。一般来说，项目经济评价要求尽量采用定量指标，但是对一个复杂的项目来说，总会有一些经济因素不能量化，不能直接进行数量分析，对此要进行切实的定性描述，并与定量分析结合在一起评价。

3. 全过程经济效益分析与阶段性经济效益分析相结合，以全过程分析为主

项目经济评价要求考察的是项目计算期即建设期和生产经营期全过程的经济效益，采用了能够反映项目全过程效益的内部收益率作为主要指标；同时，对项目建设期的投资额、资金筹措以及生产经营期的借款清偿能力等也要做必要的计算与分析。

4. 宏观效益分析与微观效益分析相结合，以宏观效益分析为主

项目经济评价不仅要求对项目本身的获利能力和清偿能力进行分析，而且还要考虑项目对国民经济的净贡献。

5. 价值量分析与统计分析相结合，以价值量分析为主

项目经济评价中既设立了若干指标，也可设立一些实物指标，在强调价值指标分析的同时，也可采用实物指标来进行辅助分析。

6. 预测分析与统计分析相结合，以预测分析为主

项目经济分析是以现有统计资料为基础，对拟建项目在未来整个计算期进行预测分析。项目经济评价强调有根据的预测，并对一些不确定性因素进行敏感性分析、盈亏平衡分析和概率分析。

第二节　先进制造系统项目的评价模型

一、先进制造系统项目评价不同于一般投资项目评价的特点

（1）先进制造系统项目投资决策是战略性多目标决策，对先进制造系统投资项目需要在多层次、多维度评价的基础上做综合评价。

（2）先进制造系统项目投资决策问题属于半结构化问题。有些决策目标与条件参数均可定量描述（结构问题），有些决策目标和影响因素只能定性描述，如市场应变能力和客户满意程度等（非结构问题）。评价先进制造系统投资项目要定量分析与定性分析相结合（半结构问题）。

（3）先进制造系统由多个子系统组成，子系统之间的相关性决定了集成效益是先进制造系统投资效益的重要组成部分，对先进制造系统投资项目有强调系统整体效益的评价。需要组成项目评估小组（以下简称评估小组）对项目的费用与收益、战略效益、外部影响和项目风险进行定性与定量评估，建立先进制造系统项目综合指标体系。

二、先进制造系统项目的综合指标体系

（一）项目费用

新生产线系统项目费用与一般投资项目费用估算相同，主要包括：①规划设计费用；

②设备及软件购置费用；③工程实施费用；④系统运行费用。

（二）财务收益

财务收益主要为项目直接收益以及可以用货币计量的收益，具体包括：①项目直接收益；②由于新生产线系统工作效率提高节约的费用（在工程设计、生产准备、加工制造、财务管理等各个生产经营环节提高工作效率而节省的相应人工费、材料费、能源费、实验费等）；③由于新生产线系统优化工艺设计而节省的费用（工艺水平和计划水平的提高可以减少作业环节，更有效地利用原材料，更多地采用通用零部件，更合理地安排加工过程，充分发挥生产潜力，减少设备闲置，从而节省生产过程中的费用）；④由于新生产线系统减少工作错误而避免的损失（产品设计、工艺设计等方面可能发生的工作错误导致的返工费用和误工损失，加工制造过程中的工作错误导致的返工费用和废品损失等）；⑤由于新生产线系统缩短生产周期和降低库存而减少的资金占用费用。

（三）战略效益

战略效益是指项目对企业全局和长远利益所做的贡献。在评估新生产线系统项目时，评估小组主要分析项目的战略效益，即项目对提高企业市场竞争能力的贡献：①市场应变能力的提高；②公司信誉的提高；③技术进步并具可开发性；④管理水平的提高；⑤对外合作能力的增强。

（四）外部影响

现代企业不仅要追求盈利与发展，还要承担一定的社会责任。在评估新生产线系统项目时，评估小组要考虑项目对国家、社会的贡献和影响：①减少污染；②技术示范与技术扩散效果；③节约资源。

三、先进制造系统项目技术经济评价模型的构建

（一）项目运行环境分析评价模型

运营环境分析评价指标体系由市场需求、竞争环境、资源供应、宏观环境、自然地理和运营环境综合性评价六个子项目或专项组成。相应分析评价方法模型如下：

（1）市场需求。对项目产品市场容量、市场潜量、市场占有率、市场趋势和市场细分等因素，在收集资料数据的基础上，采用历史引申法、趋势预测法和经验判断法（包括经理人员意见法、基层营销人员意见法、购买者意图调查法、专家意见法等），建立定量与定性相结合的分析评价方法模型。

（2）竞争环境。竞争环境包含用户（顾客）、供应商、替代品、潜在进入者和现有竞争对手五种力量因素，在收集资料数据的基础上，采用著名的波特战略模型、经验判断法（包括经理人员意见法、基层营销人员意见法、专家意见法等），以定性为主建立分析评价模型。

（3）资源供应。资源供应包括资金、原材料、能源、人力资源等因素，在收集资料数据的基础上，根据预测的原理和方法，采用历史引申法、趋势预测法和经验判断法（经理人员意见法、基层营销人员意见法、专家意见法）等，建立定量和定性相结合的分析评价模型。

（4）宏观环境。宏观环境包括宏观经济、政策、法律和社会文化等因素，通常是一种定性分析评价，可以采用经验判断法、打分法、排序法和核检表法，建立定性为主的分析评

价模型。

(5) 自然地理。自然地理包括地理环境、交通运输、生态环境、气候环境等，通常建立定量与定性相结合的分析评价模型。项目厂址选择，在收集资料数据的基础上，运用比较原理和增量投资分析原理，采用差额投资内部收益率法，建立定量为主的分析评价模型。

(6) 运营环境综合性评价。运营环境综合性评价是对运营环境各个分项分析评价结果的综合与归纳，指标通常为安全性、完善性、优惠性等定性指标，常用经验判断法确定各个指标的权重和用打分法确定各指标的分值，应用加法模型或连加性的权重法和乘法模型或连乘性权重法进行定量分析评价。另外，还可采用经验判断法、打分法和专家意见法等进行定性分析评价。

(二) 财务分析评价模型

根据是否考虑资金时间价值，财务分析评价指标可分为静态分析评价指标和动态分析评价指标。静态分析评价指标包括投资利润率、投资利税率、资本金利润率、资产负债率、流动比率、速动比率。动态分析评价指标包括财务净现值、财务内部收益率、投资回收期。根据以上指标分别建立定量为主的分析评价模型。

(1) 投资利润率。投资利润率是指项目达到设计生产能力后的一个正常年份的年利润总额与项目总投资的比率，或生产经营期内年平均利润与项目总投资的比率。它是考察项目单位投资盈利能力的静态指标。投资利润率一般通过与基准收益率、行业收益率和银行利率等对比来确定其水平。

(2) 投资利税率。投资利税率是指项目达到设计生产能力后的一个正常年份的年利税总额或生产经营期内年平均利税总额与项目总投资的比率。它是反映项目单位投资盈利能力和对财政所做贡献的静态指标。投资利税率一般通过与基准利税率和行业利税率等对比来确定其水平。

(3) 资本金利润率。资本金利润率是指项目达到设计生产能力后的一个正常生产年份的年利润总额或生产经营期内年平均利润总额与资本金的比率。它是反映投入项目的资本金盈利能力的静态指标，通常分为自有资金投资利润率和全部资金投资利润率。自有资金投资利润率一般通过与基准收益率、行业收益率和银行利率等对比来确定其水平。

(4) 资产负债率。资产负债率是项目负债与项目资产之比。它是反映项目各年所面临的财务风险及偿债能力的静态指标，一般认为不应超过 100% (1∶1)。

(5) 流动比率。流动比率是指流动资产和流动负债的比率。它是衡量企业的流动资产在其短期债务到期前可以变现用于偿还流动负债能力的静态指标，表明企业每一元流动负债有多少流动资产作为支付的保障，一般应大于 2∶1。

(6) 速动比率。速动比率是指速动资产总额与流动负债总额的比率。它是衡量企业流动资产中可以立即变现用于偿还流动负债能力的静态指标，一般应接近于 1∶1。

(7) 财务净现值 (NPV)。财务净现值是按行业基准收益率或设定的目标折现率，将项目计算期内各年净现金流量折现到建设期初的现值之和。可借助编制现金流量表计算得到，也可以直接利用 Excel 软件提供的财务内部收益率函数计算。它是考察项目在计算期内盈利能力的评价动态指标。

(8) 财务内部收益率 (IRR)。财务内部收益率是指项目在整个计算期内各年净现金流量现值累计等于零时的折现率。它反映项目占用资金的盈利率，是考察项目盈利能力的主要动态评价指标。可借助编制现金流量表、净现值试算表和内插法求得，并与基准或目标值比较获得结论。

判断准则：IRR≥资本成本（或目标收益率）项目可接受；IRR＜资本成本（或目标收益率）项目不可接受。

(9) 投资回收期（T）。投资回收期是指项目以净收益抵偿全部投资所需的时间。它是反映项目投资回收能力或盈利能力的指标。投资回收期以年表示，一般自建设开始年算起。投资回收期分静态回收期和动态回收期，以动态回收期作为主要评价指标。

投资回收期的判断准则：投资回收期小于标准回收期，接受项目；投资回收期大于标准回收期，拒绝项目。

（三）不确定性与风险分析评价模型

不确定性与风险分析评价指标体系由盈亏平衡产量（保本点）、盈亏平衡生产能力利用率和对敏感因素变化的承受能力等组成，分析评价模型通常以定量为主、定性为辅。

盈亏平衡产量（保本点）和盈亏平衡生产能力利用率，通常采用盈亏平衡公式和盈亏平衡图两种方法求得。

盈亏平衡图法如图 9-1 所示。

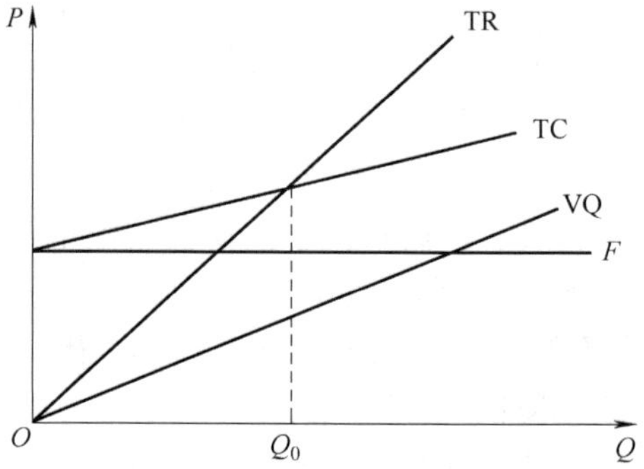

图 9-1　线性盈亏平衡图

当 $0 < Q < Q_0$ 时，TC > TR，此时企业项目处于亏损状态；当 $Q > Q_0$ 时，TC < TR，此时企业项目处于盈利状态。因此 TR 与 TC 的交点所对应的产量 Q_0，就是盈亏平衡产量。

盈亏平衡生产能力利用率用盈亏平衡时的产量除以项目设计产量所得到的百分数表示。

评判原则：一般情况下，盈亏平衡产量（保本点）和盈亏平衡生产能力利用率越低，项目有较大的机动余地，项目承受风险的能力就越大；反之，盈亏平衡产量（保本点）和盈亏平衡生产能力利用率越高，项目的机动余地就越狭窄，项目承受风险的能力就越差。

对敏感因素变化的承受能力，通常采用编制敏感性因素分析表或绘制敏感性分析图的方法，揭示项目承受风险的范围大小。

（四）可持续发展分析评价模型

可持续发展指标体系包括环境保护达标率、环境友好指标、清洁生产（绿色生产）水平、节能减排、能耗指标水平、循环经济、资源循环使用率、工业卫生达标率等，表现为定量或定性。在收集资料数据的基础上，可以根据指标性质分别建立定量分析模型或定性分析模型加以分析、推断和评价。

可持续发展综合评价是对各个指标分析评价结果的综合与归纳，其综合分析评价模型分为定量模型和定性模型两种。定量模型可用经验判断法确定各个指标的权重和用打分法确定各指标的分值，应用加法模型或连加性的权重法和乘法模型或连乘性权重法进行分析评价。定性模型可以采用经验判断法、打分法和专家意见法等做出分析和推断。

（五）项目综合分析评价模型

项目综合分析评价是按照系统原理、综合集成思想对项目各方面专项分析评价内容所做的汇总性、集成性和综合性的全面分析评价。项目综合分析评价模型可以分为定量模型和定性模型两种。

定量模型可以采用加法模型或连加性的权重法和乘法模型或连乘性权重法，在应用时通常用经验判断法确定指标的权重和用打分法确定指标的分值，然后代入公式计算，根据计算结果做出分析和判断。

定性模型可以采用经验判断法、打分法和专家意见法等做出分析和推断，结果常采用评价性语言加以描述，例如高中低，优秀、良好、中等、一般、较差、很差等。

第三节　先进制造系统项目的评价过程模拟

为了更直观地说明评价体系，本节以辽阳石化将建高性能 PP 项目为例进行先进制造项目投资评价过程模拟。

一、项目背景

辽阳石化准备建高性能 PP（聚丙烯）投资项目。辽阳石化俄罗斯原油加工优化增效改造项目于 2018 年投产后，公司丙烯资源达到年产 20 万 t 以上。若不进行深加工，这些丙烯资源只能作为产品通过汽车（或火车）槽车直接销售出厂，既损失潜在的产品效益，增加 VOCs 的排放，又存在诸多不确定性因素，影响生产的稳定运行。

年产 30 万 t 高性能聚丙烯项目，对于辽阳石化延伸丙烯产业链、做大固体化工产品量、提升化工效益、实现化工转型升级具有重要意义。该项目的建成，将进一步衍生炼油和化工下游产业链，提升产品附加值，增强企业整体竞争力，对辽阳石化实现效益最大化有积极意义。项目充分利用辽阳石化现有原材料、公用工程和辅助生产设施，以节约建设资金、提高效益为目标，采用先进、成熟、可靠技术，选择“高端化”“差异化”“优质化”适销产品，提高产品的竞争力，充分考虑装置的灵活性，具有生产多种牌号的功能，确保装置长期稳定安全运行，并做到可持续发展。

当地政府部门批准项目用地面积 22 万 m^2。整个项目拟采用分期投资、分期建设。首期先建成年产能达到 3 万 t 的高性能 PP 生产线，项目以 2019—2020 年为建设期，2021 年投入生产运营。项目的可行性研究工作已于 2018 年 9 月份完成，开展项目建设前期的技术经济分析和评价研究，研究的内容或指标体系涉及项目运营环境、项目财务、项目风险、可持续性发展和综合分析评价，研究的手段和方法为技术经济分析评价的相关模型。

二、项目运营环境条件分析与评价

（一）项目市场需求环境条件分析与评价

主要采用项目运营环境分析评价模型中的趋势预测法、经验判断法进行研究判断。

聚丙烯（PP）是由丙烯聚合而制得的一种热塑性树脂。它无毒、无味，密度小，强度、刚度、硬度、耐热性均优于低压聚乙烯，可在 100℃左右使用，具有良好的介电性能和高频绝缘性且不受湿度影响，但低温时变脆，不耐磨、易老化，适于制作一般机械零件、耐腐蚀零件和绝缘零件，常见的酸、碱等有机溶剂对它几乎不起作用，可用于食具。

改性聚丙烯（MPP）的用途主要有四个方面。一是提高工程塑料的耐冲击性能。用高性能 PP 作相容剂，制得的 PP 与其他塑料的共混物冲击强度提高 2 ~ 3 倍，可用作抗冲击壳体材料。二是 Exfer 塑料公司开发的 dexpro 合金，即为聚酰胺和 PP 在相容剂存在下的合金，现已商品化。三是用作热塑料粉末涂料，用于金属底材表面，起到防腐和抵抗化学药品的作用。日本 nozagl-giz 牌号产品就是 PP 与尼龙的合金材料，具有较高的耐化学药品和耐油性能，尤其是具有极佳的耐氯化钾性能。三是提高 PP 填料的黏合性。高性能 PP 的引入可提高填料与 PP 的相容性，改善复合材料的性能，提高材料的整体热稳定性和局部抗热能力。四是高性能 PP 也应用于自由基活性废料的固化。此外，还可用于提高 PP 纤维的可染色性和塑料制品的可装饰性，制造可蒸煮的包装材料等。

从市场上看，每年国内 PP 的总需求量在 350 多万吨，其中 PP 专用料在 100 万 t 以上。接枝法改性 PP 需求量以 10 万 t/年级计，主要用于：与其他聚合物材料如尼龙、聚碳酸酯、橡胶等共混，制备新型高分子材料；加入填料如无机粉体、玻璃纤维、天然纤维等，制备高强度 PP；进一步加工产品，用于粉末涂料、液体涂料等。

氯化改性聚丙烯 MCPP 的用途主要有：一是用于制备塑料制品底漆和塑料表面装饰涂料的附着力促进剂，特别是轿车保险杠、轮毂盖、电视机机壳等民用与工业用塑料器具的涂装；二是大量用作塑料表面印刷油墨树脂；三是用作防腐涂料树脂，用于钢、铝材等材料重防腐领域。

MCPP 树脂车用塑料件表面涂装需求量为 500t/年以上，金属表面防腐涂料领域需求量超过 20 万 t/年，在印刷油墨方面，市场需求量在 500t/年以上。

（二）市场竞争环境条件分析与评价

20 世纪 90 年代初，美国提出先进的固相接枝改性法，现已开发出相关的产品，如伊士曼公司生产的氯化改性 PP（MCPP）树脂，在我国市场每吨售价高达 50 多万元。改性 PP（MPP）和 MCPP 作为特种 PP 专用料，大大扩展了 PP 的应用范围，具有极大的经济效益。采用固相接枝法对等规 PP 进行改性得到 MPP，然后对 MPP 进行氯化即可获得 MCPP 固体粉状树脂。氯化改性后的树脂附着力强，接伸模量提高，易于与其他树脂共混；而且由于改性使 PP 的结晶受到破坏，极性增加，从而可溶于某些溶剂，制得不同浓度的 MCPP 溶液。

目前，我国等规 PP 固相接枝改性方法尚属空白，没有此类产品投放市场，所需空缺主要依靠进口，德国赫司特公司在我国推广的改性 PP 产品的售价为 15 000 ~ 18 000 元/t。广州珠江电化厂采用固相悬浮氯化法生产未改性氯化 PP，生产能力达到 30 000t/年，产品十分畅销，售价为 35 000 元/t 左右。美国伊士曼公司生产的 MCPP 固体物料，国内售价高达 500 000元/t，50% 的 MCPP 的溶液售价则达 270 000 元/t 左右。PP 改性产品作为 PP 的功能化产品，可大大拓宽 PP 的应用领域，有着广泛的市场和应用前景，值得大力开发。

（三）原材料供应条件分析与评价

因为现要将辽阳石化俄罗斯原油加工优化增效改造项目产生的丙烯资源进行深加工，所以原材料的来源是有保障的，且对于辽阳石化延伸丙烯产业链、做大固体化工产品量、提升化工效益、实现化工转型升级有重要意义。

（四）环境条件分析

本项目所排废气污染物能够满足达标排放要求，预测表明拟建项目实施后对周围环境空气质量影响不大。

项目产生的污水经金能公司新建污水处理场预处理后，达到园区中法水务进水水质要求，后由中法水务进一步处理后排放，中法水务有能力处理本项目产生的废水。

本项目产生的废吸附剂、废脱硫剂等委托有相应资质的单位处理，项目产生的废油送金能公司绿色炭黑装置做原材料使用，所有固体废物均得到有效处理处置，不外排，不污染环境。

本项目通过优先选用低噪声设备，并从工程上采取降噪措施，对周围声环境影响较小。

在设定的最大可信事故状态下，通过采取相应的风险防范措施，项目风险水平可以接受。

（五）项目厂址选择分析与评价

在实地考察的基础上，先后提出了可供选择的三个厂址方案，各方案的条件比较如表9-1所示。采用项目运营环境分析评价模型中的比较原理和增量投资分析原理，应用差额投资内部收益率法进行分析推断。

表9-1　厂址方案条件比较表

序号	项　　目	方案1 A经济开发区	方案2 B经济开发区	方案3 C经济开发区
1	地形	场地较陡，坡度9%～12%，面积33万m^2	场地平坦，坡度2%～4%，面积21万m^2	场地平坦，约35万m^2
2	土方工程量	推平约50万m^3，填平约67万m^3	推平约21万m^3	约5000m^3
3	土地耕作情况	山坡处荒地	山边荒地	原关闭纺织厂厂房
4	拆迁建筑物	0	0	约8150m^2需拆除改造
5	供电	新建10kV高压线路5.7km	新建10kV高压线路300m	改造更新原有高压线路及已有配电房
6	供水	新建供水线路2.3km	新建供水线路1.2km	改造原有供水线路2.9km
7	排水	厂区污水经处理达标后通过2km管道排入河流	厂内污水经处理达标后就近排入河流	厂内污水经处理达标后通过3.5km管道排入河流
8	地基条件	属软地基，需打桩	地基结实	属软地基，局部需打桩
9	地震烈度	7级	7级	7级
10	建设投资概算	77 468万元	60 290万元	24 500万元

在生产规模、工艺流程和原材料成分同等的条件下，建设投资和经营成本经概算如表9-2所示。

表9-2　厂址方案的建设投资和经营成本　（单位：万元）

方　　案	建设投资	年经营成本
方案1	77 468	186 352.73
方案2	60 290	179 187.80
方案3	24 500	164 546.77

采用增量（差额）投资内部收益法对三个方案进行评价比选，结果如表9-3所示。

表 9-3　增量（差额）投资内部收益法进行方案评价

序　号	项　目	方案 1	方案 2	方案 3
1	差额投资（万元）	52 968	35 790	0
2	差额经营成本（万元）	21 805. 96	14 641. 03	0
3	差额内部收益率			
	方案 2 与方案 1	8. 76%		
	方案 2 与方案 3	19. 76%		
4	基准收益率	12%		

差额投资内部收益率法以基准收益率 12% 作为衡量标准，差额投资收益率小于 12% 时，投资少的方案为好；差额投资内部收益率大于 12% 时，投资大的方案为好。从表 9-3 中可以看出，方案 2 与方案 1 的差额内部收益率小于 12%，方案 2 优于方案 1；方案 2 与方案 3 的差额内部收益率大于 12%，方案 2 优于方案 3。可见方案 2 在三个方案中最优，故项目选址应采用方案 2。

三、项目财务分析和评价

（一）项目总投资

经过概预算，本项目共需建设投资额为 60 290 万元，如表 9-4 所示。

表 9-4　项目投资预算表　（单位：万元）

项 目 名 称	建 筑 工 程	设 备 购 置	安 装 工 程	其 他 费 用	合　计
固定资产	25 200	19 380	4080		48 660
无形资产				4140	4140
开办费用				2000	2000
预备费用				5490	5490
合计	25 200	19 380	4080	11 630	60 290

经估算本项目实施后年需流动资金额为 44 827 万元，如表 9-5 所示。

表 9-5　流动资金估算表

项　目	最低周转天数/天	年周转次数（次/年）	金额（万元）
1. 应收账款	40	9	19 909. 6
2. 存货			
原材料	30	12	13 576. 4
辅料及燃料	30	12	416. 4
在产品	6	60	2958. 8
产成品	15	24	7588. 9
3. 现金	18	20	376. 9
合计			44 827

项目总投资额为建设投资与流动资金之和，合计为 105 117 万元。

（二）资金筹措及安排

本项目所需建设资金为 60 290 万元，全部由业主以自有资金提供，项目所需流动资金为 44 827 万元，由新建企业向有关银行贷款解决。项目建设周期计划为 2 年，项目投资安排及资金筹措如表 9-6 所示。

表 9-6　投资安排及资金筹措　　（单位：万元）

项　目	建　设　期		生　产　期
一、投资安排		2	3
建设投资	40 000	20 290	
流动资金			44 827
二、资金筹措			
自有资金	40 000	20 290	
流动资金贷款			44 827

（三）成本估算

成本估算的内容包括：

（1）原材料按国内市场价格计价，2018 年一季度市场价为 54 305. 40 元/t，年产量为 30 000t。辅助材料市场价为 146. 03 元/t，燃料的市场价为 1519. 47 元/t，外购水电的市场价为 1245. 57 元/t。

（2）工资按年人均 16 000 元计算，企业定员人数为 150 人，年工资额为 240 万元。

（3）建构筑物按 20 年折旧，机器设备按 10 年折旧，电子运输设备按 5 年折旧，固定资产残值按固定资产原值的 10% 计取，修理费用按固定资产原值的 5% 计取，其他制造费用占制造费用的 15%，第 3 ~ 7 年年平均制造费用按 7307. 3 万元计算，第 8 ~ 17 年年平均制造费用按 6775. 7 万元计算。

（4）流动资金贷款利息按现行银行 1 年期贷款利率 7. 47% 计取，第 3 ~ 13 年年平均管理费用按 4681. 8 万元计算，第 14 ~ 17 年年平均管理费用按 3867. 8 万元计算。

（5）销售费用按企业销售收入的 0. 33% 计取。年平均销售费用为 678. 2 万元。

（6）按该行业技术经济评价规范，一般分析评价年限为 20 年，现取 15 年作为评价期。按以上内容制成成本估算表，如表 9-7 所示。

表 9-7　成本估算表　　（单位：万元）

年份	原材料	辅助材料	燃料	外购水电	工资	制造费用	销售费用	管理费用	总成本
3	162 916. 2	438. 1	4558. 4	3736. 7	240	7307. 6	678. 2	4681. 8	184 557
4	162 916. 2	438. 1	4558. 4	3736. 7	240	7307. 6	678. 2	4681. 8	184 557
5	162 916. 2	438. 1	4558. 4	3736. 7	240	7307. 6	678. 2	4681. 8	184 557
6	162 916. 2	438. 1	4558. 4	3736. 7	240	7307. 6	678. 2	4681. 8	184 557
7	162 916. 2	438. 1	4558. 4	3736. 7	240	7307. 6	678. 2	4681. 8	184 557
8	162 916. 2	438. 1	4558. 4	3736. 7	240	6775. 7	678. 2	4681. 8	184 025. 1
9	162 916. 2	438. 1	4558. 4	3736. 7	240	6775. 7	678. 2	4681. 8	184 025. 1

（续）

年份	原材料	辅助材料	燃料	外购水电	工资	制造费用	销售费用	管理费用	总成本
10	162 916. 2	438. 1	4558. 4	3736. 7	240	6775. 7	678. 2	4681. 8	184 025. 1
11	162 916. 2	438. 1	4558. 4	3736. 7	240	6775. 7	678. 2	4681. 8	184 025. 1
12	162 916. 2	438. 1	4558. 4	3736. 7	240	6775. 7	678. 2	4681. 8	184 025. 1
13	162 916. 2	438. 1	4558. 4	3736. 7	240	6775. 7	678. 2	4681. 8	184 025. 1
14	162 916. 2	438. 1	4558. 4	3736. 7	240	6775. 7	678. 2	3867. 8	183 211. 1
15	162 916. 2	438. 1	4558. 4	3736. 7	240	6775. 7	678. 2	3867. 8	183 211. 1
16	162 916. 2	438. 1	4558. 4	3736. 7	240	6775. 7	678. 2	3867. 8	183 211. 1
17	162 916. 2	438. 1	4558. 4	3736. 7	240	6775. 7	678. 2	3867. 8	183 211. 1

（四）销售收入、税金和利润预测

销售收入、税金和利润预测依据如下：

（1）项目投产后产出的高性能聚丙烯全部在国内市场销售，其单价按 2018 年一季度市场平均价 86213 元/t 计算，为含税价。

（2）项目关联副产品的价格均按国内当时市场价格选取。

（3）企业所得税按 25% 计取，增值税按 13% 计取。

（4）项目投产后前 5 年实行免税优惠，第 6～10 年所得税减半优惠。

（5）企业从税后利润中提取 5% 作为职工奖励及福利基金，提取 5% 作为发展基金，提取 5% 作为储备基金。

销售收入预测如表 9-8 所示。

表 9-8　销售收入预测

年　　份	单价（元/t）	年产量/t	销售收入（万元）
3	86 213	30 000	258 639
4	75 100	30 000	225 300
5	92 000	30 000	276 000
6	85 500	30 000	256 500
7	80 000	30 000	240 000
8	77 500	30 000	232 500
9	77 500	30 000	232 500
10	77 500	30 000	232 500
11	77 500	30 000	232 500
12	77 500	30 000	232 500
13	77 500	30 000	232 500
14	77 500	30 000	232 500
15	77 500	30 000	232 500
16	77 500	30 000	232 500
17	77 500	30 000	232 500

税金和利润预测如表 9-9 所示。

表 9-9　税金和利润预测　（单位：万元）

年　　份	销售收入	增　值　税	总　成　本	销售利润	所　得　税	税后利润
3	258 639	33 623.07	184 557	40 458.93	10 114.73	30 344.20
4	225 300	29 289	184 557	11 454.00	2863.50	8590.50
5	276 000	35 880	184 557	55 563.00	13 890.75	41 672.25
6	256 500	33 345	184 557	38 598.00	9649.50	28 948.50
7	240 000	31 200	184 557	24 243.00	6060.75	18 182.25
8	232 500	30 225	184 025.1	18 249.90	4562.48	13 687.43
9	232 500	30 225	184 025.1	18 249.90	4562.48	13 687.43
10	232 500	30 225	184 025.1	18 249.90	4562.48	13 687.43
11	232 500	30 225	184 025.1	18 249.90	4562.48	13 687.43
12	232 500	30 225	184 025.1	18 249.90	4562.48	13 687.43
13	232 500	30 225	184 025.1	18 249.90	4562.48	13 687.43
14	232 500	30 225	183 211.1	19 063.90	4765.98	14 297.93
15	232 500	30 225	183 211.1	19 063.90	4765.98	14 297.93
16	232 500	30 225	183 211.1	19 063.90	4765.98	14 297.93
17	232 500	30 225	183 211.1	19 063.90	4765.98	14 297.93
总计						267 053.95

（五）项目财务分析与评价

1. 项目动态盈利能力分析

采用财务分析评价模型中时间价值原理及相关公式进行分析推断。

（1）项目全投资财务净现值（NPV）。选取基准收益率（或目标收益率 $i=12\%$）采用列表法计算每年的财务净现值。

查表可知，当基准收益率 $i=12\%$ 时，财务净现值 NPV =4078.63 万元 >0，所以项目经济上可行。

（2）项目财务内部收益率（IRR）（所得税后）。为寻找出使累计财务净现值 NPV 为 0 时的基准收益率 i（即 IRR），采用列表试算法计算每年现金流量净现值，使累计财务净现值 NPV 为 0 的 IRR 必在 12% ~30% 之间，可用内插法求 IRR。

（3）动态投资回收期。利用动态回收期的计算公式，代入得 $T=5.7$ 年，动态投资回收期为 5.7 年，小于行业通常的标准回收期 7 年，因此项目从经济效益上看是可取的。从上面的计算结果可以看出，财务净现值 NPV =4078.63 万元 >0，财务内部收益率为 13.18%，高于基准收益率 12%，动态投资回收期为 5.7 年，短于行业通常的标准回收期 7 年，因此项目的动态盈利能力良好。

2. 项目静态盈利能力分析

采用财务分析评价模型中的相关公式进行分析推断。根据表 9-9 可知：

（1）$项目投资税后利润率 = \frac{税后年平均利润额}{项目总投资额} = \frac{267\ 053.95/15}{105\ 117} = 16.94\%$

（2）$自有资金投资利润率 = \frac{税后年平均利润额}{自有资金投资额} = \frac{267\ 053.95/15}{60\ 290} = 29.53\%$

结果显示，项目投资税后利润率为 16.94%，自有资金投资利润率为 29.53%，均优于一年期银行贷款利率 7.47% 和行业项目资本金税后基准收益率 13%，因此项目静态财务盈利能力良好。

3. 项目清偿能力分析

采用财务分析评价模型中相关公式进行分析推断可知：

（1）$资产负债率 = \frac{31\ 426}{105\ 117} = 29.89\%$

资产负债率小于 50%，说明项目有较好的偿债能力和负债经营能力。

（2）$流动比率 = \frac{44\ 827}{31\ 426} = 1.43$

流动比率 1.43 低于财务公认的标准 2，处于行业合理区间 1 ~ 2，说明项目有足够的流动资产来承担流动负债的支付能力。

（3）$速动比率 = \frac{60\ 290}{31\ 426} = 1.92$

速动比率 1.92 高于财务公认的标准 1，优于行业合理区间 0.6 ~ 1.2，说明项目有足够的能力偿还短期债务。

四、项目风险分析与评价

（一）盈亏平衡分析

运用风险分析评价模型中的盈亏平衡公式进行分析推断。根据表 9-7 可知，项目年固定成本（加权平均）为 12 058 万元/年，年可变成本为 184 557 万元，单位可变成本为 1 845 570 000 元/30 000t = 61519 元/t。

根据盈亏平衡原理，设盈亏平衡时产量为 X，原材料市场售价 $P = 86\ 213$ 元/t，项目年固定成本 $F = 12\ 058$ 万元，单位可变成本 $V = 61\ 519$ 元/t，则有

$$PX = VX + F$$

$$86\ 213X = 61\ 519X + 12\ 058$$

$$X = 4060.75\text{t}$$

即保本产量为 4060.75t，达到盈亏平衡时生产能力利用率为 4060.75/30 000 = 13.53%，说明项目抗风险能力较强。

（二）敏感性分析

运用风险分析评价模型中的敏感性分析表法进行分析推断。项目销售收入、建设投资和原材料费用等因素的变化都会对该项目的经济效益带来影响，列表分析如表 9-10 所示。从表中可以看出，销售收入、原材料费用对经济效益的影响较明显，是敏感性因素。

表 9-10　敏感性分析表

变 化 因 素	变化幅度（%）	所得税后内部收益率（%）	投资回收期/年
基本方案指标		13.18	5.7
基建投资	-10	11.86	5.13
	-5	12.52	5.42
	+5	13.84	5.99
	+10	14.50	6.27
销售收入	-5	12.52	5.42
	-2	12.92	5.59
	+2	13.44	5.81
	+5	13.84	5.99
原材料费用	-5	12.52	5.42
	-2	12.92	5.59
	+2	13.44	5.81
	+5	13.84	5.99

（三）模拟分析

根据项目所面临的风险，模拟了三个风险方案，如表 9-11 所示。从表中可以看出，三个风险方案的经济效益尚可，说明项目承担风险较少。

表 9-11　模拟分析表

变 化 因 素	变化幅度（%）	所得税后内部收益率（%）	投资回收期/年
原方案指标		13.18	5.7
模拟方案 1 1. 建设投资 2. 销售收入 3. 原材料费用	 0 +5 +5	13.84	5.99
模拟方案 2 1. 建设投资 2. 销售收入 3. 原材料费用	 +10 -5 -5	14.50	6.27
模拟方案 3 1. 建设投资 2. 销售收入 3. 原材料费用	 -10 +5 +5	11.86	5.13

五、项目可持续发展评价

该项目定位于利用公司原有丙烯资源为原材料，采用多步工序处理，把这些原本只能作为产品通过汽车（或火车）槽车直接销售出厂，既损失潜在的产品效益，增加 VOCs 的排放，又存在诸多不确定性因素，影响生产稳定运行的丙烯资源利用起来。对于辽阳石化延伸丙烯产业链、做大固体化工产品量、提升化工效益、实现化工转型升级具有重要意义。该项目的建成，将进一步衍生炼油和化工下游产业链，提升产品附加值，增强企业整体竞争力，对辽阳石化实现效益最大化有积极意义。项目充分利用辽阳石化现有原材料、公用工程和辅助生产设施，以节约建设资金、提高效益为目标，采用先进、成熟、可靠的技术，选择“高端化”“差异化”“优质化”的适销产品，提高产品的竞争力，充分考虑装置的灵活性，具有生产多种牌号的功能，确保装置长期稳定安全运行，并做到可持续发展。

六、综合分析与评价

(1) 关于项目的运营环境。项目从循环经济出发，定位于利用公司原有丙烯资源为原材料，采用先进成熟工艺和设备技术，生产高性能聚丙烯产品供应国内市场。从市场需求预测、竞争环境、原材料供应、宏观政策面及厂址的选择五个方面看，都具备良好的条件，项目外部运营环境条件良好。

(2) 关于项目的财务效益。从项目的动态盈利能力评价指标看，净现值 NPV = 4068.72 万元 >0，内部收益率为 13.18%，高于基准收益率 12%；动态投资回收期为 5.7 年，短于行业通常的标准回收期 7 年；从静态财务盈利能力指标看，项目投资税后利润率为 16.94%，自有资金投资利润率为 29.53%，均优于 1 年期银行贷款利率 7.47% 和行业项目资本金税后基准收益率 13%。从项目清偿能力指标看，资产负债率为 29.89%，低于行业合理区间40% ~60%；流动比率为 1.43，处于行业合理区间 1 ~2；速动比率为 1.92，优于行业合理区间 0.6 ~1.2。项目的财务评价指标（盈利能力和清偿能力）良好，经济上可行。

(3) 关于项目的抗风险能力。从项目的风险分析可知，项目盈亏平衡时生产能力利用率为 13.53%，安全性较高；销售收入和原材料费用是影响项目经济效益的两大敏感性因素，当两者在 ±5% 范围内变动时，项目所得税后财务内部收益率与投资回收期偏离基本方案的值不大；从模拟分析中可知，当项目（建设投资、销售收入、原材料费用）变化分别为（0，+5，+5）、（+10，-5，-5）和（-10，+5，+5）三种情况下项目所得税后内部收益率和动态投资回收期与基本方案的偏离很小。因此，项目投产运营后将表现出良好的抗风险能力。

(4) 关于项目的可持续发展能力。项目在技术方案设计上，推行清洁生产，十分注重零排放措施的规划，较好地贯彻了节能减排及循环经济的思想和理念，项目可持续性发展的根基是牢固的，项目可持续性发展的能力是良好的。

(5) 关于项目的总体性评价。运用项目综合分析评价模型中的定量模型——连加性的权重法，与定性模型经验判断法、打分法相结合，从总体上做出分析判断。

首先，根据经验判断法确定各个分指标的权重。外部运营环境条件占 10%、财务评价指标占 50%、抗风险能力占 25%、可持续性发展能力占 15%。

其次，采用经验判断法设定评价级别和用打分法确定各个分指标的级别与分值。评价级别设定为：优秀 100 ~90 分、良好 90 ~80 分、中等 80 ~70 分、合格 70 ~60 分、较差 60 ~30 分、低劣 30 ~0 分。由上面分项评价结果知：外部运营环境条件为良好记 82 分、财务评价指标为良好记 85 分、抗风险能力为良好记 80 分、可持续性发展能力为良好记 80 分。

最后，运用连加性的权重法计算项目总评价分值。

项目总评价分值 = 82 分 × 10% + 85 分 × 50% + 80 分 × 25% + 80 分 × 15% = 82.7 分

项目总评价 82.7 分，处于良好级别，因此总体上看将具有较强的生命力，投资建设具有可行性。

习　　题

1. 简述先进制造项目可行性研究的内容。
2. 先进制造系统项目评价不同于一般投资项目评价的特点有哪些？
3. 简述项目运行环境分析评价模型。
4. 可持续发展分析评价模型的指标体系包括哪些？

第十章

创新创业项目技术经济评价

第一节　创新创业项目概述

一、创新创业的概念

（一）创新的含义

创新是指以新思维、新创作、新发明、新技术和新描述为特征的一种概念化过程。创新是人类特有的认识能力和实践能力，是人类主观能动性的高级表现形式，是推动民族进步和社会发展的不竭动力。一个民族和社会要走在时代的前列，就必须始终坚持意识创新、思维创新、理论创新和实践创新。

（二）创业的含义

从广义的角度来说，创业是指个人充分运用自己所掌握的知识、技能、资源和及时发现的信息、机会等，克服思维定式，以创新的思维和艰苦的努力开辟新的工作途径，开创新的工作局面，争创新的工作业绩，促进取得新的、突破性的工作成就，从而实现某种追求和目标的过程，其实质是一种以劳动方式，对自己、企业、社会和国家创造价值与贡献的行为；从狭义的角度来说，创业是指自主创业，是创业者个人或创业团队以某些资源所有者的身份，利用知识、技术、能力和社会资本，通过自筹资金、技术入股、寻求合作等方式创立新的现代企业，并为社会上更多的人创造就业机会。

（三）创新创业的含义

创新创业是指基于技术创新、产品创新、品牌创新、服务创新、商业模式创新、管理创新、组织创新、市场创新、渠道创新等方面的某一点或某几点创新而进行的创业活动。创新是创新创业的特质，创业是创新创业的目标。创新创业是基于创新基础上的创业活动，既不同于单纯的创新，也不同于单纯的创业。创新强调的是开拓性与原创性，而创业强调的是通过实际行动获取利益的行为。因此，在创新创业这一概念中，创新是创业的基础和前提，创业是创新的体现和延伸。

创新创业与传统创业的根本区别在于创业活动中是否有创新因素。这里的创新不仅是指技术方面的创新，还包含管理创新、知识创新、流程创新、营销创新等方面。

总之，只要能够给资源带来新价值的活动就是创新。在某一方面或者某几个方面进行创新并进而创业的活动，就是创新创业。没有在任何方面进行创新的创业属于传统创业。

（四）创新创业的特征

1. 高风险

创新创业是建立在创新基础上的创业，但是创新受到人们现有认知、行为习惯等方面的影响，会面临难以被接受的阻碍，因而创新创业会面临比传统创业更高的风险。正如彼得·德鲁克所言：真正重大的创新，每成功一个，就有99个失败，有99个闻所未闻。

2. 高回报

创新创业是通过对已有技术、产品和服务的更优化组合，对现有资源的更优化配置。能够给客户带来更多的新价值，从而开创所在创业领域的“蓝海”，以获取更多的竞争优势，同时获取更多的回报。

3. 促进上升

创新创业是在创新基础上的创业活动，创新是创业的基础和前提，同时创业又是创新成果的载体和呈现，并在创业活动过程中不断优化资源配置、总结提炼，以实现创新的更新与升级。创新带动创业，创业促进创新。

二、创新与创业的关系与趋势

（一）创新是创业的源泉

创新是创业的源泉，是创业的本质，创业通过创新拓宽商业视野，获取市场机遇，整合独特资源，推进企业成长。要进行创业必须具备一定的条件：创新能力、技术、资金、创业团队、知识和社会关系等都是重要的创业资本，但其中创新能力是最重要的创业资本，创业者在创业过程中需要具有持续旺盛的创新精神、创新意识，需要独特、活跃、科学的思维方式，这样才可能产生富有创意的想法或方案，才可能不断寻求新的思路、新的方法、新的模式、新的出路，最终获得创业成功。创业企业的不断发展壮大更是必须依靠持续创新。纵览世界，很多今天的工业巨擘在四五十年前都是名不见经传的小公司，有的甚至尚未创建，它们之所以能够获得今天的辉煌，根本原因在于以创新开始创业，以不断的创新追求卓越，从而推进了企业的持续快速发展。

（二）创新的价值在于创业

从某种程度上讲，创新的价值就在于将潜在的知识、技术和市场机会转化为现实生产力，实现社会财富的增长，造福人类社会，否则创新就失去了意义，实现这种转化的根本途径就是创业。通过创业实现创新成果的商品化和产业化，将创新的价值转化为具体、现实的社会财富。创业者可能不是创新者或发明家，但必须具有能发现潜在商业机会并敢于冒险的特质；创新者也并不一定是创业者或企业家，但技术创新成果则必须经由创业者推向市场，使其潜在价值市场化，这样，创新成果才能转化为现实生产力。历史上每一次划时代的创新成果往往都是通过创业进入市场的，进而催生出一个或若干个庞大的产业部门，为社会、企业和创业者带来巨额财富。如1876年发明的电话成就了全球通信产业和诺基亚、摩托罗拉、贝尔、朗讯等一大批跨国公司；1885年发明的汽车造就了通用、福特、戴姆勒-克莱斯勒等一批世界级汽车业巨头；1903年发明的飞机开创了波音、空中客车等公司辉煌的业绩；1946年制造出来的第一台计算机使得IBM和英特尔成了IT界的霸主；个人PC诞生于1981年，催生了成长业绩惊人的微软、戴尔等世界级企业后起之秀；1995年前后电子商务投入市场，亚马逊、阿里巴巴等一批网络企业应运而生。

（三）创业必然蕴含着创新

很多创业者依仗创新的产品或服务而创业，并努力将创新产品（或服务）推向市场，创造财富，造福社会。从这点看，创业实际上是一种不断挑战自我的创新过程，正如德鲁克所说：创业精神是一个创新过程，在这个过程中，新产品或服务机会被确认、被创造，最后被开发出产品并创造新的财富。现存企业要想取得持续竞争优势，求得更大的生存发展空间，就必须进行组织战略上的优化更新、经营业务上的拓展更新或生产技术上的发明创造等，这些创新活动被称为企业的内创业活动。内创业也就是在一个现存企业内进行的创造或创新活动的过程，包括新产品、新服务和新技术的开发和创造，从这个意义上来看，作为创业类型之一的内创业本质上也是一种创新。可见，创新是企业家精神的本质，创新就是将新的理念和设想通过新的产品、新的流程、新的市场以及新的服务方式有效地融入市场，进而创造新的价值或财富的过程。缺乏创新，就不会有新企业的诞生和小企业的成长壮大，所以创业必然蕴含着创新。

三、创新创业项目

（一）创新创业项目的含义

创新创业项目是指创业者为了达到商业目的具体实施和操作的工作。创新创业项目分类很广，按照行业来分可以分为餐饮、服务、零售等门类，按照性质来分可以分为互联网创业项目和实体创业项目。

（二）创新创业项目的过程

1. 选定创业项目

对大量创业成功者的实例研究证明，选定好的创业项目是创业成功的前提和基础。选择创业项目，不仅要对自身的兴趣、特长、实力进行全面客观的分析，还要善于发现市场机会，把握市场的未来发展趋势。

2. 拟订创业计划

选定创业项目是指决定创业“干什么”；拟订创业计划则是指决定创业“怎么干”。好的计划是创业成功的一半。只有拟订出切实可行的创业计划，创业活动才能有的放矢、减少失误，提高创业成功的把握度。

3. 筹集创业资金

常言说，巧妇难为无米之炊。创业也一样，必须有一定的资金，否则，创业活动就无法开展。但是，创业者一般都缺乏资金，因此，筹集创业启动资金就成为创业者必须解决的一个重要问题。

4. 办理创业的有关手续

投资创办企业必须按照有关法律法规的要求，办理有关手续方能开业。其项目主要包括办理工商登记注册手续、办理税务登记手续、办理银行开户手续等。

5. 创业计划的实施与管理

创业者完成了前四个步骤的工作后，接下来就要按照拟订的创业计划要求组织调配人、财、物等资源，实施创业计划并加强管理。创业实施阶段的工作既是创业活动的重点，也是创业活动的难点。这一阶段的工作不仅要求创业者要有吃苦耐劳、不屈不挠的精神，更要求创业者讲究工作方法、运用经营管理策略，方能实现创业目标。

第二节　创新创业项目技术经济评价方法

创新创业项目技术经济评价是对项目的必要性、技术性、经济性、风险性、运行环境等一系列的分析和评价过程，是一个项目决策前的最终环节，是投资人进行项目决策的保证，也是项目融资的依据。创新创业项目技术经济评价方法主要有项目前技术经济评价方法和项目后技术经济评价方法。项目前技术经济评价方法主要是在项目开始前进行方案的可行性评价，项目后技术经济评价方法主要是对项目进行总结。

一、创新创业项目前技术经济评价方法

（一）创新创业项目前技术经济评价概述

创新创业项目前技术经济评价是项目评价分析中最重要的一部分。广义的项目前技术经济评价是指在项目前期的决策阶段，从整个项目全局出发，根据国民经济和组织发展的需要对项目及其被选方案进行全面评价，从而辨别项目及其被选方案的可行性和优劣，决定取舍。项目前技术经济评价也可以根据评价主体的不同分成项目业主的评价、贷款银行审查贷款项目的评价和承包商投标项目前的评价等。总之，项目前技术经济评价就是在项目投资决策之前，对项目的必要性和项目备选方案的技术、经济、运行条件和社会与环境影响等方面进行的全面论证与评价工作。

（二）创新创业项目前技术经济评价的特征

（1）创新创业项目前评价是在创新创业项目实施前期所做的工作。正因为它是在项目确定之前所进行的研究、分析、论证工作，而不是项目确定之后再来分析、论证，此时项目建设尚未实施，所以，项目前评价为项目实施提供了足够的时间，使之得以被深入地、全面地研究和分析。

（2）创新创业项目前评价是对尚未实施的创新创业投资方案或项目所进行的研究，由于是对未来事物做出的分析、论证，必然会有一定的误差。为此，对项目前评估结果的精确程度要予以客观对待。

（3）创新创业项目前技术经济评价为决策提供科学的依据。可以说，项目前技术经济评价过程本身就是一个决策过程，因此，相关人员必须严肃认真，实事求是。

（三）项目前技术经济评价的基本要求

创新创业项目前技术经济评价作为项目的一个重要阶段，不仅对细化项目目标起承上启下的作用，而且其研究报告也是项目决策的重要依据。只有正确的、符合实际的项目前技术经济评价研究，才可能有正确的决策。具体要求有：

（1）大量调查研究，以第一手资料为依据，客观地反映和分析问题，不应带有任何主观观点和其他意图，项目前评价研究的科学性常常是由调查的深度和广度决定的。项目前评价研究应从市场、法律和技术经济的角度来论证项目可行或不可行，找一些依据证明决定的正确性。

（2）创新创业项目前技术经济评价研究应详细、全面，将定性和定量分析相结合，用数据说话，多用图表示分析依据和结果，项目前技术经济评价研究报告应透彻明了。常用的方法有：数学方法、运筹学方法、经济统计和技术经济评价方法等。

（3）多方案比较，无论是项目的构思，还是市场战略、产品方案、项目规模、技术措施、厂址的选择、时间安排、筹资方案等，都要进行多方案比较。应大胆地设想各种方案，进行精心的研究论证，按照既定目标对备选方案进行评估，以选择经济合理的方案。

（4）创新创业项目前技术经济评价研究中要进行风险分析，在评价研究中，许多考虑是基于对将来情况的预测上的，而预测结果中包含着很多的不确定性，例如项目的产品市场、项目的环境条件，参与者在技术、经济、财务等方面都可能有风险，所以要加强风险分析。

（5）创新创业项目前技术经济评价研究的结果作为项目的一个中间研究和决策文件，在项目立项后应作为设计和计划的依据，在项目后评价中又可作为项目实施成果评价的依据。项目前评价研究报告经上层审查、评价、批准，项目立项。这是项目生命期中最关键性的一步。

（四）创新创业项目前技术经济评价的程序

创新创业项目前技术经济评价报告编制的顺利完成，需要相关专家、技术人员的各种技术、经济和财务等方面的知识和技能。在项目建设的实施过程中，建设单位以及利益相关方要对其合作高度重视，实现双赢。项目前技术经济评价主要包括以下七个阶段：

1. 开始阶段

开始阶段的主要目的是对问题进行研究，发现问题，了解问题。该阶段包括对评估研究范围的界定和对雇主所要实现目标的把握，务必归纳分析所要研究的具体内容和明确最终评估目标，这是前期必然要做的准备工作，所以相关方评估人员一定要重视。

2. 资料搜集与分析

该阶段基于之前的准备研究工作探索并搜集相关资料，比如实地调查以及技术经济研究，对于该工程项目的各个方面都要进行详细探究并搜集相关数据资料。市场机会受到多种因素影响，其中价格、工业结构与市场竞争力等因素相比而言更为重要，除此之外，工艺技术的选择也会受到能源需求、工艺技术要求、运输、人力等因素的制约。

3. 建立各种可行的技术方案

该阶段需要基于之前搜集的所有资料和实际情况，为达成目标建立所有可能可行的、能够相互代替的技术经济方案，并从中选取最优方案，为之后的分析评价做准备，因此拟选取最优方案是项目前技术经济评价中关键的一步。

4. 方案分析阶段

该阶段主要是相关评估专家、技术人员运用各种综合评估方法，分析对比各种技术方案在技术、经济、社会等各个方面的优势和劣势，与此同时，在经济、技术和社会等各个方面的效益研究也同时实施，最后根据综合评价的结果选择最为理想的方案。

5. 编制已选择好的方案

该阶段主要是对所选最佳方案的更细化安排，比如做进一步的市场实地调查分析，该技术方案在实施过程中的细节问题，工程项目选址方案的选择，对如何选择设备设施进行分析，人员在项目组织和经营管理组织中的分配，经济方面尤其是财务方面的分析等各个方面的探究安排。

6. 编制项目前评价报告

该阶段主要是按照特定的结构和内容来编制项目前可行性评价报告，在满足项目前评估报告所涉及的步骤及相关要求的前提下，要求报告清晰明确，聘请技术评估人员和相关专家参与编制，从而便于雇主接受。

7. 编制资金筹措计划

该阶段主要是加强对于项目实施过程中资金的管理和控制，比如针对项目实施中资金筹措可能会遇到的特殊情况所造成的资金改变，应做出最终的结论，使得项目不会因此偏离之前协议所要求的实施进度计划及预算安排。项目前评价一般涉及项目生命周期的立项期，该阶段主要是从概念明确和计划制订出发。项目前评价作为项目投资决策中必不可少的程序，对项目的市场、资源、技术、经济和社会各个方面做综合的分析评价，是确定项目是否可行的一种技术方法。项目前评价是各类型项目实施前的首要环节，只有通过项目前评价认可的项目才被各方认为是可行的，才允许对该项目进行设计、实施（施工）、运行及维护。从广义的角度来分析，项目前评价等同于项目论证的概念，它表述的是某项目的评价与选择，在项目生命周期的概念与论证阶段进行，通过分析得出结论，确定项目是否可以上马。项目前评价对拟实施项目的技术是否先进、经济是否有利、建设是否可行等方面进行综合全面的分析，避免和减少决策的失误，提高投资效益。

（五）创新创业项目前技术经济评价的意义

（1）它为项目投资决策提供支持和保障。任何项目投资之前如果没有进行一系列调查研究、收集数据、比较分析等工作，就无法保证能够做出正确的项目投资决策。人们对于项目必要性和可行性的认识都是通过项目前技术经济评价完成的，人们对于项目的成本、效益及其经济合理性的认识也是通过项目前技术经济评价得到的。另外，人们对于项目的各种不确定性和风险性等特性的认识也需要通过项目前技术经济评价去完成。通过项目前技术经济评价对于项目及其备选方案的这些认识，可以保障企业和国家在项目投资决策方面减少或避免许多不必要的失误。

（2）它是项目融资的必要条件。有些项目因为建设周期长和规模大或其他的原因，所需资金较多，此时往往需要采用项目融资或其他的融资方法从银行等组织进行融资。不管是采用项目融资还是企业融资的方法，出资一方都需要以递交的项目前技术经济评价的结果（或项目可行性研究报告）作为出资的前提条件之一。不管是向银行贷款还是从证券市场上融资，提供资金的经济组织都需要知道项目融资的未来投资收益和风险等方面的情况，都需要充分考虑贷放资金的方向和收益，以确保资金能够按期收回。因此，项目前技术经济评价的另一个重要作用就是作为项目融资的一个必要条件。

（3）它是确保国家利益的一种手段。在项目前技术经济评价中，有一部分内容是从国民经济和整个社会的角度出发，去评估一个项目的经济和社会成本与效益以及项目对于社会环境和自然环境的影响。通常规定，如果项目前技术经济评价认为项目是不可行的，就可以认定整个项目不可行。实际上，项目前技术经济评价就成了确保国家利益的一种手段。特别是现在通过运用影子价格、影子汇率、社会折现率等经济参数去分析和评估一个项目的国民经济成本与效益，这样就在评估和考察项目给企业带来的经济成本与效益的基础上，进一步评估了项目的社会效益与宏观可行性，从而使国家的利益、经济成本与效益得到了保障。

（4）它是项目管理的出发点和重要依据。在项目前技术经济评价中分析和确定的项目经济技术指标和项目风险分析结果等，都是项目实施管理和项目运行管理的基础和依据。它们也是项目管理的出发点，因为项目实施和运行管理的根本目标就是要确保项目前技术经济评价给出的项目目标能够得以实现。有了项目前技术经济评价，人们实际上对于外来的项目建设内容与进度、投资和资金筹措方式、项目的运行和投资回收、项目的经济效益等有了一个全面的了解，所以人们才能够根据这些信息去制订项目实施的计划和方案，开展项目的运行和维护工作，并且利用这些数据通过项目跟踪评估和项目后评估找出差距和改进项目管理，因此，可以说项目前技术经济评价还是项目管理的出发点和重要依据。

（六）创新创业项目前技术经济评价方法的选择原则

（1）遵纪守法的原则。选择项目前技术经济评价方法必须严格遵照国家法律和必须符合国家的各种标准和规定，这是项目前技术经济评价的首要原则。同时，选择项目前技术经济评价方法还应该符合党和国家制定的国民经济和社会发展规划及经济建设方针政策，严格遵守国家有关经济工作的各项规章制度和各种技术经济参数等。

（2）实事求是的原则。在选择项目前技术经济评价方法还必须坚持实事求是的原则，即实事求是地收集和预测数据，实事求是地分析和评估项目，实事求是地论证项目的必要性和可行性等。实事求是的原则还要求当项目采用全新工艺技术时，需要通过试验或其他手段去证明项目预测数据的真实可靠性，并且使用那些靠得住的市场、原材料、能源和人力资源供应等方面的实际和预测数据。

（3）可比性的原则。在选择项目前技术经济评价方法时要考虑有关项目成本和项目收益、项目优势和劣势、项目风险和损失等方面的计算口径要保持一致，针对不同项目备选方案所使用的各种成本、收益和价格等参数也要保持一致，这样才能使项目前技术经济评价方法具有可比性，从而保证项目前技术经济评价的科学性。另外，在项目前技术经济评价的各项工作中，还要注意采取必要的措施以保障项目前技术经济评价和项目后评估的可比性。

（4）动态分析为主的原则。项目前技术经济评价方法中有动态分析和静态分析两种方法，其中静态分析的方法不考虑项目投资和收益的时间价值，而动态分析则必须要考虑投资和收益的时间价值。所以，动态分析相对比较科学和精确，因此项目前技术经济评价要求坚持以动态分析为主的原则。当然，项目初期的一些评估工作有时也可采用静态指标进行辅助分析。

（5）公正可靠的原则。项目前技术经济评价方法必须坚持的原则还有公正和可靠。其中，公正是指对于任何项目的评估都要站在公正的立场上（有人称为“第三者”的立场）去评估；可靠是指项目论证与评估的质量必须能够经得起检验。这包括市场需求预测数据、工程技术方案、项目投资估算、项目实施进度测算等数据的可靠性和评估方法的可靠性。

（七）创新创业项目前技术经济评价的内容

创新创业项目前技术经济评价是在进行创新创业项目投资决策之前对该项目进行的一种系统的分析评价，是项目决策阶段必不可少的关键环节。在创新创业投资项目决策过程中，通过调查、研究与拟建项目有关的一切相关的各种资料，对各种技术经济方案进行分析比较，预测评价项目建成后的技术、社会及经济效益。创新创业项目前技术经济评价一般包括市场评价、技术可行性评价、经济可行性评价、社会可行性评价四个方面，在四方面评价的基础上，最后进行综合评价。

1. 市场评价

市场评价需要解决的问题是创新创业项目产品是否有市场，如何将项目产品有效推向市场等，市场评价应当包括如下内容：市场外部环境评价、市场现状评价、市场预测等。

（1）市场外部环境评价。由于市场的外部环境可能会对创新创业项目的产品产生深远的影响，因此有必要对市场的外部环境进行细致的分析和评价，从而保证创新创业项目建设可以满足市场外部环境的要求。市场环境评价主要分为三个方面，分别是政治环境评价、经济环境评价和自然环境评价。对项目的经济环境进行评价的过程中，应当对创新创业项目所处的宏观经济环境以及微观经济环境都进行分析。其中，宏观经济环境评价的因素包括国内生产总值、人均消费水平、地区经济发展水平、产业结构等。而后两项因素即地区经济发展水平和产业结构会直接影响项目的建设和经营。对于项目所处的自然环境，需要评价的是实施创新创业项目的地区是否可以拥有足够的自然资源供给、建设材料的运送是否方便和是否有充足的劳动生产力。这些因素会直接影响今后项目的经营。

（2）市场现状评价。对市场的现状进行评价主要包含三个方面，分别是分析市场的需求情况、分析市场的供给情况以及分析市场在平衡状态下所需要满足的条件。

市场的需求是指在一定的时期和条件下，市场上消费者购买的商品和负荷的总和。对市场需求的分析主要体现在对因供给变化所造成的有效需求、潜在需求以及销售量变化的分析，可以为未来的市场需求预测提供参考。市场的供给是指在一定的时期和条件下，市场上可以提供给消费者的商品和服务的总和。与分析市场的需求所不同的是，对市场供给的分析重点表现在分析现有市场的供应能力和未来供给能力增长幅度。而其中所包含的分析要素主要有市场中产品的供应平衡情况、生产周期、产品的使用年限、产品的性能等。

（3）市场预测。市场预测是指基于对市场现状合理的分析评价，运用科学的理论方法对市场的演变走势进行分析和评估。若想使市场预测的结果更为准确，则需要全面且细致地分析市场的现有特征、产品的生命周期等。只有这样，才能使我们对未来市场的动态、原材料的价格变化等有比较准确的了解。

2. 技术可行性评价

技术可行性评价主要评价创新创业项目投资的规模与投资额、投资目的是否相符，创新创业项目的技术方案是否满足技术上的基本要求，项目建设技术和工作流程的先进性，项目拟选址的合理性等各方面因素。

（1）创新创业产品和技术开发分析。包括对创新创业项目关键技术的开发和作用、效果的分析，对产品开发的技术性能水平与国内外先进水平进行比较，创新创业项目技术依托单位或者合作单位的研究开发分析。

（2）创新创业项目技术的成熟性分析和产品可靠性分析。包括创新创业项目生产技术的成熟性，工艺流程与现有生产线的匹配分析；创新创业项目产品检测方法，与现有质量控制系统的匹配分析；创新创业项目产品的稳定性、安全性等情况。

（3）创新创业项目产品主要原、辅料来源分析。包括对产品中原、辅料的可得性，主要原料厂家、价格进行分析。

（4）环境保护和劳动安全分析。对创新创业项目投产后对环境的影响、三废情况及治理方案，生产过程中有毒有害物质的分析，采取的保护措施等进行分析。

（5）创新创业项目产品注册情况分析。对同品种商品注册情况进行分析，了解项目的发展前景。

（6）创新创业项目技术风险分析。对创新创业项目采用的关键技术进行风险分析，包括风险概率分析（条件实际发生的可能性）、风险影响分析（衡量结果所导致的负面作用的严重性或者损失的大小）、风险严重性分析（针对项目中概率高而影响大的风险重点分析）。

3. 经济可行性评价

项目的清偿能力及盈利能力是项目的经济可行性评价的重点研究对象。一般来说，项目的资金来源中大部分可能是借贷。对于项目债权人来说，他们最为注重的是项目的清偿能力。项目的盈利能力指标是建设方是否盈利和项目管理绩效水平的重要参考依据，项目的清偿能力与项目的盈利能力息息相关。通常选取一些重要的财务指标来进行项目经济效益评价。

（1）创新创业项目经济可行性评价的一般情况

1）创新创业项目投资数额的评价。包括设备、厂房、运营资金、需求量等投资数额。

2）创新创业项目资金来源渠道和筹借资金成本的比较分析。

3）创新创业项目生产成本的评价。包括原材料、工资、动力燃料、管理费用、销售费用和各项租金等。

4）创新创业项目销售收入的评价。包括销售数量和销售价格。

5）创新创业项目实现利税总额的评价。

6）创新创业项目投资回收期的估算和项目生命周期的评价。

7）创新创业项目折旧及上缴税金的评价。通过项目在生命期内提取折旧，计入成本，来测算项目实现的利润和上缴的税金。

（2）创新创业项目经济可行性评价的指标

1）净现值。净现值是指投资项目在生命周期内变成现值后逐年的收益累计与总投资额之差。注：一般要求的贴现率，净现值为正的项目都可接受，净现值越高的项目盈利能力越强。

2）财务净现值（FNPV）。财务净现值是指按行业基准收益率或设定的目标折现率，将项目计算期内各年净现金流量折现到建设期初的现值之和。可借助编制现金流量表计算得到，也可以直接利用 Excel 软件提供的财务内部收益率函数计算。它是考察项目在计算期内盈利能力的评价动态指标。

3）内部收益率。内部收益率是指在投资项目净现值为 0 时的贴现率。注：内部收益率大于企业要求的贴现率或利润率的所有投资项目，企业原则上都可以接受，此时投资项目的净现值为正；从筹资角度讲，如果已知某一项目的内部收益率，那么所有筹资成本低于内部收益率的筹资方案都是可行的方案。

内部收益率法也是考虑了资金时间价值的动态分析法。内部收益率可以理解为创新项目对占用资金的一种恢复能力，其值越高，一般说来方案的投资盈利能力就越高。

4）投资回收期。投资回收期也称投资收回期，以年或月计，是指一个项目投资通过项目盈利收回全部投资所需的时间，通常分为静态投资回收期和动态投资回收期。静态投资回收期是指直接用未来现金净流量累计到原始投资数额时所经历的时间。动态投资回收期需要将投资引起的未来现金净流量进行贴现，是未来现金净流量的现值等于原始投资额现值时所经历的时间。动态投资回收期是考虑货币时间价值的，而静态投资回收期不考虑货币时间价值。

5）投资利润率。投资利润率是指项目达到设计生产能力后的一个正常年份的年利润总额与项目总投资的比率，或生产经营期内年平均利润与项目总投资的比率。它是考察项目单位投资盈利能力的静态指标。

6）投资利税率。投资利税率是指项目达到设计生产能力后的一个正常年份的年利税总额或生产经营期内年平均利税总额与项目总投资的比率。它是反映项目单位投资盈利能力和对财政所做贡献的静态指标。

投资利税率一般通过与基准利税率和行业利税率等对比来确定其水平。

7）资本金利润率。资本金利润率是指项目达到设计生产能力后的一个正常生产年份的年利润总额或生产经营期内年平均利润总额与资本金的比率，它是反映投入项目的资本金盈利能力的静态指标。通常分为自有资金投资利润率和全部资金投资利润率。

资本金利润率一般通过与基准收益率、行业收益率和银行利率等对比来确定其水平。

（3）创新创业项目经济可行性的不确定性与风险评价。不确定性与风险评价指标体系由盈亏平衡产量（保本点）、盈亏平衡生产能力利用率和对敏感因素变化的承受能力等组成，分析评价模型通常以定量为主、定性为辅。

1）盈亏平衡产量（保本点）和盈亏平衡生产能力利用率，通常采用盈亏平衡公式和盈亏平衡图两种方法求得。

盈亏平衡生产能力利用率是用盈亏平衡时的产量除以项目设计产量所得到的百分数。

评判原则是：一般盈亏平衡产量（保本点）和盈亏平衡生产能力利用率越低，则项目的机动余地越大，项目承受风险的能力就越大。反之，一般盈亏平衡产量（保本点）和盈亏平衡生产能力利用率越高，则项目的机动余地就越狭窄，项目承受风险的能力就越差。

2）对敏感因素变化的承受能力，通常采用编制敏感性因素分析表或绘制敏感性分析图的方法，揭示项目承受风险的范围大小。

4. 社会可行性评价

创新创业项目的社会可行性评价分道德方面、法律方面、社会方面等。

（1）道德方面。道德方面主要分析创新创业项目产品是否符合道德标准，是否符合大众审美。如传播一些低级内容、社会负能量的产品就不符合。

（2）法律方面。创新创业项目产品不能触犯法律，否则产品不会走远。如一些赌博产品、黄色网站等就触犯了法律。

（3）社会层面的问题。创新创业项目产品一定要解决社会存在的某类问题，并能带来社会价值。

（4）社会影响力。通过产品推广，产品将会给企业带来哪些社会效益，增加多少社会影响力。

（5）自有资源。创新创业项目产品具备哪些优势，通过这些资源在市场环境下能带来多少效益。

5. 综合评价

针对一个项目整体来说，对项目全过程进行评价更为重要，要充分利用系统的观念来实施评价。项目在完成市场评价、技术可行性评价、经济可行性评价、社会可行性评价四方面的分析评价后，还需要对项目评价进行全面的把握，同时，对某一个或者某几个方面再进行有针对性、有侧重点的分析，从而做出最终论断。

二、创新创业项目后技术经济评价方法

（一）创新创业项目后技术经济评价概述

创新创业项目后技术经济评价是指对已经完成的项目或规划的目的、执行过程、效益、作用和影响所进行的系统的、客观的分析。通过对投资活动实践的检查总结，确定投资预期

的目标是否达到，项目或规划是否合理有效，项目的主要效益指标是否实现，通过分析评价找出成败的原因，总结经验教训，并通过及时有效的信息反馈为未来项目的决策和提高完善投资决策管理水平提出建议，同时也为被评项目实施运营中出现的问题提出改进建议，从而达到提高投资效益的目的。

（二）创新创业项目后技术经济评价的任务

根据创新创业项目后技术经济评价所要回答的问题以及项目自身的特点，项目后技术经济评价主要的研究任务是：

（1）评价项目目标的实现程度。

（2）评价项目的决策过程，主要评价决策所依据的资料和决策程序的规范性。

（3）评价项目具体的实施过程。

（4）分析项目成功或失败的原因。

（5）评价项目的运行效益。

（6）分析项目的影响和可持续发展。

（7）综合评价项目的成功度。

（三）创新创业项目后技术经济评价的特点

（1）现实性。创新创业项目后技术经济评价是对项目投产后一段时间内所发生情况的一种总结评价。它分析研究的是项目的实际情况，所依据的数据资料是现实发生的真实数据或根据实际情况重新预测的数据，总结的是现实存在的经验教训，提出的是实际可行的对策措施。创新创业项目后评价的现实性决定了其评价结论的客观可靠性。而项目前评价分析研究的是项目的预测情况，所采用的数据都是预测数据。

（2）独立性。创新创业项目后技术经济评价必须保证公正性和独立性，这是一条重要的原则。公正性标志着项目后评价及评价者的信誉，避免在发生问题、分析原因和做结论时避重就轻，受项目利益的束缚和局限，做出不客观的评价。独立性标志着项目后评价的合法性，项目后评价应从项目投资者和受援者或项目业主以外的第三者的角度出发，独立进行，特别是要避免项目决策者和管理者自己评价自己的情况。公正性和独立性应贯穿项目后评价的全过程，即从项目后评价项目的选定、计划的编制、任务的委托、评价者的组成到评价过程和报告。

（3）可信性。创新创业项目后技术经济评价的可信性取决于评价者的独立性和经验，取决于资料信息的可靠性和评价方法的实用性。可信性的一个重要标志是应同时反映出项目的成功经验和失败教训，这就要求评价者具有广泛的阅历和丰富的经验。同时，项目后评价也提出了“参与”的原则，要求项目执行者和管理者参与项目后评价，以利于收集资料和查明情况。为增强评价者的责任感和可信度，评价报告要注明评论者的名称或姓名。评价报告要说明所用资料的来源或出处，报告的分析和结论应有充分可靠的依据。评价报告还应说明评价所采用的方法。

（4）全面性。创新创业项目后技术经济评价的内容具有全面性，即不仅要分析项目的投资过程，而且还要分析其生产经营过程；不仅要分析项目的投资经济效益，而且还要分析其社会效益、环境效益等。另外，还要分析项目经营管理水平和项目发展的后劲和潜力。

（5）透明性。透明性是项目后技术经济评价的另一项重要特点。从可信性来看，要求项目后评价的透明度越大越好，因为项目后评价往往需要引起公众的关注，对投资决策活动及其效益和效果实施更有效的社会监督。从项目后评价成果的扩散和反馈的效果来看，成果及其扩散的透明度也是越大越好，使更多的人借鉴过去的经验教训。

(6) 反馈性。创新创业项目后技术经济评价的目的在于反映现有情况的总管理水平，为以后的宏观决策、微观决策和建设提供依据和借鉴。因此，项目后评价的最主要特点是具有反馈性。项目后评价的结果需要反馈到决策部门，作为新项目的立项和评价基础，以及调整工程规划和政策的依据，这是项目后评价的最终目的。因此，项目后评价的结论的扩散以及反馈机制、手段和方法成为项目后评价成败的关键环节之一。

(四) 创新创业项目后技术经济评价的目的和必要性

1. 创新创业项目后技术经济评价的目的

(1) 创新创业项目后技术经济评价通过调查、收集创新创业项目实际建设和运营情况，与项目投资决策时的预期目标进行对比，找出产生差异的原因，确定投资决策的正确性以及经营管理的有效性，以此作为项目成功与否以及对相关部门和人员的考核依据。

(2) 对创新创业项目的规划设计、实施建造、成本控制等各个阶段进行回顾，总结获得成功的经验，吸取失败的教训，并提出改进措施。

(3) 运用信息反馈系统，将项目后技术经济评价结果信息反馈到决策者和管理者，提高其对未来项目的决策水平，改进管理手段，为后续项目决策管理提供科学的参考依据。

2. 创新创业项目后技术经济评价的必要性

近年来，随着经济的发展，国家及社会资金大量投入创新创业项目建设，并建成投入使用，其中不少项目都取得了较好的经济效益和社会影响，但也有部分项目在建成使用后没有达到预期的效果，甚至根本没有产生效益或者产生负效益。针对这些情况，进行创新创业项目后技术经济评价是十分必要的，但是大部分创新创业项目并没有开展项目后评价工作，即使开展了也只是简单地对指标完成情况进行对比及差异解释，没有对项目后技术经济评价的方法加以运用。

实际上，通过进行项目后技术经济评价，可以对项目全生命周期中各阶段进行分析评价，对做得好的部分、取得效益的项目进行经验总结，为后续类似项目提供借鉴；对不好的部分或者没有达到预期效益的项目，分析原因，提出改进措施，并吸取教训，减少后续项目出现类似的投资管理失误。同时，根据不同的项目，运用不同的后评价方法进行评价，能提高评价的科学性和准确性。

(五) 创新创业项目后技术经济评价的工作程序

各个创新创业项目的工程额、建设内容、建设规模等不同，其项目后评价的程序也有所差异，但大致要经过以下几个步骤：

1. 制订项目后技术经济评价计划

制订必要的计划是项目后评价的首要工作。项目后评价的提出单位可以是国家有关部门、银行，也可以是工程项目拥有者。项目后评价机构应当根据项目的具体特点，确定项目后评价的具体对象、范围、目标，据此制订必要的项目后评价计划。项目后评价计划的主要内容包括组织项目后评价小组、配备有关人员、安排时间进度、确定项目后评价的内容与范围、选择项目后评价所采用的方法等。

2. 收集与整理有关资料

根据制订的计划，项目后评价人员应制定详细的调查提纲，确定调查的对象与调查所用的方法，收集有关资料。这一阶段所要收集的资料主要包括：

(1) 项目建设的有关资料。这方面的资料主要包括项目建议书、可行性研究报告、项目评价报告、工程概算（预算）和决算报告、项目竣工验收报告以及有关合同文件等。

(2) 项目运行的有关资料。这方面的资料主要包括项目投产后的电量负荷情况，有无出现事故等。

(3) 国家有关经济政策与规定等资料。这方面的资料主要包括与项目有关的国家宏观经济政策、产业政策、金融政策、工程政策、税收政策、环境保护、社会责任以及其他有关政策与规定等。

(4) 项目所在行业的有关资料。这方面的资料主要包括国内外同行业项目的劳动生产率水平、技术水平、经济规模与经营状况等。

(5) 有关部门制定的项目后评价的方法。各部门规定的项目后评价方法包括的内容略有差异，项目后评价人员应当根据委托方的意见，选择项目后评价方法。

(6) 其他有关资料。根据项目的具体特点与项目后评价的要求，还要收集其他有关的资料，如项目的技术资料、设备运行资料等。在收集资料的基础上，项目后评价人员应当对有关资料进行整理、归纳，如有异议或发现资料不足，可做进一步的调查研究。

3. 应用评价方法分析论证

在充分占有资料的基础上，项目后评价人员应根据国家有关部门制定的项目后评价方法，对项目建设与生产过程进行全面的定量与定性分析论证。

4. 编制项目后技术经济评价报告

项目后评价报告是项目后评价的最终成果，是反馈经验教训的重要文件。项目后评价报告的编制必须坚持客观、公正和科学的原则，反映真实情况，报告的文字要准确、简练，尽可能不用过分生疏的专业化词汇；报告内容的结论、建议要与问题分析相对应，并把评价结果与将来规划和政策的制定、修改相联系。

（六）创新创业项目后技术经济评价的作用

通过创新创业项目后技术经济评价，可以达到肯定成绩、总结经验、研究问题、吸取教训、提出建议、改进工作、不断提高项目决策水平和投资效果的目的。创新创业项目后技术经济评价的作用体现在以下几个方面：

(1) 有利于提高项目决策水平。一个创新创业项目的成功与否，主要取决于立项决策是否正确。大部分项目的立项决策是正确的，但也不乏立项决策明显失误的项目。

(2) 有利于提高设计施工水平。通过创新创业项目后评价，可以总结创新创业项目设计施工过程中的经验教训，从而有利于不断提高工程设计施工水平。

(3) 有利于提高生产能力和经济效益。创新创业项目投产后，经济效益好坏、何时能达到生产能力（或产生效益）等，是项目后评价十分关心的问题。如果有的项目到了达产期不能达产，或虽已达产但效益很差，在进行项目后评价时就要认真分析原因，提出措施，促其尽快达产，努力提高经济效益，使建成后的项目充分发挥作用。

（七）创新创业项目后技术经济评价的内容

(1) 项目过程的技术经济评价。对创新创业项目的立项决策、设计施工、竣工投产、生产运营等全过程进行系统分析，找出项目后评价与原预期效益之间的差异及产生的原因，使项目后评价结论有根有据，同时针对问题提出解决的办法。

（2）项目效益的技术经济评价。通过创新创业项目竣工投产后所产生的实际经济效益与可行性研究时所预测的经济效益相比较，对项目进行评价。对创新创业项目，要运用投产运营后的实际资料，计算财务内部收益率、财务净现值、财务净现值率、投资利润率、投资利税率、贷款偿还期、国民经济内部收益率、经济净现值、经济净现值率等一系列项目后评价指标，然后与可行性研究阶段所预测的相应指标进行对比，从经济上分析项目投产运营后是否达到了预期效果。没有达到预期效果的，应分析原因，采取措施，提高经济效益。

（3）项目影响的技术经济评价。通过项目竣工投产（营运、使用）后对社会的经济、政治、技术和环境等方面所产生的影响，来评价项目决策的正确性。如果项目建成后达到了原来预期的效果，对国民经济发展、产业结构调整、生产力布局、人民生活水平提高、环境保护等方面都会带来有益的影响，说明项目决策是正确的；如果背离了既定的决策目标，就应具体分析，找出原因，引以为戒。

（4）项目环境影响的技术经济评价。实施环境影响评价的依据是国家环保法的规定、国家和地方环境质量标准、污染物排放标准以及相关产业部门的环保规定。在审核已实施的环境评价报告和评价环境影响的同时，要对未来进行预测。对有可能产生突发性事故的项目，要有环境影响的风险分析。

（5）项目社会影响的技术经济评价。社会影响评价的主要内容是项目对当地经济和社会发展以及技术进步的影响，一般包括：项目对当地就业的影响、对当地收入分配的影响、对居民生活条件和生活质量的影响、受益者范围及其反映、各方面的参与情况、地区的发展等。社会评价影响的方法是定性和定量相结合，以定性为主，在诸要素评价分析的基础上进行综合评价。

（6）项目管理状况影响的技术经济评价。一个项目是否成功，除了项目本身所具备的各种客观条件外，还有项目的管理水平，科学、高效的项目管理能为项目减少成本，提高项目收益。在房地产项目的管理状况影响中，现金流量管理、成本费用管理、人力资源管理、设备管理、管理模式、质量和经营水平管理是较为重要的指标。

（八）创新创业项目后技术经济评价的指标

1. 创新创业项目后技术经济评价中指标的设计

创新创业项目后技术经济评价指标的设计，需要解决以什么为核心设计指标和指标体系的问题。从项目后评价的基本内容要求看，应紧紧围绕项目实际投资效益这项核心内容设置指标。这是因为评价一个创新创业项目的成败得失，归根到底要看项目建成后是否达到了设计能力，是否实现了预期利润，能否如期还贷及收回投资等，总体来说就是项目是否实现了或者多大程度上实现了预定的效益。因此，应该围绕考评项目自身投资效果和项目比较效益这一核心内容，遵照“科学、对应可比、实用、专用与通用”的设计原则，构建创新创业项目后评价指标体系。

2. 创新创业项目后技术经济评价中指标的选取原则

指标是评价项目的基础，指标体系是顺利进行项目后评价的前提。指标体系的建立不仅体现项目实施效果的好坏，同时反映整个项目后评价工作的质量和水平，因此，指标体系的建立至关重要，应遵循以下原则：

（1）科学性原则。指标体系建立的科学性原则要求满足合理性、准确性、全面性和系统性四个要求。①合理性是指项目后评价指标要根据建设工程项目后评价的目的和要求，同时结合建设工程项目自身的特点来进行设置，使指标体系能如实地反映项目全寿命过程的实际情况；②准确性要求项目后评价指标体系的形式和内容要真实、准确地反映项目各个方面的情况；③全面性是指项目后评价指标体系的设置要满足完整性要求，指标体系要从不同层面对项目建设工程项目的决策水平、经济效益、社会和环境影响以及经营管理能力等进行分析评价，而且指标的设置还要动态指标与静态指标、单一指标与综合指标、微观指标与宏观指标相结合；④系统性是指项目后评价指标体系中各个指标之间是有机联系的，与项目各层次的目标具有一致性或关联性。

（2）对应性与可比性原则。建设工程项目的效果，与项目后评价指标体系设置标准有很大关系，因此为了使项目后评价指标体系的设置真实反映项目实施效果，要求项目后评价的指标体系与项目前期评价、实施过程中评价的指标体系一一对应，这样项目后评价的指标数据才能与项目前期和项目运行的指标数据具有可比性，保证项目评价的公平性。

（3）实用性原则。在建立建设工程项目后评价指标体系时，能确实反映建设工程项目效益、管理能力和决策水平，且可操作性强。

（4）专用性与通用性相结合原则。在进行项目后评价时，由于项目的目标有不同的层次，对于高层次的项目目标，其评价指标或指标体系也是高层次的且具有项目之间的通用性；而对于低层次的项目目标，适用低层次的指标或指标体系，且低层次的指标只适用于对应的项目。

3. 创新创业项目后技术经济评价中指标设计的思路

首先，要遵循科学、对应可比以及可操作这三大原则进行考虑，设计的指标既要合理全面，又需要与项目前评价的指标体系对应一致可比较，同时指标体系也需要简便易行、便于理解和运用。

其次，借鉴国内外文献对于创新创业项目后评价的指标内容，结合项目前评价所确定的评价指标进行筛选，确定与项目前技术经济评价对应的四大指标：经济效益、实施过程、影响、管理。

把这四大指标作为上级指标，根据参考文献、行业实际以及项目前评价指标体系，把上级指标进行分解，然后邀请专家对指标进行评分，选取创新创业项目所需的指标体系。

4. 创新创业项目后技术经济评价中指标的分解

（1）经济效益指标。在创新创业项目后评价中，经济效益评价是评价指标体系中重要的一项，它是检查项目是否获利的主要参考指标，也是决定项目是否成功的重要参考。主要包括下列指标：财务净现值、财务内部收益率、总投资收益率、投资回收期、借款偿还期、经济净现值、经济内部收益率和经济效益费用比等。

（2）实施过程指标。创新创业项目在开发过程中，涉及的专业较多，因此在对创新创业项目进行项目后评价时需要对相关专业的完成情况进行评价，一般包括以下指标：决策程序、决策分析、规划定位、设计管理、工程招标、施工准备、工程进度、工程质量、工程成本、销售策略、销售过程、品牌塑造等。

（3）影响指标。创新创业项目在开发过程中，会对周边产生一定的影响，包括环境和社会影响，主要包括以下方面：经济影响、城市发展、就业影响、居民生活质量、当地社会文化、噪声影响、景观影响、生态影响、废气影响、废水影响、固体废弃物影响等。

（4）管理指标。创新创业项目在开发过程中，由于涉及多专业、多部门交叉协调工作，因此需要有相应的管理手段和制度支持，在项目后评价指标中主要包括以下方面：开发模式、管理模式、业态配置、机构设置、人员配备、成本管理、质量管理、进度管理和安全管理等。

第三节　创新创业项目技术转化

一、技术转化概述

技术转化是指为提高生产力水平而对科学研究与技术开发所产生的具有实用价值的技术成果所进行的后续试验、开发、应用、推广直至形成新产品、新工艺、新材料，发展新产业等活动。

技术转化的概念可分为广义和狭义两种。广义的技术转化应当包括各类成果的应用，劳动者素质的提高、技能的加强、效率的增加等。因为科学技术是第一生产力，而生产力包括人、生产工具和劳动对象。因此，科学技术这种潜在的生产力要转化为直接的生产力，最终是通过提高人的素质、改善生产工具和劳动对象来实现的。从这种意义上讲，广义的技术转化是指将技术成果从创造地转移到使用地，使使用地劳动者的素质、技能或知识得到增加，劳动工具得到改善，劳动效率得到提高，经济得到发展。狭义的技术转化实际上仅指技术成果的转化，即将具有创新性的技术成果从科研单位转移到生产部门，使新产品增加，工艺改进，效益提高，最终经济得到进步。我们通常所说的技术转化大多指这种类型的转化，所讲的技术转化率就是指技术成果的应用数与技术成果总数的比。

二、技术转化类型

技术是经济增长的发动机，是提高综合国力的主要驱动力。促进技术转化、加速技术成果产业化，已经成为世界各国技术政策的新趋势。技术转化的途径主要有直接和间接两种转化方式，并且这两种方式也并非泾渭分明，经常是相互包含的。2016 年 1 月，媒体报道，我国技术成果转化率不足 30%，发达国家这一指标为 60% ~70%。全国政协委员、长江学者创新团队带头人祝连庆表示："提高技术成果转化率，需要政府、高校和研发机构以及企业三方同时发力，唯有如此才能研发出更适合实体经济发展的高技术成果，并进一步转化成高附加值的产品。"

1. 直接转化

（1）科技人员自己创办企业。

（2）高校、科研机构与企业开展合作或合同研究。

（3）高校、研究机构与企业开展人才交流。

（4）高校、科研院所与企业沟通交流的网络平台。

2. 间接转化

技术成果的间接转化主要是通过各类中介机构来开展的。机构类型和活动方式多种多样。在体制上，有官办的、民办的，也有官民合办的；在功能上，有大型多功能的机构（如既充当科技中介机构，又从事具体项目的开发等），也有小型单一功能的组织。

（1）通过专门机构实施技术转化。

（2）通过高校设立的技术转化机构实施技术转化。

（3）通过科技咨询公司开展技术转化。

三、技术转化的相关主体

技术转化牵涉多个参与主体与多个方面的系统性工程，在转化过程中主要涉及的参与主体有在转化过程中通过政策的制定与执行起到引导、保障与协调作用的政府部门，作为供给方的高校与科研院所，以及作为需求方的企业，它们各自在技术转化过程中起到了不同的作用。

（一）政府

政府在技术转化活动的过程中起着社会调控和组织管理的作用，通过制定相关的法律法规政策，引导与保障技术的转化与评估，同时还直接给予科研单位任务并提供资金支持、政策法律环境及条件，政策的有效实施将会对技术转化产生极大的推动作用。

（二）企业

企业是技术转化和推广过程中的重要主体，是技术的主要需求方。企业的需求是技术转化的动力，直接影响着技术转化的速度和规模。

（三）高校

高校是技术的主要供给主体，是技术转化为现实生产力的源泉和基础。随着高校总体科技实力、自主创新能力以及综合竞争力的日益增强，正逐渐发展成为基础研究的主力部队、应用研究的重要构成部分以及高新技术产业化的生力军，高校科技工作已经成为国家构建科技创新体系的重要组成部分。

（四）科研机构

科研院所等科研机构也是技术的供给主体之一，其积极承担了国家科技攻关计划、国防军工等一系列科研任务，正在成为我国科技自主创新的强大力量。

四、创新创业项目技术转化的阶段

创新创业项目技术转化的本质是将知识形态的技术直接转化为现实生产力的发展过程，一般将这个过程看作三个阶段：技术的研究阶段、技术的中试阶段以及技术的产业化阶段。三个阶段之间是一个循序渐进、相互联系的过程，只有顺利完成三个阶段才能更好地体现科技服务社会的理念，促进经济发展。

（1）创新创业项目技术的研究阶段。此阶段的成功将为创新创业项目技术的有效转化奠定基础，也是供给对接需求的阶段。只有创新创业项目成功研发产生的技术才具备转化的基础，同时对接有效需求的技术才具备转化潜力。

（2）创新创业项目技术的中试阶段。此阶段是技术成功转化的关键一步，针对拥有创新创业项目技术的企业将会进行中试，通过小批量的生产方式将试用品或技术调查市场反应，中试阶段一般有多个参与主体一起参与试验，进行小批量生产。

（3）创新创业项目技术的产业化阶段。此阶段是实现成功转化的保障，创新创业企业等多个参与主体会针对中试阶段市场反应良好的技术投入资金进行推广与运用，进行规模化生产，从而创造高额利润，带来经济效益。部分技术具备再开发的潜质，也就意味着新一轮技术转化活动的开始。

五、创新创业项目技术转化的关键因素

（一）与市场需求链接程度、转化率

创新创业项目多以独特创新的产品经营为主，由于研发力量集中在生产运营及生产工艺技术提升等方面，虽然在研发过程中申报的由科技成果转化的专利及论文较多，但真正投入到实际生产的新产品、新技术数量较少，且由于创新创业项目在开发过程中与实际市场需求对接不充分、认识不足，导致所研发的科技成果无法被市场接纳，大多与市场脱节，市场化程度较低，转化率低。

（二）科学技术转化平台建设

科学技术转化平台作为创新创业项目技术转化的重要载体，对企业的技术转化起到了推动作用。创新创业项目只有在建立符合企业要求的科学技术转化平台的基础上，才能够有充分的平台资源以及平台资质，才能促进创新创业项目的发展，提升创新能力。创新创业企业把主要精力放在生产经营方面，对技术转化平台的重视程度不够，对技术转化平台的作用认识不足，了解不到位，缺乏对计划转化平台的有效利用，导致计划成果转化不能够充分发挥其创新作用。

（三）技术成果转化政策及利用

政府相关部门相继制定了大量的科技成果转化扶持及补助政策，旨在加大企业科技成果转化的力度。但由于多数创新创业企业成立时间较短，对科技方面信息了解不够深入、及时，并对与此相关的政策利用度较低。其中，对减免税、资金补助、项目成果补助、贷款贴息、专利质押等方面更是知之甚少，导致企业发展受阻，技术转化水平发展缓慢。

（四）人才建设

技术成果转化不仅需要对前瞻性的科学技术、工艺、产品进行研发投入，更需要专业的科技成果转化配套方面的人才支撑。但目前多数创新创业企业并没有专门负责技术成果转化的部门或人员，技术成果转化人才建设严重不足。

（五）企业技术成果转化机制

多数创新创业企业机制并不完善，尤其对新兴的技术成果转化领域机制涉及不多，技术成果转化机制的不完善、对技术成果转化认识的不足不仅阻碍了企业的科技创新，也直接影响了企业未来的生产经营。

六、促进创新创业项目技术转化的主要路径

（1）提高对技术转化平台的认识。作为创新创业型企业，更应该以发展为导向，强化自身技术转化平台的建设，加大技术成果转化力度。在技术转化平台建设的基础上，反向推动企业的技术创新与成果转化。

（2）强化技术创新的市场性。加大创新创业企业市场调研力度，建立以市场为导向的技术创新方式，建立以产学研为主的新方式，同时，增大企业产学研投入力度，使企业研发与市场需求充分结合，促进技术与经济相互推动。

（3）加强对各项优惠政策的利用。随着政府对创新创业项目政策优惠力度的不断加大，以及对技术成果转化相关政策利用意识的提升，有效、充分利用政府各项科技优惠政策，能够有效缓解企业科技研发投入带来的压力，同时，帮助企业更好、更快地实现技术成果转

化，提升企业的经营效益。

(4) 提升技术成果转化人员的专业能力。技术成果转化是系统工程，在拥有先进技术成果及生产力的前提下，技术成果转化人才更为重要。技术成果转化人才既要懂技术，又要懂成果的管理及利用。只有这样，才能加快企业技术成果转化的速度与力度，才能促进企业技术力量实现最大程度的转化，推动企业的发展。

(5) 完善创新创业项目技术成果转化机制

建立合理、有效的技术成果转化机制，明确转移转化、知识产权、评价奖励等工作的责任主体，不仅能够规范企业技术成果转化的流程，减少技术转化过程中出现的浪费，降低技术成果转化的投入，同时，还能规范企业技术成果转化的操作，有效提高技术成果转化人员的积极性，这对于创新创业项目的长远发展至关重要。

七、创新创业项目技术转化成果的类型

根据《中国科学院科学技术研究成果管理办法》所规定的内容，按照技术的研究性质对科技成果进行分类，将其分为基础理论成果、应用技术成果以及软科学成果三类。

(1) 基础理论成果。基础理论成果是指科研团队或人员在基础研究与应用研究两个领域所取得的新发现或者新学说等，基础理论成果的主要形式一般为学术论文、学术著作、发明专利以及原理性模型等。

(2) 应用技术成果。应用技术成果则是指科研团队或人员在学术研究、技术开发以及技术应用的过程中所取得的新技术、新产品、新材料、新工艺或者新设备等，也包括农业、生物的新品种，矿产新品种以及计算机软件等（技术、产品、材料、软件）。

(3) 软科学成果。软科学成果是指科研团队或人员在对科技政策、科技管理以及科技活动的研究中所获取的理论、方法与观点，软科学成果包括管理科学、决策科学、发展研究、计量标准、科技情报等。其成果的最主要形式一般为研究报告。

八、创新创业项目技术转化的意义

创新创业项目技术转化是在我国科技体制改革环境下形成并发展起来的科技经济结合范畴中的概念，促进创新创业项目的技术转化具有深远的战略意义和重要的现实作用。

(1) 创新创业项目技术转化可以有效促进科技创新创业以加速新旧动能转换。科技创业是成果转化的重要渠道和载体，包括美国在内的许多发达国家，都是通过激励创业进而创建引领技术浪潮的引领型公司，来实现新旧产业、新旧就业、新旧动能的转换。

(2) 创新创业项目技术转化有利于加快科技创新治理体系和能力的现代化。技术转化是迈向现代化经济体系的重要渠道。围绕国家创新体系的效能提升，技术转化能够牵引创业型大学、使命型科研院所和创新型企业的形成和发展，为现代大学制度、现代科研院所制度、现代产权制度的完善奠定基础。

国内外的实践已充分证明，加快创新创业项目技术转化是科技经济结合的核心内容，是创新驱动发展的重要环节，是提升国家创新体系效能的关键所在。唯有形成世界级的创新创业项目技术转化规制和体系，才能集聚培育顶尖的创新创业人才，创造出引领一个时代的原创成果和未来产业，使我国逐步成为世界上重要的科学中心和创新高地。

习　　题

1. 简述创新创业的含义与特征。
2. 简述创新与创业的关系与趋势。
3. 简述创新创业项目前技术经济评价方法的特征。
4. 简述创新创业项目前评价的基本要求。
5. 简述创新创业项目后评价的原则。
6. 简述创新创业项目后评价的基本方法。
7. 简述技术转化的概念及技术转化的类型。
8. 简述创新创业项目后评价的基本方法。创新创业项目技术转化的关键因素有哪些?
9. 简述创新创业项目技术转化的关键因素。
10. 结合实践谈谈促进创新创业项目技术转化的主要路径。

第十一章

设备更新的技术经济分析

设备是构成企业生产力的重要因素之一，是现代企业进行生产经营活动的主要物质技术基础，在现代工业企业中具有非常重要的作用。

一个国家设备的技术水平，标志着这个国家的生产能力和技术能力。设备技术水平的高低直接影响着企业产品的质量、产量和经济效益。在现代社会化生产的今天，大力加强企业现有设备的更新和技术改造，对于提高劳动生产率，改善产品质量，促进技术进步，提高企业的素质及其经济效益都具有极其重要的作用。

第一节　设备的磨损和补偿

设备从购置到投入使用再到最终报废的整个运行过程，由于不断磨损，其技术经济状况不断劣化。为了保证生产的正常进行和延长设备的使用寿命，要做好设备的更新改造工作，就必须研究、分析设备的磨损和补偿问题。

一、设备的磨损与度量

（一）设备的磨损

设备的磨损是指设备在使用或闲置过程中所发生的损耗。磨损分为有形磨损和无形磨损两种，人们通常所讲的磨损实则是两种磨损的综合，即综合磨损。

1. 设备的有形磨损

机器设备在使用（或闲置）过程中发生的实体磨损或损失，称为有形磨损或物质磨损。其表现为使用价值的降低，如性能的衰退、效率的下降以及使用成本的升高。设备的有形磨损有两种形式：第Ⅰ种有形磨损和第Ⅱ种有形磨损。

（1）第Ⅰ种有形磨损。设备在使用过程中，由于外力的作用使零部件发生摩擦、振动和疲劳等现象，导致机器设备的实体发生磨损，这种磨损称为第Ⅰ种有形磨损。它通常表现为：

1）机器设备零部件的原始尺寸改变，甚至形状也发生变化。

2）公差配合性质改变，精度降低。

3）零部件损坏。

有形磨损一般可分三个阶段，如图 11-1 所示。第一阶段是新机器设备磨损较强的初期磨损阶段；第二阶段是磨损量较小的正常磨损阶段；第三阶段是磨损量增长较快的剧烈磨损阶段。例如，机器中的齿轮，其初期磨损是由于安装不良、人员培训不当等造成的；正常磨损是机器处于正常工作状态下发生的，它与机器开动的时间长短及负荷强度大小有关，当然也与机器设备的牢固程度有关；剧烈磨损则是正常工作条件被破坏或使用时间过长的结果。

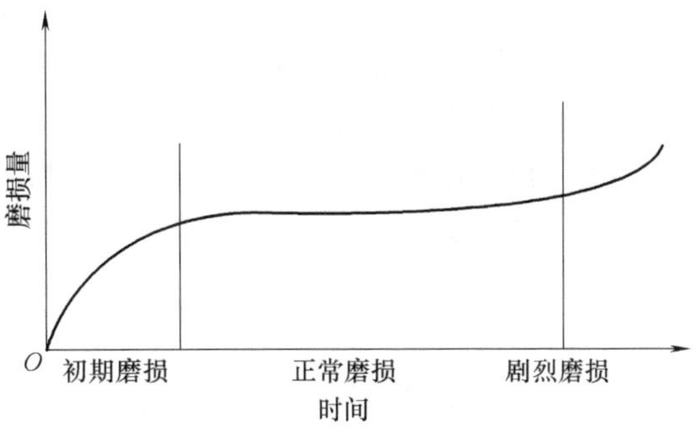

图 11-1　设备有形磨损曲线

在第Ⅰ种有形磨损的作用下，以金属切削机床为例，其加工精度、表面粗糙度和劳动生产率都会劣化。磨损到一定程度，整个机器就会出毛病，功能下降，设备的使用费剧增。有形磨损达到比较严重的程度时，设备便不能继续正常工作甚至发生事故。

（2）第Ⅱ种有形磨损。设备在闲置过程中，由于自然力的作用而使其丧失了工作精度和使用价值，称为第Ⅱ种有形磨损。设备闲置或封存也同样会产生有形磨损，这是由于机器生锈、金属腐蚀、橡胶和塑料老化等原因造成的，时间长了会丧失精度和工作能力。

当设备磨损到一定程度时，设备的使用价值降低，使用费用提高。要消除这种磨损，可进行修理，但修理费应小于新机器的价值。当磨损导致设备丧失工作能力，即使修理也不能达到原有功能时，则需要更新设备。

2. 设备的无形磨损

所谓设备的无形磨损，是指由于科学技术进步而不断出现性能更加完善、生产效率更高的设备，使原有设备的价值降低，或者生产同样结构设备的价值不断降低而使原有设备贬值。无形磨损也称经济磨损或精神磨损。

无形磨损有两种形式：第Ⅰ种无形磨损和第Ⅱ种无形磨损。

（1）第Ⅰ种无形磨损。由于相同结构设备再生产价值的降低而使原有设备价值的贬低，称为第Ⅰ种无形磨损。

第Ⅰ种无形磨损不改变设备的结构性能，但由于技术的进步、工艺的改善、成本的降低、劳动生产率不断提高，生产这种设备的劳动耗费相应降低，而使原有设备贬值。但设备的使用价值并未降低，设备的功能并未改变，因而不存在提前更换设备的问题。

（2）第Ⅱ种无形磨损。由于不断出现技术上更加完善、经济上更加合理的设备，原设备显得陈旧落后，因此产生经济磨损，称为第Ⅱ种无形磨损。

第Ⅱ种无形磨损的出现，不仅使原设备的价值相对贬值，而且使用价值受到严重的冲击，如果继续使用原设备，会相对降低经济效益，这就需要用技术更先进的设备来代替原有设备。但是否更换，取决于是否有更新的设备，以及原设备贬值的程度。

3. 设备的综合磨损

设备在使用时所受的磨损是综合的，既有有形磨损，也有无形磨损。虽然两种形式的磨损都会引起设备原始价值的贬值，但遭受有形磨损严重的设备在修理前往往不能工作，而遭受无形磨损的设备无论如何仍然可以使用，只不过会影响生产过程的经济性能而已。对任何特定的设备来说，这两种磨损必然会同时发生和同时互相影响。某些方面的技术要求可能加快设备有形磨损的速度，如高强度、高速度、高负荷技术的发展，必然会使设备的物质磨损加剧；同时，某些方面的技术进步又可提供耐热、耐磨、耐腐蚀、耐振动、耐冲击的新材料，使设备的有形磨损有所减缓，但是其无形磨损会加快。

（二）设备磨损的度量

1. 有形磨损的度量

设备的磨损程度是衡量使用设备经济性的基础。在机械设备中，通常用尺寸的变化来反映零件的有形磨损量。设 n 个零件发生了磨损，则第 i 个零件的磨损程度 α_i 为

$$\alpha_i = \frac{\delta_{pri}}{\delta_{mi}} \times 100\% \tag{11-1}$$

式中，δ_{pri} 为第 i 个零件的实际磨损量（单位：mm）；δ_{mi} 为第 i 个零件的最大允许磨损量（单位：mm）。

显然，α_i 是一个无量纲的相对系数。对一台具体的设备来说，生产厂家通常不向用户提供某个零件的实际尺寸，而只担保这个尺寸符合图样规定的公差范围，并在出厂检验记录中提供某些装配精度和运动精度的实际数值。所以，在机械修理时，若将它进行拆卸，测量其磨损程度，所比较的并不是真实的初始状态，而是它的设计图样。但人们都对这种方法习以为常而很少非议。在测量出个别零件的磨损之后，可以确定整个设备的平均磨损程度 α_p

$$\alpha_p = \frac{\sum \alpha_i}{n} \tag{11-2}$$

式中，n 为被测量的零件数。

α_p 只是一个大致的估计，因为并不是所有的零件在设备中都扮演同等重要的角色，而且设备功能的降低也并非都是由于尺寸的变化，所以要用加权的办法区分磨损零件在影响设备功能的程度方面的主次轻重。设 n 个被测零件对机械功能的影响之和为 100%，其中，第 i 个零件的影响程度（重要性）为 W_i，则整台机械设备的磨损度为

$$\alpha_p = \frac{\sum \alpha_i W_i}{\sum W_i}, i = 1, 2, \cdots, n \tag{11-3}$$

这样计算的估计量比用式（11-2）计算的估计量更合理一些。

在实际使用式（11-3）时，如何选择 n？为了使估计量更符合实际，只有那些直接影响设备的基本功能的零部件，才应该被视为进行估计的对象，而不能把一切磨损件不分主次地均纳入上面的计算公式。因为如果不这样处理问题，势必使测算的工作量猛增，并且又不能反映最真实的情况。因此，制造厂家应向用户提供设备关键零部件清单及修理图样，或者负责设备修理的部门要事前准备好关键零部件清单及图样资料。

例如，要考察一台车床功能降低的状况，只能从使用它进行加工时的工件质量和产品质量判断。于是，着眼点便是主轴轴颈及轴承的磨损、床身导轨及溜板的磨损、丝杠的磨损以及尾座顶尖间隙的增大等，因为它们会直接影响工件的质量。而对于内燃机，直接影响功率出力大小的是气缸和活塞环的磨损量。影响燃气质量和燃料消耗的是配气机构中进、排气阀及阀座的磨损量。对于泵和风机，其主轴和轴承的磨损则将影响正常的气隙，从而导致生产率的改变。总之，在修理决策前对机械设备磨损进行估计，一定要正确选择估计对象。它们绝不是全部应更换和修理的零件，而只是其中起关键作用的那一部分。

在企业中，最方便的还是用修理费作为指标，从价值上来度量有形磨损的程度。这时

$$\alpha_p = \frac{R}{K_1} \tag{11-4}$$

式中，R 为恢复全部磨损零件（包括装拆）所需的修理费；K_1 为在确定机械设备磨损时，该种设备再生产（或再购）的价值。

α_p应小于1。若 $\alpha_p \geqslant 1$，则此设备已无修理的必要，可用买新换旧的方法来解决问题。

2. 无形磨损的度量

无形磨损的程度用设备的价值降低系数 α_I来估计

$$\alpha_I = \frac{K_0 - K_1}{K_0} \tag{11-5}$$

式中，K_0为设备的原始价值（购置价格）；K_1为考虑无形磨损时，设备的再生产（再购）价值。

$$K_1 = K_n \left(\frac{q_o}{q_n}\right)^{\mu} \left(\frac{C_n}{C_o}\right)^{\beta} \tag{11-6}$$

式中，K_n为设备的价值；q_o、q_n分别为使用相应的旧设备和新型设备时的生产率（单位：件/单位时间）；C_o、C_n分别为使用相应的旧设备和新型设备时的单位产品耗费（单位：元/件）；μ 为劳动生产率提高指数；β 为成本降低指数。

3. 综合磨损的度量

设备在购置安装后，不论使用与否，同时存在着有形磨损和无形磨损，两者都使它的价值降低。因为以上各式计算出的磨损程度都是一些百分数，所以设备有形磨损后的残余价值系数为 $1-\alpha_p$，设备无形磨损后的残余价值系数为 $1-\alpha_I$，因此考虑到两类磨损后，设备的残余价值系数为 $(1-\alpha_p)(1-\alpha_I)$。由此，机器设备在某个时刻的综合磨损程度为

$$\alpha = 1-(1-\alpha_p)(1-\alpha_I) \tag{11-7}$$

设 K 为设备的残值，也就是在经历有形磨损和无形磨损后的残余价值，它是决定设备是否值得修理的重要依据。

$$K = (1-\alpha)K_0 \tag{11-8}$$

将式（11-4）、式（11-5）代入式（11-8）得

$$K = \{1-[1-(1-\alpha_p)(1-\alpha_I)]\}K_0 = \frac{K_1 - R}{K_1}\left(1 - \frac{K_0 - K_1}{K_0}\right)K_0 = K_1 - R$$

即设备残值等于再生产的价值减去修理费用。

当 $K_1 > R$ 时，$K>0$，设备还有价值；当 $K_1 = R$ 时，$K=0$，设备已无价值；当 $K_1 < R$ 时，$K<0$，设备不再具有修理的意义。

二、设备磨损的补偿

为了保证社会再生产的不断进行，企业对设备的磨损必须及时补偿。是继续使用原有已经磨损的设备，还是更新设备，需要进行技术经济分析。

（一）设备的补偿方式

不论使用或闲置，设备系统各组成单元的有形磨损都是不均匀的，而无形磨损一般都是从整机的价值浮动上来考察才有意义。组成单元的有形磨损有人为因素和非人为因素。人为因素是指对于可维修的设备系统，在设计过程中有意识地按不相等的可靠性进行分配，结果一些组成单元的可靠性较大，另一些较小，以此来减少修理工作量，并充分利用各组成单元的残值。非人为因素是指各组成单元发生磨损和故障的随机性。尽管可靠度相同，但它毕竟

只是一个概率。预期的事件可能发生，也可能不发生。所以，期望在某个时刻组成设备系统的各单元都有相同的有形磨损是不可能的。至于无形磨损，虽然应从系统的整体来说才有意义，但现代机械制造的分工使一些设备的子系统（如部件、零件、机构）可以单独作为商品来生产，它们可以单独考核功能和价值，这时也存在组成单元无形磨损的不均匀性问题。

对设备磨损的补偿是为了恢复或提高设备系统组成单元的功能。如上所述，由于耗损不均匀，必须将各组成单元区别对待。一些有形磨损是可消除的。例如，零部件的弹性变形，可以在拆卸后进行校正；在使用中逐渐丧失的硬度，可用热处理的办法恢复；表面光洁度的丧失，可以重新加工，等等。但有些有形磨损则不能消除。例如，零件断裂、材料老化等。而对于无形磨损的补偿，只有在采取措施改善设备技术性能、提高其生产工艺的先进性等后才能实现。

这样就有了针对不同磨损程度的设备组成单元的补偿对策：对于可消除的有形磨损，通过修理来恢复其功能；对于不可消除的有形磨损，修理已无意义，必须更新才能进行补偿；对于第Ⅱ种无形磨损，因为它是由于科学技术进步产生了相同功能的新型设备所致，要全部或部分地补偿这种差距，只能对原设备进行技术改造，即进行现代化改装或技术更新。

修理、更新和现代化改装是设备磨损补偿的三种方式（见图 11-2）。这三种方式的选用并非绝对化。通常采用经济评价方法来决定采用何种补偿方式。一个设备系统，一台设备，在确定其磨损的补偿方式时可以有多种，而不必拘泥于形式上的统一。所以，这就出现了设备维修的多样性和复杂性。在技术上和生产组织上，设备维修始终是设备管理中工作量最大、内容最繁杂的工作，以至于人们力图探索一种新的途径，在现代科学技术的基础上实行大规模的标准化生产，尽可能地降低设备及其零部件的成本，使更新的费用低于维修费，这就是无维修设计。可是无维修设计至今只能用于低值易耗的设备或零部件，而对技术密集、资金密集的设备仍不能避免维修环节。生产技术越向大型、复杂、精密的高级形式发展，设备的价值含量就越高，相应的维修费占生产总成本的比重不是降低，而是提高。

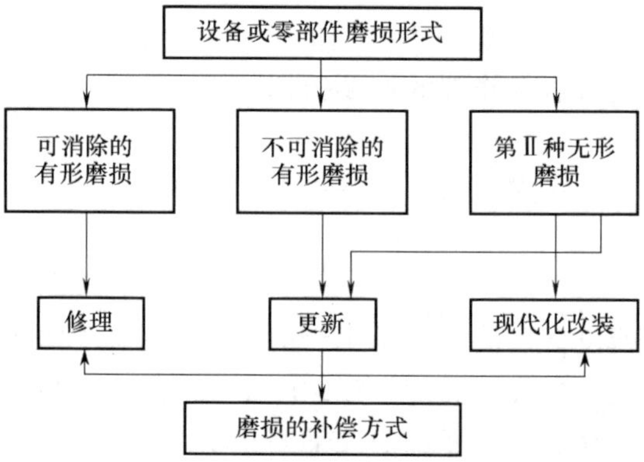

图 11-2　设备磨损的三种补偿方式

对应于各种补偿方式，在修理一台设备或一个设备系统时，可把它的零部件区分为如下四种：

（1）留用件：未发生磨损或虽发生磨损但仍能实现其功能的零部件。

（2）修理件：用修理方式进行补偿，全部或局部恢复其功能的零部件。

（3）更换件：用更换的方式进行补偿，全部恢复其功能的零部件。

（4）改制件：用技术改造方式进行补偿，提高其功能的新制零部件。

（二）设备补偿的资金来源

对设备进行补偿需要一定的资金，资金来源如表 11-1 所示。

表 11-1　设备补偿的资金来源

补偿方式		资金来源	备　注
修理	中修 小修	企业生产费用	直接计入生产费用
	大修	大修理费用	
技术改造		折旧基金 大修理基金 企业利润留成中的生产发展基金	
更换		折旧基金	计入产品成本

第二节　设备的经济寿命

一、设备的寿命

设备的寿命是指设备从开始使用到淘汰的整个时间过程。根据不同的研究角度，设备寿命可以分为自然寿命、技术寿命、折旧寿命与经济寿命等。

1. 自然寿命

自然寿命（物理寿命）是指设备在规定的使用条件下，从投入使用开始到因物质损耗而报废所经历的时间。

（1）自然寿命受有形磨损的影响，摩擦损耗为主的，根据磨损寿命来确定；受疲劳载荷作用的，根据疲劳寿命来确定。

（2）设备的正确使用、维护和修理可以延长自然寿命。

2. 技术寿命

技术寿命是指设备从投入使用到因技术落后而被淘汰所经历的时间。

第Ⅱ种无形磨损可缩短技术寿命，设备现代化改装可延长其技术寿命。

3. 折旧寿命

折旧寿命是指设备从投入使用开始，直到账面价值接近于 0 为止所经历的时间。折旧寿命取决于折旧额的不同提取方法，加速折旧法所决定的折旧寿命必然短于按直线折旧法计提折旧的设备的折旧寿命。实践中设备的折旧寿命往往根据需要，由设备经营者自定，一般与其自然寿命和技术寿命没有必然的联系。

4. 经济寿命

经济寿命是指设备从投入使用到因继续使用不经济而退出使用所经历的时间。

经济寿命受有形磨损和无形磨损的共同影响：

（1）自然寿命后期，设备老化（主要是磨损），维修、能源消耗费用越来越高，依据设备的维持费用所确定的更新周期，即设备的经济寿命。

（2）第Ⅰ种无形磨损引起更新成本降低，更换新设备比维护旧设备更加合算。

（3）第Ⅱ种无形磨损也直接影响寿命，从效率、能源消耗角度，使用旧设备经济上不合算。

设备的年使用成本包括两个部分：一是投资在每年的分摊费用，称之为资金恢复费用；二是设备的年使用费用，是设备使用过程中在维护保养、操作、能耗、修理等方面所支出的费用。两者都与设备使用时间有直接关系，前者随时间延续而变少，后者则随时间延续因磨损加重而维护费增多。这就决定了一定存在着一个使两者之和最小的最佳设备使用时间，如图 11-3 所示。这就是设备的经济寿命，也就是设备更新的最佳时机。明确设备的经济寿命具有重要的意义，可为设备更新提供重要的政策依据。

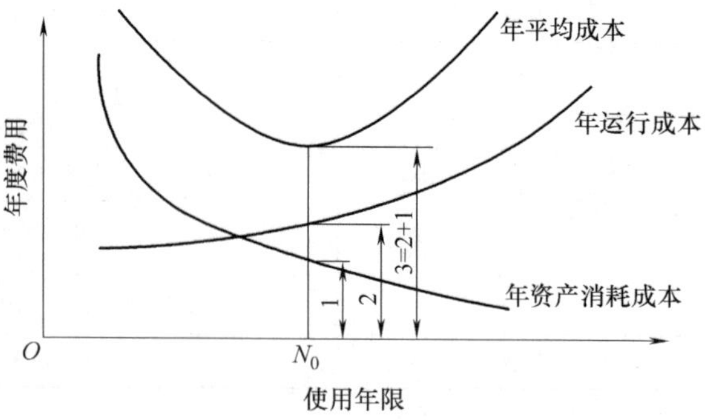

图 11-3　设备经济寿命示意图

设 T 为设备的使用年限，I_0为设备购置费，C_j为设备第 j 年所有的维持费用，AC 为设备使用到第 T 年年末时的年平均使用成本，则设备使用到第 T 年年末时的年平均使用成本为

$$\mathrm{AC} = \frac{I_0 + \sum_{j=1}^{T} C_j}{T} \tag{11-9}$$

二、设备经济寿命的计算方法

（一）低劣化数值法

随着设备使用时间的增加，设备有形磨损和无形磨损加剧，使设备使用年维持费用增加。将设备维持费用的年平均递增额定义为设备的低劣化值，用 λ 表示，则 T 年内设备的年平均维持费用为

$$\frac{\lambda + 2\lambda + \cdots + T\lambda}{T} = \frac{\lambda}{T}(1 + 2 + \cdots + T) = \frac{1+T}{2}\lambda$$

又设设备原值为 I_0，T 年后残值为 0，则每年的设备折旧费用为 I_0/T，可得到设备年使用总费用为

$$\mathrm{AC_T} = \frac{\lambda}{2}(1+T) + \frac{I_0}{T} \tag{11-10}$$

若设设备年使用总费用最小，则取$\frac{\mathrm{dAC_T}}{\mathrm{d}T} = 0$，得

$$T_{\mathrm{opt}} = \sqrt{\frac{2I_0}{\lambda}} \tag{11-11}$$

最小年平均费用为

$$\mathrm{AC}_{\mathrm{T_{min}}} = \frac{\lambda}{2}(1 + T_{\mathrm{opt}}) + \frac{I_0}{T_{\mathrm{opt}}} \tag{11-12}$$

若考虑资金的时间价值，则设备年使用总费用为

$$\mathrm{AC_T} = \left[I_0 + \sum_{n=1}^{T} n\lambda \frac{1}{(1+i)^n}\right]\frac{i(1+i)^T}{(1+i)^T - 1} \tag{11-13}$$

AC_T最小时，T 即为设备的经济寿命。

【例 11-1】 某台设备原值为 15 000 元，年低劣化值为 900 元，计算其经济寿命。

解 用式（11-11）和式（11-12），计算得

$$T_{opt}=\sqrt{\frac{2\times 15\ 000}{900}}年=5.77\ 年$$

$$AC_{T_{min}}=\left[\frac{900}{2}\times(1+5.77)+\frac{15\ 000}{5.77}\right]元=5646\ 元$$

若考虑时间价值，用低劣化值法计算设备的经济寿命（$i=10\%$），如表 11-2 所示。

表 11-2　用低劣化值法计算设备经济寿命（$i=10\%$）

使用年限/年	年低劣化值（$T\lambda$）	现值系数 $\frac{1}{(1+i)^T}$	低劣化现值（元）	低劣化值累计（元）	现值合计（元）	资金回收系数 $\frac{i(1+i)^T}{(1+i)^T-1}$	年使用总费用（元）
①	②	③	④=②×③	⑤=Σ④	⑥=I_0+⑤	⑦	⑧=⑥×⑦
1	900	0.9091	818.19	818.19	15 818.19	1.100 00	17 400
2	1800	0.8264	1487.52	2305.71	17 305.71	0.576 19	9971
3	2700	0.7513	2028.51	4334.22	19 334.22	0.402 11	7774
4	3600	0.6830	2458.80	6793.02	21 793.02	0.315 47	6875
5	4500	0.6209	2794.05	9587.07	24 587.07	0.263 80	6486
6	5400	0.5645	3048.30	12 635.37	27 635.37	0.229 61	6345
7	6300	0.5132	3233.16	15 868.53	30 868.53	0.205 41	6341 *
8	7200	0.4665	3358.80	19 227.33	34 227.53	0.187 44	6416

从表中可以看出，第 7 年的设备年使用总费用最低，为 6341 元，所以该设备的经济寿命为 7 年。

若年低劣化值的增加是不等的，且 T 年后残值为 L_T，则可采用最小年费用法确定设备的经济寿命。

其计算公式为

$$AC_T=\frac{1}{T}\left[\sum_{n=1}^{T}C_n+I_0-L_T\right] \tag{11-14}$$

式中，C_n为第 n 年的维持费用，$n=1,2,\cdots,T$。

若考虑时间价值，则设备年使用总费用为

$$AC_T=\frac{i(1+i)^T}{(1+i)^T-1}\left[I_0-\frac{I_L}{(1+i)^T}+\sum_{n=1}^{T}\frac{C_n}{(1+i)^n}\right] \tag{11-15}$$

同理，取设备年使用费用最小的 T 值。

【例 11-2】 一台设备原值为 16 000 元，其各年残值及维持费用资料如表 11-3 所示，计算其经济寿命。

表 11-3　设备各年残值及维持费用资料

使用年限/年	1	2	3	4	5	6	7
年维持费（元）	2000	2500	3500	4500	5500	7000	9000
年末残值（元）	10 000	6000	4500	3500	2500	1500	1000

解 现分别按静态（不考虑资金时间价值）和动态（考虑资金时间价值）的最小年费用法来确定设备经济寿命，如表 11-4 和表 11-5 所示。

表 11-4 设备经济寿命（用静态最小年费用法确定）

使用年限/年	累计维持费用（元）	设备折旧费（元）	总费用（元）	年使用费（元）
T	① $=\sum_{n=1}^{T} C_n$	② $=I_0-L_T$	③ = ① + ②	④ = ③/T
1	2000	6000	8000	8000
2	4500	10 000	14 500	7250
3	8000	11 500	19 500	6500
4	12 500	12 500	25 000	6250 *
5	18 000	13 500	31 500	6300
6	25 000	14 500	39 500	6585
7	34 000	15 000	49 000	7000

从表 11-4 可以看出，第 4 年的年使用费最小，因此该设备的经济寿命是 4 年。

表 11-5 设备经济寿命（用动态最小年费用法确定）

使用年限/年	现值系数	残值现值（元）	维持费现值（元）	维持费现值累计（元）	总使用费（元）	资金收回系数	年使用费（元）
t	$a=\frac{1}{(1+i)^t}$	$b=L_t a$	$c=C_n a$	$d=\sum_{i=1}^{t} c$	$e=I_0+d-b$	$f=\frac{i(1+i)^t}{(1+i)^t-1}$	$g=ef$
1	0. 909	9090	1818	1818	8728	1. 100	9601
2	0. 826	4956	2065	3883	14 927	0. 576	8598
3	0. 751	3380	2629	6512	19 132	0. 402	7691
4	0. 618	2391	3074	9586	23 195	0. 351	8141
5	0. 621	1553	3416	13 002	27 449	0. 264	7247 *
6	0. 565	848	3995	16 997	32 149	0. 230	7394
7	0. 513	513	4617	21 614	37 101	0. 205	7604

从表 11-5 可以看出，第 5 年的年使用费最小，因此该设备的经济寿命为 5 年。

（二）更新收益率法

以上两种方法是通过保证在整个使用期内总费用最小来确定设备的经济寿命，而没有考虑有更先进设备出现这一因素。如果在技术进步条件下，出现了更先进的设备，那么必然会影响原有设备的经济寿命。在这种情况下，应采用更新收益率法。

更新收益率法是以先进设备更换旧设备所需新增投资收益率的大小，作为确定设备经济寿命的依据。可以根据新设备的收益率大小来选择，也可以根据收益率的大小来安排各种设备的经济寿命顺序（更新优先顺序）。计算公式如下：

1. 国民经济更新收益率 i_e（包括税收）

$$i_e = \frac{\Delta R}{\Delta I} = \frac{R_c + R_o - I_c}{I_n - (L_o - I_r)} \quad (11\text{-}16)$$

式中，ΔR 为新增收益额；ΔI 为新增投资额；L_o 为旧设备在更新年份的残值；I_r 为旧设备再使用一年必须追加的投资；R_c 为先进设备相对于旧设备在第 1 年年末的收益率增加额和费用减少额之和；R_o 为旧设备再使用一年的设备总消耗额，$R_o = L_o - L_1 + I_r$，L_1 为旧设备再使用一年的残值；I_c 为先进设备使用第 1 年消耗的价值，$I_c = I_n - I_1$，I_1 为先进设备使用第 1 年年末的净值。

2. 企业更新收益率 i_e（包括税收）

$$i_e = \frac{\Delta R - I}{\Delta I} \quad (11\text{-}17)$$

式中，I 为先进设备使用第 1 年的税金及应付利息。

$$I = (R_c + R_o - A)b$$

式中，A 为新设备的年折旧额及利息；b 为税率。

将上式展开得

$$i_e = \frac{R_c + R_o - I_c - (R_c + R_o - A)b}{I_n - (L_o - I_r)} = \frac{(R_c + R_o)(1 - b) - I_n \dfrac{I_n - I_1 - Ab}{I_n}}{I_n - (L_o - I_r)} \quad (11\text{-}18)$$

式中，$\dfrac{I_n - I_1 - Ab}{I_n}$可根据折旧方式估算设备的使用年限和残值率，采用制成图表的方法，可以减少计算上的麻烦。

第三节　设备更新的策略与方法

机器设备是工业企业维持正常生产的重要组成部分，不可缺少。工业企业一次性设备费较多，同时也需要为维持设备的使用价值付出更新改造投资。

一、设备更新的策略

（一）设备更新的概述

1. 设备更新的必要性

所谓设备更新，就是以比较经济、完善和先进的设备，代替物质上不能继续使用，或经济上不宜继续使用的设备。就实物形态而言，设备更新是用新的设备替代陈旧落后的设备；就价值形态而言，设备更新是对设备在运动中消耗掉的价值的重新补偿。设备更新的目的是提高企业生产的现代化水平，尽快形成新的生产能力。设备更新是修理以外的另一种设备综合磨损的补偿方式，是维护和扩大社会再生产的必要条件。

加强设备的维护与修理，只能延长设备的使用寿命，而不能从根本上解决原有设备的落后陈旧状况。因而，它不能为企业调整产品结构、淘汰老产品、开发新产品、满足市场需求提供物质技术基础；不能实现优质、高产、低成本；不能增强企业的竞争能力，提高市场占有率。因此，为使企业能够在科学技术的不断发展中获得先进、适用的技术设备，使生产发展建立在先进的物质基础上，就必须及时地、不断地对企业原有设备进行更新和改造。

设备更新决策对企业的经济效益会产生重要影响。过早的设备更新将造成资金的浪费，失去其他的收益机会；过晚的设备更新将造成生产成本的迅速上升，失去竞争优势。因此，企业不失时机地做好设备更新决策工作，是生产发展和技术进步的客观需要。

2. 设备的更新形式

由于对设备更新的要求不同，在实际工作中可以采用不同的设备更新形式。

(1) 设备的原型更新（或称简单更新）。它是指设备已磨损到不能继续使用的程度时，以相同的设备进行替换。

(2) 设备的技术改造（或称现代化改造）。它是指采用先进技术改变现有设备的结构或为旧设备装上自动上下料、自动测量、自动控制等装置，改善现有设备的性能，使之达到或局部达到新设备的水平。

(3) 设备的技术更新。它是指以技术上更加先进、经济上更加合理的新设备，换下工艺落后、技术陈旧的老设备。

上述设备更新的三种形式，都有其存在的一定客观必要和约束条件，因此它们之间是互相补充的关系。但是，其中以技术改造与技术更新为主要形式。在设备更新过程中，要把设备的更新改造同加强对原有设备的维护修理结合起来。在一般情况下，现有设备是完成生产任务的主力，因此要加强对现有设备的管理，做好维护修理工作。在设备更新时，要合理地处理老设备。因设备更新而退役的老设备，凡降级转用的，必须符合新用途的工艺要求，不得造成产品质量下降和消耗增加；不宜转用的老设备应当报废。

(二) 设备更新采取的策略

正确的设备更新策略应该有重点、有区别地对待设备更新。

对于陈旧落后的设备，即消耗高、性能差、使用操作条件不好、对环境污染严重的设备，应当用比较先进的设备尽早替代。

对于整机性能尚好、局部有缺陷、个别或部分技术经济指标落后的设备，应该抓紧改造。即使好的或较好的设备，包括结构原理较新、技术经济指标较先进的设备，也要吸收国内外的新技术，不断加以改造和进行现代化改装。

确定设备更新还必须进行经济分析。凡修复比较合理的，不应过早更新，可以修中有改；凡通过改进工艺就能使设备达到生产技术要求的，不要着急更新；凡更新个别关键零部件就可以使设备达到生产技术要求的，不必更换整台设备；凡更换单台设备就能满足生产技术要求的，不必要更换整体生产线。

国民经济各部门具有不同的技术装备，每个行业又有自己的发展方针，因此，设备更新的方向应与行业发展规划有所区别。例如，机械工业是我国国民经济发展的基础产业，根据产品升级换代的需要，应尽可能以技术水平较高的新设备替代落后的老设备，而不应在原来的水平上重复。

(三) 设备更新的原则

设备更新应遵循以下原则：

(1) 设备更新应当结合企业的经济条件，有计划、有重点、有步骤地进行。

(2) 要做好调查摸底工作，根据企业的实际需要和可能，安排设备的更新工作。注意克服生产薄弱环节，提高企业的综合生产能力。

(3) 有利于提高生产的安全程度，有利于减轻工人的劳动强度，防止环境污染。

(4) 更新设备要同加强原有设备的维修和改造结合起来，如改造后能达到生产要求的，可暂不更新。

(5) 讲求经济效益，做好设备更新的技术经济分析工作，主要包括确定设备的最佳更新周期、计算设备的投资回收期等。

二、设备更新的方法

(一) 选择设备更新方法的原则

在选择设备更新的具体方法时，应遵循如下原则：

1. 不考虑沉没成本

沉没成本就是过去已支付的靠今后决策无法回收的资金。在进行方案比选时，原设备的价值应按目前的实际价值计算，而不考虑其沉没成本。

2. 不要简单地按照新、旧设备方案的直接现金流量进行比较

对新、旧设备的经济效益进行比较分析时，分析者应以一个客观的身份进行研究，而不应该在原有状态上进行主观分析。这样才能客观、准确地描述新、旧设备的现金流量。

3. 逐年滚动比较

逐年滚动比较原则是指在确定最佳更新时机时，应首先计算现有设备的剩余经济寿命和新设备的经济寿命，然后利用逐年滚动计算方法进行比较。

【例 11-3】 机器 A 在 4 年前以原始费用 2200 元购置，估计可以使用 10 年，第 10 年年末估计净残值为 200 元，年使用费用为 750 元，目前的售价为 600 元。现在市场上同类机器 B 的原始费用为 2400 元，估计可以使用 10 年，第 10 年年末的净残值为 300 元，年使用费用为 400 元。现有两个方案：方案一，继续使用机器 A；方案二，把机器 A 出售，然后购买机器 B。已知基准折现率为 15%，比较这两个方案的优劣。

解 根据上述比较原则，机器 A 的原始费用是 4 年前发生的，是沉没成本。目前机器的价值为 600 元。方案比较可以用平均年费用指标进行。

方案一

$$AC_1 = [(600-200)\times(A/P,15\%,6)+200\times15\%+750]元=885.68\ 元$$

对其与方案二的比较，应该站在一个客观介入者的立场上进行，即决策者这时相当于对或是花 600 元购买一台旧机器 A，或是花 2400 元购买新机器 B 之间进行比较分析。

方案二

$$AC_2 = [(2400-300)\times(A/P,15\%,10)+300\times15\%+400]元=863.53\ 元$$

由于 $AC_1 > AC_2$，因此采纳方案二比方案一优，平均每年可以节约费用 22.15 元。

(二) 设备更新的几种常用方法

1. 经济寿命法

有些设备在其整个使用期内并不过时，也就是在一定时期内还没有更先进的设备出现。在这种情况下，设备在使用过程中主要发生的是有形磨损。随着设备使用时间的延长，有形磨损加剧，结果将引起设备维修和运行费的增加，当达到一定程度时，如果继续使用旧设备，与使用新设备比较，可能在经济上不合算，这时应用新设备更新旧设备，即设备的原型更新问题。原型更新可以通过分析设备的经济寿命进行决策，即经济寿命法。关于设备的经济寿命计算原理及方法，在第二节已经做了详细介绍，这里不再重复。

2. 生命周期成本法

分以下三种情况：

（1）拟被更新的设备尚未达到经济寿命，且该项业务的服务期大于正在使用的设备要服务的年限，而又小于正在使用设备与拟更新设备的可服务年限之和，可对各可行方案分别计算各自在最佳更新时机的生命周期内的总使用成本，则其中最小者为最佳方案。

（2）拟被更新的设备已到更新时机（已到经济寿命年限），可只计算在未来尚需服务的确定年限内，各可行方案的生命周期内的总使用成本，则其中成本最低者为最佳方案。

（3）若设备已到更新时机，但未来需要的服务年限长（比任何设备的可服务年限都长得多），甚至可更新多次也未必终了（如通用设备，只要技术上不落后，且该项业务是长久性的），则可用生命周期成本法选优。由于并不知道该项业务的生命周期，因此只能进行可供更新设备在生命周期内的总成本比较。可分为两种情况：

1）参加比较的可行方案服务年限一致。此时只要计算各可行方案在服务年限内的总成本，且选择其中的最小者为最佳方案。

2）参加比较的可行方案服务年限不一致。以两个方案为例：

设第一个方案的可服务年限为 T_1，第二个方案的可服务年限为 T_2，且 $T_2 > T_1$，则具体应用生命周期成本法，应将可服务年限长的方案折到可服务年限短的年限中，都按服务年限短的年限（如 T_1）计算生命周期内的总成本。两个方案在 T_1 年内的总使用成本分别计算如下

$$\mathrm{TC}_1 = I_1 - L_{1T_1} + \sum_{j=1}^{T_1} C_{ij} \tag{11-19}$$

$$\mathrm{TC}_2 = \left(I_2 - L_{2T_2} + \sum_{j=1}^{T_2} C_{2j}\right)\frac{T_1}{T_2} \tag{11-20}$$

若考虑资金的时间价值，则应乘以相应的时间系数。

3. 追加投资回收期法

以两个可行方案比较为例。第一个方案和第二个方案的投资分别为 I_1 和 I_2，且 $I_2 > I_1$，第 j 年的维持费分别为 C_{1j} 和 C_{2j}。若 $C_{1j} \leqslant C_{2j}$，则第一个方案好；若 $C_{1j} > C_{2j}$，则要计算用年维持费的节约在规定年限内是否能回收投资的增加，若能够有余，则多投资的第二个方案比第一个方案好，反之，则结论相反。计算公式为

$$I_2 - I_1 \leqslant \sum_{j=1}^{[\tau]} (C_{1j} - C_{2j}) \tag{11-21}$$

式中，$[\tau]$ 为部门或行业的标准投资回收期。

若两个可行方案的效率不一样，要折算为一样的效率再进行比较。

若各年维持费均以其平均值代之，则

$$\frac{I_2 - I_1}{\overline{C}_1 - \overline{C}_2} = \tau_a \tag{11-22}$$

式中，$\overline{C}_1$和$\overline{C}_2$分别为方案一和方案二的年维持费的平均值。

式（11-22）的意义为：用年平均维持费的节约来回收资金的增加需要多少年。

若$\tau_a \leqslant [\tau]$，说明实际回收年限少于或等于规定的年限，多投资方案比少投资方案好；反之，则结论相反。

4. 几种方法的比较和选择

（1）设备更新方法的比较。在进行设备更新时，方案一般不止一个。多个方案比较时，必须要求各方案都能满足生产的需要，即生产机能和工作质量是相同的，这样才能在同一起跑线上来比较设备的年度使用成本的高低。

更新方案对比的共同尺度就是“设备年使用成本”，也就是说该设备使用一年要有多少成本支出。

较好的设备更新方案的主要特点是，在必须满足工艺要求和生产效率要求的前提下，该方案的年度使用成本比其他更新方案低。

（2）设备更新方法的选择。设备更新要考虑经济效益。到底什么时候更新，应以什么时候更新在经济上有利为依据。具体选择哪种方法，可从以下几点出发：

1）在设备到达经济寿命年限以前，该设备在技术上仍然先进。在这种情况下，可以应用经济寿命法确定更新的时间。

2）当新、旧设备的使用寿命及原值、残值和年维持费已知时，新、旧设备将有许多种更新组合的方式，即有多个更新方案。这个时候可采用生命周期成本法，遵循在需要服务期内总成本最小的原则确定更新的时间。

3）当已知不同设备更新方案的投资年维持费及部门或行业的标准投资回收期时，可用追加投资回收期法确定更新的时间。

（3）常用参数的说明

1）关于维持费C的说明。该维持费应以设备设计时规定的参数为计算依据，如两班制参加服务，生产秩序正常。目前在设备出厂时给出其数据，尚有困难，这是因为目前许多企业对设备的耗费并未对号计入，统计工作和以前的统计资料也不健全。但只要有关部门组织一定的人力，在企业协助下，通过几年对对号计入耗费统计资料的恰当处理，就会得到绝大多数设备的这类数据，逐渐摸索，在设备出厂时就可预先告知该设备的各年维持费随使用时间的变化数据，这样对做好设备更新工作极为有利。特别是对于新购入的设备，若能从开始使用就认真对号进行统计，对未来将更有意义，而且也可以通过对其统计数据进行处理，使之有助于人们决定恰当的更新时机。对于大多数设备，只要有重复使用者，就可以用设备第一年的维持费与第T年的维持费之差，除以（$T-1$），求得其平均年增值，应用于计算都很方便。

2）关于设备效率比α的说明。α为更新设备与被更新设备效率的比值。若设备服务于一般生产或非配套生产，则应将α计入；若为配套生产或是其生产线中的一台设备，它本身的高效并无用武之地，此时公式中应略去α。

3）关于残值L的说明。目前尚无确定残值的较为科学的方法，特别是设备使用到任一年时的残值更不易确定，但它却是真实反映事物本来面貌的量，确定它很有意义。有人提出，可以以设备制造厂愿意回购的价格作为该设备的当时残值，这确实不失为一个方法，只是影响因素较多，具体确定时也有困难。应该请有经验的人士一起讨论，并结合统计测验，把相当数量的内行人提出的数据与制造厂愿意回购的价格进行对照，恰当决定残值 L。

习　题

1. 设备磨损有哪几种主要形式？各有何特点？
2. 对设备磨损的补偿方式有哪几种？各有何特点？
3. 简述设备的自然寿命、折旧寿命、技术寿命和经济寿命的概念。
4. 设备更新有几种方法？如何计算？
5. 某工厂生产需要一台机床，该机床的购置成本为 6000 元，第一年的使用费用为 1000 元，以后每年以 300 元的金额逐年递增。开始使用 1 年后残值为 3600 元，以后以每年 400 元逐年递减，该机床的最大使用年限为 8 年。已知折现率为 15%，试求该机床的经济寿命。

第十二章

技术经济评价的其他常用方法

第一节 主成分分析法

一、主成分分析法的含义

主成分分析法也称主分量分析法，旨在利用降维的思想，把多指标转化为少数几个综合指标。主成分分析法通过研究指标体系的内在结构关系，将多个指标转化为少数几个相互独立且包含原来指标大部分信息（80%或85%以上）的综合指标。其优点在于它确定的权数是基于数据分析得出的指标之间的内在结构关系，不受主观因素的影响，有较强的客观性，而且得出的综合指标（主成分）之间相互独立，减少信息的交叉，这对分析评价极为有利。

在统计学中，主成分分析（Principal Components Analysis，PCA）是一种简化数据集的技术。它是一个线性变换。这个变换把数据变换到一个新的坐标系统中，使得任何数据投影的第一大方差在第一个坐标（第一主成分）上，第二大方差在第二个坐标（第二主成分）上，以此类推。主成分分析经常用减少数据集的维数，同时保持数据集的对方差贡献最大的特征。这是通过保留低阶主成分，忽略高阶主成分做到的。这样，低阶成分往往能够保留住数据的最重要方面。但是，这也不是一定的，要视具体应用而定。

在实证问题研究中，为了全面、系统地分析问题，必须考虑众多影响因素。这些涉及的因素一般称为指标，在多元统计分析中也称为变量。因为每个变量都在不同程度上反映了所研究问题的某些信息，并且指标之间彼此有一定的相关性，因而所得的统计数据反映的信息在一定程度上有重叠。在用统计方法研究多变量问题时，变量太多会增加计算量和增加分析问题的复杂性，人们希望在进行定量分析的过程中涉及的变量较少，得到的信息量较大。主成分分析正是适应这一要求产生的，是解决这类问题的理想工具。

二、主成分分析法的基本原理

主成分分析法是一种降维的统计方法，它借助一个正交变换，将其分量相关的原随机向量转化成其分量不相关的新随机向量。这在代数上表现为将原随机向量的协方差矩阵变换成对角形矩阵；在几何上表现为将原坐标系变换成新的正交坐标系，使之指向样本点散布最开的 p 个正交方向，然后对多维变量系统进行降维处理，使之能以一个较高的精度转换成低维变量系统，再通过构造适当的价值函数，进一步把低维系统转化成一维系统。

三、主成分分析法的主要作用

概括起来说，主成分分析法主要有以下几个方面的作用：

（1）主成分分析法能降低所研究的数据空间的维数。用研究 m 维的 Y 空间代替 p 维的 X 空间（$m<p$），而低维的 Y 空间代替高维的 X 空间所损失的信息很少。即使只有一个主成分 Y_1（即 $m=1$）时，这个 Y_1 仍是使用全部 X 变量（p 个）得到的。例如，要计算 Y_1 的均值，也得使用全部 X 的均值。在所选的前 m 个主成分中，如果某个 X_i 的系数全部近似于0，就可以把这个 X_i 删除，这也是一种删除多余变量的方法。

（2）有时可通过因子负荷 a_{ij} 的结论，弄清楚 X 变量之间的某些关系。

（3）多维数据的一种图形表示方法。我们知道，当维数大于三时便不能画出几何图形，多元统计研究的问题大都多于三个变量，因而要把研究的问题用图形表示出来是不可能的。然而，经过主成分分析后，可以选取前两个主成分或其中某两个主成分，根据主成分的得分画出 n 个样品在二维平面上的分布情况。由图形可以直观地看出各样品在主分量中的地位，进而还可以对样本进行分类处理，可以由图形发现远离大多数样本点的离群点。

（4）由主成分分析法构造回归模型。把各主成分作为新自变量，代替原来的自变量 X 做回归分析。

（5）用主成分分析筛选回归变量。回归变量的选择有重要的实际意义，为了使模型本身易于做结构分析、控制和预报，最好从原始变量所构成的子集合中选择最佳变量，构成最佳变量集合。用主成分分析筛选变量，可以用较少的计算量来选择变量，获得选择最佳变量子集合的效果。

四、主成分分析法的应用举例

表12-1给出了美国38个城市在人口、经济和财政方面的11个百分比变化变量上的概括性信息。为了定义能说明数据中大部分变量的少量几个主成分指标，同时也希望能了解这些城市的结构形态，从 11×11 阶的协方差矩阵出发，进行主成分分析。

表12-2（1）给出了特征值和可解释方差的累积百分比。可以看到，前两个因子就说明了约90%的方差，前三个因子超过了93%，由此可以认为，用两个或三个因子就足以获取原始数据的方差结构。

再看看对主成分的解释。表12-2（2）给出了主成分与各度量的相关系数（即因子负荷）。从主成分因子负荷中可以看到，第1主成分（约占总方差的64%）很明显是由税收-支出不平衡（IMBAL）所支配的；第2主成分（约占总方差的25%）主要是由有效财产税率（PTXRTG）决定的。我们可能已经注意到支配前两个主成分的两个变量是有着最大方差的两个变量，它们的方差分别是 $3.301^2=10.9$ 和 $2.062^2=4.25$。

表12-1　关于11个变量的概括性信息

变量名	平均值	标准差	对变量的说明
POPCC	-0.03	0.234	1970—1977年间的人口百分比变化
INCADJ	0.52	0.085	1969—1975年间（调整后的）收入的百分比变化
EMP	0.16	0.209	1970—1977年间总就业的百分比变化

（续）

变量名	平均值	标准差	对变量的说明
PROF	0.92	0.308	1970—1976 年间利润的百分比变化
IGPER	0.52	0.676	1972—1977 年间政府税收的百分比变化
IMBAL	-1.29	3.301	1972—1977 年间税收-支出不平衡的百分比变化
PTXRTG	0.40	2.062	1971—1976 年间有效的财产税率的百分比变化
BASE	0.58	0.631	1971—1976 年间实际财产税基的近似市场值的百分比变化
DEBT	-0.01	0.455	1972—1977 年间长期债务相对于最大容限的百分比变化
COMFSP	1.27	0.496	1970—1977 年间在公共设施（警察、消防等）上人均花费的百分比变化
EXP	1.27	0.593	1970—1977 年间城市人均消费的百分比变化

表 12-2　由协方差矩阵进行主成分分析的结果

（1）特征值和方差贡献率

因子（主成分）	可解释的方差	累计方差贡献率（%）
1	10.936	64.3
2	4.323	89.7
3	0.623	93.4
4	0.464	96.1
5	0.376	98.3
6	0.118	99.0
7	0.078	99.4
8	0.061	99.8
9	0.024	99.9
10	0.007	100.0
11	0.003	100.0

（2）因子（主成分）负荷

变　量	因子负荷		
	1	2	3
POPCC	-0.0746	0.5667	-0.3723
INCADJ	0.1164	-0.1136	-0.0601
EMP	0.0043	0.5121	-0.2714
PROF	0.0925	0.4470	0.2375
IGPER	0.1311	0.1402	0.0390
IMBAL	<u>0.9996</u>	0.0089	-0.0091
PTXRTG	-0.0218	<u>0.9988</u>	0.0235
BASE	-0.2472	0.0905	<u>-0.5753</u>
DEBT	0.0385	-0.0517	<u>0.6644</u>
COMFSP	0.0206	-0.1461	<u>0.7673</u>
EXP	0.0106	-0.1334	<u>0.8195</u>

在利用协方差矩阵进行主成分分析时，一种心照不宣的假定是变量的方差不应相差太大；否则，前几个主成分将朝着那几个有较大方差的变量的方向被抽取。因此我们就不会奇怪，为什么是变量IMBAL和PTXRTG分别刻画了前两个主成分。一般对于这种方差相差很大的情况，为了防止主成分趋向方差大的变量，应该先将数据标准化，然后从相关矩阵出发来进行主成分分析。

从相关矩阵出发得到的特征值以及由此计算得到的各个主成分的方差贡献率如表12-3（1）所示。取对应特征值大于1的5个主成分，可解释的方差超过方差的80%。

表12-3（2）给出了在这5个因子上的负荷值。每个变量的最高绝对负荷值下面都画线标明。根据在每个因子上负荷最高的那些变量来说明主成分的意义。将在第1主成分上因子负荷高的变量分成两组：一组是人口变化（POPCC）、城市居民就业（EMP）和有效财产税率（PTXRTG），这些都属于“增长刺激”变量；另一组是在公共设施上人均花费的变化（COMFSP）和城市人均消费的变化（EXP），这些属于“下降指标”变量。两组变量的因子负荷符号相反，因此，第1主成分可以解释为“增长与下降的对比变化”。

类似地，可以给出对第2主成分的解释。而第3、4、5主成分分别只用一个变量代表，意义是比较清楚的。

表12-3　由相关矩阵进行主成分分析的结果

（1）特征值和方差贡献率

因子（主成分）	特　征　值	可解释方差的百分比（%）	累计方差贡献率（%）
1	3.130	28.5	28.5
2	1.989	18.1	46.6
3	1.477	13.4	60.0
4	1.154	10.5	70.5
5	1.089	9.9	80.4
6	0.663	6.0	86.4
7	0.545	5.0	91.4
8	0.404	3.6	95.0
9	0.331	3.0	98.0
10	0.145	1.3	99.3
11	0.073	0.7	100.0
合计	11.000	100.0	

（2）因子（主成分）负荷矩阵

变　　量	1	2	3	4	5
POPCC	<u>0.909 36</u>	0.205 87	0.152 08	−0.075 56	−0.132 86
INCADJ	−0.140 97	−0.338 39	<u>0.553 62</u>	0.200 74	0.491 61
EMP	<u>0.819 65</u>	0.209 44	0.384 87	−0.087 55	−0.048 07
PROF	0.087 99	<u>0.632 49</u>	−0.230 92	0.512 55	0.294 09
IGPER	0.388 16	0.418 21	0.331 87	<u>−0.537 23</u>	−0.122 57

（续）

变　量	1	2	3	4	5
IMBAL	−0.092 43	0.256 91	0.102 20	−0.402 61	0.785 53
PTXRTG	0.567 08	0.461 37	0.079 07	0.519 07	0.082 07
BASE	0.389 91	−0.601 76	0.376 74	0.314 65	−0.065 79
DEBT	−0.436 86	0.634 92	−0.119 76	0.000 47	−0.177 23
COMFSP	−0.647 85	0.219 16	0.600 14	0.097 80	−0.210 94
EXP	−0.599 90	0.347 51	0.550 12	0.097 48	−0.141 82

下面进一步利用主成分分析的结果来研究数据集。例如，研究这 38 个城市（样本）的特征。在这种情况下，一般都要求计算对应样品的前 K 个主成分的得分（即求每个样品的 Y_i值，$i=1,\ 2,\ \cdots,\ k,\ k<p$）

$$Y_i = eX^* = \frac{\rho_i}{\sqrt{\lambda_i}} X^* \tag{12-1}$$

式中，X^*表示对应某个样品的标准化数据：ρ_i表示由原变量$\boldsymbol{X}_1^*$，$\boldsymbol{X}_2^*$，…，$\boldsymbol{X}_p^*$在第 i 个主成分上的负荷量构成的向量；λ_i是相关矩阵 R 的第 i 个特征值。

利用式（12-1）以及 38 个城市的标准化数据，可以求出对应每个城市的前 5 个主成分的得分值。例如，计算其中两个城市波士顿（Boston）和檀香山（Honolulu）在第一主成分上的得分值，标准化数据如表 12-4 所示。

表 12-4　第 1 主成分的因子负荷量以及波士顿和檀香山的标准化数据

变　量	第 1 主成分的因子负荷量 $\lambda_i=3.13$	标准化数据 X^*	
		波　士　顿	檀　香　山
POPCC	0.909 36	−0.021 23	5.283 39
INCADJ	−0.140 97	−1.558 66	−2.413 15
EMP	0.819 65	−0.590 68	4.327 01
PROF	0.087 99	−0.338 25	5.395 00
IGPER	0.388 16	−0.313 98	2.144 68
IMBAL	−0.092 43	−0.116 79	−0.357 64
PTXRTG	0.567 08	−0.158 39	2.876 51
BASE	0.389 91	−0.846 94	0.636 74
DEBT	−0.436 83	0.868 10	−1.040 87
COMFSP	−0.647 85	0.099 17	−2.787 83
EXP	−0.599 90	0.003 23	−1.980 13

波士顿在第 1 主成分上的得分为

$$[0.909\,36\times(-0.021\,23)+(-0.140\,97)\times(-1.558\,66)+\cdots+$$
$$0.599\,90\times0.003\,23]/\sqrt{3.13}=-0.729$$

檀香山在第 1 主成分上的得分为

$$[0.90936 \times 5.28339 + (-0.14097) \times (-2.41315) + \cdots + (-0.59990) \times (-1.98013)] / \sqrt{3.13} = 8.68$$

这两个城市在第1主成分上的得分值很不相同。前面已经解释过，第1主成分是“增长与下降的对比变化”，因此对于波士顿，与人口和就业变化相比，人均消费等的变化更强些；而对于檀香山，情况则正好相反。

第二节　层次分析法

一、层次分析法的概念

决策活动最初是由主观判断完成的。后来，当人们认识到利用数学模型来完成决策具有分析问题容易、目的性强、便于应用计算机等优点后，数学模型在决策中的地位就变得越来越重要。但是，实践中又出现了这样的情形：人们耗费了大量时间、物力、财力建立的复杂数学模型，编制出具体的实施方案却没有什么意义。于是，人们开始冷静地看待和正确评价复杂数学模型对决策的作用，又重新回到了人的选择和判断上，认真研究决策思维的规律，逐渐认识到决策者的选择和判断在决策中的作用。正是在这种背景下，美国运筹学家、匹兹堡大学萨蒂（Saaty）教授于20世纪70年代初期提出了层次分析法（Analytic Hierarchy Process，AHP）。从此以后，它就成为确定指标权重的有效方法，并得到了广泛运用。目前，AHP几乎应用于各个社会经济领域，如资源分配、行为分析、政策评价、国际关系、环境保护、能源开发、发展规划等。

所谓层次分析法，是指将一个复杂的多目标决策问题作为一个系统，将目标分解为多个目标或准则，进而分解为多指标（或准则、约束）的若干层次，通过定性指标模糊量化方法算出层次单排序（权数）和总排序，以作为多目标（多指标）、多方案优化决策的系统方法。

层次分析法的特点是在对复杂的决策问题的本质、影响因素及其内在关系等进行深入分析的基础上，利用较少的定量信息使决策的思维过程数学化，从而为多目标、多准则或无结构特性的复杂决策问题提供简便的决策方法，尤其适合对决策结果难以直接准确计量的场合。

尽管AHP包括了深刻的数学原理，但从本质上讲还是一种思维方式。它把复杂问题分解成各个组成元素，又将这些元素按支配关系分组形成递阶层次结构，然后根据某些判断准则确定每一层次元素的相对重要性，最后综合决策者的判断，确定各个元素相对重要性的总排序。它的特别之处在于，只需每次在单一准则下进行元素的两两判别，便可以得到元素的总排序。它体现了人的决策思维的基本特征，即分析、判断和综合，并且将人的主次判断用数量形式表达和处理。AHP的应用大大提高了决策的有效性、可靠性和可行性。

二、层次分析法的基本步骤

运用AHP解决问题，大体可以分为四个步骤：①建立问题的递阶层次结构；②构造两两比较判断矩阵；③层次单排序及其一致性检验；④层次总排序及其一致性检验。现分述如下：

1. 建立问题的递阶层次结构

这是 AHP 中最重要的一步。首先，把复杂问题分解成由元素组成的各部分，把这些元素按其属性分成若干组以形成不同层次。同一层次的元素作为准则对下一层次的某些元素起支配作用，同时它又受上一层元素的支配。这种从上至下的支配关系形成一个递阶层次，其中最高层次只有一个元素，一般是分析问题的预定目标，或理想结果；中间层次一般是准则层、子准则层；最低层次包括各个方案。层次之间的元素支配关系不一定是完全的，有些元素并不支配下一层次的所有元素。典型的递阶层次结构如图 12-1 所示。

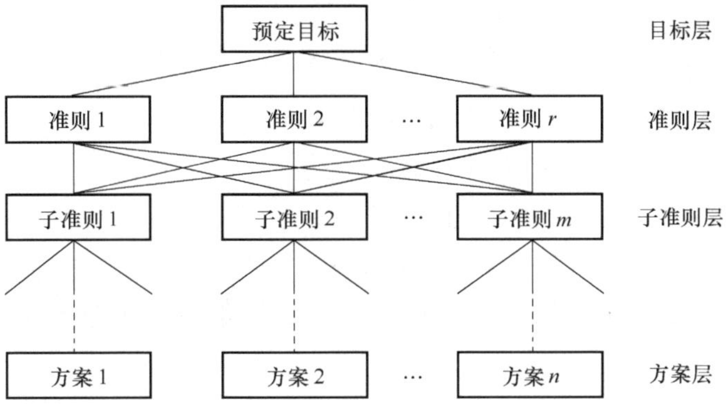

图 12-1 递阶层次结构

建立一个良好的层次结构是解决问题的基础。因此，决策者必须在全面、深入认识问题后，正确地划分层次和确定层次元素之间的支配关系。有时一个复杂问题仅仅用递阶层次结构难以表示，还要采用递阶层次结构的扩展形式，如循环层次结构、反馈层次结构等。

2. 构造两两比较判断矩阵

在建立递阶层次结构之后，上、下层次之间元素的隶属关系就被确定了。假定上一层次的元素 C_K 作为指标，对下一层次的元素 A_1，A_2，…，A_n 有支配关系，要在 C_K 之下按它们的相对重要性赋予 A_1，A_2，…，A_n 相应的权重。对大多数社会经济问题，特别是那些由人的主观判断起重要作用的问题，直接得到这些元素的权重并不容易，往往需要通过适当的方法来导出它们的权重，AHP 法采用的是两两比较的方法。具体做法是针对指标 C_K，判断两个元素 A_1 和 A_2 哪一个更重要些，重要多少，并对重要多少赋予一定数值。这里使用 1 ~ 9 的比例标度，它们的意义如表 12-5 所示。

表 12-5 比例标度的含义

相对重要性权数	定 义	解 释
1	具有同样的重要性	对于目标，两个活动的贡献等同
3	一个元素比另一个元素稍微重要	经验和判断稍微偏爱另一个活动
5	一个元素比另一个元素明显重要	经验和判断明显偏爱另一个活动
7	一个元素比另一个元素非常重要	经验和判断强烈偏爱另一个活动
9	一个元素比另一个元素极端重要	对另一个活动的偏爱是极端的
2、4、6、8	为上述相邻判断的中值	

若因素 i 与 j 比较得到 a_{ij}，则因素 j 与 i 比较得到 $1/a_{ij}$。例如，某一决策涉及社会经济效益，子准则可分为经济、社会和环境效益。如果认为经济效益比社会效益明显重要，那么它们的比例标度取 5，而社会效益对经济效益的比例标度取 1/5。对于几个元素来说，得到两两比较后的判断矩阵 $\boldsymbol{A}$：

$$\boldsymbol{A}=\begin{pmatrix} & A_1 & A_2 & \cdots & A_n \\ A_1 & a_{11} & a_{12} & \cdots & a_{1n} \\ A_2 & a_{21} & a_{22} & \cdots & a_{2n} \\ \vdots & \vdots & \vdots & & \vdots \\ A_n & a_{n1} & a_{n2} & \cdots & a_{nn} \end{pmatrix}$$

判断矩阵具有如下性质：

$$\begin{cases} a_{ij}>0 & ① \\ a_{ij}=1/a_{ji} & ② \\ a_{ij}=1\ (i=j) & ③ \end{cases}$$

称 $\boldsymbol{A}$ 为正互反矩阵。由性质②③得，事实上，对于 n 阶判断矩阵，仅需对其上（下）三角元素共 $n(n-1)/2$ 个元素给出判断即可。$\boldsymbol{A}$ 的元素不一定具有传递性，即下式未必成立

$$a_{ij}a_{jk}=a_{ik}$$

但若此式成立，则称 $\boldsymbol{A}$ 为一致性矩阵。在说明由判断矩阵导出元素排序权值时，一致性矩阵有重要意义。

3. 层次单排序及其一致性检验

这一步要解决在准则 C_K 下，n 个元素 A_1，A_2，…，A_n 排序权重的计算问题，并进行一致性检验。对于 A_1，A_2，…，A_n，通过两两比较得到判断矩阵 $\boldsymbol{A}$，解特征根问题

$$\boldsymbol{AW}=\lambda_{\max}\boldsymbol{W}$$

所得到的 $\boldsymbol{W}$ 经正规化后作为元素 A_1，A_2，…，A_n 在 C_K 下的排序权重，这种方法称为排序权向量计算的特征根方法。$\lambda_{\max}$ 存在且唯一，$\boldsymbol{W}$ 可由正分量组成，除了差一个常数倍以外，$\boldsymbol{W}$ 是唯一的。$\lambda_{\max}$ 和 $\boldsymbol{W}$ 的计算一般采用幂乘法，其步骤为：

（1）任取一正的初值向量 $\boldsymbol{W}_0$。例如

$$\boldsymbol{W}_0=\left(\frac{1}{n},\frac{1}{n},\cdots,\frac{1}{n}\right)^{\mathrm{T}}$$

（2）对于 $k=1，2，3，\cdots，n$ 计算

$$\overline{\boldsymbol{W}}_k=\boldsymbol{AW}_{k-1}$$

式中，$\boldsymbol{AW}_{k-1}$ 为归一化所得的向量。

（3）对于事先给定的计算精度，若

$$\max|W_{ki}-W_{(k-1)i}|<\varepsilon$$

则计算停止，否则继续步骤（2）。式中，W_{ki} 表示 $\boldsymbol{W}_k$ 的第 i 个分量。

（4）计算

$$\lambda_{\max}=\frac{1}{n}\sum_{i=0}^{n}\frac{\overline{W_{ki}}}{W_{(k-1)i}}$$

在精度要求不高的情况下，可以用简单的近似方法计算 $\lambda_{\max}$ 和 $\boldsymbol{W}$，这里介绍两种方法。

1）和积法

第一步，将 $\boldsymbol{A}$ 的元素按列归一化。

第二步，将 $\boldsymbol{A}$ 的元素按行相加。

第三步，所得的行和向量归一化得排序权向量。

第四步，按公式计算 $\lambda_{\max}$

$$\lambda_{\max} = \sum_{i=0}^{n} \frac{(AW)_i}{n W_i}$$

式中，$(AW)_i$ 表示 $\boldsymbol{AW}$ 的第 i 个元素。

2）几何平均法

第一步，将 $\boldsymbol{A}$ 的元素按行相乘。

第二步，将所得到的乘积分别开 n 次方。

第三步，将方根向量归一化得排序权重向量 $\boldsymbol{W}$。

第四步，按公式计算 $\lambda_{\max}$

$$\lambda_{\max} = \sum_{i=0}^{n} \frac{(AW)_i}{nW_i}$$

式中，$(AW)_i$ 表示 $\boldsymbol{AW}$ 的第 i 个元素。

在判断矩阵的构造中，并不要求判断具有完全一致性，即不要求式 $a_{ij}a_{jk} = a_{ik}$ 成立，这是由客观事物的复杂性与人的认识的多样性决定的。但要求判断有大体的一致性，如出现甲比乙极端重要，乙比丙极端重要，而丙比乙极端重要的情况，一般是违反常理的。而且，当判断偏离一致性过大时，排序权向量计算的特征值方法将出现某些问题。因此，在得到 $\lambda_{\max}$ 后，需要进行一致性检验。其步骤如下：

① 计算一致性指标 CI

$$\mathrm{CI} = \frac{\lambda_{\max} - n}{n - 1}$$

② 计算平均随机一致性指标 RI。从平均随机一致性指标中查找 RI，平均随机一致性是多次（500 次以上）重复进行随机判断矩阵特征值的计算之后，取算术平均数得到的。RI 值可列成表 12-6。

表 12-6　RI 值

阶数 n	RI
1	0
2	0
3	0.58
4	0.90
5	1.12
6	1.24
7	1.32
8	1.41

（续）

阶数 n	RI
9	1.45
10	1.49
11	1.52
12	1.54
13	1.56
14	1.59

③ 计算一致性比例 CR

$$\mathrm{CR}=\frac{\mathrm{CI}}{\mathrm{RI}}$$

当 CR <0.1 时，一般认为判断矩阵的一致性是可以接受的。

4. 层次总排序及其一致性检验

为了得到递阶层次结构中每一个层次中的所有元素相对于总目标的相对权重，需要把单准则排序的结果进行适当的组合，并进行总的判断一致性检验。这一步骤是由上而下逐层进行的，最终的计算结果即得出的最低层次检验。

假定已经计算出 $k-1$ 层元素相对于总目标的组合排序权重向量 $\boldsymbol{a}^{k-1}=(a_1^{k-1},a_2^{k-1},\cdots,a_m^{k-1})^{\mathrm{T}}$。第 k 层在第 $k-1$ 层第 j 个元素作为准则下元素的排序权向量 $\boldsymbol{P}_{2j}^{k}=(b_{1j}^{k},b_{2j}^{k},\cdots,b_{mj}^{k})$，其中不受支配（即与第 $k-1$ 层第 j 个元素无关的）元素的权重为 0。令 $\boldsymbol{B}^{k}=(b_1^{k},b_2^{k},\cdots,b_m^{k})$，则第 k 层的元素相对于总目标的组合排序权重向量由下式给出

$$\boldsymbol{a}^{k}=\boldsymbol{B}^{k}\boldsymbol{a}^{k-1}$$

对于递阶层次组合判断的一致性检验，需要类似地逐层计算 CI。若分别得到第 $k-1$ 层次的计算结果为 CI_{k-1}、RI_{k-1} 和 CR_{k-1}，则第 K 层的相应指标为

$$\mathrm{CI}_k=(\mathrm{CI}_k^1,\mathrm{CI}_k^2,\cdots,\mathrm{CI}_k^m)\boldsymbol{a}^{k-1}$$

$$\mathrm{RI}_k=(\mathrm{RI}_k^1,\mathrm{RI}_k^2,\cdots,\mathrm{RI}_k^m)\boldsymbol{a}^{k-1}$$

$$\mathrm{CR}_k=\mathrm{CR}_{k-1}+\frac{\mathrm{CI}_k}{\mathrm{RI}_k}$$

式中，CI_k^i 和 RI_k^i 分别为在第 $k-1$ 层第 i 个指标下判断矩阵的一致性指标和平均随机一致性指标。若 $\mathrm{CR}_k<0.10$，则认为递阶层次在 k 层水平上整个判断有满意的一致性。

AHP 的最终结果是得到相对于总目标各个方案的优先顺序权重，并给了这一组合排序权重所依据的整个递阶层次结构所有判断的总的一致性指标。

三、应用案例

下面通过实例来进行对比计算和说明。这是一个解决购买最满意房子的问题，其结构层次如图 12-2 所示。G 为目标层；H 为准则层，有 8 个准则；P 为方案层，有 A、B、C 三种方案可供选择。所构造的各个判断矩阵、一致性指标和随机一致性比率如表 12-7 所示。

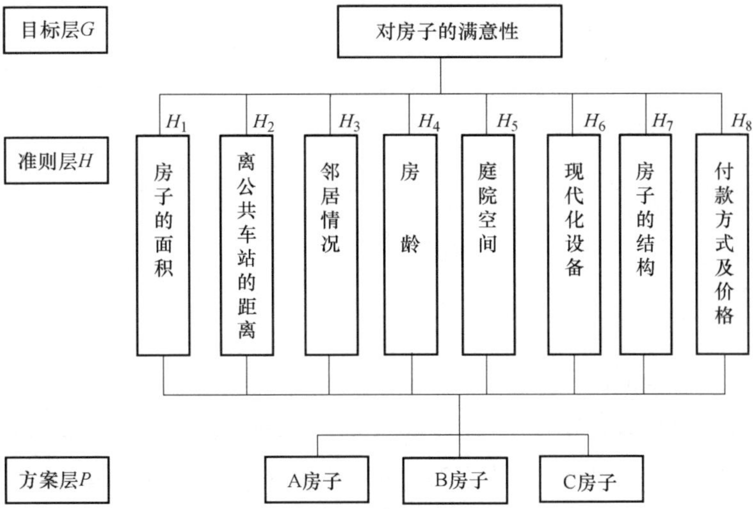

图 12-2　购房满意性结构层次

表 12-7　购房满意性的判断矩阵

G	H_1	H_2	H_3	H_4	H_5	H_6	H_7	H_8	**W**
H_1	1	5	3	7	6	6	1/3	1/4	0.173
H_2	1/5	1	1/3	5	3	3	1/5	1/7	0.054
H_3	1/3	3	1	6	3	4	6	1/5	0.188
H_4	1/7	1/5	1/6	1	1/3	1/4	1/7	1/8	0.018
H_5	1/6	1/3	1/3	3	1	1/2	1/5	1/6	0.031
H_6	1/6	1/3	1/4	4	2	1	1/5	1/6	0.036
H_7	3	5	1/6	7	5	5	1	1/2	0.167
H_8	4	7	5	8	6	6	2	1	0.333

$\lambda_{max}=9.669$　CI = 0.238　CR = 0.169

面积 H_1	A	B	C	排序矢量	交通 H_2	A	B	C	排序矢量	环境 H_3	A	B	C	排序矢量
A	1	6	8	0.754	A	1	7	1/5	0.233	A	1	8	6	0.754
B	1/6	1	4	0.181	B	1/7	1	1/8	0.055	B	1/8	1	1/4	0.065
C	1/8	1/4	1	0.065	C	5	8	1	0.713	C	1/6	4	1	0.18

$\lambda_{max}=3.136$　　$\lambda_{max}=3.247$　　$\lambda_{max}=3.136$

CI = 0.168　　CI = 0.124　　CI = 0.068

CR = 0.117　　CR = 0.213　　CR = 0.117

房龄 H_4	A	B	C	排序矢量	空地 H_5	A	B	C	排序矢量	设备 H_6	A	B	C	排序矢量
A	1	1	1	0.333	A	1	5	4	0.674	A	1	8	6	0.747
B	1	1	1	0.333	B	1/5	1	1/3	0.101	B	1/8	1	1/5	0.060
C	1	1	1	0.333	C	1/4	3	1	0.226	C	1/6	5	1	0.193

（续）

$\lambda_{max}=3.000$ CI = 0.000 CR = 0.000		$\lambda_{max}=3.086$ CI = 0.043 CR = 0.074			$\lambda_{max}=3.197$ CI = 0.099 CR = 0.170				
结构 H_7	A	B	C	排序矢量	价格 H_8	A	B	C	排序矢量
A	1	1/2	1/2	0.200	A	1	1/7	1/5	0.072
B	2	1	1	0.400	B	7	1	3	0.652
C	2	1	1	0.400	C	5	1/3	1	0.278
$\lambda_{max}=3.000$ CI = 0.000 CR = 0.000		$\lambda_{max}=3.065$ CI = 0.032 CR = 0.056							

表 12-7 是准则层（H）对目标层（G）的判断矩阵，表中 $\boldsymbol{W}$ 为排序矢量，栏上是各指标对目标的权重系数（归一化后的权重）。表 12-8 是 A、B、C 三个方案对 8 个指标（H）的判断矩阵及排序矢量。可以看到，对价格来说，B 方案是最合适的；而 A 方案房子的面积和设备是理想的，等等。

表 12-8　各方案对目标层 H 的总排序

方案 \ 指标及权重	H_1 0.173	H_2 0.054	H_3 0.188	H_4 0.018	H_5 0.031	H_6 0.036	H_7 0.167	H_8 0.333	总排序合成
A	0.754	0.233	0.754	0.333	0.674	0.747	0.200	0.072	0.396
B	0.181	0.055	0.065	0.333	0.101	0.060	0.400	0.652	0.341
C	0.065	0.713	0.181	0.333	0.226	0.193	0.400	0.278	0.263

从表 12-8 可以看出，相比之下，房子 A 是比较理想的，与房子 B 和 C 比较，应该购买房子 A。

第三节　投入产出法

投入产出法是研究经济体系（国民经济、地区经济、部门经济、公司或企业经济单位）中各个部分之间投入与产出相互依存关系的经济数量分析方法。这种方法已被世界各国公认为是确定各部门之间错综复杂的关系和再生产的重要比例关系的重要工具。美国经济学家里昂惕夫（W. Leontief）由于从事投入产出分析研究，于 1973 年获得第五届诺贝尔经济学奖。

一、概述

投入产出法中的“投入”是指产品生产所消耗的原材料、辅助材料、燃料、动力、固定资产折旧和劳动力；投入产出法中的“产出”是指生产出来的产品及其分配使用的方向和数量，又称流量，如用于生产消费（中间产品）、生活消费、积累和净出口（后三者为最终产品）。在经济体系中，每个部门既是消耗产品（即投入）的单位，又是生产产品（即产出）的单位，部门与部门之间存在着相互制约、相互影响的关系。投入产出法的目的就在于发现部门之间的平衡关系，并据此进行计划平衡、经济预测和经济分析。投入产出法的特点概括如下：

（1）投入产出表是投入产出法的基本分析形式。投入产出表采取棋盘形式、互相纵横交叉，从而能从生产消耗和分配使用两个方面来反映产品在部门之间的运动过程和社会产品再生产的过程。

（2）投入产出法在投入产出表的基础上，利用现代数学理论建立数学模型，并利用电子计算机运算求解。投入产出法是通过一个线性方程组（或矩阵）来描述经济体系中各个部分之间的数量依存关系，并且在线性方程组（或矩阵中）引进各种系数（如直接消耗系数、间接消耗系数等）来反映其具体的经济联系。利用电子计算机进行求解，不仅可以保证计算的及时性和准确性，而且可以进一步与数学规划和其他数量经济方法相结合，发展成为经济预测和计划择优的经济数学模型。

（3）投入产出法的应用具有很强的灵活性。利用投入产出法可以进行各方面的研究，根据不同的经济问题，编制不同的投入产出表，以研究和解决具体的经济问题。

1）根据研究范围的不同，可以进行世界、国家、地区或部门、企业等的投入产出分析。

2）根据研究时期的不同，可以进行静态或动态的投入产出分析。静态分析只着重于某一时期的再生产过程，而动态分析则研究若干时期的再生产过程及其联系。

3）根据采用计量单位的不同，可进行价值型或实物型的投入产出分析。

4）根据投入产出表编制时期的不同，可进行报告期或计划期的投入产出分析。前者是为经济分析和经济决策而对过去某一时期编制的；后者是为计划的预测而对今后某一时期编制的。

二、投入产出模型

（一）实物型投入产出模型

实物型投入产出表的结构比较简单，其基本格式如表 12-9 所示。

表 12-9　实物型投入产出表

产出 / 投入	计量单位	中间产品						最终产品							总产出
		1	2	3	…	n	合计	更新	改造	积累	消费	出口	…	合计	
1		q_{11}	q_{12}	q_{13}	…	q_{1n}								y_1	Q_1
2		q_{21}	q_{22}	q_{23}	…	q_{2n}								y_2	Q_2
3		q_{31}	q_{32}	q_{33}	…	q_{3n}								y_3	Q_3
⋮	⋮	⋮	⋮	⋮		⋮								⋮	⋮
n		q_{n1}	q_{n2}	q_{n3}	…	q_{nn}								y_n	Q_n
劳动		q_{01}	q_{02}	q_{03}	…	q_{0n}								y_{0n}	V

表 12-9 中，共包括 n 种产品。从横行看，表中的数字反映了各类产品的分配使用情况。各类产品的一部分作为中间产品供其他产品在生产中使用，表现为生产过程中原材料、辅助材料、人力等的消耗；另一部分作为最终产品供社会消费和使用，包括消费品、作为固定资

产使用的产品（如拖拉机、机床、厂房等）、增加库存和净出口等，它是本期生产领域的最终成果。中间产品产量与最终产品产量相加，就是一定时期内各类产品的生产总量。

从纵列看，表中的数字反映了各类产品在生产中消费其他产品（包括产品自身）的数量。由于各类产品的计量单位不一致，所以无法相加。将各类产品生产中的劳动消耗单列一行，则各类产品的劳动消耗之和为总的劳动消耗量。

根据上述平衡关系，可对表中每一行建立平衡方程，即 n 种产品的生产和分配使用的平衡方程与劳动分配使用的平衡方程。其具体表示如下

$$
\begin{gathered}
q_{11}+q_{12}+q_{13}+\cdots+q_{1n}+y_1=Q_1\\
q_{21}+q_{22}+q_{23}+\cdots+q_{2n}+y_2=Q_2\\
q_{31}+q_{32}+q_{33}+\cdots+q_{3n}+y_3=Q_3\\
\vdots\\
q_{n1}+q_{n2}+q_{n3}+\cdots+q_{nn}+y_n=Q_n\\
q_{01}+q_{02}+q_{03}+\cdots+q_{0n}+y_{0n}=V
\end{gathered}
$$

或者写成

$$\sum_{i,j=1}^{n} q_{ij}+y_i=Q_i \quad (i,j=1,2,3,\cdots,n) \tag{12-2}$$

$$\sum_{j=1}^{n} q_{0j}=V \quad (j=1,2,3,\cdots,n) \tag{12-3}$$

式中，q_{ij}表示 j 产品生产中消耗 i 产品的数量（i 表示横行产品，j 表示纵行产品）；q_{ii}表示 i 产品的自身消耗量；q_{jj}表示 j 产品的劳动消耗量。

进一步，可以引入直接消耗系数（又称投入系数或技术系数），一般用 a_{ij}表示，它说明每生产单位 j 产品要消耗 i 产品的数量。产品直接消耗系数 a_{ij}的计算公式为

$$a_{ij}=\frac{q_{ij}}{Q_j} \tag{12-4}$$

同理，劳动的直接消耗系数为

$$a_{0j}=\frac{q_{0j}}{Q_j} \tag{12-5}$$

将式（12-4）和式（12-5）分别代入式（12-2）和式（12-3），可以得到

$$\sum_{i,j=1}^{n} a_{ij}Q_j+y_i=Q_i \tag{12-6}$$

$$\sum_{j=1}^{n} a_{0j}Q_j=V \tag{12-7}$$

而将式（12-6）和式（12-7）分别展开得到

$$
\begin{cases}
a_{11}Q_1+a_{12}Q_2+a_{13}Q_3+\cdots+a_{1n}Q_n+y_1=Q_1\\
a_{21}Q_1+a_{22}Q_2+a_{23}Q_3+\cdots+a_{2n}Q_n+y_2=Q_2\\
a_{31}Q_1+a_{32}Q_2+a_{33}Q_3+\cdots+a_{3n}Q_n+y_3=Q_3\\
\qquad\vdots\\
a_{n1}Q_1+a_{n2}Q_2+a_{n3}Q_3+\cdots+a_{nn}Q_n+y_n=Q_n
\end{cases}
$$

用矩阵形式表示，即为

$$AQ+Y=Q \tag{12-8}$$

式中，$\boldsymbol{A}$ 为直接消耗系数矩阵；$\boldsymbol{Q}$ 为各类产品总产量的列向量；$\boldsymbol{Y}$ 为各类产品用于最终产品的列向量。

将式（12-8）经过矩阵运算后，成为

$$Q-AQ=Y$$

或

$$(I-A)Q=Y \tag{12-9}$$

式中，$\boldsymbol{I}$ 为单位矩阵；$(\boldsymbol{I}-\boldsymbol{A})$ 矩阵为

$$I-A=\begin{pmatrix} 1-a_{11} & -a_{12} & -a_{13} & \cdots & -a_{1n} \\ -a_{21} & 1-a_{22} & -a_{23} & \cdots & -a_{2n} \\ -a_{31} & -a_{32} & 1-a_{33} & \cdots & -a_{3n} \\ \vdots & \vdots & \vdots & & \vdots \\ -a_{n1} & -a_{n2} & -a_{n3} & \cdots & 1-a_{nn} \end{pmatrix}$$

在 $(\boldsymbol{I}-\boldsymbol{A})$ 矩阵中，从列的方向看，可以得到每种产品投入与产出的关系，也就是生产一个单位的各种产品，需要消耗其他产品（包括自身产品）的数量；而主对角线上的各元素，则是各种产品扣除自身消费以后的净产出。以第一列为例，根据 $(\boldsymbol{I}-\boldsymbol{A})$ 矩阵可以知道，每生产一个单位的第一类产品，要消耗第一类产品本身 a_{11}，消耗第二类产品 a_{21}……直至消耗第 n 类产品 a_{n1}。

式（12-9）建立了总产品与最终产品之间的联系，若已知各种产品的总生产量 $\boldsymbol{Q}$ 通过式（12-9）可以计算出一定生产技术结构下各种产品的最终产品数量 $\boldsymbol{Y}$。

也可以将式（12-9）改成

$$Q=(I-A)^{-1}Y \tag{12-10}$$

式（12-10）建立了最终产品与总产品之间的联系。若已知各类产品的最终产量为 $\boldsymbol{Y}$，利用 $(\boldsymbol{I}-\boldsymbol{A})$ 的逆矩阵 $(\boldsymbol{I}-\boldsymbol{A})^{-1}$，就能计算出总产品 $\boldsymbol{Q}$。

实物型投入产出模型是先于价值型投入产出模型产生的，它具有经济意义明确、适合实际工作需要、收集资料较方便、不受价值影响等特点。实物型投入产出模型中各类产品的生产与分配使用之间的平衡联系，是由生产技术条件决定的。

（二）价值型投入产出模型

实物型投入产出模型反映的是产品之间的实物关系。但是，由于每种产品消耗的各种产品使用价值和计量单位都不相同，不能加总，也就无法得到每种产品生产中物质消耗的总量，无法进一步进行综合性分析。而价值型投入产出模型以货币为计量单位，克服了实物型投入产出模型的上述缺点，并且反映的内容更全面，不仅能反映各部门产品的实物运动过程，而且还能反映各部门产品的价值运动过程。

价值型投入产出表包括四部分，如表 12-10 所示。表的左上部是表的基本部分，也是与实物型投入产出表相重叠的部分，同样说明了产品的实物运动过程，可用来分析各部门之间生产与消耗的联系；表的右上部说明了各部门与最终产品的数量关系，可用来分析实物形态产品的最终使用状况；表的左下部说明了各部门创造价值的情况，反映了国民收入的初次分配；表的右下部可以用来反映国民收入的再分配过程，如劳动报酬经过再分配后用于消费、积累的数量。但再分配是一个极为复杂的过程，在表中难以表示清楚，所以在编制价值型表

时常将这部分略去。

要注意的是，价值型投入产出表中的部门是指“产品部门”，是根据同类产品的原则来划分的部门，而不是根据企业划分的部门。

表 12-10　价值型投入产出表

投入 \ 总产出		中间产品						最终产品				
		部门 1	部门 2	部门 3	…	部门 n	合计	更新改造	消费	积累	合计	
物质消耗	部门 1	x_{11}	x_{12}	x_{13}	…	x_{1n}	$\sum_{j=1}^{n} x_{1j}$				y_1	x_1
	部门 2	x_{21}	x_{22}	x_{23}	…	x_{2n}	$\sum_{j=1}^{n} x_{2j}$				y_2	x_2
	部门 3	x_{31}	x_{32}	x_{33}	…	x_{3n}	$\sum_{j=1}^{n} x_{3j}$				y_3	x_3
	⋮	⋮	⋮	⋮		⋮	⋮				⋮	⋮
	部门 n	x_{n1}	x_{n2}	x_{n3}	…	x_{nn}	$\sum_{j=1}^{n} x_{nj}$				y_n	x_n
	合计	$\sum_{i=1}^{n} x_{i1}$	$\sum_{i=1}^{n} x_{i2}$	$\sum_{i=3}^{n} x_{i3}$	…	$\sum_{i=1}^{n} x_{in}$	$\sum_{i=1}^{n}\sum_{i=1}^{n} x_{ii}$				$\sum_{i=1}^{n} y_i$	$\sum_{i=1}^{n} x_i$
	折旧	I_1	I_2	I_3	…	I_n	$\sum_{j=1}^{n} I_j$					
新创造价值	劳动报酬	V_1	V_2	V_3	…	V_n	$\sum_{j=1}^{n} V_j$					
	社会纯收入	m_1	m_2	m_3	…	m_n	$\sum_{j=1}^{n} m_j$					
	合计	N_1	N_2	N_3	…	N_n	$\sum_{j=1}^{n} N_j$					
总收入		Z_1	Z_2	Z_3	…	Z_n	$\sum_{j=1}^{n} Z_j$					

1. 对表中行建立的价值型模型

对表中行建立的模型与实物型模型相类似，同样反映各部门产品生产和分配使用的情况，反映了最终产品与总产品之间的平衡关系，即

$$\sum_{j=1}^{n} x_{ij} + y_i = x_i \tag{12-11}$$

进一步，将价值形式表现的各部门直接消耗系数 a_{ij} 引入模型。a_{ij} 的计算公式为

$$a_{ij} = \frac{x_{ij}}{x_j} \tag{12-12}$$

式中，x_j 为 j 部门的总产值；x_{ij} 为 j 部门生产时所要消耗 i 部门产品的数量。

将式（12-12）代入式（12-11），得到

$$\sum_{j=1}^{n} a_{ij}x_j + y_i = x_i \tag{12-13}$$

用矩阵形式表示为

$$\boldsymbol{AX} + \boldsymbol{Y} = \boldsymbol{X}$$

即

$$(\boldsymbol{I}-\boldsymbol{A})\boldsymbol{X}=\boldsymbol{Y} \tag{12-14}$$

或

$$\boldsymbol{X}=(\boldsymbol{I}-\boldsymbol{A})^{-1}\boldsymbol{Y} \tag{12-15}$$

式中，$\boldsymbol{A}$ 为价值形态直接消耗系数矩阵；$\boldsymbol{X}$ 为各部门总产品的列向量；$\boldsymbol{Y}$ 为各部门最终产品的列向量。

式（12-15）反映了最终产品和总产出的线性组合关系，系数（$\boldsymbol{I}-\boldsymbol{A}$）$^{-1}$是单位矩阵与 $\boldsymbol{A}$ 矩阵之差的逆矩阵，称为里昂惕夫逆矩阵，是部门之间直接消耗与间接消耗之和，又被称为完全消耗系数。

2. 对表中列建立价值型模型

对表中列建立的模型，说明各部门产品价值形成过程，即反映生产与消耗之间的平衡情况，建立新创造价值与总产值之间的平衡关系。同样有 n 个方程，即

$$\sum_{i=1}^{n} x_{ij} + N_j = x_j \quad (j,i = 1,2,3,\cdots,n) \tag{12-16}$$

式中，N_j为 j 部门新创造价值。

将式（12-12）代入式（12-16），得到

$$\sum_{i=1}^{n} a_{ij}x_j + N_j = x_j \tag{12-17}$$

式中，$\sum\limits_{i=1}^{n} a_{ij}$ 为生产单位 j 部门产品的全部物质消耗系数。

$\sum\limits_{i=1}^{n} a_{ij}$ 可用 a_{cj}来表示，所以上式可改写为

$$a_{cj}x_j + N_j = x_j \tag{12-18}$$

即

$$(1-a_{cj})x_j = N_j \tag{12-19}$$

上式用矩阵形式表示，则为

$$(\boldsymbol{I}-\mathbf{AC})\boldsymbol{X}=\boldsymbol{N} \tag{12-20}$$

式中，$\mathbf{AC}$ 为物质消耗系数矩阵，是一个对角矩阵，即

$$\boldsymbol{N}=(N_1,N_2,N_3,\cdots,N_n)^{\mathrm{T}}$$

$$\mathbf{AC} = \begin{pmatrix} \sum\limits_{i=1}^{n} a_{i1} & 0 & \cdots & 0 \\ 0 & \sum\limits_{i=1}^{n} a_{i2} & \cdots & 0 \\ \vdots & \vdots & & \vdots \\ 0 & 0 & \cdots & \sum\limits_{i=1}^{n} a_{in} \end{pmatrix} = \begin{pmatrix} a_{c1} & 0 & \cdots & 0 \\ 0 & a_{c2} & \cdots & 0 \\ \vdots & \vdots & & \vdots \\ 0 & 0 & \cdots & a_{cn} \end{pmatrix}$$

式（12-20）还可以转化成

$$\boldsymbol{X}=(\boldsymbol{I}-\mathbf{AC})^{-1}\boldsymbol{N} \tag{12-21}$$

由于 $\mathbf{AC}$ 是对角矩阵，所以（$\boldsymbol{I}-\mathbf{AC}$）亦为对角矩阵。显然它的逆阵中的各元素为

（$\boldsymbol{I}-\mathbf{AC}$）矩阵中各元素的倒数，故式（12-20）还可用下式表示

$$x_j = \frac{N_j}{1-\sum_{i=1}^{n} a_{ij}} \quad (i = 1,2,3,\cdots,n)$$

就其经济意义来讲，$1-\sum_{i=1}^{n} a_{ij}$ 表示新创造价值的系数，即各部门新创造价值占总产值的比重。它还可以从价值型投入产出表中，通过计算劳动报酬系数和社会纯收入来求得，即

$$1-\sum_{i=1}^{n} a_{ij} = a_{vj} + a_{mj}(j = 1,2,3,\cdots,n)$$

式中，a_{vj}为劳动报酬系数，等于 V_j/x_j；a_{mj}为社会纯收入系数，等于 m_j/x_j。

这时各部门物质消耗系数 a_{cj}与劳动报酬系数和社会纯收入系数之和等于 1，即

$$a_{cj} + a_{vj} + a_{mj} = 1 \quad (j = 1,2,3,\cdots,n)$$

所以

$$1 - a_{cj} = a_{vj} + a_{mj} \quad (j = 1,2,3,\cdots,n)$$

也就是说，利用式（12-20），可以在已知物质消耗系数与各部门总产值的情况下，求出各部门新创造的价值；利用式（12-21），则可以通过各部门新创造价值来计算各部门总产值。

3. 横行模型与纵列模型的关系

在不考虑进出口的情况下，纵列中各产品的生产量应等于横行中各产品的分配使用量。所以，在第 k 部门有以下平衡等式

$$\sum_{i=1}^{n} x_{ik} + N_k = \sum_{j=1}^{n} x_{kj} + y_k \tag{12-22}$$

即

$$\sum_{i=1}^{n} a_{ik}x_k + N_k = \sum_{j=1}^{n} a_{kj}x_j + y_k \tag{12-23}$$

从整个经济体系上看，各部门生产的总量与分配使用的总量也应相等，所以

$$\sum_{i=1}^{n}\sum_{j=1}^{n} x_{ij} + \sum_{j=1}^{n} N_j = \sum_{i=1}^{n}\sum_{j=1}^{n} x_{ij} + \sum_{i=1}^{n} y_i \tag{12-24}$$

即

$$\sum_{i=1}^{n}\sum_{j=1}^{n} a_{ij}x_j + \sum_{j=1}^{n} N_j = \sum_{i=1}^{n}\sum_{j=1}^{n} a_{ij}x_j + \sum_{i=1}^{n} y_i \tag{12-25}$$

上式等号两边去掉 $\sum_{i=1}^{n}\sum_{j=1}^{n} a_{ij}x_j$，则变成

$$\sum_{j=1}^{n} N_j = \sum_{i=1}^{n} y_i \tag{12-26}$$

这说明在整个经济体系中，在不考虑进出口因素的情况下，国民收入生产量应与最终使用量相平衡。

三、投入产出模型实例

某企业有三个部门，它们的投入产出表如表 12-11 所示。用表中中间产品的每一列分别

除以各列的总投入，得到直接消耗系数矩阵 $\boldsymbol{A}$。

$$\boldsymbol{A}=\begin{pmatrix}0.1 & 0.1 & 0.1\\0.5 & 0.2 & 0.3\\0.2 & 0.5 & 0.2\end{pmatrix}$$

表 12-11　投入产出表　　（单位：万元）

		中间产品			最终产品	总产出
		Ⅰ	Ⅱ	Ⅲ		
物质消耗	Ⅰ	20	40	50	90	200
	Ⅱ	100	80	150	70	400
	Ⅲ	40	200	100	160	500
新创造价值		40	80	200		
总产值		200	400	500		

$$\boldsymbol{I}-\boldsymbol{A}=\begin{pmatrix}0.9 & -0.1 & -0.1\\-0.5 & 0.8 & -0.3\\-0.2 & -0.5 & 0.8\end{pmatrix}$$

$$(\boldsymbol{I}-\boldsymbol{A})^{-1}=\begin{pmatrix}1.384 & 0.367 & 0.311\\1.296 & 1.977 & 0.904\\1.158 & 1.328 & 1.893\end{pmatrix}$$

将式（12-12）变形，有

$$x_{ij}=a_{ij}x_j$$

可知，第Ⅱ部门每生产 1 万元产品，应耗用第Ⅰ、Ⅱ、Ⅲ部门产品分别为 1000 元、2000 元和 5000 元。同理也可知第Ⅰ、Ⅲ部门每生产 1 万元产品所耗用各部门产品数。

根据式（12-15），可知第Ⅱ部门产值 1 万元，对第Ⅰ、Ⅱ、Ⅲ部门产值的完全需求量是 3670 元、19 770 元和 13 280 元。同理可知，第Ⅰ、Ⅲ部门每增产 1 万元，对第Ⅰ、Ⅱ、Ⅲ部门产值的需求增加量（略）。

第四节　专家调查法

一、专家调查法的概念

所谓专家调查法，是指运用一定的方法，将专家们个人分散的经验和知识汇集成群体的经验和知识，进而对事物的未来做出主观预测的过程。这里的“专家”是指对预测问题的有关领域或学科有一定专长或丰富实践经验的人。

专家调查法简便易行，耗时少，费用低，常常与技术经济分析、统计分析等方法联合应用，可以对复杂的现象做出较准确的评价和判断。

二、专家调查法的适用范围

（1）对综合性强、复杂、不易定量及缺乏定量数据的研究对象进行定性和定量分析。

（2）对综合效果中单因素的作用的权重做估计。

（3）对评价对象在评分值范围内给分或进行优劣排序。

（4）对非理性因素影响做出是非选择（指回答有或无、是或否）或模糊评价（指回答极大、不大、小、极小等）。

（5）对建立数学模型以前的各种变量的确定和相关关系的确定，以及原始数据的运用、模型选择进行评价。

（6）对评价结果和利用数学模型得到的各种参数和结果做出评价。

（7）在多方案中选择较优方案。

（8）对一些研究问题，需要听取行家的各种意见，以启发创造性思维。

三、专家调查法的主要方法

专家调查法的具体方法有很多，这里主要介绍专家个人判断、专家会议和德尔菲法。

（一）专家个人判断

可以通过通信或当面提问的方式来征求行家对某一明确问题具体的看法。早期的专家调查主要是请专家个人判断和召开专家会议。个别专家分析判断的主要优点是可以最大限度地发挥专家个人的能力，但容易受到专家的知识面、知识深度、占有信息的多少、自身的经验以及对预测的问题是否感兴趣等因素的影响，易带片面性。

专家调查法适用于权重估计、评分、成果评价等。

（二）专家会议

专家会议是以开会的方式向一批专家进行集体调查，会议的调查提纲与背景材料都事先发给与会者。与专家个人判断相比，专家会议的优点在于：专家之间互相交流、互相启发、取长补短，会考虑更多的因素，提出更广的思路，从而产生更有效的实施方案或更准确的评价，克服了个人意见的局限性。

专家会议的缺点是：在专家们面对面讨论时，容易受到一些心理因素的影响，如屈服于权威和大多数人的意见，受劝说性意见的影响，以及不愿意公开修正已发表的意见，这些都不利于得出合理的预测结论；少数专家或者不知名专家的正确意见往往得不到重视；无用信息多，等等。

专家会议适用于参数评价、发展战略评价等。

（三）德尔菲法

德尔菲（Delphi）法是采用匿名函询的方法，通过一系列简明的调查征询表向专家们进行调查，并通过有控制的反馈取得尽可能一致的意见，对事物的未来做出预测。

1. 德尔菲法的特点

德尔菲法预测过程实际上是一个由被调查的专家集体交流信息的过程。德尔菲法预测的主要特点是匿名性、反馈性和收敛性。

（1）匿名性。匿名性是指专家们以“背靠背”的方式接受调查，提供预测信息。被调查的专家互不见面，不直接交流信息；在由调查工作者组织的书面讨论中，是通过匿名的方式向各位专家传递信息的。这样做有利于使意见趋于统一，因为专家们可在不必顾忌面子的情况下改变自己的观点，服从言之有理的意见。

（2）反馈性。为了使专家们能进行书面讨论，德尔菲法采用多轮调查的方式（后一轮调查表一定附有前一轮调查的结果)，即在每一轮调查表返回后，由调查工作组对各专家提供的信息和资料进行综合、整理、归纳与分类，再随同下一轮调查表一起函送给各位专家，使专家们了解预测调查的全面情况。这样可促使专家进行再思考，完善或改变自己的观点，或者做出新的判断。调查信息的这种不断反馈，有力地促进专家之间的信息交流和书面讨论。德尔菲法一般要进行三到四轮专家意见征询。

(3) 收敛性。多轮调查与反馈的过程，也是专家在匿名状况下相互启迪和讨论的过程。通过书面讨论，言之有理的见解会逐渐为大多数专家所接受，分散的意见会向其集中，呈现出收敛的趋势。

2. 德尔菲法的预测步骤

一般情况下，德尔菲法的实施有以下步骤：

(1) 组成调查工作组。德尔菲法的实施需要一定的组织工作，首先应建立一个调查小组，人数一般为 10 ~20 人，视预测工作量大小而定。调查小组成员应对德尔菲法的实质和方法有正确的理解，具有必要的专业知识、统计和数据处理等方面的基础。调查工作组的任务是组织整个调查预测工作。主要工作内容包括：对预测过程制订计划，设计调查表，组织调查，对调查结果进行汇总处理，做出预测。

(2) 选择专家。德尔菲法是根据专家们对事物未来的主观判断做出预测的，选择理想的专家是用德尔菲法进行预测的一项重要工作。选择什么样的专家，主要是由所要预测问题的性质决定的。在选择专家的过程中，既要选择那些精通本学科领域、在本学科中有代表性的专家，也要注意选择边缘学科、社会学等方面的专家，还要考虑专家们所属部门和单位的广泛性，既要选择高层的、有名望的技术权威，也要注意选择专门从事某项具体工作的一般专家。

专家人数的多少视预测问题的规模而定，一般以 10 ~50 人为宜。对于一些重大问题的预测，专家人数可以扩大到 100 名以上。按照统计学对样本数的要求，一般不少于 20 人。

(3) 以函询方式向专家们索取预测信息。所谓函询方式，是指调查工作组向专家们索取预测信息是采取向专家们函寄调查表的方式进行的。由此可见，调查表是进行德尔菲预测的主要手段，调查表设计的质量会直接影响调查和预测的效果。德尔菲法预测的调查表并没有统一的格式，应根据所要调查的内容和预测目标的要求，因事制宜地设计。总的原则是所提问题要明确，回答方式应简练，便于对调查结果进行汇总处理。调查表中应有供专家阐明有关意见的栏目。函寄调查表时应对预测的目的、填表要求做充分说明，还应向专家提供有关资料和背景材料。

(4) 调查结果的汇总处理。调查结果汇总以后，需要进行统计处理。国外预测学者的研究结果表明，专家意见的概率分布一般符合或接近正态分布，这是对专家意见进行统计处理的重要理论依据。对调查结果进行处理和表达的方式取决于预测问题的类型和对预测的要求。

1) 对定量调查结果的处理。当预测结果需要用数量（含时间）表示时，一般用“中位数法”进行数据处理，即分别求出预测结果和中位数，下四分位点和上四分位点。

设参加预测的专家数为 n，对某一问题各专家回答的定量值为 $x_i(i=1,2,3,\cdots,n)$，x_i按由小到大或由前至后的顺序排列，即 $x_1\leqslant x_2\leqslant\cdots\leqslant x_n$，则调查结果的中位数为

$$\bar{x}=\begin{cases}x_{\frac{n+1}{2}}(n\text{ 为奇数})\\ \dfrac{1}{2}(x_{\frac{n}{2}}+x_{\frac{n+2}{2}})(n\text{ 为偶数})\end{cases} \tag{12-27}$$

中位数可看作调查结果的期望值。在小于或等于中位数的答数中再取中位数，即为调查结果的下四分位点；在大于或等于中位数的答数中再取中位数，即为调查结果的上四分位点。上、下四分位点之间的区域称作四分位区间。四分位区间的大小反映专家意见的离散程度，四分位区间越小，说明专家意见的集中程度越高，预测结果的可信度也就越高。在调查过程中，可以根据四分位区间的大小确定是否需要进行下一轮意见征询。

2）对评分、排序调查结果的处理。在征询专家意见时，常常有请专家们对某些事项的重要性进行评分或排序的内容，对于这类问题的答案，可用总分比重法进行处理，即用各事项的得分在总得分中所占比重衡量其相对重要程度。

对于以评分方式回答的问题，各事项的总分比重可直接由下式求得

$$B_j=\frac{\sum_{i=1}^{n}b_{ij}}{\sum_{j=1}^{m}\sum_{i=1}^{n}b_{ij}} \tag{12-28}$$

式中，B_j为第 j 个事项的总分比重；b_{ij}为第 i 个专家对第 j 个事项的评分；n 为给出答案的专家数；m 为参加比较的事项数。

对于以排序方式回答的问题，需要事先给定各排序位置的得分，然后根据式（12-27）求出各事项的总分比重。

3）对主观概率的统计处理。用德尔菲法进行预测，有时需要专家对某个未来事件发生的概率做出主观判断，当各位专家的主观概率估计不一致时，通常用平均主观概率作为专家集体的预测结果。平均主观概率的计算公式为

$$\bar{P}=\frac{1}{n}\sum_{i=1}^{n}P_i \tag{12-29}$$

式中，$\bar{P}$为专家集体的平均主观概率；P_i为第 i 个专家估计的主观概率；n 为参加预测的专家人数。

除了上面介绍的专家意见统计处理方法之外，还可用直方图表示专家预测值的分布，用方差或标准差表示专家的预测值的离散程度。

3. 对德尔菲法的评价

德尔菲法简单易行、用途广泛、费用较低，在大多数情况下可以得到比较准确的预测结果。在缺乏足够资料的领域中，例如，对某些长期的、复杂的社会、经济、技术问题的预测，对某些无先例事件和突发事件的预测等，数学模型往往无能为力，只能使用德尔菲法这类专家预测方法。

德尔菲法预测是建立在专家主观判断的基础之上的，因此专家的学识、兴趣和心理状态对预测结果影响较大，从而使预测结论不够稳定。采用函询方式调查，客观上使调查小组与专家之间的交流受到一定的限制，可能影响预测进度与预测结论的准确性。采用匿名方式调查，有不利于激励创新的一面。

了解德尔菲法的优点，同时也认识到它的缺点，有助于预测人员更恰当地使用这种

方法。

习　　题

1. 简述技术经济评价有哪几种方法。
2. 什么是主成分方法？简述其基本原理。
3. 什么是层次分析法？其基本步骤有哪些？
4. 什么是投入产出法？其基本分析形式是什么？
5. 投入产出法如何应用？
6. 如何理解实物型投入产出模型和价值型投入产出模型？
7. 什么是专家调查法？简述其适用范围。
8. 简述德尔菲法预测的实施步骤。在每个实施步骤中，分别应注意哪些问题？
9. 分析影响德尔菲法预测准确性的关键因素有哪些。

附 录

复利系数表

i	n	$(F/P, i, n)$	$(P/F, i, n)$	$(F/A, i, n)$	$(A/F, i, n)$	$(A/P, i, n)$	$(P/A, i, n)$
1%	1	1.0100	0.9901	1.0000	1.0000	1.0100	0.9901
	2	1.0201	0.9803	2.0100	0.4975	0.5075	1.9704
	3	1.0303	0.9706	3.0301	0.3300	0.3400	2.9410
	4	1.0406	0.9610	4.0604	0.2463	0.2563	3.9020
	5	1.0510	0.9515	5.1010	0.1960	0.2060	4.8534
	6	1.0615	0.9420	6.1520	0.1625	0.1725	5.7955
	7	1.0721	0.9327	7.2135	0.1386	0.1486	6.7282
	8	1.0829	0.9235	8.2857	0.1207	0.1307	7.6517
	9	1.0937	0.9143	9.3685	0.1067	0.1167	8.5660
	10	1.1046	0.9053	10.4622	0.0956	0.1056	9.4713
	11	1.1157	0.8963	11.5668	0.0865	0.0965	10.3676
	12	1.1268	0.8874	12.6825	0.0788	0.0888	11.2551
	13	1.1381	0.8787	13.8093	0.0724	0.0824	12.1337
	14	1.1495	0.8700	14.9474	0.0669	0.0769	13.0037
	15	1.1610	0.8613	16.0969	0.0621	0.0721	13.8651
	16	1.1726	0.8528	17.2579	0.0579	0.0679	14.7179
	17	1.1843	0.8444	18.4304	0.0543	0.0643	15.5623
	18	1.1961	0.8360	19.6147	0.0510	0.0610	16.3983
	19	1.2081	0.8277	20.8109	0.0481	0.0581	17.2260
	20	1.2202	0.8195	22.0190	0.0454	0.0554	18.0456
	21	1.2324	0.8114	23.2392	0.0430	0.0530	18.8570
	22	1.2447	0.8034	24.4716	0.0409	0.0509	19.6604
	23	1.2572	0.7954	25.7163	0.0389	0.0489	20.4558
	24	1.2697	0.7876	26.9735	0.0371	0.0471	21.2434
	25	1.2824	0.7798	28.2432	0.0354	0.0454	22.0232
	26	1.2953	0.7720	29.5256	0.0339	0.0439	22.7952
	27	1.3082	0.7644	30.8209	0.0324	0.0424	23.5596
	28	1.3213	0.7568	32.1291	0.0311	0.0411	24.3164
	29	1.3345	0.7493	33.4504	0.0299	0.0399	25.0658
	30	1.3478	0.7419	34.7849	0.0287	0.0387	25.8077
	35	1.4166	0.7059	41.6603	0.0240	0.0340	29.4086
	40	1.4889	0.6717	48.8864	0.0205	0.0305	32.8347

（续）

i	n	(F/P, i, n)	(P/F, i, n)	(F/A, i, n)	(A/F, i, n)	(A/P, i, n)	(P/A, i, n)
2%	1	1.0200	0.9804	1.0000	1.0000	1.0200	0.9804
	2	1.0404	0.9612	2.0200	0.4950	0.5150	1.9416
	3	1.0612	0.9423	3.0604	0.3268	0.3468	2.8839
	4	1.0824	0.9238	4.1216	0.2426	0.2626	3.8077
	5	1.1041	0.9057	5.2040	0.1922	0.2122	4.7135
	6	1.1262	0.8880	6.3081	0.1585	0.1785	5.6014
	7	1.1487	0.8706	7.4343	0.1345	0.1545	6.4720
	8	1.1717	0.8535	8.5830	0.1165	0.1365	7.3255
	9	1.1951	0.8368	9.7546	0.1025	0.1225	8.1622
	10	1.2190	0.8203	10.9497	0.0913	0.1113	8.9826
	11	1.2434	0.8043	12.1687	0.0822	0.1022	9.7868
	12	1.2682	0.7885	13.4121	0.0746	0.0946	10.5753
	13	1.2936	0.7730	14.6803	0.0681	0.0881	11.3484
	14	1.3195	0.7579	15.9739	0.0626	0.0826	12.1062
	15	1.3459	0.7430	17.2934	0.0578	0.0778	12.8493
	16	1.3728	0.7284	18.6393	0.0537	0.0737	13.5777
	17	1.4002	0.7142	20.0121	0.0500	0.0700	14.2919
	18	1.4282	0.7002	21.4123	0.0467	0.0667	14.9920
	19	1.4568	0.6864	22.8406	0.0438	0.0638	15.6785
	20	1.4859	0.6730	24.2974	0.0412	0.0612	16.3514
	21	1.5157	0.6598	25.7833	0.0388	0.0588	17.0112
	22	1.5460	0.6468	27.2990	0.0366	0.0566	17.6580
	23	1.5769	0.6342	28.8450	0.0347	0.0547	18.2922
	24	1.6084	0.6217	30.4219	0.0329	0.0529	18.9139
	25	1.6406	0.6095	32.0303	0.0312	0.0512	19.5235
	26	1.6734	0.5976	33.6709	0.0297	0.0497	20.1210
	27	1.7069	0.5859	35.3443	0.0283	0.0483	20.7069
	28	1.7410	0.5744	37.0512	0.0270	0.0470	21.2813
	29	1.7758	0.5631	38.7922	0.0258	0.0458	21.8444
	30	1.8114	0.5521	40.5681	0.0246	0.0446	22.3965
	35	1.9999	0.5000	49.9945	0.0200	0.0400	24.9986
	40	2.2080	0.4529	60.4020	0.0166	0.0366	27.3555

（续）

i	n	(F/P, i, n)	(P/F, i, n)	(F/A, i, n)	(A/F, i, n)	(A/P, i, n)	(P/A, i, n)
3%	1	1.0300	0.9709	1.0000	1.0000	1.0300	0.9709
	2	1.0609	0.9426	2.0300	0.4926	0.5226	1.9135
	3	1.0927	0.9151	3.0909	0.3235	0.3535	2.8286
	4	1.1255	0.8885	4.1836	0.2390	0.2690	3.7171
	5	1.1593	0.8626	5.3091	0.1884	0.2184	4.5797
	6	1.1941	0.8375	6.4684	0.1546	0.1846	5.4172
	7	1.2299	0.8131	7.6625	0.1305	0.1605	6.2303
	8	1.2668	0.7894	8.8923	0.1125	0.1425	7.0197
	9	1.3048	0.7664	10.1591	0.0984	0.1284	7.7861
	10	1.3439	0.7441	11.4639	0.0872	0.1172	8.5302
	11	1.3842	0.7224	12.8078	0.0781	0.1081	9.2526
	12	1.4258	0.7014	14.1920	0.0705	0.1005	9.9540
	13	1.4685	0.6810	15.6178	0.0640	0.0940	10.6350
	14	1.5126	0.6611	17.0863	0.0585	0.0885	11.2961
	15	1.5580	0.6419	18.5989	0.0538	0.0838	11.9379
	16	1.6047	0.6232	20.1569	0.0496	0.0796	12.5611
	17	1.6528	0.6050	21.7616	0.0460	0.0760	13.1661
	18	1.7024	0.5874	23.4144	0.0427	0.0727	13.7535
	19	1.7535	0.5703	25.1169	0.0398	0.0698	14.3238
	20	1.8061	0.5537	26.8704	0.0372	0.0672	14.8775
	21	1.8603	0.5375	28.6765	0.0349	0.0649	15.4150
	22	1.9161	0.5219	30.5368	0.0327	0.0627	15.9369
	23	1.9736	0.5067	32.4529	0.0308	0.0608	16.4436
	24	2.0328	0.4919	34.4265	0.0290	0.0590	16.9355
	25	2.0938	0.4776	36.4593	0.0274	0.0574	17.4131
	26	2.1566	0.4637	38.5530	0.0259	0.0559	17.8768
	27	2.2213	0.4502	40.7096	0.0246	0.0546	18.3270
	28	2.2879	0.4371	42.9309	0.0233	0.0533	18.7641
	29	2.3566	0.4243	45.2189	0.0221	0.0521	19.1885
	30	2.4273	0.4120	47.5754	0.0210	0.0510	19.6004
	35	2.8139	0.3554	60.4621	0.0165	0.0465	21.4872
	40	3.2620	0.3066	75.4013	0.0133	0.0433	23.1148

（续）

i	n	(F/P, i, n)	(P/F, i, n)	(F/A, i, n)	(A/F, i, n)	(A/P, i, n)	(P/A, i, n)
4%	1	1.0400	0.9615	1.0000	1.0000	1.0400	0.9615
	2	1.0816	0.9246	2.0400	0.4902	0.5302	1.8861
	3	1.1249	0.8890	3.1216	0.3203	0.3603	2.7751
	4	1.1699	0.8548	4.2465	0.2355	0.2755	3.6299
	5	1.2167	0.8219	5.4163	0.1846	0.2246	4.4518
	6	1.2653	0.7903	6.6330	0.1508	0.1908	5.2421
	7	1.3159	0.7599	7.8983	0.1266	0.1666	6.0021
	8	1.3686	0.7307	9.2142	0.1085	0.1485	6.7327
	9	1.4233	0.7026	10.5828	0.0945	0.1345	7.4353
	10	1.4802	0.6756	12.0061	0.0833	0.1233	8.1109
	11	1.5395	0.6496	13.4864	0.0741	0.1141	8.7605
	12	1.6010	0.6246	15.0258	0.0666	0.1066	9.3851
	13	1.6651	0.6006	16.6268	0.0601	0.1001	9.9856
	14	1.7317	0.5775	18.2919	0.0547	0.0947	10.5631
	15	1.8009	0.5553	20.0236	0.0499	0.0899	11.1184
	16	1.8730	0.5339	21.8245	0.0458	0.0858	11.6523
	17	1.9479	0.5134	23.6975	0.0422	0.0822	12.1657
	18	2.0258	0.4936	25.6454	0.0390	0.0790	12.6593
	19	2.1068	0.4746	27.6712	0.0361	0.0761	13.1339
	20	2.1911	0.4564	29.7781	0.0336	0.0736	13.5903
	21	2.2788	0.4388	31.9692	0.0313	0.0713	14.0292
	22	2.3699	0.4220	34.2480	0.0292	0.0692	14.4511
	23	2.4647	0.4057	36.6179	0.0273	0.0673	14.8568
	24	2.5633	0.3901	39.0826	0.0256	0.0656	15.2470
	25	2.6658	0.3751	41.6459	0.0240	0.0640	15.6221
	26	2.7725	0.3607	44.3117	0.0226	0.0626	15.9828
	27	2.8834	0.3468	47.0842	0.0212	0.0612	16.3296
	28	2.9987	0.3335	49.9676	0.0200	0.0600	16.6631
	29	3.1187	0.3207	52.9663	0.0189	0.0589	16.9837
	30	3.2434	0.3083	56.0849	0.0178	0.0578	17.2920
	35	3.9461	0.2534	73.6522	0.0136	0.0536	18.6646
	40	4.8010	0.2083	95.0255	0.0105	0.0505	19.7928

（续）

i	n	(F/P, i, n)	(P/F, i, n)	(F/A, i, n)	(A/F, i, n)	(A/P, i, n)	(P/A, i, n)
5%	1	1. 0500	0. 9524	1. 0000	1. 0000	1. 0500	0. 9524
	2	1. 1025	0. 9070	2. 0500	0. 4878	0. 5378	1. 8594
	3	1. 1576	0. 8638	3. 1525	0. 3172	0. 3672	2. 7232
	4	1. 2155	0. 8227	4. 3101	0. 2320	0. 2820	3. 5460
	5	1. 2763	0. 7835	5. 5256	0. 1810	0. 2310	4. 3295
	6	1. 3401	0. 7462	6. 8019	0. 1470	0. 1970	5. 0757
	7	1. 4071	0. 7107	8. 1420	0. 1228	0. 1728	5. 7864
	8	1. 4775	0. 6768	9. 5491	0. 1047	0. 1547	6. 4632
	9	1. 5513	0. 6446	11. 0266	0. 0907	0. 1407	7. 1078
	10	1. 6289	0. 6139	12. 5779	0. 0795	0. 1295	7. 7217
	11	1. 7103	0. 5847	14. 2068	0. 0704	0. 1204	8. 3064
	12	1. 7959	0. 5568	15. 9171	0. 0628	0. 1128	8. 8633
	13	1. 8856	0. 5303	17. 7130	0. 0565	0. 1065	9. 3936
	14	1. 9799	0. 5051	19. 5986	0. 0510	0. 1010	9. 8986
	15	2. 0789	0. 4810	21. 5786	0. 0463	0. 0963	10. 3797
	16	2. 1829	0. 4581	23. 6575	0. 0423	0. 0923	10. 8378
	17	2. 2920	0. 4363	25. 8404	0. 0387	0. 0887	11. 2741
	18	2. 4066	0. 4155	28. 1324	0. 0355	0. 0855	11. 6896
	19	2. 5270	0. 3957	30. 5390	0. 0327	0. 0827	12. 0853
	20	2. 6533	0. 3769	33. 0660	0. 0302	0. 0802	12. 4622
	21	2. 7860	0. 3589	35. 7193	0. 0280	0. 0780	12. 8212
	22	2. 9253	0. 3418	38. 5052	0. 0260	0. 0760	13. 1630
	23	3. 0715	0. 3256	41. 4305	0. 0241	0. 0741	13. 4886
	24	3. 2251	0. 3101	44. 5020	0. 0225	0. 0725	13. 7986
	25	3. 3864	0. 2953	47. 7271	0. 0210	0. 0710	14. 0939
	26	3. 5557	0. 2812	51. 1135	0. 0196	0. 0696	14. 3752
	27	3. 7335	0. 2678	54. 6691	0. 0183	0. 0683	14. 6430
	28	3. 9201	0. 2551	58. 4026	0. 0171	0. 0671	14. 8981
	29	4. 1161	0. 2429	62. 3227	0. 0160	0. 0660	15. 1411
	30	4. 3219	0. 2314	66. 4388	0. 0151	0. 0651	15. 3725
	35	5. 5160	0. 1813	90. 3203	0. 0111	0. 0611	16. 3742
	40	7. 0400	0. 1420	120. 7998	0. 0083	0. 0583	17. 1591

（续）

i	n	(F/P, i, n)	(P/F, i, n)	(F/A, i, n)	(A/F, i, n)	(A/P, i, n)	(P/A, i, n)
6%	1	1.0600	0.9434	1.0000	1.0000	1.0600	0.9434
	2	1.1236	0.8900	2.0600	0.4854	0.5454	1.8334
	3	1.1910	0.8396	3.1836	0.3141	0.3741	2.6730
	4	1.2625	0.7921	4.3746	0.2286	0.2886	3.4651
	5	1.3382	0.7473	5.6371	0.1774	0.2374	4.2124
	6	1.4185	0.7050	6.9753	0.1434	0.2034	4.9173
	7	1.5036	0.6651	8.3938	0.1191	0.1791	5.5824
	8	1.5938	0.6274	9.8975	0.1010	0.1610	6.2098
	9	1.6895	0.5919	11.4913	0.0870	0.1470	6.8017
	10	1.7908	0.5584	13.1808	0.0759	0.1359	7.3601
	11	1.8983	0.5268	14.9716	0.0668	0.1268	7.8869
	12	2.0122	0.4970	16.8699	0.0593	0.1193	8.3838
	13	2.1329	0.4688	18.8821	0.0530	0.1130	8.8527
	14	2.2609	0.4423	21.0151	0.0476	0.1076	9.2950
	15	2.3966	0.4173	23.2760	0.0430	0.1030	9.7122
	16	2.5404	0.3936	25.6725	0.0390	0.0990	10.1059
	17	2.6928	0.3714	28.2129	0.0354	0.0954	10.4773
	18	2.8543	0.3503	30.9057	0.0324	0.0924	10.8276
	19	3.0256	0.3305	33.7600	0.0296	0.0896	11.1581
	20	3.2071	0.3118	36.7856	0.0272	0.0872	11.4699
	21	3.3996	0.2942	39.9927	0.0250	0.0850	11.7641
	22	3.6035	0.2775	43.3923	0.0230	0.0830	12.0416
	23	3.8197	0.2618	46.9958	0.0213	0.0813	12.3034
	24	4.0489	0.2470	50.8156	0.0197	0.0797	12.5504
	25	4.2919	0.2330	54.8645	0.0182	0.0782	12.7834
	26	4.5494	0.2198	59.1564	0.0169	0.0769	13.0032
	27	4.8223	0.2074	63.7058	0.0157	0.0757	13.2105
	28	5.1117	0.1956	68.5281	0.0146	0.0746	13.4062
	29	5.4184	0.1846	73.6398	0.0136	0.0736	13.5907
	30	5.7435	0.1741	79.0582	0.0126	0.0726	13.7648
	35	7.6861	0.1301	111.4348	0.0090	0.0690	14.4982
	40	10.2857	0.0972	154.7620	0.0065	0.0665	15.0463

（续）

i	n	(F/P, i, n)	(P/F, i, n)	(F/A, i, n)	(A/F, i, n)	(A/P, i, n)	(P/A, i, n)
7%	1	1.0700	0.9346	1.0000	1.0000	1.0700	0.9346
	2	1.1449	0.8734	2.0700	0.4831	0.5531	1.8080
	3	1.2250	0.8163	3.2149	0.3111	0.3811	2.6243
	4	1.3108	0.7629	4.4399	0.2252	0.2952	3.3872
	5	1.4026	0.7130	5.7507	0.1739	0.2439	4.1002
	6	1.5007	0.6663	7.1533	0.1398	0.2098	4.7665
	7	1.6058	0.6227	8.6540	0.1156	0.1856	5.3893
	8	1.7182	0.5820	10.2598	0.0975	0.1675	5.9713
	9	1.8385	0.5439	11.9780	0.0835	0.1535	6.5152
	10	1.9672	0.5083	13.8164	0.0724	0.1424	7.0236
	11	2.1049	0.4751	15.7836	0.0634	0.1334	7.4987
	12	2.2522	0.4440	17.8885	0.0559	0.1259	7.9427
	13	2.4098	0.4150	20.1406	0.0497	0.1197	8.3577
	14	2.5785	0.3878	22.5505	0.0443	0.1143	8.7455
	15	2.7590	0.3624	25.1290	0.0398	0.1098	9.1079
	16	2.9522	0.3387	27.8881	0.0359	0.1059	9.4466
	17	3.1588	0.3166	30.8402	0.0324	0.1024	9.7632
	18	3.3799	0.2959	33.9990	0.0294	0.0994	10.0591
	19	3.6165	0.2765	37.3790	0.0268	0.0968	10.3356
	20	3.8697	0.2584	40.9955	0.0244	0.0944	10.5940
	21	4.1406	0.2415	44.8652	0.0223	0.0923	10.8355
	22	4.4304	0.2257	49.0057	0.0204	0.0904	11.0612
	23	4.7405	0.2109	53.4361	0.0187	0.0887	11.2722
	24	5.0724	0.1971	58.1767	0.0172	0.0872	11.4693
	25	5.4274	0.1842	63.2490	0.0158	0.0858	11.6536
	26	5.8074	0.1722	68.6765	0.0146	0.0846	11.8258
	27	6.2139	0.1609	74.4838	0.0134	0.0834	11.9867
	28	6.6488	0.1504	80.6977	0.0124	0.0824	12.1371
	29	7.1143	0.1406	87.3465	0.0114	0.0814	12.2777
	30	7.6123	0.1314	94.4608	0.0106	0.0806	12.4090
	35	10.6766	0.0937	138.2369	0.0072	0.0772	12.9477
	40	14.9745	0.0668	199.6351	0.0050	0.0750	13.3317

（续）

i	n	(F/P, i, n)	(P/F, i, n)	(F/A, i, n)	(A/F, i, n)	(A/P, i, n)	(P/A, i, n)
8%	1	1. 0800	0. 9259	1. 0000	1. 0000	1. 0800	0. 9259
	2	1. 1664	0. 8573	2. 0800	0. 4808	0. 5608	1. 7833
	3	1. 2597	0. 7938	3. 2464	0. 3080	0. 3880	2. 5771
	4	1. 3605	0. 7350	4. 5061	0. 2219	0. 3019	3. 3121
	5	1. 4693	0. 6806	5. 8666	0. 1705	0. 2505	3. 9927
	6	1. 5869	0. 6302	7. 3359	0. 1363	0. 2163	4. 6229
	7	1. 7138	0. 5835	8. 9228	0. 1121	0. 1921	5. 2064
	8	1. 8509	0. 5403	10. 6366	0. 0940	0. 1740	5. 7466
	9	1. 9990	0. 5002	12. 4876	0. 0801	0. 1601	6. 2469
	10	2. 1589	0. 4632	14. 4866	0. 0690	0. 1490	6. 7101
	11	2. 3316	0. 4289	16. 6455	0. 0601	0. 1401	7. 1390
	12	2. 5182	0. 3971	18. 9771	0. 0527	0. 1327	7. 5361
	13	2. 7196	0. 3677	21. 4953	0. 0465	0. 1265	7. 9038
	14	2. 9372	0. 3405	24. 2149	0. 0413	0. 1213	8. 2442
	15	3. 1722	0. 3152	27. 1521	0. 0368	0. 1168	8. 5595
	16	3. 4259	0. 2919	30. 3243	0. 0330	0. 1130	8. 8514
	17	3. 7000	0. 2703	33. 7502	0. 0296	0. 1096	9. 1216
	18	3. 9960	0. 2502	37. 4502	0. 0267	0. 1067	9. 3719
	19	4. 3157	0. 2317	41. 4463	0. 0241	0. 1041	9. 6036
	20	4. 6610	0. 2145	45. 7620	0. 0219	0. 1019	9. 8181
	21	5. 0338	0. 1987	50. 4229	0. 0198	0. 0998	10. 0168
	22	5. 4365	0. 1839	55. 4568	0. 0180	0. 0980	10. 2007
	23	5. 8715	0. 1703	60. 8933	0. 0164	0. 0964	10. 3711
	24	6. 3412	0. 1577	66. 7648	0. 0150	0. 0950	10. 5288
	25	6. 8485	0. 1460	73. 1059	0. 0137	0. 0937	10. 6748
	26	7. 3964	0. 1352	79. 9544	0. 0125	0. 0925	10. 8100
	27	7. 9881	0. 1252	87. 3508	0. 0114	0. 0914	10. 9352
	28	8. 6271	0. 1159	95. 3388	0. 0105	0. 0905	11. 0511
	29	9. 3173	0. 1073	103. 9659	0. 0096	0. 0896	11. 1584
	30	10. 0627	0. 0994	113. 2832	0. 0088	0. 0888	11. 2578
	35	14. 7853	0. 0676	172. 3168	0. 0058	0. 0858	11. 6546
	40	21. 7245	0. 0460	259. 0565	0. 0039	0. 0839	11. 9246

（续）

i	n	$(F/P, i, n)$	$(P/F, i, n)$	$(F/A, i, n)$	$(A/F, i, n)$	$(A/P, i, n)$	$(P/A, i, n)$
9%	1	1.0900	0.9174	1.0000	1.0000	1.0900	0.9174
	2	1.1881	0.8417	2.0900	0.4785	0.5685	1.7591
	3	1.2950	0.7722	3.2781	0.3051	0.3951	2.5313
	4	1.4116	0.7084	4.5731	0.2187	0.3087	3.2397
	5	1.5386	0.6499	5.9847	0.1671	0.2571	3.8897
	6	1.6771	0.5963	7.5233	0.1329	0.2229	4.4859
	7	1.8280	0.5470	9.2004	0.1087	0.1987	5.0330
	8	1.9926	0.5019	11.0285	0.0907	0.1807	5.5348
	9	2.1719	0.4604	13.0210	0.0768	0.1668	5.9952
	10	2.3674	0.4224	15.1929	0.0658	0.1558	6.4177
	11	2.5804	0.3875	17.5603	0.0569	0.1469	6.8052
	12	2.8127	0.3555	20.1407	0.0497	0.1397	7.1607
	13	3.0658	0.3262	22.9534	0.0436	0.1336	7.4869
	14	3.3417	0.2992	26.0192	0.0384	0.1284	7.7862
	15	3.6425	0.2745	29.3609	0.0341	0.1241	8.0607
	16	3.9703	0.2519	33.0034	0.0303	0.1203	8.3126
	17	4.3276	0.2311	36.9737	0.0270	0.1170	8.5436
	18	4.7171	0.2120	41.3013	0.0242	0.1142	8.7556
	19	5.1417	0.1945	46.0185	0.0217	0.1117	8.9501
	20	5.6044	0.1784	51.1601	0.0195	0.1095	9.1285
	21	6.1088	0.1637	56.7645	0.0176	0.1076	9.2922
	22	6.6586	0.1502	62.8733	0.0159	0.1059	9.4424
	23	7.2579	0.1378	69.5319	0.0144	0.1044	9.5802
	24	7.9111	0.1264	76.7898	0.0130	0.1030	9.7066
	25	8.6231	0.1160	84.7009	0.0118	0.1018	9.8226
	26	9.3992	0.1064	93.3240	0.0107	0.1007	9.9290
	27	10.2451	0.0976	102.7231	0.0097	0.0997	10.0266
	28	11.1671	0.0895	112.9682	0.0089	0.0989	10.1161
	29	12.1722	0.0822	124.1354	0.0081	0.0981	10.1983
	30	13.2677	0.0754	136.3075	0.0073	0.0973	10.2737
	35	20.4140	0.0490	215.7108	0.0046	0.0946	10.5668
	40	31.4094	0.0318	337.8824	0.0030	0.0930	10.7574

（续）

i	n	$(F/P, i, n)$	$(P/F, i, n)$	$(F/A, i, n)$	$(A/F, i, n)$	$(A/P, i, n)$	$(P/A, i, n)$
10%	1	1.1000	0.9091	1.0000	1.0000	1.1000	0.9091
	2	1.2100	0.8264	2.1000	0.4762	0.5762	1.7355
	3	1.3310	0.7513	3.3100	0.3021	0.4021	2.4869
	4	1.4641	0.6830	4.6410	0.2155	0.3155	3.1699
	5	1.6105	0.6209	6.1051	0.1638	0.2638	3.7908
	6	1.7716	0.5645	7.7156	0.1296	0.2296	4.3553
	7	1.9487	0.5132	9.4872	0.1054	0.2054	4.8684
	8	2.1436	0.4665	11.4359	0.0874	0.1874	5.3349
	9	2.3579	0.4241	13.5795	0.0736	0.1736	5.7590
	10	2.5937	0.3855	15.9374	0.0627	0.1627	6.1446
	11	2.8531	0.3505	18.5312	0.0540	0.1540	6.4951
	12	3.1384	0.3186	21.3843	0.0468	0.1468	6.8137
	13	3.4523	0.2897	24.5227	0.0408	0.1408	7.1034
	14	3.7975	0.2633	27.9750	0.0357	0.1357	7.3667
	15	4.1772	0.2394	31.7725	0.0315	0.1315	7.6061
	16	4.5950	0.2176	35.9497	0.0278	0.1278	7.8237
	17	5.0545	0.1978	40.5447	0.0247	0.1247	8.0216
	18	5.5599	0.1799	45.5992	0.0219	0.1219	8.2014
	19	6.1159	0.1635	51.1591	0.0195	0.1195	8.3649
	20	6.7275	0.1486	57.2750	0.0175	0.1175	8.5136
	21	7.4002	0.1351	64.0025	0.0156	0.1156	8.6487
	22	8.1403	0.1228	71.4027	0.0140	0.1140	8.7715
	23	8.9543	0.1117	79.5430	0.0126	0.1126	8.8832
	24	9.8497	0.1015	88.4973	0.0113	0.1113	8.9847
	25	10.8347	0.0923	98.3471	0.0102	0.1102	9.0770
	26	11.9182	0.0839	109.1818	0.0092	0.1092	9.1609
	27	13.1100	0.0763	121.0999	0.0083	0.1083	9.2372
	28	14.4210	0.0693	134.2099	0.0075	0.1075	9.3066
	29	15.8631	0.0630	148.6309	0.0067	0.1067	9.3696
	30	17.4494	0.0573	164.4940	0.0061	0.1061	9.4269
	35	28.1024	0.0356	271.0244	0.0037	0.1037	9.6442
	40	45.2593	0.0221	442.5926	0.0023	0.1023	9.7791

（续）

i	n	$(F/P, i, n)$	$(P/F, i, n)$	$(F/A, i, n)$	$(A/F, i, n)$	$(A/P, i, n)$	$(P/A, i, n)$
12%	1	1.1200	0.8929	1.0000	1.0000	1.1200	0.8929
	2	1.2544	0.7972	2.1200	0.4717	0.5917	1.6901
	3	1.4049	0.7118	3.3744	0.2963	0.4163	2.4018
	4	1.5735	0.6355	4.7793	0.2092	0.3292	3.0373
	5	1.7623	0.5674	6.3528	0.1574	0.2774	3.6048
	6	1.9738	0.5066	8.1152	0.1232	0.2432	4.1114
	7	2.2107	0.4523	10.0890	0.0991	0.2191	4.5638
	8	2.4760	0.4039	12.2997	0.0813	0.2013	4.9676
	9	2.7731	0.3606	14.7757	0.0677	0.1877	5.3282
	10	3.1058	0.3220	17.5487	0.0570	0.1770	5.6502
	11	3.4785	0.2875	20.6546	0.0484	0.1684	5.9377
	12	3.8960	0.2567	24.1331	0.0414	0.1614	6.1944
	13	4.3635	0.2292	28.0291	0.0357	0.1557	6.4235
	14	4.8871	0.2046	32.3926	0.0309	0.1509	6.6282
	15	5.4736	0.1827	37.2797	0.0268	0.1468	6.8109
	16	6.1304	0.1631	42.7533	0.0234	0.1434	6.9740
	17	6.8660	0.1456	48.8837	0.0205	0.1405	7.1196
	18	7.6900	0.1300	55.7497	0.0179	0.1379	7.2497
	19	8.6128	0.1161	63.4397	0.0158	0.1358	7.3658
	20	9.6463	0.1037	72.0524	0.0139	0.1339	7.4694
	21	10.8038	0.0926	81.6987	0.0122	0.1322	7.5620
	22	12.1003	0.0826	92.5026	0.0108	0.1308	7.6446
	23	13.5523	0.0738	104.6029	0.0096	0.1296	7.7184
	24	15.1786	0.0659	118.1552	0.0085	0.1285	7.7843
	25	17.0001	0.0588	133.3339	0.0075	0.1275	7.8431
	26	19.0401	0.0525	150.3339	0.0067	0.1267	7.8957
	27	21.3249	0.0469	169.3740	0.0059	0.1259	7.9426
	28	23.8839	0.0419	190.6989	0.0052	0.1252	7.9844
	29	26.7499	0.0374	214.5828	0.0047	0.1247	8.0218
	30	29.9599	0.0334	241.3327	0.0041	0.1241	8.0552
	35	52.7996	0.0189	431.6635	0.0023	0.1223	8.1755
	40	93.0510	0.0107	767.0914	0.0013	0.1213	8.2438

（续）

i	n	(F/P, i, n)	(P/F, i, n)	(F/A, i, n)	(A/F, i, n)	(A/P, i, n)	(P/A, i, n)
15%	1	1.1500	0.8696	1.0000	1.0000	1.1500	0.8696
	2	1.3225	0.7561	2.1500	0.4651	0.6151	1.6257
	3	1.5209	0.6575	3.4725	0.2880	0.4380	2.2832
	4	1.7490	0.5718	4.9934	0.2003	0.3503	2.8550
	5	2.0114	0.4972	6.7424	0.1483	0.2983	3.3522
	6	2.3131	0.4323	8.7537	0.1142	0.2642	3.7845
	7	2.6600	0.3759	11.0668	0.0904	0.2404	4.1604
	8	3.0590	0.3269	13.7268	0.0729	0.2229	4.4873
	9	3.5179	0.2843	16.7858	0.0596	0.2096	4.7716
	10	4.0456	0.2472	20.3037	0.0493	0.1993	5.0188
	11	4.6524	0.2149	24.3493	0.0411	0.1911	5.2337
	12	5.3503	0.1869	29.0017	0.0345	0.1845	5.4206
	13	6.1528	0.1625	34.3519	0.0291	0.1791	5.5831
	14	7.0757	0.1413	40.5047	0.0247	0.1747	5.7245
	15	8.1371	0.1229	47.5804	0.0210	0.1710	5.8474
	16	9.3576	0.1069	55.7175	0.0179	0.1679	5.9542
	17	10.7613	0.0929	65.0751	0.0154	0.1654	6.0472
	18	12.3755	0.0808	75.8364	0.0132	0.1632	6.1280
	19	14.2318	0.0703	88.2118	0.0113	0.1613	6.1982
	20	16.3665	0.0611	102.4436	0.0098	0.1598	6.2593
	21	18.8215	0.0531	118.8101	0.0084	0.1584	6.3125
	22	21.6447	0.0462	137.6316	0.0073	0.1573	6.3587
	23	24.8915	0.0402	159.2764	0.0063	0.1563	6.3988
	24	28.6252	0.0349	184.1678	0.0054	0.1554	6.4338
	25	32.9190	0.0304	212.7930	0.0047	0.1547	6.4641
	26	37.8568	0.0264	245.7120	0.0041	0.1541	6.4906
	27	43.5353	0.0230	283.5688	0.0035	0.1535	6.5135
	28	50.0656	0.0200	327.1041	0.0031	0.1531	6.5335
	29	57.5755	0.0174	377.1697	0.0027	0.1527	6.5509
	30	66.2118	0.0151	434.7451	0.0023	0.1523	6.5660
	35	133.1755	0.0075	881.1702	0.0011	0.1511	6.6166
	40	267.8635	0.0037	1779.0903	0.0006	0.1506	6.6418

（续）

i	n	(F/P, i, n)	(P/F, i, n)	(F/A, i, n)	(A/F, i, n)	(A/P, i, n)	(P/A, i, n)
20%	1	1. 2000	0. 8333	1. 0000	1. 0000	1. 2000	0. 8333
	2	1. 4400	0. 6944	2. 2000	0. 4545	0. 6545	1. 5278
	3	1. 7280	0. 5787	3. 6400	0. 2747	0. 4747	2. 1065
	4	2. 0736	0. 4823	5. 3680	0. 1863	0. 3863	2. 5887
	5	2. 4883	0. 4019	7. 4416	0. 1344	0. 3344	2. 9906
	6	2. 9860	0. 3349	9. 9299	0. 1007	0. 3007	3. 3255
	7	3. 5832	0. 2791	12. 9159	0. 0774	0. 2774	3. 6046
	8	4. 2998	0. 2326	16. 4991	0. 0606	0. 2606	3. 8372
	9	5. 1598	0. 1938	20. 7989	0. 0481	0. 2481	4. 0310
	10	6. 1917	0. 1615	25. 9587	0. 0385	0. 2385	4. 1925
	11	7. 4301	0. 1346	32. 1504	0. 0311	0. 2311	4. 3271
	12	8. 9161	0. 1122	39. 5805	0. 0253	0. 2253	4. 4392
	13	10. 6993	0. 0935	48. 4966	0. 0206	0. 2206	4. 5327
	14	12. 8392	0. 0779	59. 1959	0. 0169	0. 2169	4. 6106
	15	15. 4070	0. 0649	72. 0351	0. 0139	0. 2139	4. 6755
	16	18. 4884	0. 0541	87. 4421	0. 0114	0. 2114	4. 7296
	17	22. 1861	0. 0451	105. 9306	0. 0094	0. 2094	4. 7746
	18	26. 6233	0. 0376	128. 1167	0. 0078	0. 2078	4. 8122
	19	31. 9480	0. 0313	154. 7400	0. 0065	0. 2065	4. 8435
	20	38. 3376	0. 0261	186. 6880	0. 0054	0. 2054	4. 8696
	21	46. 0051	0. 0217	225. 0256	0. 0044	0. 2044	4. 8913
	22	55. 2061	0. 0181	271. 0307	0. 0037	0. 2037	4. 9094
	23	66. 2474	0. 0151	326. 2369	0. 0031	0. 2031	4. 9245
	24	79. 4968	0. 0126	392. 4842	0. 0025	0. 2025	4. 9371
	25	95. 3962	0. 0105	471. 9811	0. 0021	0. 2021	4. 9476
	26	114. 4755	0. 0087	567. 3773	0. 0018	0. 2018	4. 9563
	27	137. 3706	0. 0073	681. 8528	0. 0015	0. 2015	4. 9636
	28	164. 8447	0. 0061	819. 2233	0. 0012	0. 2012	4. 9697
	29	197. 8136	0. 0051	984. 0680	0. 0010	0. 2010	4. 9747
	30	237. 3763	0. 0042	1181. 8816	0. 0008	0. 2008	4. 9789
	35	590. 6682	0. 0017	2948. 3411	0. 0003	0. 2003	4. 9915
	40	1469. 7716	0. 0007	7343. 8578	0. 0001	0. 2001	4. 9966

（续）

i	n	(F/P, i, n)	(P/F, i, n)	(F/A, i, n)	(A/F, i, n)	(A/P, i, n)	(P/A, i, n)
25%	1	1.2500	0.8000	1.0000	1.0000	1.2500	0.8000
	2	1.5625	0.6400	2.2500	0.4444	0.6944	1.4400
	3	1.9531	0.5120	3.8125	0.2623	0.5123	1.9520
	4	2.4414	0.4096	5.7656	0.1734	0.4234	2.3616
	5	3.0518	0.3277	8.2070	0.1218	0.3718	2.6893
	6	3.8147	0.2621	11.2588	0.0888	0.3388	2.9514
	7	4.7684	0.2097	15.0735	0.0663	0.3163	3.1611
	8	5.9605	0.1678	19.8419	0.0504	0.3004	3.3289
	9	7.4506	0.1342	25.8023	0.0388	0.2888	3.4631
	10	9.3132	0.1074	33.2529	0.0301	0.2801	3.5705
	11	11.6415	0.0859	42.5661	0.0235	0.2735	3.6564
	12	14.5519	0.0687	54.2077	0.0184	0.2684	3.7251
	13	18.1899	0.0550	68.7596	0.0145	0.2645	3.7801
	14	22.7374	0.0440	86.9495	0.0115	0.2615	3.8241
	15	28.4217	0.0352	109.6868	0.0091	0.2591	3.8593
	16	35.5271	0.0281	138.1085	0.0072	0.2572	3.8874
	17	44.4089	0.0225	173.6357	0.0058	0.2558	3.9099
	18	55.5112	0.0180	218.0446	0.0046	0.2546	3.9279
	19	69.3889	0.0144	273.5558	0.0037	0.2537	3.9424
	20	86.7362	0.0115	342.9447	0.0029	0.2529	3.9539
	21	108.4202	0.0092	429.6809	0.0023	0.2523	3.9631
	22	135.5253	0.0074	538.1011	0.0019	0.2519	3.9705
	23	169.4066	0.0059	673.6264	0.0015	0.2515	3.9764
	24	211.7582	0.0047	843.0329	0.0012	0.2512	3.9811
	25	264.6978	0.0038	1054.7912	0.0009	0.2509	3.9849
	26	330.8722	0.0030	1319.4890	0.0008	0.2508	3.9879
	27	413.5903	0.0024	1650.3612	0.0006	0.2506	3.9903
	28	516.9879	0.0019	2063.9515	0.0005	0.2505	3.9923
	29	646.2349	0.0015	2580.9394	0.0004	0.2504	3.9938
	30	807.7936	0.0012	3227.1743	0.0003	0.2503	3.9950
	35	2465.1903	0.0004	9856.7613	0.0001	0.2501	3.9984
	40	7523.1638	0.0001	30 088.6554	0.0000	0.2500	3.9995

（续）

i	n	(F/P, i, n)	(P/F, i, n)	(F/A, i, n)	(A/F, i, n)	(A/P, i, n)	(P/A, i, n)
30%	1	1.3000	0.7692	1.0000	1.0000	1.3000	0.7692
	2	1.6900	0.5917	2.3000	0.4348	0.7348	1.3609
	3	2.1970	0.4552	3.9900	0.2506	0.5506	1.8161
	4	2.8561	0.3501	6.1870	0.1616	0.4616	2.1662
	5	3.7129	0.2693	9.0431	0.1106	0.4106	2.4356
	6	4.8268	0.2072	12.7560	0.0784	0.3784	2.6427
	7	6.2749	0.1594	17.5828	0.0569	0.3569	2.8021
	8	8.1573	0.1226	23.8577	0.0419	0.3419	2.9247
	9	10.6045	0.0943	32.0150	0.0312	0.3312	3.0190
	10	13.7858	0.0725	42.6195	0.0235	0.3235	3.0915
	11	17.9216	0.0558	56.4053	0.0177	0.3177	3.1473
	12	23.2981	0.0429	74.3270	0.0135	0.3135	3.1903
	13	30.2875	0.0330	97.6250	0.0102	0.3102	3.2233
	14	39.3738	0.0254	127.9125	0.0078	0.3078	3.2487
	15	51.1859	0.0195	167.2863	0.0060	0.3060	3.2682
	16	66.5417	0.0150	218.4722	0.0046	0.3046	3.2832
	17	86.5042	0.0116	285.0139	0.0035	0.3035	3.2948
	18	112.4554	0.0089	371.5180	0.0027	0.3027	3.3037
	19	146.1920	0.0068	483.9734	0.0021	0.3021	3.3105
	20	190.0496	0.0053	630.1655	0.0016	0.3016	3.3158
	21	247.0645	0.0040	820.2151	0.0012	0.3012	3.3198
	22	321.1839	0.0031	1067.2796	0.0009	0.3009	3.3230
	23	417.5391	0.0024	1388.4635	0.0007	0.3007	3.3254
	24	542.8008	0.0018	1806.0026	0.0006	0.3006	3.3272
	25	705.6410	0.0014	2348.8033	0.0004	0.3004	3.3286
	26	917.3333	0.0011	3054.4443	0.0003	0.3003	3.3297
	27	1192.5333	0.0008	3971.7776	0.0003	0.3003	3.3305
	28	1550.2933	0.0006	5164.3109	0.0002	0.3002	3.3312
	29	2015.3813	0.0005	6714.6042	0.0001	0.3001	3.3317
	30	2619.9956	0.0004	8729.9855	0.0001	0.3001	3.3321
	35	9727.8604	0.0001	32 422.8681	0.0000	0.3000	3.3330
	40	36 118.8648	0.0000	120 392.8827	0.0000	0.3000	3.3332

（续）

i	n	$(F/P, i, n)$	$(P/F, i, n)$	$(F/A, i, n)$	$(A/F, i, n)$	$(A/P, i, n)$	$(P/A, i, n)$
40%	1	1.4000	0.7143	1.0000	1.0000	1.4000	0.7143
	2	1.9600	0.5102	2.4000	0.4167	0.8167	1.2245
	3	2.7440	0.3644	4.3600	0.2294	0.6294	1.5889
	4	3.8416	0.2603	7.1040	0.1408	0.5408	1.8492
	5	5.3782	0.1859	10.9456	0.0914	0.4914	2.0352
	6	7.5295	0.1328	16.3238	0.0613	0.4613	2.1680
	7	10.5414	0.0949	23.8534	0.0419	0.4419	2.2628
	8	14.7579	0.0678	34.3947	0.0291	0.4291	2.3306
	9	20.6610	0.0484	49.1526	0.0203	0.4203	2.3790
	10	28.9255	0.0346	69.8137	0.0143	0.4143	2.4136
	11	40.4957	0.0247	98.7391	0.0101	0.4101	2.4383
	12	56.6939	0.0176	139.2348	0.0072	0.4072	2.4559
	13	79.3715	0.0126	195.9287	0.0051	0.4051	2.4685
	14	111.1201	0.0090	275.3002	0.0036	0.4036	2.4775
	15	155.5681	0.0064	386.4202	0.0026	0.4026	2.4839
	16	217.7953	0.0046	541.9883	0.0018	0.4018	2.4885
	17	304.9135	0.0033	759.7837	0.0013	0.4013	2.4918
	18	426.8789	0.0023	1064.6971	0.0009	0.4009	2.4941
	19	597.6304	0.0017	1491.5760	0.0007	0.4007	2.4958
	20	836.6826	0.0012	2089.2064	0.0005	0.4005	2.4970
	21	1171.3556	0.0009	2925.8889	0.0003	0.4003	2.4979
	22	1639.8978	0.0006	4097.2445	0.0002	0.4002	2.4985
	23	2295.8569	0.0004	5737.1423	0.0002	0.4002	2.4989
	24	3214.1997	0.0003	8032.9993	0.0001	0.4001	2.4992
	25	4499.8796	0.0002	11247.1990	0.0001	0.4001	2.4994
	26	6299.8314	0.0002	15747.0785	0.0001	0.4001	2.4996
	27	8819.7640	0.0001	22046.9099	0.0000	0.4000	2.4997
	28	12347.6696	0.0001	30866.6739	0.0000	0.4000	2.4998
	29	17286.7374	0.0001	43214.3435	0.0000	0.4000	2.4999
	30	24201.4324	0.0000	60501.0809	0.0000	0.4000	2.4999
	35	130 161.1116	0.0000	325 400.2789	0.0000	0.4000	2.5000
	40	700 037.6966	0.0000	1 750 091.7415	0.0000	0.4000	2.5000

参 考 文 献

[1] 赵维双．技术经济学［M］．北京：兵器工业出版社，2005.
[2] 赵维双．技术创新扩散的环境与机制［M］．北京：中国社会科学出版社，2007.
[3] 雷家骕，洪军．技术创新管理［M］．北京：机械工业出版社，2012.
[4] 吴贵生，王毅．技术创新管理［M］．2 版．北京：清华大学出版社，2009.
[5] 欧阳仲健．技术经济学［M］．北京：清华大学出版社，2008.
[6] 傅家骥，仝允桓，高健．技术创新学［M］．3 版．北京：清华大学出版社，2001.
[7] 徐莉．技术经济学［M］．2 版．武汉：武汉大学出版社，2008.
[8] 吴添祖，虞晓芬，龚建立．技术经济学概论［M］．3 版．北京：高等教育出版社，2010.
[9] 王凤科．技术经济学［M］．南京：南京大学出版社，2009.
[10] 冯勤，欧阳仲健，池仁勇．工业技术创新管理［M］．北京：中国水利水电出版社，2005.
[11] 高百宁，王凤科，郭新宝．技术经济学方法、技术与应用［M］．北京：北京理工大学出版社，2006.
[12] 吴添祖，冯勤，欧阳仲健．技术经济学［M］．北京：清华大学出版社，2005.
[13] 全国一级建造师职业资格考试用书编写委员会．建设工程经济［M］．北京：中国建筑工业出版社，2012.
[14] 张金锁．技术经济学原理与方法［M］．北京：机械工业出版社，2001.
[15] 赵曙明．技术经济学［M］．南京：南京大学出版社，2009.
[16] 王乃静．价值工程概论［M］．北京：经济科学出版社，2006.